基础外语教育理论与实践丛书

中学英语教材
区域国别研究报告

束定芳　安　琳　等编著

上海外语教育出版社
SHANGHAI FOREIGN LANGUAGE EDUCATION PRESS

图书在版编目（CIP）数据

中学英语教材区域国别研究报告 / 束定芳, 安琳编. --
上海：上海外语教育出版社, 2022
　基础外语教育理论与实践丛书
　ISBN 978-7-5446-7030-2

Ⅰ.①中… Ⅱ.①束… ②安… Ⅲ.①英语课—
教材—研究报告—中学 Ⅳ.①G623.312

中国版本图书馆CIP数据核字（2022）第025734号

出版发行：**上海外语教育出版社**
　　　　　（上海外国语大学内）　邮编：200083
电　　话：021-65425300 (总机)
电子邮箱：bookinfo@sflep.com.cn
网　　址：http://www.sflep.com
责任编辑：陆轶晖　秦平华
印　　刷：上海叶大印务发展有限公司
开　　本：890×1240　1/32　印张 15.75　字数 453 千字
版　　次：2022 年 8 月第 1 版　2022 年 8 月第 1 次印刷
书　　号：ISBN 978-7-5446-7030-2
定　　价：52.00 元

本版图书如有印装质量问题，可向本社调换
质量服务热线：4008-213-263　电子邮箱：editorial@sflep.com

前 言

　　教材是落实课程方案和课程标准的重要手段和资源，是提高教育质量的关键因素，是落实立德树人根本任务，并全面推进素质教育的重要保证。

　　改革开放40年来，我国基础教育课程经历了多轮重要的改革，教材为推动和落实课程改革作出了重要贡献，为学生发展提供了有力保障。

　　为了更好地总结英语课程教材编写的成功经验和方法，推动教材编写理论和实践方面的研究，我们选取了百余套国内外优秀中学英语教材，并从中挑选了14个国家或地区的16套最具代表性的中学英语教材进行重点研究。其中绝大多数是所选国家或地区教育部门审定或推荐的中学英语课程用教科书。我们尝试分析和总结在不同语言环境、教育体制和国家政策下中学（重点关注初中学段）英语（作为外语的）教材编制和使用情况，研究教材的编写理念、呈现方式及本土特色。

　　参与本项目的成员包括上海市英语教育教学研究基地的专兼职研究员、国内外高校的教师和研究人员，他们是：上海外国语大学司露、安琳、邵思源、赵海燕、赵璧、柳华妮，译林出版社马绯璠，同济大学王蓓蕾，浙江师范大学孔菊芳，上海外国语大学附属浦东外国语学校刘宝莹，燕山大学刘艳红，宁波大学励哲蔚，上海对外经贸大学赵敏，郑州财经学院姚雯静，上海体育学院钱晶晶，上海理工大学倪蓉。此外，上海外国语大学田臻教授和上海对外经贸大学唐树华教授参与了本报告部分初稿的审读工作。在此我们对他们的积极参与和大力支持表示衷心的感谢！同时，本项目得到了上海市教委和外语界有关领导和专家的指导和帮助，我们也向他们表示最诚挚的谢意！

由于教材版本更替及出版周期限制，本研究未能包括一些国家和地区最新推出的英语教材，也未能涵盖更大范围的国家和地区。希望后续的研究能够弥补这方面的缺憾。

编　者

2021年10月

目 录

第一章 我国初中英语教材研究

人教版初中英语教材研究报告

燕山大学 刘艳红

1. 教材概述

1.1 教材简介

2001 年教育部颁布了《全日制义务教育普通高级中学英语课程标准（实验稿）》。依据该课程标准，2001 年人民教育出版社出版了《义务教育课程标准实验教科书英语（新目标）》（以下简称《英语（新目标）》），它是与美国汤姆森学习出版集团合作，在该集团出版的 Go for it! 教材基础上改编的一套教材，于 2003 年 9 月开始试用。它是继人民教育出版社与英国朗文公司合作编写的《九年义务教育三年制初级中学教科书英语（2011 版）》（Junior English for China 1993）之后的又一套在全国广泛使用、影响力较大的中学英语课程教材。

2011 年，教育部颁布了《义务教育英语课程标准（2011 版）》（以下简称《标准》），《英语（新目标）》以新标准为指导对教材进行全面修订。《英语（新目标）》（修订版）是人民教育出版社、课程教材研究所、英语课程教材研究开发中心与美国圣智学习集团（前汤姆森集团）合作编写的教材。新版教材基于旧版进行全面修订，经国家基础教育课程教材专家工作委员会审查通过，可供中学英语课程使用。教材采用任务型语言教学模式，融会话题、交际功能和语言结构，形成了一套循序渐进的生活化的学习程序（宋琳霞 2010）。

1.2 教材内容

1.2.1 教材编排

全套教材共五册：七年级（上、下）二册、八年级（上、下）二册和九年级全一册。

七年级上册由3个预备单元(Starter units)和9个正式单元构成，共12个单元；七年级下册由12个单元构成；八年级上册由10个单元构成；八年级下册由10个单元构成；九年级全一册由14个单元构成。

每册教材后面都有内容不尽相同的附录，例如：课文笔记(Notes on the text)、录音原文(Tapescripts)、语音(Pronunciation)、语法(Grammar)、单元词汇和短语表(Words and expressions in each unit)、词汇索引表(Vocabulary index)、不规则动词表(irregular verbs)和人名表(Name list)等。

1.2.2 教材内容结构

每个单元的语言教学模式是通过"话题(Topic)""功能(Functions)""语法结构(Structure)""目标语言(Target Language)"来实现教学目标。

> 话题，如：Making new friends, Food, Shopping, Festivals, Things made in China等。

> 功能，如：Introduce yourself, Identify ownership, Talk about likes and dislikes等。

> 语法结构，如：Possessive adjectives: my, your, his, her; What/Why/When/Who questions等。

> 目标语言，如：

— What's your name? — Alan.

— Is this your pencil? — Yes, it is. It's mine.

— Could you please tell me how to get to the post office? — Sorry, I'm not sure how to get there.

《英语（新目标）》在编排体系上以传统的单元 (Unit) 为单位。每个单元首先明确学习目标，例如，七（上）第一单元，单元标题下以中英文形式给出本单元的语言学习目标：

Language Goals: Introduce yourself; Greet people; Ask for and give telephone numbers

语言目标：介绍自己；问候他人；询问和告知电话号码

每个单元由 Section A 和 Section B 两部分组成。Section A 主要为目标语言学习的基本知识，Section B 为扩展、练习本单元的目标语言知识。

其中 Section A 由以下各部分构成：

➢ 1a — 图片识别，如："写出图中物品的英文名称(七[上]Unit 1)、将单词与图中物品配对(七[上]Unit 2)、将文字描述与图片配对(九年级Unit 2)"。内容相对简单，适合预热，让学生合作、讨论等。

➢ 1b — 听力练习。

➢ 1c — 对话练习，一般模拟练习 1a 或者 1b 中的对话。

➢ 2a — 听力练习。

➢ 2b — 听力练习，深入并延续 2a 听力内容。

➢ 2c — 对话练习，一般模拟 2a 和 2b 内容，组织对话练习。

➢ 2d — 分角色表演对话。对话内容主要是对前面听力环节中语言知识进行巩固和实践操练，对话旁边配有相关情景插图。

➢ Grammar Focus — 对本单元语法结构进行总结。

➢ 3a–3c — 针对本单元语法内容进行的练习。

值得一提的是，从八（下）开始，在 2d 之后增加了一篇英语课文学习。

➢ 3a — 英文篇章。

➢ 3b–3c — 基于 3a 的阅读理解练习。然后才是：

➢ Grammar Focus，并且 4a–4c 是针对本单元语法和语言学习内容的练习。

Section B 由以下学习内容构成：

➤ 1a–1f —— 与单元语言目标相关的听力练习。
➤ 2a–2c —— 围绕 2b 阅读理解展开的阅读和语言知识练习。
➤ 3a–3b —— 完成与单元语言目标相关的任务练习，如：制作学生ID 卡并介绍自己（七［上］Unit 1）。
➤ Self Check，完成本单元语言目标相关的练习。

2. 教材评析

2.1 教材研究综述

从《英语（新目标）》教材发行至今，引起了学界广泛关注。不同学者从各种角度对本套教材进行了评估、分析和对比研究。我国幅员辽阔，各地区之间教育发展不平衡，各学校对教材的需求不同，一些学者对新旧教材和平行教材进行对比研究，为教育工作者的教材选择提供参考。

首先，曾文琦（2005）和唐甜甜（2007）分别将《英语（新目标）》与《牛津英语（上海版）》和《牛津英语（沈阳版）》进行了比较，主要考察教材在上海地区和沈阳地区的使用情况，并分析了两套教材各自的优势和不足。甘火花（2006）、刘莹（2009）和曾琳霞（2010）对人教版新旧教材 Junior English for China 和《英语（新目标）》进行了对比分析，发现新版教材的活动设计与时俱进，较之旧版教材更加重视听力能力的培养。

其次，一部分学者、教师对《英语（新目标）》的教学法进行了探讨（李颖，贾娜 2017；鹿彬，张楚 2017；杨寒芳，孟炯 2018）。李颖、贾娜（2017）为了证明任务型教学法的有效性与可行性，以七年级两个班的学生为研究对象，并在实验班实施任务教学法。在研究之初和之后对学生的学习动机、情感态度、学习兴趣等基本信息进行调查，并在实验前后分别做摸底考试和期末考试。研究发现，两个班级的学习成绩相差较大，实验班学习成绩提升较快，验证了任务型教学法在初中英语教学中的效果。

　　此外，一些研究者认为《英语（新目标）》教材在农村地区使用不能很好地发挥其编写特色（宋琳霞 2010；李春林 2013；周琴 2011）。教材以任务型教学法为理念，而农村班额过大，课堂练习机会不充分。另外，教材每个单元都围绕一个具体的话题展开，而个别话题与农村学生的生活联系不强，具体可操作的教学环节随之减少。

2.2　教材内容评析

　　国外对语言教材评估研究成果较为丰富，较早有 Williams（1983）的评估一览表，其后众多学者分别设计了各自的评价体系（参见 Grant 1987；Hutchinson & Waters 1987；McDonough & Shaw 1993；Ur 1996）。Cunningsworth（1995）、Adamson（2004）和 Tomlinson（2004，2010）等对教材评估理论及实践做了深入研究，为语言教材的开发和评估做出了巨大贡献。借鉴国外理论、模式、方法、体系固然十分必要，但悉数照搬并不可取，结果亦难反映教材真实情况（张军，刘艳红 2015）。而且，一些教材评估对比评估对照表逐项打分实现，导致评估建立在评估者个人直觉和主观判断基础之上，定性分析的东西太多，定量的指标过少，很难客观反映教材实际情况。

　　以下对《英语（新目标）》教材的语篇分析主要采用语料库语言学的研究方法并结合定性分析对教材进行考察。在国外，语料库语言学应用于语篇分析方面的研究积累了一定的成果（Louw 1993；Stubbs 1996；Xiao & McEnery 2005；Baker et al. 2013），在国内亦逐渐兴起（Rayson 2003，2004，2008；Jones et al. 2004；Archer & McEnery 2005；Leech 2008；Culpeper 2009；Rayson, Potts & Baker 2012；Collins 2015；Liu 2017；孙亚 2014；柳超健，王军 2017）。本研究建立了教材语料库，基于语料库的话语分析采用宏观的频数驱动和微观的语境共现等方法，科学、客观、全面地呈现英语教材语篇内容的特点。

　　具体使用 Rayson（2003，2008）的语料库语义标注、分析工具 Wmatrix 3 对教材语篇展开分析。它的主题语义域分析功能将客观呈现教材语篇的显著语义特点，帮助研究者确立研究方向，使研究者不被个人主观成见预设左右，其研究结果的客观性和可复制性特点使其在国内外各个研究领域被广泛应用。Wmatrix 相比于其他语料库软件的优势是，它内嵌词性赋码软件 CLAWS 和语义赋码软件 USAS（UCREL Semantic Annotation System），可对文本自动进行词性和语义标注。之后，通过对 BNC Sampler 赋码的对数似然比做统计分析，观察显著主题语义域（Key semantic domain/cloud/field），即与参照语料库相比在研究语料库中有超常使用频率或过度使用的语义域（overused semantic domain），结果可以用表格和图示呈现。

2.2.1 主题语境

（1）七年级上、下册

　　将七年级上、下两册教材语篇文本上传至 Wmatrix，经在线语法标注、语义赋码并与参照语料库 BNC Sampler Written 对比，将对数似然比临界值 LL 设置为 6.63（p<0.01），生成按主题性排列的主题语义域表，如表 1 所示，得到关键主题语义域 33 个。

表 1　七年级教材显著语义域

		Item	O1	%1	O2	%2		LL	LogRatio	
1	List1 | Concordance	Z1	262	6.06	16434	1.70	+	287.28	1.84	Personal names
2	List1 | Concordance	Z8	666	15.40	72023	7.44	+	278.85	1.05	Pronouns
3	List1 | Concordance	Z4	104	2.40	4344	0.45	+	178.36	2.42	Discourse Bin
4	List1 | Concordance	F1	86	1.99	2974	0.31	+	174.04	2.69	Food
5	List1 | Concordance	A3+	246	5.69	24177	2.50	+	128.19	1.19	Existing
6	List1 | Concordance	P1	77	1.78	3691	0.38	+	115.32	2.22	Education in general
7	List1 | Concordance	E2+	47	1.09	1372	0.14	+	108.54	2.94	Like
8	List1 | Concordance	A5.1+	65	1.50	2905	0.30	+	104.47	2.32	Evaluation: Good
9	List1 | Concordance	K5.2	15	0.35	68	0.01	+	84.63	5.63	Games
10	List1 | Concordance	S4	57	1.32	4002	0.41	+	53.55	1.67	Kin
11	List1 | Concordance	K5.1	35	0.81	2053	0.21	+	41.76	1.93	Sports
12	List1 | Concordance	T1.2	21	0.49	1251	0.13	+	24.59	1.91	Time: Momentary
13	List1 | Concordance	K1	28	0.65	2058	0.21	+	24.58	1.61	Entertainment generally
14	List1 | Concordance	T3	15	0.35	722	0.07	+	22.37	2.22	Time: Old, new and young; age
15	List1 | Concordance	T2	31	0.72	2625	0.27	+	21.58	1.40	Clothes and personal belongings
16	List1 | Concordance	S3.1	18	0.42	1122	0.12	+	19.90	1.84	Personal relationship: General
17	List1 | Concordance	N6+++	10	0.23	378	0.04	+	18.78	2.57	Frequent
18	List1 | Concordance	A9+	77	1.78	10082	1.04	+	18.56	0.77	Getting and possession
19	List1 | Concordance	E2++	5	0.12	74	0.01	+	15.74	3.92	Like
20	List1 | Concordance	Q4.3	12	0.28	690	0.07	+	14.67	1.96	The Media: TV, Radio and Cinema
21	List1 | Concordance	Q1.3	9	0.21	409	0.04	+	14.23	2.30	Telecommunications
22	List1 | Concordance	T1.3	62	1.43	8327	0.86	+	13.67	0.74	Time: Period
23	List1 | Concordance	L2	30	0.69	3225	0.33	+	12.74	1.06	Living creatures: animals, birds, etc.
24	List1 | Concordance	A13.3	40	0.92	4808	0.50	+	12.63	0.90	Degree: Boosters
25	List1 | Concordance	S1.2.4+	5	0.12	130	0.01	+	12.54	3.11	Polite
26	List1 | Concordance	X3.1+	1	0.02	0	0.00	+	10.83	8.81	Tasty
27	List1 | Concordance	W2-	1	0.02	0	0.00	+	10.83	8.81	Darkness
28	List1 | Concordance	W2	1	0.02	0	0.00	+	10.83	8.81	Light
29	List1 | Concordance	Z6	56	1.29	8052	0.83	+	9.46	0.64	Negative
30	List1 | Concordance	E4.1+	15	0.35	1370	0.14	+	9.07	1.29	Happy
31	List1 | Concordance	T4-	6	0.14	330	0.03	+	7.73	2.02	Time: Late
32	List1 | Concordance	S2	24	0.55	2896	0.30	+	7.49	0.89	People
33	List1 | Concordance	M1	64	1.48	10157	1.05	+	6.73	0.50	Moving, coming and going

七年级教材的主题语义域图片显示如图1：

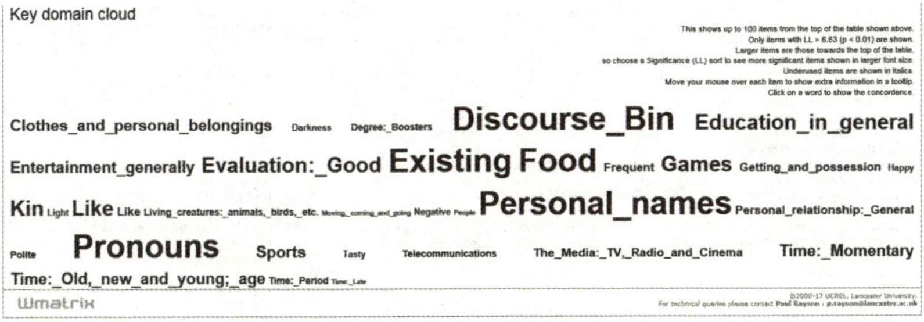

图1　七年级教材显著语义域

表1中的"O1"和"%1"是该语义域在研究语料库中出现的频率和相对频率，"O2"和"%2"是该语义域在参照语料库中的频率和相对频率，"+"表示该语义域在研究语料库中超常使用（overused）。"LL"为主题语义域的对数似然比值，表示该语义域超常使用的显著性。

从表1可见，前三个显著语义域为Personal names、Pronouns、Discourse bin，不具有明显的主题意义。排名第4位的Food、第6位的Education、第9位的Games、第11位的Sports、第13位的Entertainment、第15位的Clothes and personal belongings、第18位的Getting and possession、第20位的The media: TV, radio and cinema、第21位的Telecommunication、第23位的Living creatures: animals, birds, etc.具有明显的主题语义域。

前十五位的主题语义域显示，教材关注"食物""游戏""体育运动""娱乐""衣物"等主题，均属于学生熟悉且感兴趣的主题，容易做到"有话可说、有话想说、有话能说"。

（2）八年级上、下册

将八年级上、下两册教材语篇文本用Wmatrix生成主题语义域表，如表2和图2所示，得到关键主题语义域55个。

表2 八年级教材显著语义域

	List	Concordance	Item	O1	%1	O2	%2		LL	LogRatio	
1	List1	Concordance	Z8	1184	13.63	72023	7.44	+	354.40	0.87	Pronouns
2	List1	Concordance	S2	112	1.29	2896	0.30	+	152.74	2.11	People
3	List1	Concordance	F1	99	1.14	2974	0.31	+	113.24	1.89	Food
4	List1	Concordance	Z4	114	1.31	4344	0.45	+	93.39	1.55	Discourse Bin
5	List1	Concordance	Q4.3	40	0.46	690	0.07	+	80.03	2.69	The Media: TV, Radio and Cinema
6	List1	Concordance	L1+	18	0.21	93	0.01	+	73.28	4.43	Alive
7	List1	Concordance	A3+	337	3.88	24177	2.50	+	56.19	0.64	Existing
8	List1	Concordance	S4	89	1.02	4002	0.41	+	54.70	1.31	Kin
9	List1	Concordance	E2+	44	0.51	1372	0.14	+	48.00	1.84	Like
10	List1	Concordance	Z1	233	2.68	16434	1.70	+	41.69	0.66	Personal names
11	List1	Concordance	A13.3	92	1.06	4808	0.50	+	41.15	1.09	Degree: Boosters
12	List1	Concordance	A5.1+	65	0.75	2905	0.30	+	40.41	1.32	Evaluation: Good
13	List1	Concordance	T1.1.1	58	0.67	2598	0.27	+	35.91	1.32	Time: Past
14	List1	Concordance	L2	66	0.76	3225	0.33	+	34.30	1.19	Living creatures: animals, birds, etc
15	List1	Concordance	N6+++	19	0.22	378	0.04	+	33.63	2.49	Frequent
16	List1	Concordance	X2.2+	51	0.59	2302	0.24	+	31.12	1.30	Knowledgeable
17	List1	Concordance	X2.3+	16	0.18	307	0.03	+	29.25	2.54	Learning
18	List1	Concordance	W2	3	0.03	0	0.00	+	28.34	9.39	Light
19	List1	Concordance	A13	3	0.03	0	0.00	+	28.34	9.39	Degree
20	List1	Concordance	S1.2.4+	10	0.12	130	0.01	+	24.73	3.10	Polite
21	List1	Concordance	K1	43	0.49	2058	0.21	+	23.34	1.22	Entertainment generally
22	List1	Concordance	T1.1.3	79	0.91	4846	0.50	+	23.06	0.86	Time: Future
23	List1	Concordance	N6+	36	0.41	1651	0.17	+	21.30	1.28	Frequent
24	List1	Concordance	K2	29	0.33	1207	0.12	+	20.52	1.42	Music and related activities
25	List1	Concordance	Z6	114	1.31	8052	0.83	+	20.28	0.66	Negative
26	List1	Concordance	X6+	24	0.28	911	0.09	+	19.78	1.55	Decided
27	List1	Concordance	N6	16	0.18	463	0.05	+	19.16	1.95	Frequency
28	List1	Concordance	W2-	2	0.02	0	0.00	+	18.89	8.80	Darkness
29	List1	Concordance	P1	61	0.70	3691	0.38	+	18.55	0.88	Education in general
30	List1	Concordance	K5.2	6	0.07	68	0.01	+	16.24	3.30	Games
31	List1	Concordance	T1.1	5	0.06	47	0.00	+	15.14	3.57	Time: General
32	List1	Concordance	X8+++	2	0.02	1	0.00	+	15.09	7.80	Trying hard
33	List1	Concordance	A1.4+	7	0.08	115	0.01	+	14.57	2.76	Lucky
34	List1	Concordance	X9.2-	12	0.14	360	0.04	+	13.33	1.86	Failure
35	List1	Concordance	X2.6-	6	0.07	100	0.01	+	12.34	2.74	Unexpected
36	List1	Concordance	X2.1	60	0.69	4139	0.43	+	11.72	0.69	Thought, belief
37	List1	Concordance	A5.1+++	17	0.20	723	0.07	+	11.58	1.39	Evaluation: Good
38	List1	Concordance	T3--	8	0.09	197	0.02	+	11.50	2.18	Time: New and young
39	List1	Concordance	T1.3+	17	0.20	733	0.08	+	11.30	1.37	Time period: long
40	List1	Concordance	E2+++	5	0.06	74	0.01	+	11.27	2.91	Like
41	List1	Concordance	N5+++	15	0.17	629	0.06	+	10.48	1.41	Quantities: many/much
42	List1	Concordance	X3.4	43	0.49	2795	0.29	+	10.42	0.78	Sensory: Sight
43	List1	Concordance	W4	17	0.20	770	0.08	+	10.30	1.30	Weather
44	List1	Concordance	X3.1+	1	0.01	0	0.00	+	9.45	7.80	Tasty
45	List1	Concordance	T3+	19	0.22	961	0.10	+	9.16	1.14	Time: Old; grown-up
46	List1	Concordance	S8+	58	0.67	4225	0.44	+	9.06	0.61	Helping
47	List1	Concordance	A15-	10	0.12	370	0.04	+	8.58	1.59	Danger
48	List1	Concordance	K6	5	0.06	107	0.01	+	8.27	2.38	Children's games and toys
49	List1	Concordance	K5.1	32	0.37	2053	0.21	+	8.10	0.80	Sports
50	List1	Concordance	O3	14	0.16	651	0.07	+	8.06	1.26	Electricity and electrical equipment
51	List1	Concordance	T3-	26	0.30	1590	0.16	+	7.66	0.87	Difficult
52	List1	Concordance	S3.1	20	0.23	1122	0.12	+	7.51	0.99	Personal relationship: General
53	List1	Concordance	X9.1+	19	0.22	1060	0.11	+	7.24	1.00	Able/intelligent
54	List1	Concordance	A7+	122	1.40	10590	1.09	+	6.96	0.36	Likely
55	List1	Concordance	A8	23	0.26	1409	0.15	+	6.74	0.86	Seem

Key domain cloud

This shows up to 100 items from the top of the table shown above.
Only items with LL > 6.63 (p < 0.01) are shown.
Larger items are those towards the top of the table,
so choose a Significance (LL) sort to see more significant items shown in larger font size.
Underlined items are shown in italics.
Move your mouse over each item to show extra information in a tooltip.
Click on a word to show the concordance.

Able/intelligent **Alive** Children's_games_and_toys Danger Darkness Decided Degree **Degree:_Boosters** Difficult **Discourse_Bin** Education_in_general Electricity_and_electrical_equipment Entertainment_generally **Evaluation:_Good** Evaluation:_Good **Existing** Failure **Food** Frequency Frequent Frequent Games Helping **Kin** Knowledgeable Learning Light **Like** Like Likely Living_creatures:_animals,_birds,_etc. Lucky Music_and_related_activities Negative **People** Personal_names Personal_relationship:_General Polite **Pronouns** Quantities:_many/much Seem Sensory:_Sight Sports Tasty **The_Media:_TV,_Radio_and_Cinema** Thought_belief Time_period:_long **Time:_Past** Time:_Future Time:_General Time:_New_and_young Time:_Old;_grown-up Trying_hard Unexpected Weather

Wmatrix

©2000-17 UCREL, Lancaster University.
For technical queries please contact Paul Rayson - p.rayson@lancaster.ac.uk

图2 八年级教材显著语义域

显著语义域依次是"Food" "Media: TV, Radio and Cinema" "Living creatures: animals, birds, etc." "Knowledgeable" "Entertainment" "Music and related activities" "Education" "Games"等。与七年级教材显著主题语义域相似的有 "食物" "游戏" "娱乐" 等。值得一提的是，"媒体"主题在七年级教材中主题性较低，而在八年级教材中，其主题性仅次于"食物"排第二位。进一步观察发现，八年级教材语篇增加了与中学生密切相关的社会话题，如网络、计算机和电视对学生的影响，从而引发学生思考。例如，八（上）第二单元2d课文 "What do No.5 High School students do in their free time?" 中提到：

➢ We all know that many students often go online, but we were surprised that 90% of them use the Internet every day … Most students use it for fun and not for homework.

➢ 13% watch TV 4-6 times a week. And 85% watch TV every day! Although many students like to watch sports, game shows are the most popular.

　　仔细观察每个显著语义域中的语篇发现，八年级教材语篇更多地涉及常见的社会和家庭问题。典型的语篇如八（下）第一单元课文 "Bus driver and passengers save an old man" 讲述了公交车司机救人的故事，结尾部分讨论了这一社会现象： "It's sad that many people don't want to help others because they don't want any trouble." 篇末最后肯定了司机毫不犹豫去救人的行为。八（上）第四单元课文 "Who's got talent?" 讨论了人们对真人秀节目的态度。

　　八（下）第三单元和第四单元语篇均涉及父母和孩子的家庭矛盾问题，文章以不同的形式对处理父母和子女、兄弟姐妹之间的矛盾给予建议，并在课文 "Maybe you should learn to relax" 中讨论了中国孩子学业繁重的社会和家庭话题。

　　此外，八年级教材还系统地介绍了著名的美国卡通文化作品 Mickey Mouse、花木兰电影。相较第七册教材语篇以语用功能为主（如"失物招领"和"日记"），第八册教材更加关注各国文化。

(3) 九年级全一册

将九年级教材语篇文本用 Wmatrix 生成主题语义域表，如表3和图3所示，得到关键主题语义域 56 个。

表3 九年级教材显著语义域

	Item	O1	%1	O2	%2		LL	LogRatio	
1 List1	Concordance Z8	1269	14.03	72023	7.44	+	413.31	0.92	Pronouns
2 List1	Concordance X2.3+	33	0.36	307	0.03	+	98.14	3.52	Learning
3 List1	Concordance L1+	19	0.21	93	0.01	+	77.68	4.45	Alive
4 List1	Concordance X2.1	102	1.13	4139	0.43	+	70.28	1.40	Thought, belief
5 List1	Concordance Z4	103	1.14	4344	0.45	+	66.17	1.34	Discourse Bin
6 List1	Concordance P1	91	1.01	3691	0.38	+	62.75	1.40	Education in general
7 List1	Concordance X2.2+	67	0.74	2302	0.24	+	60.42	1.64	Knowledgeable
8 List1	Concordance E4.1+	49	0.54	1370	0.14	+	58.23	1.94	Happy
9 List1	Concordance S2	73	0.81	2896	0.30	+	52.33	1.43	People
10 List1	Concordance A5.1+	70	0.77	2905	0.30	+	46.32	1.37	Evaluation: Good
11 List1	Concordance A5.3-	22	0.24	344	0.04	+	46.08	2.78	Evaluation: Inaccurate
12 List1	Concordance N6+++	22	0.24	378	0.04	+	42.68	2.64	Frequent
13 List1	Concordance W1	34	0.38	912	0.09	+	42.46	2.00	The universe
14 List1	Concordance K5.2	11	0.12	68	0.01	+	40.52	4.11	Games
15 List1	Concordance E2+	40	0.44	1372	0.14	+	36.16	1.64	Like
16 List1	Concordance Q4.3	26	0.29	690	0.07	+	32.88	2.01	The Media: TV, Radio and Cinema
17 List1	Concordance K2	35	0.39	1207	0.12	+	31.39	1.63	Music and related activities
18 List1	Concordance Z1	226	2.50	16434	1.70	+	29.59	0.56	Personal names
19 List1	Concordance S1.2.4+	11	0.12	130	0.01	+	28.20	3.18	Polite
20 List1	Concordance X3.1+	3	0.03	0	0.00	+	28.10	9.33	Tasty
21 List1	Concordance E5-	25	0.28	757	0.08	+	26.87	1.82	Fear/shock
22 List1	Concordance A13.3	81	0.90	4808	0.50	+	23.10	0.85	Degree: Boosters
23 List1	Concordance K6	9	0.10	107	0.01	+	22.98	3.17	Children's games and toys
24 List1	Concordance S3.1	29	0.32	1122	0.12	+	21.69	1.47	Personal relationship: General
25 List1	Concordance S1.2.2+	9	0.10	117	0.01	+	21.62	3.04	Greedy
26 List1	Concordance X2.5+	19	0.21	551	0.06	+	21.58	1.68	Understanding
27 List1	Concordance T1	41	0.45	1913	0.20	+	21.57	1.20	Time
28 List1	Concordance F2	26	0.29	963	0.10	+	20.89	1.53	Drinks and alcohol
29 List1	Concordance S4	67	0.74	4002	0.41	+	18.74	0.84	Kin
30 List1	Concordance W2	2	0.02	0	0.00	+	18.73	8.74	Light
31 List1	Concordance N6+	34	0.38	1651	0.17	+	16.40	1.14	Frequent
32 List1	Concordance Q3	34	0.38	1653	0.17	+	16.35	1.14	Language, speech and grammar
33 List1	Concordance X9.2-	13	0.14	369	0.04	+	15.17	1.92	Failure
34 List1	Concordance S1.2.4-	7	0.08	109	0.01	+	14.71	2.78	Impolite
35 List1	Concordance T1.1.1	3	0.03	10	0.00	+	14.24	5.01	Time: Early/late
36 List1	Concordance T1.1.2	45	0.50	2598	0.27	+	13.95	0.89	Time: Past
37 List1	Concordance A3+	283	3.13	24177	2.50	+	13.26	0.33	Existing
38 List1	Concordance S3.2	14	0.15	508	0.05	+	11.62	1.56	Relationship: Intimacy and sex
39 List1	Concordance A2.1+	59	0.65	3939	0.41	+	11.19	0.68	Change
40 List1	Concordance A13.1	16	0.18	653	0.07	+	10.91	1.39	Degree: Non-specific
41 List1	Concordance X3.2	25	0.28	1271	0.13	+	10.85	1.17	Sensory: Sound
42 List1	Concordance T3	17	0.19	722	0.07	+	10.78	1.33	Time: Old, new and young; age
43 List1	Concordance T1.1	4	0.04	47	0.00	+	10.29	3.19	Time: General
44 List1	Concordance N2-	1	0.01	0	0.00	+	9.37	7.74	Darkness
45 List1	Concordance A13	1	0.01	0	0.00	+	9.37	7.74	Negative
46 List1	Concordance Z6	103	1.14	8052	0.83	+	9.10	0.45	Negative
47 List1	Concordance S7.1--	3	0.03	28	0.00	+	8.90	3.52	No power
48 List1	Concordance E4.1++	2	0.02	9	0.00	+	8.47	4.57	Happy
49 List1	Concordance E6-	19	0.21	961	0.10	+	8.34	1.08	Worry
50 List1	Concordance X8++	2	0.02	10	0.00	+	8.10	4.42	Trying hard
51 List1	Concordance K5.1	33	0.36	2053	0.21	+	8.09	0.78	Sports
52 List1	Concordance X3.4	42	0.46	2795	0.29	+	7.56	0.69	Sensory: Sight
53 List1	Concordance A14	40	0.44	2674	0.28	+	7.55	0.68	Exclusivizers/particularizers
54 List1	Concordance F1	43	0.48	2974	0.31	+	7.06	0.63	Food
55 List1	Concordance K1	32	0.35	2058	0.21	+	6.98	0.74	Entertainment generally
56 List1	Concordance W5	7	0.08	225	0.02	+	6.94	1.74	Green issues

Key domain cloud

This shows up to 100 items from the top of the table shown above.
Only items with LL > 6.63 (p < 0.01) are shown.
Larger items are those towards the top of the table,
so choose a Significance (LL) sort to see more significant items shown in larger font size.
Underused items are shown in italics.
Move your mouse over each item to show extra information in a tooltip.
Click on a word to show the concordance.

Alive Change Children's_games_and_toys Darkness Degree Degree:_Boosters Degree:_Non-specific Discourse_Bin Drinks_and_alcohol Education_in_general Entertainment_generally Evaluation:_Good Evaluation:_Inaccurate Exclusivizers/particularizers Existing Failure Fear/shock Food Frequent Frequent Games Greedy Green_issues Happy Happy Impolite Kin Knowledgeable Language_speech_and_grammar Learning Light Like Music_and_related_activities Negative No_power People Personal_names Personal_relationship:_General Polite Pronouns Relationship:_Intimacy_and_sex Sensory:_Sound Sensory:_Sight Sports Tasty The_universe The_Media:_TV,_Radio_and_Cinema Thought,_belief Time Time:_Early/late Time:_Past Time:_Old,_new_and_young;_age Time:_General Trying_hard Understanding Worry

Wmatrix

©2000-17 UCREL, Lancaster University.
For technical queries please contact Paul Rayson: p.rayson@lancaster.ac.uk

图3 九年级教材显著语义域

显著语义域列表中，具体实际意义的语义域包括第4位的"Thought, belief"、第6位"Education"、第9位"People"、第14位"Games"、第16位"Media"、第17位"Music and related activities"等。对比七年级和八年级的教材显著语义域，可以发现，七八年级的语义域比较相似，关注"食物""动物""游戏""娱乐"。而九年级教材中，最显著的排名前十的主题语义域是"思想""教育"和"人"。

如上文所述，八年级课文已经开始关注与中学生密切相关的社会话题，并引发学生思考，诸如网络、计算机和电视对学生影响的话题，而九年级课文更加重视培养学生的思辨能力，同时客观印证了编者语中"教材根据学生的心理特点、认知水平和兴趣爱好编写"的特点。例如，九年级教材第11单元3a课文"The shirt of a happy man"，通过阅读文章和回答问题引发学生思考什么是"幸福"，为什么权利、金钱和名声都不能让首相、银行家和歌星感到幸福：

1. Can medicine help the king? Why or why not?

2. Why does power not make the prime minister happy?

3. Why does money not make the banker happy?

4. Why does fame not make the singer happy?

除了对抽象概念的思考，教材还编排了紧贴中学生生活和心理特点的主题，如"Should I be allowed to make my own decisions?"，以及关于学习策略的探讨。

2.2.2　话题特征

前文介绍了《英语（新目标）》教材的主题语义域特点，教材编写中，不同的话题可以构成同一个主题语义域（Key semantic domain）。例如：主题语义域"Music and related activities"在八年级和九年级教材中都呈显著分布，具体看构成这一主题语义域的话题包括：

➢ "Sad but Beautiful"介绍了中国著名的音乐艺术形式——二胡的由来和二胡表演艺术家阿炳的故事；

> "A country music song changed her life forever"介绍了美国乡村音乐的影响;

> "From shy girl to pop star" 讲述了歌唱改变性格的故事。

　　由此可见,在一个大的主题下,教材语篇的话题可以丰富多样。

　　教材几乎在不同程度上包含了《标准》建议的 24 个话题类别的语篇,简单列举:

- "自然"类别中:
> 动物——"Chengdu Research Base"中国成都大熊猫研究基地;
> 人与自然——"Save the sharks"拯救鲨鱼和"Animal helper"辅助残疾人的动物助手;
> 山川河流——"Qomolangma — The most dangerous Mountain in the world"珠穆朗玛峰和"Stonehenge — Can anyone explain why it is there?"巨石阵;

- "安全与救护"类别中:
> 意外——"The storm brought people closer together"自然灾害、"Do you remember what you were doing"记录马丁·路德·金遇害和美国911灾难等人为灾难;
> 急救——"Bus driver and passengers save an old man"公交车司机救人;
> 自我保护——"He lost his arm but is still climbing"讲述做出决定,掌控自己人生的故事;

- "节日活动"类别中:
"April Fool's Day"愚人节、"The spirit of Christmas"圣诞节、"Full moon, full feelings"中秋节等;

- 语言学习类别中:
> 语言学习经历——"How I learned to learn English";
> 语言学习策略——"How can you become a successful learner?"

- 世界与环境类别中:
> 国家与民族——"Singapore — A place you will never forget!"介

绍新加坡；

➤ 环境保护——"Rethink, reuse, recycle"；

● 科普知识与现代技术类别中：

➤ 科普知识——"Museums"—American Computer Museum, Indian International Museum of Toilets and Chinese Hangzhou National Tea Museum；

➤ 发明与技术——"Do you think you will have your own robot?"；

● 故事与诗歌类别中：

➤ 故事——"Robinson Crusoe"鲁滨逊漂流记、"Journey to the West"西游记

➤ 短剧——"Hansel and Gretel"奇幻森林历险记；

➤ 诗歌——"Mom knows best"知我莫若母和"I remember"追忆初中生活。

分析可见，教材语篇除了个人、家庭、学校、兴趣爱好等常见话题外，还扩展到自然、科技、历史、文化等方面，并且注重话题的趣味性、时代性和社会性。不足的是，"居住环境"类话题，"房屋与住所""居室""家具和家庭用品"等子类话题的语篇鲜有出现在教材中。另外，通过考察发现，涉及"学习策略"的语篇内容出现较少，仅有 2 篇。学习策略和自主学习能力作为中学阶段英语学习的重要目标之一，应给予一定的重视。

2.2.3 语言知识

教学大纲不仅是指导英语教学实践的纲领性文件，也是英语教材编写的重要依据（程晓堂 2007: 12）。教材编写以《标准》的要求为依据，通过对《标准》要求的细化明确教学目标，并通过对教学材料和练习活动的精心编排，使教学大纲规定的教学目标、内容和要求在教材中得到充分体现（庄智象 2006）。因此，教材应具有目的性、系统性、权威性和参考性等特点（束定芳，张逸岗 2004: 26）。《标准》指出，在基础教育阶段英语课程各个级别的教学目标均应建立在学生语言技能、语言知识等素养整体发展的基础上。

教材应该为满足学生的学习目标提供足够的语言知识资源，本研究考察教材语篇词汇量，旨在回答两个问题：

1. 教材的词汇量是多少？
2. 教材对《标准》词表的涵盖率有多少？

2.2.3.1 教材词汇量

用语料库语言学软件 WordSmith 5.0 将教材语料库生成词表，对统计结果进行排噪处理，数据显示教材语篇文本形符数为 23431（tokens），类符数为 2611（types），详细信息见表4：

七年级教材（上、下）和八年级（上）每单元语篇由一个对话和一篇课文构成；而八年级（下）和九年级教材每单元由一个对话和两篇课文构成。

表4 教材词汇信息

教材考察项	七年级[上]		七年级[下]		八年级[上]		八年级[下]			九年级		
	Con	Pass	Con	Pass	Con	Pass	Con	P–A	P–B	Con	P–A	P–B
形符	606	820	969	1992	915	2430	1102	1956	2922	1821	3322	4528
类符	206	280	333	570	337	695	415	668	810	608	935	1123
平均词长	3.83	3.81	3.89	3.97	3.90	4.23	3.97	4.12	4.21	3.92	4.03	4.20
平均句长	4.33	6.75	5.44	8.98	7.20	11.40	7.71	11.80	11.98	8.20	13.50	13.10
平均篇长	67	91	81	166	92	243	110	196	292	130	237	324

注：Con: 对话；　Pass: 课文；　P–A: 课文A；　P–B: 课文B

形符数指文本中所有出现的词汇的总数，类符数指不重复计算的形符数，即文本中重复出现的形符只能算作一个类符（刘艳红，张军 2015），如 "My love is a red, red, red rose." 此句由 8 个形符、6 个类符组成。一般情况下，形符体现文本的长短，类符体现文本词汇的丰富程度。平均词长和句长可在某种程度上反映文本难度。从表4的数据可以发现：

- 对话（Conversation）语言知识信息：
  - 形符数，七（上）、七（下）、八（上）、八（下）和九年级，分别为 606、969、915、1102、1821；
  - 类符数，如上各册分别为 206、333、337、415、608；
  - 平均词长，如上各册分别为 3.83、3.89、3.90、3.97、3.92；
  - 平均句长，如上各册分别为 4.33、5.44、7.20、7.71、8.20；
  - 平均篇长，如上各册分别为 67、81、92、110、130。

数据显示，五个分册教材随着年级的升高，对话语篇的总词汇量和词汇的丰富度都在循序渐进地加长和提高。整体上，平均词长、句长和篇长亦如此。

- 课文（Passage）语言知识信息：
  - 形符数，七（上）、七（下）、八（上）、八（下）和九年级，分别为 820、1992、2430、1956、2922、3322、4528；
  - 类符数，如上各册分别为 280、570、695、668、810、935、1123；
  - 平均词长，如上各册分别为 3.81、3.97、4.23、4.12、4.21、4.03、4.20；
  - 平均句长，如上各册分别为 6.75、8.98、11.40、11.80、11.98、13.50、13.10；
  - 平均篇长，如上各册分别为 91、166、243、196、292、237、324。

数据显示，课文文本的总词汇量、词汇丰富程度、平均篇长整体上亦呈逐册增长的趋势，同时可见，八（下）和九年级教材的 A 篇课文均比 B 篇短。此外，平均词长、平均句长亦呈逐册增长趋势。由此可见，教材在对话和课文语篇的选材上较为科学、合理、严谨，遵循语言学习的一般规律。

2.2.3.2　教材对《标准》词表的涵盖率

教材是为实现学习目标提供的学习资源，因此教材的编写要以课程目标为指导思想，体现课程标准的要求（张军，刘艳红 2015）。其中，词表是英语教学大纲的重要组成部分，是教材编写和测试的重要依据之一。因此，研究拟对教材的检索结果与《标准》提供的词表进行对比分析以考察教材对《标准》词表的涵盖情况。

研究方法：用语料库检索软件 WordSmith 生成教材词表，并进行词目化处理（Lemmatized），因为《标准》词表中 talk，在教材中可能以 talks、talking、talked 中的某种形式来呈现。最后利用WordSmith 的词表详细对比功能（Detailed Consistency）对教材词表和《标准》词表进行对比，该功能可显示《标准》词汇在教材中是否出现、出现的频次以及出现的位置。

数据处理、统计后发现，《标准》词表列出 423 词，教材语篇涵盖了 402 词，有 21 个词汇未涵盖，例如：box、cap、coat、duck、grass、horse、kite、nose、nurse、pig、sheep、skirt 等。教材语篇对《标准》词表涵盖率高达 95%，若对教材整体进行考察，其《标准》词表的涵盖率将会更高。因为，语篇未涵盖的词汇会在教材其他环节出现，例如 nurse 虽未出现在语篇中，却在教材八（下）的第一单元 "Health and first aid" 话题的练习题部分出现。

教材对《标准》词表涵盖率高的一个原因可能是附录 3 给出的是二级词汇表，并说明"二级应学习 600—700 个单词，本词表仅列出 423 词，为二级基本词汇。各地可根据当地具体情况自行选择其他 200—300 词（选自五级词汇表）"（2011: 49）。尽管如此，本套教材类符数达 2611，可见其词汇量比较丰富。

2.2.4 语言技能

教材较好地体现了《标准》的"使学生形成初步的综合语言运用能力"的要求。教材 Section A 主要为目标语言学习的基本知识，Section B 为扩展内容，练习本单元的目标语言知识。听、说、读三项技能始终贯穿 Section A 和 Section B，写作技能培养主要安排在 Section B。如 1.2.2 内容所示，在 Section A 中，着重培养听说语言技能，即从 1a—1c，2a—2d 七个教学环节的目标语言教学均以听力输入为先导，然后再以情景对话（Role play）的形式对目标语言进行口语输出实践。Section B 中，着重培养听读语言技能，即 1a—1d 以听力练习为主，2a—2c 以阅读练习为主。分析可见，听力在四项技能中比重较大。由此可见，教材从过去只关注语法、词汇和阅读，逐步过渡到根治"聋哑英语"、重视听说能力培养的阶段。

另外，教材以任务型大纲为依托，为学生设计、创造了大量实践、参与、合作完成任务的机会，如每个单元的 Section A 中 1c、2c、2d、3c 和 Section B 中 1d、3b 等环节均要求与同学合作完成任务。语言的练习方式大大减弱了过去常用的多项选择、词形变换填空、语法填空、完形填空、句型转换等题型，创设了很多有具体情景的任务导向的综合题，这与《标准》（2011: 4）的课程基本理念相一致——"强调学习过程，重视语言学习的实践性和应用性"，"尽可能多地为学生创造在真实语境中运用语言的机会。鼓励学生在教师的指导下，通过体验、实践、参与、探究和合作等方式，发现语言规律。"

2.2.5　文化知识

Adamson（2004）指出，外语教学尤其是外语教材承载和传递的知识可以分为两个层面。第一层面是语言知识本身，如词汇、语法、语音等；第二层面是以语言为载体的非语言知识，如外语国家的历史和文化、本国的历史和文化、各种人文社会知识以及通过目标语构建和传递的意识形态和道德价值观念（刘艳红等 2015: 86）。关于文化内容的重要性，《标准》在"课程性质"部分亦强调"英语课程承担着提高学生综合人文素养的任务，即学生通过英语课程能够开阔视野，丰富生活经历，形成跨文化意识，增强爱国主义精神……"（2011: 1）。在"课程基本理念"部分再次提到"语言既是交流的工具，也是思维的工具……有助于学生认识世界的多样性，在体验中外文化的异同中形成跨文化意识，增进国际理解，弘扬爱国主义精神"（2011: 2）。由此可见，文化知识对于语言学习的重要性。关于对教材文化内容深度的考察结果已经在"主题和话题"部分进行了汇报，本节主要对教材语篇文化内容的广度进行考察，即教材包含了哪些国家的文化。

根据刘艳红等（2015）对教材文化语篇的研究方法，参考 Kachru（1992: 3）对世界英语的分类，将教材语篇呈现的文化分为五类：内圈英语国家文化、外圈英语国家文化、扩展圈国家文化、文化对比和国别不详。内圈英语国家文化细分为五类：英国、美国、加拿大、澳大利亚和新西兰。外圈英语国家文化是新加坡、印度、牙买加等英语为官方语言国家的文化。扩展圈国家文化分为中国和其他国家文化两类。"文化对比"指语篇对两个及以上国家的文化进行讨论、对比。"国别不详"指文化的来源国家不明。

教材语篇总数 134 篇，其中：

七年级（上）：9 个单元，每单元 1 篇对话和 1 篇文章，共计 18 篇；

七年级（下）：12 个单元，每单元 1 篇对话和 1 篇文章，共计 24 篇；

八年级（上）：10 个单元，每单元 1 篇对话和 1 篇文章，共计 20 篇；

八年级（下）：10 个单元，每单元 1 篇对话和 2 篇文章，共计 30 篇；

九年级全一册：14 个单元，每单元 1 篇对话和 2 篇文章，共计 42 篇。

经统计具体文化代表如下：

(1) 内圈英语国家文化 49 篇，其中关于英国 2 篇、美国 17 篇、加拿大 2 篇，其余语篇具体分属国别不清，主要为对话类语篇。虽国别不清但通过人名、地名等专有名词和配图等信息可将其归为内圈英语国家文化。例如，下面 John 和 Alice 的对话，名字具备内圈英语国家特征，但其他信息不详。虽然 John 和 Alice 也有可能被其他国家的人使用，但纵观该教材此种情况鲜见，所以暂将此类语篇归为内圈英语国家类别。

John: Hi, my name's John. It's my first day at school.

Alice: Hi, John. I'm Alice. This is a great school, but there are a lot of rules.

John: Really? What are some of the rules?

Alice: Well, don't be late for class. This is very important.

...

(2) 外圈英语国家文化 5 篇，分别涉及法国、印度、马来西亚和新加坡。

(3) 扩展圈国家文化 27 篇，其中关于中国文化 24 篇、关于日本、俄罗斯和泰国各 1 篇。

(4) 文化对比 13 篇。

(5) 国别不详为 44 篇，主要为文化属性不强的对话类语篇或功能类语篇，如"失物招领"和"校园通知"等。

以上数据显示，教材语篇的文化广度较为丰富，具体分析如下：

➢ 其中内圈英语国家文化 (37%) 和中国文化 (18%) 是教材可辨文化属性语篇的主要内容。

➢ 内圈英语国家文化主要涉及内圈英语国家风土人情和传统习惯等内容，如"The spirit of Christmas" (9 册–2 单元)、"Thanksgiving in the United States" (8 [上]–8 单元)，"Mickey Mouse" (8 [上]–5 单元) 等。

➢ 涉及中国文化语篇，如"Beauty in common things" (9 册–5 单元) 介绍了中国的剪纸、孔明灯和黏土艺术，"Dragon boat festival" (七 [下]–6 单元) 介绍了中国的龙舟赛，"Crossing the river to school" (七 [下]–3 单元) 介绍了中国偏远山村孩子乘绳索去上学的艰苦情况。

《标准》(2011: 23) 明确指出"文化是指所学语言国家的历史地理、风土人情、传统习俗、生活方式、行为规范、文学艺术、价值观念等。"因此，教材对英语为母语的内圈国家文化的了解"有益于对英语的理解和使用"，同时，对一定数量中国文化语篇的涵盖，"有益于加深对中华民族优秀传统文化的认识与热爱""弘扬爱国主义精神，形成社会责任感和创新意识，提高人文素养"。

➢ 对外圈英语国家文化和中国以外扩展圈国家文化的涵盖尽管数量有限，但均有涉及。

在全球化背景下，英语作为世界通用语言，服务于多种文化背景下的国际交流，"要通过扩大学生接触外国文化的范围，帮助学生拓宽视野"(《标准》2011: 24)。因此，对英语为母语以外国家文化的了解，对提高学生的跨文化交际能力、提高文化敏感性和鉴别能力日益重要。

➤ 文化对比类语篇，约占语篇总数的10%。此类语篇如："Birthday food around the world"讲述了英国人和中国人庆祝生日时吃的食物，"Colombian and Swiss students' opinions on time"对比了哥伦比亚和瑞士两个国家人时间观念的不同，"Maybe you should learn to relax"对比了中国和美国不同的教育方式。

《标准》多次提到文化对比的重要性，"根据学生的年龄特点和认知能力，逐步扩展文化知识的内容和范围……使学生对中外文化的异同有粗略的了解"，"在体验中外文化的异同中形成跨文化意识，增进国际理解，弘扬爱国主义精神"。因此，文化对比类语篇对培养跨文化交际能力、提高跨文化交际意识有着重要意义。

2.3 教材编写理念

一般认为，教材的编写要以课程大纲（MoE Requirements）的要求为依据，同时又必须体现实现课程要求的教学法，即教学大纲（School teaching syllabuses）。教材编写时应该以一种或几种语言教学大纲为指导思想，否则教材就没有系统（程晓堂 2007）。《英语（新目标）》教材编者寄语中虽然没有明确指出教材的编写理念，但是提到教材的编写目的是让同学们"有话可说、有话想说、有话能说"和"活起来、动起来"。经上文对教材的结构和内容分析可见，本套教材的编写综合体现了功能—意念教学大纲（Functional-notional syllabuses）、情景教学大纲（Situational syllabuses）、语法教学大纲（Grammatical syllabuses）和任务型教学大纲（Task-based syllabuses），具体分析如下：

(1) 每个单元的 Language Goals 体现了教材功能—意念教学大纲的理念。功能一般指语言使用的目的，如问候、致谢、道歉、询问、建议等；意念指用语言表达的概念和意义，如时间、空间、方位、尺寸、形状等。功能—意念即日常交际中，使用语言达到交际目的。功能—意念大纲往往列出实现功能和意念所需要的语言项目，如词汇和结构，尽管它们不是功能——意念大纲的核心内容。以八（下）第1单元为例：

Language Goals: Talk about health problems and accidents; Give advice

通过Section A各个教学环节的学习，学生应掌握问候和询问 "What's the matter?"，以及对询问的回应 "I have a cold." "I have a stomachache." "I have a sore back."，给出相应建议 "toothache — see a dentist and get an X-ray" "cough and sore throat — drink some hot tea with honey" "cut myself — put some medicine on it" 等一系列实现交际功能的语言。

(2) 每个单元的2d "Role-play the conversation" 体现了教材情景教学大纲的理念。情景教学大纲建立在"情景预测"和"行为预测"基础上，即预测学习者将来可能遇到哪些场合和情景，以及在这些场合或情景中可能有哪些交际行为，使用什么语言。以七(下)第10单元为例，对话发生在餐馆里，侍者和顾客之间的对话：

Waitress: Good afternoon. May I take your order?

Sally: Yes. Are there any vegetables in the beef soup?

...

(3) 每个单元的 Grammar Focus 体现了教材语法教学大纲的理念。语法教学大纲又称结构法教学大纲，强调语言句型是语言教学的基础，语言教学过程是新的语言习惯形成的过程，一旦学习者学会了某种语言形式，就可以在课堂外的真实交际场合使用语言（束定芳，庄智象 1996）。

(4) 任务型教学大纲就是以学习者完成某些任务的形式来组织教学活动。任务型教学大纲的理念几乎贯穿教材始终，教材的每个学习环节都有一定的学习任务，例如通过听完成听力任务，阅读文章完成阅读任务。尤其 3a 和 3b 需要学生以类似现实中语言使用情况的语言学习方式完成任务，如：

> 七（上），第1单元的学习目标是"介绍自己；问候他人；询问和告知电话号码"，3b的任务是制作自己的ID卡，内容包括"First name, Last name, Phone number"。

> 八（下），第1单元的学习目标是"谈论健康汇报事故，并给建议"，3b的任务是向护士描述一次事故。

　　每种教学大纲都有其优势和不足，如在语言交际中，语法正确的句子并不意味着在实际语言运用中得体有效，因此，语法教学大纲受到众多质疑。但是在外圈尤其扩展圈国家，系统地学习语法有利于提高外语水平，所以语法教学大纲在众多外语教材中，尤其是针对初级学习者的英语教材中需以保留。因此，目前完全遵循一种语言教学大纲的教材越来越少，综合各教学大纲的优势较为可取。从以上教材分析可见，《英语（新目标）》教材倾向于走以任务型大纲为依托，以功能—意念大纲和语法大纲为主线的教材编写理念。

2.4　配套资源

　　《英语（新目标）》是一套供七年级到九年级使用的初中英语课程教科书。全套教材共五册，学期三年。教材由学生用书、教师用书、练习册同步解析与自我检测、教学挂图和听力磁带构成。

　　《英语（新目标）》开发了网络英语教材，其体现的教学思想与纸质教材一脉相承。强调通过知识学习、技能训练，发展学生的有效学习策略、培养学生综合运用语言的能力。贯穿教材的外语教学思想仍以交际语言教学和任务型教学为主（曲秀芬，陈力2012: 26）。网络教材分学生版和教师版。学生版主要为学生随教师的上课进度在课堂上同步使用，课后还可以用于复习巩固、完成作业、与老师同学互动学习。教师版主要提供教师备课参考，结合纸质教材进行适度拓展。教师可根据实际需要灵活选择、组合，形成自己的教学设计方案。

　　网络教材功能强大，操作便捷。开放性的共建平台允许师生对已有教学活动按需修改、编辑。教师可自由添加Windows系统下任意格式的个性化功能课件。学习辅导功能包括词汇、语法、阅读、辅助翻译和学习助手等，例如语音和词汇学习功能包括取词、词汇搜索、词典、单元词汇等。网络教材容量大，内容丰富，学生在有效指导和监督的情况下使用网络教材将有利于培养学生自主学习能力，丰富的扩展知识能满足不同学习目标和基础的学习需求（曲秀芬，陈力 2012）。

2.5　其他突出特点

进入 21 世纪，随着全球化的深入，在英语学习和跨文化交际过程中，不同文化和思想意识形态互相碰撞，使得语言教学中的文化学习亦变得复杂，容易导致学习者在 local、global 和 glocal 之间无所适从，由此引发社会语言学者（Blommaert 2010）和外语教学领域学者的思考（Curdt-Christiansen & Weninger 2015），他们意识到在面对各种文化时学习者需具备批判式的反思（critically reflective）能力（Pennycook 2007；Vaish 2008；Kumaravadivelu 2008；Byram 2011），成为具有"批判思想的公民"（critical citizenship）（Guilherme 2002: 50–51），同时具有跨文化能力和全球文化的意识（Risager 2007；Kumaravadivelu 2008）。

教材常就与学生生活密切相关的话题进行讨论，并且呈现不同的观点并加以论述，例如：

➤ 七（下）第 11 单元，两篇关于 School trip 的日记，两位同学对相同旅程有着截然不同的感受：

Helen's Diary: Today I went on a school trip. We visited the science museum and it was really interesting …

Jim's Diary: I think today's school trip was terrible. We took the train to the museum. It was so hot on the slow train. The museum was big and boring …

➤ 八（上）第 3 单元，"Should friends be the same or different" 一文中三名学生分别表述了各自不同的观点：

Jeff Green: A good friend is like a mirror … 好朋友应趣味相投；

Huang Lei: It's not necessary to be the same … 好朋友没必要相似，

互补有益；

Mary Smith: I don't really care if my friends are the same as me or different … 朋友之间相同与不同无所谓。

➢ 八(下)第3单元，关于学生是否该分担家务的采访，受访家长表达了不同的观点：

Ms. Miller: I don't understand why some parents make their kids help with housework and chores at home. Kids these days already have enough stress from school …

Mr. Smith: I think it is important for children to learn how to do chores and help their parents with housework. It is not enough to just get good grades at school.

从以上分析发现，本套教材在培养学生批判性思考能力方面表现突出。教材不专注于灌输某一特定思想，而是同时呈现两种或多种截然不同的观点，引发学生讨论、批判式反思，有利于学生的思辨能力和创新精神的养成，尤其在将来接触不同国家文化时，能够批判式鉴赏，提高跨文化交际能力和文化敏感度。

3. 结论和启示

3.1 结果与讨论

如上文所述，外语教学尤其是外语教材承载和传递的知识可以分为两个层面。第一层面是语言知识本身，如词汇、语法、语音等；第二层面是以语言为载体的非语言知识，如外语国家的历史和文化、本国的历史和文化。下文从这两方面对本套教材进行总结：

- 在编排体系上，以传统的单元 (Unit) 为单位，并在每单元开篇明确学习目标，有利于教师和学习者明确教学目标和学习目标，便于自我评测。
- 教材强调学习过程，重视语言学习的实践性和应用性，尽可能多地为学生创造在真实语境中运用语言的机会。鼓励学生在教师的指导下，通过体验、实践、参与、探究和合作等方式，发现语言规律。每单元的"对话练习"和"角色对话表演"等"做中学"的任务型教学设计理念有利于学生"活"起来，"动"起来。

- 教材主题贴近学生生活，如"Food""Sports""Entertainment/games""The media: TV, radio and cinema"等。围绕此类主题开展的教学活动使学生:"有话可说、有话想说、有话能说"。尤其值得一提的是，教材关注了不同年级学生的心理特点和认知水平。如七年级教材突出吃、玩、乐、学校活动等主题，八年级教材语篇开始涉及常见的社会和家庭问题，如对待真人秀的态度、与父母和兄弟姐妹家庭成员矛盾的处理等。而九年级教材语篇排在第一位的主题语义域是"Thought, belief"，重视培养学生的思辨能力，如对"Happy"等抽象概念的思考。

- 教材话题丰富，几乎在不同程度上编排了《标准》建议的24个话题类别的语篇，且体裁丰富，说明文、议论文、小说、短剧、诗歌等均有涉及。

- 语言知识上，教材语篇总长度和平均篇长、平均词长和平均句长在五册教材间均呈逐册递增趋势，这种知识的循序渐进不仅体现在浅层的平均词长、句长和篇长上，词汇的丰富度亦逐册提高并合理复现。

- 教材语篇对《标准》词表涵盖率高达95%，若将教材语篇外教学内容考虑进来，整体上对《标准》词表的涵盖率将更高。同时教材类符数达2611词，说明教材词汇量丰富。

- 语言技能上，教材较好地体现了《标准》中"使学生形成初步的综合语言运用能力"的要求。听、说、读三项技能始终贯穿Section A和Section B，写作技能培养主要安排在Section B。Section A编排设计着重培养听—说语言技能，有利于根治"聋哑英语"。

- 教材语篇的文化内容在广度和深度上均比较丰富。话题的选择体现了文化内容的深度，其广度主要体现在对不同国家文化的涵盖。其中，内圈英语国家文化占37%，其他外圈英语国家文化和扩展圈国家文化虽然涵盖有限，但多有涉及。尤其值得一提的是，教材对中国文化的涵盖比例较高，占语篇的 18%。事实上除语篇外，中国文化还贯穿于教材的诸多内容环节，如八（上）第 5 单元 2b 课文 "Mickey Mouse"，在其后 3a 的填空练习就是关于中国历史人物"花木兰"的介绍；在八（下）第 6 单元的 1a–2d 的 7 个听力等教学环节都是围绕中国传统文化故事——后羿射日、愚公移山、西游记、女娲补天展开。由此可见，中国文化的实际呈现要远高于课文的涵盖。

- 教材重视不同文化之间的对比，且编排巧妙。例如，八（上）第 8 单元的话题是 "How do you make a banana milk shake?"，Section A 中 1a–2c 的识图和听力练习都是关于如何制作西方食品香蕉奶昔和水果沙拉，2d 的对话语篇讨论 "Russian soup" 俄罗斯肉汤的制作。Section B 中 2b 主课文 "Thanksgiving in the United States" 是关于感恩节和火鸡餐的制作，3a 的填空练习是 "Yunnan Rice Noodles"，介绍中国云南米线的内容。由此可见，教材在一定程度上实现了"根据学生的年龄特点和认知能力，逐步扩展文化知识的内容和范围……使学生对中外文化的异同有粗略的了解"，"在体验中外文化的异同中形成跨文化意识，增进国际理解，弘扬爱国主义精神（《标准》2011）"。

- 对教材的结构和内容分析可见，教材采用以任务型大纲为依托，以功能 — 意念大纲和语法大纲为主线的编写理念，编写综合体现了功能 — 意念教学大纲、情景教学大纲、语法教学大纲和任务型教学大纲的优势。

- 教材在培养学生批判性思维能力方面表现突出。教材编写未现固定意识形态，就某话题展开时经常呈现两种或多种的截然不同的观点，引发学生讨论、批判式反思。这种编排有利于培养学生的批判式思维和创新精神，使学习者在英语学习和跨文化交际过程中，能够批判式鉴赏，提高跨文化交际能力和文化敏感度。

3.2 可借鉴之处

前文概括和总结了《英语(新目标)》教材的编写特点，从中可以提炼出值得今后教材开发借鉴之处：

- 丰富的任务型和功能—意念型教学活动的设计——"做中学"理念，避免填鸭式教学；
- 对听说能力培养的重视——克服"聋哑英语"；
- 语言知识丰富，基本涵盖《标准》词表，语言知识难度逐册提高——循序渐进，逐步提升；
- 文化内容丰富，兼顾文化广度和深度上的涵盖——提高学生综合人文素养，开阔视野，丰富生活经历，形成跨文化意识，为跨文化交际打下基础；
- 文化对比贯穿始终，尤其中西文化对比内容设计合理——提高多种文化的鉴赏能力和包容能力，避免语言学习过程中在文化上的"崇洋媚外"或"孤芳自赏"；
- 注重培养学生思辨能力——为以"思辨能力"为根本的创新人才和"广博知识"为基础的高素质人才培养打下良好基础。

3.3 可提升空间

教育行政部门制订并颁布的课程标准主要是规定课程的目的、内容和要求，对教学方法和教学模式并不做指令性规定。因此，根据同一课程标准编写的教材可以体现不同的教学思想或教学模式（程晓堂 2007）。本套教材除以上突出特点外，还有一定的提升空间，例如，提高语法项目的比重并合理编排。

本套教材编写体现了几种语言教学大纲的理念，包括语法教学大纲，但语法内容编排有待提高（吴念 2015）。尤其在七年级教学中，增加语法比重。语法教学强调语言句型是语言教学的基础，语法教学过程是新的语言习惯形成的过程，一旦学习者学会了某种语言形式，就可以在课堂外的真实交际场合使用语言（束定芳，庄智象 1996）。对于英语为外语的初学者而言，如果缺乏语法等语言形式的支撑，一切课堂活动都会陷入"无米之炊"的困难境地。以八年级上册每单元的语法内容为例，对比参见另一套初中英语教材 Junior English for China (JEFC)：

表5 两套教材语法项目

《英语 (新目标)》	U1: Talk about past events	[一般过去时]
	U2: Talk about how often you do things	[一般现在时]
	U3: Talk about personal traits; Compare people	[形容词/副词比较级]
	U4: Discuss preferences; Make comparisons	[形容词/副词最高级]
	U5: Talk about preferences; Make plans	[一般现在时、一般将来时]
	U6: Talk about future intentions	[be going to 将来时]
	U7: Make predictions	[一般将来时]
	U8: Describe a process; Follow instructions	[一般现在时、祈使句]
	U9: Make, accept and decline invitations; Talk about obligations [can情态句型]	
	U10: Talk about consequences	["主句将来时–从句现在时"复合句、祈使句]
JEFC	U1：现在进行时；U2：一般现在时；U3：形容词的比较级；U4：be going to 用法；U5：形容词与副词比较级；U6：提出建议的表达方法；U7：祈使指令；U8：介词短语；U9：表示需要，方向指示；U10：一般现在时，动词do的用法；U11：一般过去时；U12：一般过去时；U13：一般过去时	

第一单元语法内容是一般过去时，第二单元出现一般现在时，然后第五、六、七单元是一般将来时，第八单元又出现一般现在时。对比 JEFC 教材的语法内容，《英语（新目标）》在语法的编排和呈现上比较零散。这可能是因为 JEFC 采用的是结构与功能型教学大纲，而《英语（新目标）》主要采用以话题为主线的功能型和任务型的编排体系，对语法知识的编排兼顾不够全面，在这方面可有所改进。

参考文献

［1］Adamson B. *China's English: A history of English in Chinese education* [M]. Hong Kong: Hong Kong University Press, 2004.

［2］Cunningsworth A. *Choosing your coursebook* [M]. Oxford, England: Heinemann,1995.

［3］Kachru B B. World Englishes: Approaches, issues and resources [J]. *Language Teaching*, 1992, (25): 1–14.

［4］McDonough J. & Shaw C. *Materials and methods in ELT, a teacher's guide* [M]. Oxford, England: Blackwell, 1993.

［5］Rayson P. Matrix: A statistical method and software tool for linguistic analysis through corpus comparison (Unpublished Doctoral dissertation) [D]. Lancaster University, Lancaster, Britain, 2003.

［6］Tomlinson B. *Materials development in language teaching* [M]. Cambridge, England: Cambridge University Press, 2004.

［7］Tomlinson B. Materials' development for language learning and teaching [J]. *Language Teaching*, 2012, 45 (2): 143–179.

［8］束定芳，庄智象．现代外语教学——理论、实践与方法 [M].上海：上海外语教育出版社，1996.

［9］束定芳，张逸岗．从一项调查看教材在外语教学过程中的地位与作用 [J]. 外语界，2004, (2): 56–64.

［10］庄智象．构建具有中国特色的外语教材编写和评价体系 [J]. 外语界，2006, (6)：49–56.

［11］程晓堂．英语教材分析与设计 [M].北京：外语教学与研究出版社，2007.

［12］刘艳红，Lawrence Jun Zhang, Stephen May. 基于国家级规划大学英语教材语料库的教材文化研究 [J]. 外语界，2015, (6)：85–93.

［13］张军，刘艳红．从大学英语教材词汇看《大学英语课程教学要求》的指导意义 [J]. 当代外语研究，2015, (6): 23–28.

［14］刘艳红，张军．基于语料库的通用大学英语教材词汇研究 [J]. 中国外语教育，2015, (4): 42–50.

［15］曲秀芬，陈力．网络英语教材的优势及其在教学中的实现——兼谈《英语（新目标）》网络教材的特点和使用 [J]. 课程·教材·教法，2012, (12): 24–28.

[16] 李颖，贾娜. 基于教材《新目标》的初中任务型英语教学现状研究 [J]. 吉林省教育学院学报，2017, (10): 33–36.

[17] 吴念. *Go for it!* 2007 版与 2013 版八年级英语教材对比分析 [D]. 重庆师范大学，2015.

外研版初中英语教材研究报告

上海对外经贸大学　赵敏

1. 教材概述

《英语（新标准）》教材由外语教学与研究出版社有限责任公司（以下简称"外研社"）和麦克米伦出版公司依据我国英语课程标准联合编写，是全国第一套贯穿小学、初中、高中的"一条龙"系列英语教材。自 2001 年出版以来，已经在全国多个省、直辖市、自治区广泛使用。

该系列教材的初中部分最初于 2001 年依据国家《义务教育英语课程标准（实验稿）》进行开发，并依据 2011 年颁布的国家《义务教育英语课程标准（2011 版）》（以下简称"《课标》"）以及教材使用地区教研员及师生的意见和建议，进行了系统修订。

本文将简要介绍教材的整体情况，并对教材最新版的编写理念和呈现方式进行分析。

2. 教材的编写及使用 [①]

2.1 项目组建及第一版教材

《英语（新标准）》教材开发的起因有两个，一是《义务教育英语课程标准（实验稿）》（2001）的颁布；二是国家开始鼓励和支持有条件的单位和团体编写教材，相关信息可参见《中小学教材编

---

① 该部分信息来源于作者在 2018 年 8 月对教材编辑团队和培训团队部分人员的访谈。

写审定管理暂行办法》(2001 年 6 月 7 日颁布)。

教材的编写方式为中外合编，这种方式既便于吸取国际上教材开发的先进经验，利用外方编者的语言优势与文化背景，又兼顾了教材本土化的需求。中外双方各自选派主编，组建编写团队。教材的中方主编为北京外国语大学陈琳教授，副主编是华中师范大学的鲁子问教授。Simon Greenall 担任教材的外方主编，其曾任国际英语教师协会（IATEFL，International Association of Teachers of English as a Foreign Language）主席，编写过多套英语教材。

中外合作的具体开展方式为：中方根据《课标》规定，详述语法大纲并综合其他元素，如主题、功能、教学法等，提出编写要求，由双方共同协商制定编写大纲。最终，初中版教材前三册于 2004 年通过教育部审查，同年 9 月投入使用。教材的后三册也在次年完成审查和出版。

2.2 教材修订

《课标》的颁布引发了新一轮的教材修订。修订工作围绕《课标》变化并结合教材使用片区的意见和反馈进行推进。外研社组织召开中方编修会，提出修改意见，反馈给英方进行修改，修订工作主要围绕以下几个方面开展：

1. 理念更新：贯彻素质教育的理念，在编写内容上注重体现《课标》"提高学生综合人文素养""英语学习的工具性和人文性"等要求。

2. 话题调整：依据《课标》提供的新话题对原话题进行增删，比如，增加 safety and first aid（safety rules, accidents, first aid, self-protection）和 body language 等话题；重写相关章节；润色已有文章。

3. 词汇控制：严格贴合《课标》词表，通过修改和替换方式控制超纲词；覆盖新增词汇到每模块 Unit 1 的听力文段、Unit 2 的阅读文段以及 Unit 3 的短文、对话中；关注词汇复现率。

4. 语法调整：依据《课标》内容，删除部分语法，比如直接引语和间接引语、主谓一致等项目，将含有相关语法项目的模块删除、重写或者部分修改；调整语法顺序，使之更为合理，比如现在完成时从八年级上册调整到八年级下册，形容词和副词的比较级和最高级从七年级下册调整到八年级上册。

5. "功能项目"增加：增补原教材中缺失的功能项目，如seeing the doctor 和 shopping。

6. 活动内容增补：将《课标》提供的评价活动以及对于语言技能的要求，融入新教材中。

7. 融合终端用户的反馈：控制听力文段难度、活动难度的设计等。

8. 配套教学资源修改：将所有细密琐碎的变动体现到对应的教学资源中。

此轮修订工作贯彻"以我为主"的原则，修订的指导思想、编写原则、内容目次大纲完全由中方提供，中外双方讨论决定。修订后的教材于 2012 年秋季开始投入使用。

《英语（新标准）》初中教材共六册，每册对应一个学期，分别命名为：七年级上册（以下简称"七上"），七年级下册（以下简称"七下"），八年级上册（以下简称"八上"），八年级下册（以下简称"八下"），九年级上册（以下简称"九上"），九年级下册（以下简称"九下"）。七下、八上、九上包括 12 个教学模块以及两个复习模块。七上、八下包括 10 个教学模块和两个复习模块。九下考虑到初中阶段总复习的实际需求，仅包括 8 个教学模块和两个复习模块。每个模块对应 1 周学时，约为 4–6 节 45 分钟的课时。

3. 教材评析

3.1 相关评价

现有对《英语（新标准）》教材的部分研究针对的是旧版教材，鉴于新版教材主要在话题、词汇、语法、功能等细节方面更加贴近《课标》，编写理念和体系变化不大，已有相关研究仍可以为今后的教材研发提供一定借鉴。

现有研究大致可分为两类：一是关注教材的整体编写体系（王芳 2008；王伟 2014；陈诗敏 2015；刘冬梅 2015），从而对教材本身或在不同教材间进行比较/评价；二是锁定某一角度，比如语篇的言语行为类型（陈大方 2013）、课文配图（齐仕融 2016）、文化类型（张双双 2016）等进行研究。

上述研究的结果显示《英语（新标准）》与《课标》的理念吻合，师生对《英语（新标准）》教材持肯定态度（王芳 2008；沈利芳 2010；王伟 2014；陈诗敏 2015；刘冬梅 2015）；肯定其选题丰富、新颖，教材整体设计具有时代感（王芳 2008；沈利芳 2010；王伟 2014；陈诗敏 2015），编排符合学生学习英语的特点（王伟 2014）；但也提出以下问题或建议：

(1) 选材方面应增加农村生活的比例（沈利芳 2010；刘冬梅 2015）；

(2) 不同类型文化的比例不均衡（张双双 2016）；

(3) 活动设计较为单一（王芳 2008；王伟 2014；陈诗敏 2015）；

(4) 语法（呈现）不够系统、集中（陈露 2009；沈利芳 2010；柳月娥 2012；王伟 2014），复现少、重点不突出/直观（陈露 2009；柳月娥 2012；王伟 2014）；

(5) 词汇量大（陈露 2009；沈利芳 2010）、复现率低（沈利芳 2010；李纳 2011）；

(6) 言语行为类型分布不均匀，且缺乏常见的类型（陈大方 2013）。

需要注意的是，上述研究中的结论来自不同的教材使用片区，需要考虑到不同地区的使用者差异。此外，即便是编写完美的教材也难以适用于所有学习者的需求（Masuhara & Tomlinson 2008），上述部分问题的解决也对教师灵活使用教材提出了要求。其次，某些研究结论的论证或解读不足，比如关于教材的词汇量部分（刘冬梅 2015；刘诗敏 2015）。最终，设计严密的、关于教材使用后的纵向研究可以提供可靠证据，证明课程和教材对学习者态度、行为和交际能力提升方面的影响（Tomlinson 2001）。

整体来看，现有关于教材的研究仍不够丰富、系统，多为分散的点，研究广度和深度都有待进一步提升。教材的编写依据是教育部颁布的《课标》。鉴于当前对于本套教材整体编写体系的研究，特别是将其与《课标》的对标仍不多见，已有研究的分析仍有待拓宽和深入；现有研究和《课标》的具体比较和结论的支撑不足，缺乏从教材编写本体视角的探讨，本研究将对本套教材 2012 版的编写理念和呈现方式进行探究，了解其如何呼应《课标》，并结合课程和教材开发领域的文献展开分析，以期提升我们对该领域的认识，并为我国今后的英语教材开发总结经验、提供借鉴。

3.2　深度分析

本文将在考察《英语（新标准）》教材初中学段（2012 版）与《课标》对应情况的基础上，结合已有研究并对照教材评价领域内的相关研究成果，对本套教材的编写理念和内容进行深度分析。

3.2.1　编写理念

本套教材采取"多元大纲"的设计理念，强调各元素的有机整合，而非简单组合。第一版教材的编写理念介绍文字中通常采用"'题材—功能—结构—任务'协调呼应"的表述方法，修订后的版本将其修改为"'素质—题材—功能—结构—任务—可行性'有机结合"，更加强调语言的使用。

具体而言，"多元大纲"包含的维度为：语音、词汇、语法、功能、话题等语言知识，听、说、读、写等语言技能，学习策略，文化意识和情感态度，分别对应《课标》课程目标的五个维度。下面将主要依照上述维度在教材内容范围和顺序（scope and sequence）页中的次序进行详述。

3.2.2 教材内容

3.2.2.1 语言知识

3.2.2.1.1 话题

话题于教材极为重要，是语言知识的组织"线索"，将词汇、语法和功能用语的选择和安排等有机串联起来，并为这些多元大纲组件的呈现提供了有意义的场景。同一话题会在全套教材中反复出现。此前的研究（王芳 2008；陈诗敏 2015；刘冬梅 2015）列举了各册话题，重点在于评述话题的范围，未对话题和《课标》进行对比。本文摘取教材各册目录页的话题（theme），将其与《课标》话题（合计 24 个大项，85 个小项）进行对照后发现教材的话题组织有几种情况：直接对应《课标》话题中的某一个或多个小项，这种情况最为常见，共涉及 37 个模块；仅对应《课标》话题大项，共包含 24 个模块，其中 5 个模块包含两个话题的合并；对《课标》话题进行一定拓展，比如八下 M5 的 Cartoons 是对《课标》第 16 项"文娱与体育"的拓展。

教材对《课标》话题的呈现并不均匀。经统计，话题数量按照从多到少排序（无论仅对应大项还是细分小项），依次为：学校，旅游与交通（各 6 次）；个人情况，文娱与体育，自然（各 5 次）；居住环境，安全与救护，语言学习，故事与诗歌（各 4 次）；人际交往，世界与环境，日常活动（各 3 次）；家庭、朋友与周围的人，节假日活动，购物，饮食，卫生与健康（各 2 次）；其余主题各出现 1 次。由此可见，与学生生活最为密切的学校是出现频次最高的话题之一，较为贴近学生生活（王芳 2008）。

《课标》只对话题进行列举，并未提出操作方案或建议。研究者以频次最高的"学校"主题为例，考察了本套教材对于同一主题的呈现，结果见表 1。从表中可以看出，对于同一主题，教材后续有复现、回顾和延展，探讨的内容也在逐渐复杂、深入。

表1 教材对于"话题"的诠释示例

	模块分布	话题诠释
话题：School	七上 M3	教室里的设备和布置；学校建筑物的布局
	七上 M5	学校科目；上学日的主要活动和作息
	七下 M4	未来学校的师生角色和作业等
	九上 M11	如何准备校内的摄影比赛；学校摄影展的结果
	九下 M2	学校介绍，包括学生人数、着装、教室布置、学校设施等；学校生活作息的细致描述，如主修课和选修课、社团、出游和课后活动
	九下 M8	毕业班派对和自己的未来计划；毕业生代表发言

综上所述，教材话题的选择完全基于《课标》，并进行了灵活处理。鉴于《课标》话题的类别较为宏观，教材在操作过程中的切入角度比较关键，应尽量选择便于系统拓展学生基础知识的内容，增加学科知识的含量，同时兼顾《课标》词汇量的要求。

教材话题的选择极为关键，然而选择话题绝不像看起来那么简单（Cunningsworth 2002）。话题的具体处理将在语言技能中的阅读部分进一步分析。

3.2.2.1.2 词汇

现有研究对词汇的分析尚不够全面，统计和分析相对简单，比如就词汇量而言，未按照类别统计词汇（刘冬梅 2015），未对数据结果深入分析（刘诗敏 2015）。关于词汇复现的研究关注不够，且结论不一，比如王芳（2008）统计了一个模块，认为词汇复现较多；沈利芳（2010）指出词汇复现不够；王伟（2014）依据自己的教学感受，认为词汇复现合理。本部分将从词汇量与分布、词汇复现、词汇呈现、词汇活动等方面进行综合分析。

词汇量统计结果显示，本套教材的词汇量高出《课标》要求。统计数据依据各册附录提供的词汇表，详见表2。

表2 教材各册词汇统计汇总

册数	要求掌握的词汇 （黑体词，不包括词组）	复习的词汇 （黑体加星 *）	超纲词汇 （白体）	合计	全新词汇
七上	419	224	7	650	195
七下	404	62	10	476	342
八上	292	16	6	314	276
八下	241	19	9	269	222
九上	343	11	19	373	332
九下	118	0	3	121	118
合计	1817	332	54	2203	1485

从表2可见，《英语（新标准）》教材要求掌握的词汇达到1817个（内含复现的小学词汇332个），总量高出《课标》要求（陈诗敏 2015）。《课标》规定五级（初中毕业）应学习1500 — 1600个单词，并罗列了要求学生掌握基本词义和用法的1500个词汇（内含小学阶段要求掌握的423词；不含词组和短语；不包括单词的派生形式），允许各地根据实际情况选择是否增加100词。

笔者认为，对于教材词汇量的审视应该考虑教学时间这一关键因素。《英语（新标准）》教材在教师用书中指出，这套教材的编写是以每周4—6节英语课，每节课45分钟来设计的。如果按每学期17个教学周统计，三年的课时应该为306 — 459小时。按照Cunningsworth (2002: 38)的说法："每120 — 140小时的通用课程中，可以至少教授1000词汇量"，以此标准计，三年初中英语课程应教授的词汇量可达2300 — 3500。由此来看，《课标》规定的词汇量有可能是偏低的，教材的词汇量也会相应地受到限制。关于教材词汇总量的标准有待更多数据来进行作证。

词汇分布方面，各册之间不均衡。每册教材要求掌握的总词汇量整体呈下降趋势，而新学词汇无明显规律（需要说明的是：所复现的小学阶段词汇大多出现在前面册数，比如七上和七下）。从每个模块来看，词汇分布整体均匀，有少数不平衡情况，比如七上的M4达到109个，而M9则只有37个。新学词汇方面，每个模块的词汇量在15 — 30之间，但也有少数例外情况，比如八上的M1新学词汇量达到 40 个，而 M11 则为 21 个。造成词汇分布不均衡现象的原因之一便是多元大纲内部各组件的协调问题，其重要性曾被 Cunningsworth (2002) 提及，Tomlinson (2008) 更是特别指出语言意义和要素协调的难度。这些都从侧面反映了教材编写的限制性和挑战性，也提醒教师的授课应据此适当调整进度，更好兼顾学生的接受能力。

统计数据显示教材的生词比例偏高。针对新学词汇，笔者采取随机抽样的原则，选取每册教材第四模块的阅读文章，统计新学词汇在文中的比例，结果显示有 3 篇文章（七上、七下、九上）的生词比例超过 5%（见表 3）。Cunningsworth (2002) 曾指出，尽管每个单元应教授的词汇量仍有争议，但通常情况下文本中的生词率不应超过 5%，以保证合理的学习量和文段的可理解性。如果以 5% 为标准，在当前词汇量不变的情况下，应增加课文长度。

表 3 阅读文章中的生词比例（样例）

册数	阅读文本总词汇量	阅读文本生词量	生词率
七上	124	12	9%
七下	193	18	9%
八上	225	6	3%
八下	265	12	5%
九上	324	18	6%
九下	380	8	2%

数据统计显示，词汇的复现不明显。复现是课程设计和教材开发领域的重要概念，Macalister (2010) 甚至强调复现比首次出现更重要，但他也指出复现是常常被忽略的元素。复现对于词汇和语法最重要，尤其是词汇，因为除了极为常见的词汇，其他词汇经常出现一两次便难以再现（Cunningsworth 2002）。尽管词汇复现非常重要，多数教材并未对词汇的复现标准做出明确说明（Cunningsworth 2002）。

笔者选择两个角度考察词汇复现情况：第一，通过主题的复现查看词汇复现；第二，考察词汇在所取模块内的复现情况。通过主题复现词汇的情况在本套教材中似乎并不明显，比如七上 M3、七上 M5、七下 M4、九上 M11、九下 M5、九下 M8 的话题均涉及学校生活，七上 M3 中新学的 23 个词汇（含 3 个短语）中有 7 个在后面相同主题模块复现（见表 4 左边 6 列：√ 表示有复现，× 表示无复现）。至于词汇在同一模块内的复现情况（表 4 最后一列）：与主题相关的几个词汇复现频率较高，其他词汇则不明显（需要说明的是，词汇复现并不局限于以上两种）。词汇复现整体来看比较随机，频率不高，研究结论提醒教师在教学中应有意识地加强对词汇的复现，以便于学生的学习和巩固。

表 4　词汇复现（样例）

七上 M3新学词汇	七上 M5	七下 M4	九上 M11	九下 M5	九下 M8	在七上 M3的复现次数
furniture	×	×	×	×	×	1
television	√	×	×	√	×	1
wall	×	×	×	×	×	2
thirty	×	×	×	√	×	2
forty	×	×	×	×	×	4
fifty	×	×	×	×	×	2
sixty	×	×	×	×	×	2
seventy	×	×	×	×	×	2
eighty	×	×	×	×	×	2
ninety	×	×	×	×	×	2
really	×	×	×	√	√	0
how many	×	×	×	√	×	9
lot	×	×	×	√	×	0
a lot of	×	×	×	√	×	0
oh	×	×	×	×	√	0
world	×	×	×	×	×	2
building	×	×	×	×	×	22
hall	×	×	×	×	×	15

dining hall	×	×	×	×	×	8
gate	×	×	×	×	×	1
office	×	×	×	×	×	6
lab	×	×	×	×	×	4
middle	×	×	×	×	×	1

词汇呈现较为醒目是教材的一个亮点。 首先，对接受性 (receptive) 词汇和产出性 (productive) 词汇进行了区别。产出性词汇，即新词汇，均放在词汇框 (vocabulary box) 中进行呈现，醒目、清晰，便于教学、学习和复习。阅读篇章中的某些新词也有可能是接受性词汇，如果它们对阅读理解造成一定影响，则通常通过阅读技能训练形式进行处理。教材附件中的词汇表呈现也是亮点之一：提供了按照模块顺序（学习词汇表）和字母顺序（查阅词汇表）排列的两个词表，便于查找，适应学生学习、复习的不同需求。

从词汇练习活动来看，形式和内容有待扩充。 相关研究指出，词汇活动或练习必须在实质上以一种有目的、有结构的方式帮助学生发展和扩充词汇，好的词汇活动一般会利用到词汇的下列内容 (Cunningsworth 2002: 38)：

- 语义关系，如同义词、反义词、下位词等
- 情景关系，如体育、交通等情景内的一系列词语
- 搭配关系，如固定搭配、名词和介词、短语动词等
- 形式关系，如各种派生形式

教材的词汇练习主要体现了情景关系和形式关系，对于其他关系则不多见或很少见。比如，教材词汇体现的情景关系集中出现在三个部分：在 unit 1 与听力活动相结合，在 unit 2 与阅读活动相结合，在 unit 3 与语言练习结合，突出了主题化、语境化的词汇学习特点。所有的词汇都首先以话题为大背景进行呈现，并在课文中以单词框形式表现小的主题：如电脑组件、生日相关等。词汇活动较多体现了**形式关系**，如用词汇的适当形式填空，这类活动几乎每个模块都有。仅有较少的词汇活动涉及**搭配关系**，如七上 M7U1 的词汇活动，让学生找出所列动词在文中的搭配。而利用语义关系的相关词汇练

习则鲜有见到。

教材中的词汇练习量不大，比如阅读文章后通常只有一道专门的练习活动。此外，词汇练习对于词汇学习策略的关注有待加强，应该为学生提供处理不熟悉词汇的方法，包括对于词汇系统的敏感度、查询词典以及对于词汇学习技巧的反思等（Cunningsworth 2002）。

总之，教材词汇呈现、词汇活动均有亮点，今后应更加注意词汇在各册、各课之间的均衡分布，降低生词比例，加强词汇复现，拓展词汇练习的形式和数量，强化对于学生词汇策略的培养。而关于学段内词汇总量，更需要国家课程政策的综合考虑和顶层设计。

3.2.2.1.3 语法和功能意念

3.2.2.1.3.1 **语法**

本套教材的所有语法项目在九下之前学完，九下对重点语法进行集中复习。语法的编排呈螺旋式而非直线式，即前面出现的语法项目可能在后面继续复现。

下面将从语法顺序、呈现、复现、练习等层面进行分析。

（1）**语法呈现应更好地结合语法指导，帮助学生更好领悟语法知识**。每个模块的语法结构集中在 unit 3 进行汇总和练习，方式为：列出在听力原文和阅读语篇中出现的句子，将语法点高亮，鼓励学习者对语法规则进行总结和练习，而不使用明显的元语言（metalanguage）。Cunningsworth（2002）认为这种归纳法类似儿童学习母语的方法，比较自然，但指出比较安全的做法是归纳法和演绎法相结合，比如要同时给出抽象的语法规则。国内的相关研究者也有类似的诉求，指出教材提供的语法指导应该更加清晰（刘冬梅 2015）。作者认为，可在文内的语法结构呈现之后配以适当的指导，或者提供更多例子，使得语法教学目标更为聚焦、突出。教材附录的语法部分虽然是对课文语法呈现的补充，但往往对课内语法知识进行了较多的扩充，教师在教学中应将两者有效结合起来，突出每节课的重点。

（2）**语法复现有待加强**。语法和词汇一样，不仅要在情境中学习并积极进行操练，也需要复现三到四次，才能进入长期记忆。教材的复现原则要清晰，以此不断强化所教授的项目（Cunningsworth 2002）。

现有研究指出教材语法呈现不够系统、集中（陈露 2009；王伟 2014；柳月娥 2012）。作者通过整理可以看出，某些语法只是名称上的复现并非真正意义上的复现，将一个内容分为数次学习，比如一般现在时在七上的第 1、5、6、7 模块都出现过，但每次都围绕不同的侧重点：含有 be 动词的一般现在时（M1）；一般现在时的肯定、否定和一般疑问句形式（M5）；一般现在时中的第三人称单数（M6）；一般现在时的特殊疑问句（M7）。第 10 模块的目录中也出现了一般现在时，在某个单项练习中和现在进行时对比。九上第 1 模块中出现的各种语法形式对比，可视作一种真正意义上的复现。针对已有研究的结果，作者认为可以考虑使语法点的呈现更为集中，并可以通过合并语法项目，增加复现频率，比如介词可以单独出现，也可以和 there be 等句型，或者肯定句、否定句、疑问句等句式结合。

（3）**语法练习形式可以更丰富**。教材语法练习的目的在于检测阅读/听力理解，比如将图片信息转化为文字信息，或者提供阅读段落让学生填空，使知识的建构均建立在之前的知识基础上。王芳（2008）肯定了本套教材语法活动设计的逻辑，比如从理解到表达，从形式到意义，从单句到语段，但也指出语法操练活动中，语言形式训练明显偏多且答案固定，即 Tomlinson（2008）所指出的过于偏重形式和控制性活动的倾向。语法活动设计的另一个特点是活动类型和模式较为固定，稍显单一（王芳 2008；陈诗敏 2015），应增加练习（刘冬梅 2015）。整体来看，语法练习在关注形式的基础上，可以提供更为丰富的语言情境，将形式和意义更好地结合起来，提升练习的趣味和效率。

3.2.2.1.3.2 功能意念

《课标》将功能和意念合为一个项目，并列出细目，这些细目都属于 Wilkins 所述的意念类范畴。Wilkins（1976，见 White 1988）将意念具体分为三类：语意——语法类；情态类，如可能性、必要性、责任等；以及交际功能类，如问问题、表达是否同意、邀请、接受、拒绝等。

本套教材在其目录页列出了每个模块的"function"项目，其中绝大多数为基于模块话题的交际类功能意念，较好体现了两者的融合。对于其他"意念"项目，比如空间、计量等，虽有涉及，但未进行一一对应，而是将某些项目（形状、材料、价格等特征类意念）与话题或语法（比如表达原因从句的逻辑关系）进行融合。这可能应验了 Dubin 和 Olshtain（2002）的说法，即功能项目很难以系统方式呈现，其内在属性决定其不容易被概括。

3.2.2.1.4 语音

语音活动的设计遵循《课标》要求并涵盖了《课标》规定，旨在增进学生以下方面的语音意识：单词中的音节重音、句子中的单词重读、句子语调、中国学习者感觉困难的地方。

语音版块的设计贯彻在语境中训练语音（contextualized pronunciation）的原则。语音活动中的所有词汇和句子要么来自听力文段，要么呼应本模块的语法或词汇内容。这样的安排便于学生及时应用所学知识。在顺序安排上，教材七上和七下以学习音标为主，八上到九下学习单词重音、句子重音、句子语调、连读、重读、意群等语音知识，并有复现。

语音版块内容全面，涵盖了学生在学习英语语音时在方方面面应注意的问题。笔者认为，此部分也有可以进一步提升的地方：首先，音标的呈现可以更为集中，本套教材音标的学习从七上持续到七下，建议缩短时间，因为音标是工具，服务于英语语音的学习，应尽快起到作用。其次，音标的呈现可以更为系统，同一类的音标不应间隔太长。比如，笔者抽取了七上音标的呈现进行统计后，结果如表 5 所见。

表5　七上音标呈现

M1	M2	M3	M4	M5	M6	M7	M8
/iː/	/h/	/ʌ/	/s/	/uː/	/ə/	/aʊ/	/k/
/ɪ/	/b/	/ə/	/z/	/ʊ/	/ɪə/	/əʊ/	/g/
/i/	/p/	/ɑː/	/t/	/ɔː/	/eə/	/f/	/θ/
/e/		/ɜː/	/d/	/ɒ/	/ʊə/	/v/	/ð/
/æ/							/ʃ/
							/ʒ/

　　表中可见，M3中有中元音和后元音，而辅音中的爆破音则分散在M2、M4和M8中，似乎显得不够连贯(刘冬梅2015)。教材的设计考虑了音标尽量与所学内容相关，但对音标本身的体系考虑不足。这就要求教师在教学过程中足够熟悉教材，并灵活运用。

　　最后，教材主要对目标语音的特征进行了高亮呈现，并未提供讲解、解释或归纳，而是让学生听录音进行辨别。但是，相关内容以不同的详细程度体现在英文版教师用书中。这就要求教师能够整理、调用更多的教材和教辅资源，结合学生语音学习过程中的困难，对语音知识要点进行精讲。

3.2.2.2　语言技能

　　教材语言技能模块的设计非常醒目，各模块中语言技能分块的指示(signpost)非常清晰，比如听力部分的Listening and vocabulary，口语部分的Pronunciation and speaking，阅读部分的Reading and vocabulary，流程清晰、合理，便于教师操作。下面逐一分析听、说、读、写四大技能的设计。

3.2.2.2.1　听

　　教材将听力(listening)和词汇(vocabulary)结合起来，放在每个模块第一单元的开始处，介绍本模块的话题，进行词汇准备，并培养听的能力。

　　现有研究主要关注听力内容（王芳2008）、难度（陈露2009；沈利芳2010；王伟2014）、练习设计（王芳2008；王伟2014），为教材提供了不同的观察视角和数据，但分析较为简单。

本研究首先关注听力设计如何对标《课标》，研究发现教材的听力技能整体上基本遵循《课标》的规定。与语言知识相比，《课标》对语言技能的描述较为宽泛。听力部分3—6级的总目标要求为：学生能听懂有关熟悉话题的语段和简短的故事；能在所设日常交际情境中听懂对话和小故事；能听懂有关熟悉话题的陈述并参与讨论。教材听力部分的主题均与每个模块主题一致，为学生熟悉的话题；听力在形式上以对话为主；活动设置有较多的结对子讨论，与《课标》要求相符。

除此之外，听力部分还有以下特色：

设计理念先进。听力板块贯彻"听力输入领先"的设计思路。听力分为小听力和大听力：小听力的听力原文放在教师用书中；大听力的原文在教材中呈现。听力板块旨在帮助学生做好新话题以及相关、必要的词汇/语法准备，并培养听力技能和习惯。所有听力音频均由专业的母语配音员在录音室录制，以保证语音质量。此外，伴随每个听力活动，教材都设计了 everyday English 项目，将听力中较为常用、地道的语言结构和固定用法总结出来，供学生学习。

听力难度适宜。听力活动的难度通常容易被低估，因此应提供较多的背景信息，使学生的理解变得容易（Cunningsworth 2002）。之前有研究指出旧版教材听力要求较高（陈露 2009；沈利芳 2010）。新版教材尽量降低听力难度，比如在每个小听力活动之前均设置词汇练习或者正误判断等铺垫活动，两个听力活动之间也通常有词汇的复现或关联。此外，新版教材的听力材料中不出现超纲词汇。王伟（2014）针对新版教材的研究表明听力部分内容简单、易懂。

听力设计可以考虑提升的方面为：

增加文本的真实性。教师用书在编写理念部分介绍到：听力部分的语言是自然的日常用语，但是却几乎无日常口语交往中的"冗余（redundancy）"等特征，以免混淆学习者。对于这一条，学界似乎有不同观点，比如 Tomlinson（2008）依据二语习得原则提出了 14 条教材评价标准，第一条便是考察教材是否反映真实的语言使用，如模仿口语特征，涵盖尽可能多的体裁等；Cunningsworth（2002）也曾有类似的说法，即不要忽略真实生活中的语言使用。王芳（2008）的教材对比研究显示，相较于外研版教材，人教版教材和北师大版的听力更为口语化，体现在使用不完整、非正式的句子，以及说话者的犹豫、自我纠正等语言行为。鉴于我国英语学界对于真实交际能力的强调，且考虑到学生最终学习语言的目的，建议听力文本可以适当增加真实语言交际的特点，比如设置背景音，或者考虑增加体现交际者的真实语言行为，如重复、确认、犹豫等。

形式和体裁可以多样化。整套教材的听力文本（大听力）全部为对话形式，围绕日常生活展开。Tomlinson（2001）曾对外语课程中听力文本多为关于日常话题的访谈/独语这一现象进行批评，认为它们尽管真实，但学习者对其的回应却不需要太多的认知或情感投入。这一点需要后续更多的实证研究来验证。笔者认为，教材设计可以尝试增加听力形式和体裁的多样性，满足该阶段学生的好奇心，提升学习兴趣。比如，《课标》提到了学生要听懂简短的故事，那么听力文本可呈现寓言故事、民间故事、神话故事等。

听力练习内容可以拓展。现有研究指出教材的听后练习多为客观题，检测学生的理解情况（王芳2008）。王伟（2014）的调研显示，个别教师认为教材听力中对话部分的练习题有所缺乏。笔者发现听力练习题既围绕词汇展开，也会有1—2道练习考查听力细节，可在此基础上，突出听力策略和技能的培养，有效、系统地培养学生听的能力。

3.2.2.2.2 说

这部分将speaking和pronunciation结合在一起。Pronunciation练习是一种比较机械的口语练习形式（Cunningsworth 2002），放在这部分的最开始处，使学生能够接受比较好的口语示范。Speaking部分的内容则是前面听力活动的延续，与其结合紧密。这部分的设计通常针对一个话题，先复现听力中的语言结构，再练习用这些结构进行口头表达。

先前研究肯定了口语部分主题丰富（王芳 2008；陈诗敏 2015）。在活动设计方面，王芳（2008）肯定了其对流利性和准确性要求的兼顾。陈诗敏（2015）还指出，口语活动设计在听力之后，对听力中出现的词汇、句型和语法进行巩固也是本套教材被认可的一个地方，学习者可以在类似主题下，借用上述词汇和结构，得以相对轻松地完成口语任务。

现随机抽取每册教材的第四模块，摘取其 Speaking 部分的活动如表 6：

表 6　教材的口语活动设计（样例）

册数	口语活动	提供句型 / 范例
七上	**Work in pairs. Make a shopping list.** **Student A:** Make a list of things you need. **Student B:** Make a list of things you've got. **Now ask and answer.**	— *Have we got any ...?* — *Yes, we have. We've got some ... / No, we haven't.*
七下	**Work in pairs. Ask and answer the questions.** ● Will schools be different in the future? ● Will students use books in the future? **Work in pairs. Talk about what your school will be like in ten years.**	— *We will study at home and only go to school for sports and games.* — *Well, this is good, but I'll miss my teachers and friends.*
八上	**Work in pairs. Ask and answer questions about the ways of going to school. Use the words in the box to help you.**	— *What's the most expensive way to go to school?* — *Going by taxi is the most expensive.*
八下	**Work in pairs. Act out a conversation between a doctor and a patient.** **Student A:** You are a doctor. **Student B:** You are at the doctor's. Choose one of the illnesses from the box in Activity 1.	— *How can I help you?* — *I've got a bad cough.*

九上	**Work in pairs. Imagine you are staying at home by yourself. Ask and answer.** 1 Can you look after yourself? 2 How will you make sure you wake up in the morning? 3 What will you eat?	*A: Can you look after yourself?* ***B: Yes, I can. / No, I can't.*** *A: How will you ...?* ***B: I'll ...***
九下	**Work in pairs. Talk about a trip to:** ● the beach ● the mountains ● the countryside ● the theatre **Now give rules and suggestions.**	

将表 6 和《课标》进行对比,可知口语部分的设计紧密贴合《课标》的规定。《课标》对初中阶段说的技能的目标要求是:能与教师或同学就熟悉的话题(学校、家庭生活)交换信息;能用简单的语言描述自己或他人的经历;能表达简单的观点;能就日常生活的相关话题与他人交换信息并陈述自己的意见。从表 6 的示例可以看出,在形式上,教材的口语设计注重生生交流,所有活动都是通过结对子完成;内容上,注重对于他人或个人经历的描述(九下:描述去往某地的经历),注重表达观点及与他人进行信息交流(七上:购物内容;七下:未来的学校;八上:不同的交通方式;八下:看医生;九上:个人在家时的情景)。

口语设计突出了真实性交际。从表 6 可以看出,每个口语活动均存在信息差,即不确定性,这是真实口语会话或讨论的特征,但这种特征在许多 EFL 教材中却是缺失的(Cunningsworth 2002)。另一方面,教材提供的口语范例或者技巧(最右栏)多围绕含有本模块语法特征或功能的句子,突出了教学目标,也可以起到练习和巩固的作用。

口语设计也有进一步提升的空间,比如,口语的交际可以不仅仅局限在结对子,可以有小组互动,或者教师主导等形式。讨论的内容也可以适当脱离听力或阅读文本,选择相关主题展开,使得学生在讨论时可引用这些已经学习或准备过的材料。此外，教材除了交际内容，也可以注重交际策略的引导，比如如何进行适当的话轮转换，如何提出问题，回应问题，并适当接上别人的话茬。

3.2.2.2.3 读

教材将 reading 与 vocabulary 结合起来，提供一篇与听力主题一致（与模块话题同）的文章，呈现主题相关的语言结构与词汇，培养学生的阅读技能，主要包括理解文章大意的能力，通过为文章添加标题、识别正误以及一些开放性问题等活动进行。其他技能训练还包括；寻找细节信息，理解文章结构，解决不熟悉词汇等。每种技能训练都包含不同形式的活动。

现有研究主要关注阅读部分的话题、长度和活动设计。话题方面，均认可这套教材主题丰富（王芳 2008；王伟 2014；陈诗敏 2015；刘冬梅 2015）；文章长度随年级增长依次递增，但比同类教材，比如人教版和北师大版，篇幅更长（王芳 2008；陈诗敏 2015）。研究者对此的解读也有所不同：陈诗敏（2015）认为这增加了初学者的困难，而王芳（2008）则认为教材的长度仍远远不够，不能为学习者呈现足够的词汇。以上反映了研究者不同的学习观。教材的活动设计旨在帮助学习者学习词汇、培养预测和理解能力，现有研究肯定了活动的丰富（王芳 2008；陈诗敏 2015），但指出可以增加读前导入活动（王芳 2008），或读前可针对陌生话题增加背景信息介绍（王伟 2014），读后活动可以增加更富挑战、更有创意、并提升学生批判思维的活动（陈诗敏 2015）。王芳（2008）同时关注了文章的体裁和生词率，指出这套教材以记叙文为主，生词率较高，与其他同类教材一致，但缺乏具体的数据统计支撑。

可见，现有研究对教材阅读部分设计的理念予以认可，也有不同的关注点。但是，这些评价多以主观印象为主，需要更加详实的数据支撑，在分析视角上也可以更加多样。笔者同样选取每册教材第四模块的阅读文章，审视其题材内容、体裁、文章长度和活动，所得结果见表7。

表7 教材的阅读部分设计（样例）

册数	内容	体裁	长度（总词数）	活动
七上	儿童的健康饮食	说明文	124	• Think of six words for food and drink. Make three lists: favorite, healthy, delicious. • Label the pictures with the words and expression from the box. • Read the passage and complete the table (Healthy/unhealthy food and drink for children). • Complete the passage with the correct form of the words and expression from the box. • Choose food from Units 1 and 2 for your meals. Now work in pairs. Talk about your answers.
七下	从天气变化、交通、度假等方面介绍未来生活	说明文	193	• Work in pairs. Look at the pictures and describe what you see. Use the words and expression from the box to help you. • Read the passage and match the pictures in Activity 1 with the paragraphs. • Match the paragraphs with the headings. • Check the true sentences. • Complete the passage with the correct form of the words from the box. • Match the words with their opposites. Use the passage in Activity 2 to help you. • Work in pairs. Talk about life in the future.
八上	从伦敦到阿姆斯特丹的不同交通方式及其优劣	旅游指南	225	• Work in pairs. Talk about the ways to go to a city that you like to visit. • Read the passage and number the ways of travelling from the most expensive to the least expensive. • Complete the table (good and bad points of different ways of travelling). • Complete the passage with the correct form of the words in the box.

八下	不同人的运动方式和健康感受	记叙文	265	● Describe the activities in the pictures. Which ones are healthy? ● Read the passage and match the people with the pictures in Activity 1. There is one extra picture. ● Complete the notes. ● Complete the sentences with the words in the box.
九上	一个一心想独立的孩子独自在家待了一天，出现各种混乱后，终于体会到独自一人的生活并非总是完美	记叙文	324	● Work in pairs. Talk about daily things you do alone and the things your parents do for you. ● Read the passage and choose the best summary. ● Complete the sentences. See how Zheng Chenyu's feelings changed. ● Complete the passage with the correct form of the words in the box.
九下	作者在森林和熊打交道的经历	记叙文	380	● Look at the picture and answer the questions. ● Read the passage and answer the questions. ● Complete the table (what happened/what they should or should not do). ● Complete the passage with the words in the box.

先看对标情况。《课标》对初中阶段阅读技能的目标要求是：能读懂小故事及其他文体的简单书面材料；能读懂常见文体的小短文和相应水平的英文报刊文章；能读懂相应水平的读物和报纸、杂

志，克服生词障碍，理解大意；能根据阅读目的运用恰当的阅读策略。上面所选阅读部分包含常见的记叙文、说明文等文体，有专门的词汇策略练习活动，重点关注课文大意理解，整体上贴合了《课标》的要求。

笔者结合 Cunningsworth（2002）提出的几个阅读维度：内容、体裁、活动设计，对阅读板块分析如下：

内容方面的趣味性可以进一步提升。整体而言，在所选的几个文本中，九下出现了几处有趣的变化（divergence），其他文本内容则较为普通。Cunningsworth（2002: 88）曾提醒过：教材若包含较多粗略、平淡的内容，其中的琐细小事不能吸引学习者的智力投入、不能影响 / 挑战学习者。他呼唤内容的真实性和交际性，指出这对于学习者之间的互动很有价值。国内学者也提出教材题材要丰富，要贴近学习者的生活（程晓堂，孙晓慧 2011）。贴近学生生活的内容可以为学生带来熟悉感，但也要防止过于琐碎和平凡，要增加有趣的分歧或差异（Tomlinson et al. 2001），Tomlinson et al.（2001）的大规模调研显示广大师生对于有趣文本的强烈要求。

体裁可以更丰富。以上所选文段的体裁特征并不十分典型，文章的活动设计也并未突出和强调体裁特点。从文本来看：七上和七下为科普类说明文；八上为旅游指南；八下、九上和九下为记叙文。所选文章均为专门编写，旨在呈现目标词汇和语法结构等元素，这种特点贯穿整个系列（除了几篇信件体裁较易辨之外）。Cunningsworth（2002）曾指出应该在学生能力范围之内尽量寻求体裁的多样性，比如广告、信件、调查问卷、杂志故事节选、小说节选等。

练习设计可更注重逻辑性。练习旨在帮助学生理解课文，鼓励学生获取有效的阅读策略（Cunningsworth 2002）。教材涵盖了读前活动、提前教授不熟悉词汇、提取具体信息等阅读理解活动，以客观题目的形式呈现，基本涵盖了 Cunningsworth 提出的几个维度，但是鲜有设计触及学生个人经历的活动。

3.2.2.2.4 写

写作活动紧跟在阅读部分之后，体现输入带动输出的理念。

写作的主题紧扣每个单元主题，关注重点为语篇标记和不同的文体类型。

先前研究肯定了本套教材的写作类型丰富（王芳 2008；王伟 2014；陈诗敏 2015)，梯度合理，如难度相对较大的说明文和议论文出现在高年级阶段（陈诗敏 2015）。此外，研究者也肯定了写作部分的活动设计注重写作过程，且给予了较多的写作指导（王芳 2008；王伟 2014）。但整体上，上述分析都略显简单，一笔带过。

表 8 中抽取了六册教材中第四模块的写作设计，以此为例展开具体分析。

表 8　教材的写作设计（样例）

册数	写作活动
七上	**6 Look at the sentences.** Meat and fish are healthy food. Too much meat isn't healthy. *Meat and fish are healthy food **but** too much meat isn't healthy.* **Now join the sentences with *but*.** … **7 Complete the sentence about yourself.** *… and… are healthy food but … and … are my favourite food.*
七下	**Look at the sentences.** Working hours will be short. People will have long holidays. *Working hours will be short so people will have long holidays.* **Now complete the sentences with *so*.** …
八上	**5 Work in pairs. Ask and answer about the ways of travelling. Use the information in the table.** — *What's the cheapest way to travel from London to Paris?* — *The cheapest way is by coach.* **6 Write a passage about ways of travelling from London to Paris. Use the information in Activity 5 and the passage in Activity 2 to help you.** *You can go from London to Paris by coach, plane or train. Travelling by plane is the fastest but also the most expensive way.*

八下	**5 Work in pairs. Look at the pictures of Colin. Write notes and explain:** ● What the problem was ● What suggestions the doctor gave him ● What happened next ● How Colin feels now **Now write four sentences to describe what happened.** **6 Write a passage about healthy living. Use the sentences you wrote in Activity 5 to help you.**
九上	**5 Write a passage about what you can do and what you cannot do when your partners are away.** ● Make lists of what you can do and cannot do when your parents are away. *I can wake up on time. I cannot make breakfast.* ● Now join the sentences with *although, but, or so ... that.* *I can wake up on time, although I cannot make breakfast.* ● Write a conclusion to the sentences. *I will miss my parents, but I think I can look after myself very well.* ● Share your passage with you classmates.
九下	**5 Think of an area of countryside nearby. Answer the questions and make notes. You can use reference book or the Internet to help you.** ● Where is it? ● How can we protect ourselves? ● Why do people go there? ● What should we do to look after the place? ● Are there any dangers from animals? **6 Write sentences with the notes you have made in Activity 5.** **7 Write a passage called *Look after the countryside and yourself*. Use the sentences you have written in Activity 6 to help you.**

分析显示，写作部分的设计能够贴合《课标》，并进行了较好的拓展。《课标》对于写作技能的目标要求是：能用短语或句子描述系列图片，编写简单的故事；能合作起草和修改简短的叙述、说明、指令、规则等；能根据提示独立起草和修改小作文。表8的实例体现了《课标》的部分要求，写作类型包含了图片描述（八下），起草简短的叙述（八下）、说明（八上，九上）、规则（九上）；八上到九下都在进行写作练习。八上和八下的写作活动要求学生结对子

起草文章这一合作形式，但教材对于合作修改似乎强调不够。

具体来讲，写作部分设计的亮点为：

类型丰富，设计循序渐进。表 8 呈现的写作活动包括写句子、记笔记和写文章。整体来看，教材既关注微观层面的句子写作，也涉及篇章写作，包括邮件、描述文等不同文体。七上还有更为细致的标点、字母大小写等层面的训练，以体现书面语和口语的区别（Cunningsworth 2002）。

活动指导性强。写作活动通常为控制型或指导型，通过给出范例、标记目标文体特征，让学生模仿（七上和七下），或者给出分步骤的提示或写作要点，再让学生根据范例写作或连句成篇（八上、八下、九上和九下）。写作活动中用到的句型和结构强化了阅读中出现的语言点（七下中用 will 表示将来时态的用法，八上的形容词最高级形式，九上的连词，九下的情态动词）。

体现了语篇意识。Cunningsworth（2002）指出，除了句子层面，写作材料也应该使学习者熟悉写作文体的语篇特征，至少是在段落层次，这是大多数写作文体的基本组织结构。九上和九下所列出的写作提纲，便是在帮助学生理解段落写作的层次和组织思路。

整体来看，写作部分的设计较好地体现了教材的设计理念，写作设计的系统性和循序渐进性也便于教学和学习。

3.2.2.3 文化意识

对应《课标》的文化意识维度，《英语(新标准)》教材的每个模块均设计了 Around the world 板块，对该模块的文化内容进行补充和拓展，旨在通过中外文化对比，引导学生注意与课文主题相关的信息，提升学生的社会文化意识，并提供该模块文化元素的扩展思路。当然，文化元素的处理也贯穿在整个系列的主题选择与呈现角度中。

陈诗敏（2015）将《课标》中文化意识的细化标准和教材文本进行了对比，发现教材涵盖了《课标》的所有细目，但比例有所不同。英语国家的地理位置、气候特点、历史以及英语国家的人际交往习俗占据的比例最高。张双双（2016）的调研显示教材提供的文化内容难度合理，但应增加中国文化比例，突出与西方文化元素的对比；此外，文化的呈现因缺乏文化主线，不够系统；最后文化元素以英美国家为主，英国尤甚，虽然也包括法国、德国、俄罗斯、意大利等国家元素，但其他国家相对被忽略（张双双 2016）。Tomlinson（2008）曾指出全世界范围内 ELT 教材的一个特点是对于英美文化之外其他地方文化的处理较浅。建议教材可增加对欧美国家之外其他文化的呈现，避免不够深入和表面化，以提升学生对不同文化的理解和体验，这也符合我国"一带一路"倡议下的跨文化交际要求。

纵观以上，教材较好地体现了《课标》关于文化意识的整体目标要求：能意识到语言交际中存在文化差异；在学习和日常交际中注意到中外文化的异同；增强对文化差异的理解与认识，以及其细化要求。然而，《课标》未具体规定文化元素的呈现方式和比例情况。文化内容的呈现及其与学生跨文化能力培养的关系仍需学界进行不断的探索。

3.2.2.4 学习策略

针对《课标》中学习策略的要求，教材每个学习模块均专门设计了短小精悍的 Learning to learn 栏目，提供关于学习者如何培养良好学习习惯的建议，比如如何组织词汇、如何记忆不规则动词的过去式、如何处理难度较大的阅读篇章等，其内容选择结合模块主题，从主课文内容、文化、语言、学习难点等角度对学生进行点拨和启发。

《课标》将学习策略分为认知策略、调控策略、交际策略和资源策略四个部分，并对初中毕业应达到的五级标准进行了简要列举。笔者将 Learning to learn 部分梳理成表（篇幅所限，略去表格），并与《课标》要求进行了对照，发现《课标》的四类学习策略均在教材中得到体现，比如认知策略中的"对复合词归类"，调控策略中的"利用自己英语学习中的长处弥补短处"，交际策略中的"关注交谈中的非语言信息"，资源策略中的"利用英语学习他国文化"。当然，教材的其他学习任务中也在培养学习者的学习策略。

Learning to learn 的出现位置非常灵活，主要与每个模块的口语和阅读板块进行结合，但也带来了一些问题。比如，王芳（2008）指出教材的学习策略整体显得空泛。笔者对比了人教版教材的处理方式，发现其从八下开始为阅读语篇设置专门的学习策略板块，与阅读技能密切相关，系统性和针对性更强。本套教材中，该部分位置灵活和内容多样则既是优点也是缺点，优点是覆盖范围较广，缺点是会损失内容的系统性。

3.2.2.5 情感和态度

教材未将《课标》的情感和态度这一维度进行单列，而是将其融入内容选择、活动设计和文化知识介绍中。先前研究认为教材的设计在方方面面均体现了情感和态度（王伟 2014；陈诗敏 2015）。

笔者通过分析发现教材主要是通过文本内容，让学生从情感体验角度参与到学习过程中，产生共鸣，引发思考，比如八上 M9 Population、八下 M6 Hobbies、九上 M3 Famous people 和 M8 Sports and matches，最后两个模块也融入了祖国意识元素；教材的活动设计中有较多的结对子和小组活动，尤其是口语练习和模块任务中，以培养学生的合作精神；Around the world 部分介绍世界各地文化，开阔学生的国际视野。

3.2.3 配套资源

《英语（新标准）》教材的配套资源较为丰富，资源之间进行了各种形式的组合，除了学生用书之外，还包括：

- 教学磁带：学生用书上要求"听"的课文及练习的全部朗读材料均按课次录制在磁带上。录音者均为以英语为母语者，录音中常配有相关背景音，力求模拟语言的真实使用情景。
- 教学挂图：挂图内容基于教材，将与教材核心教学内容相关的图片重新组合。
- 活动用书及配套录音带：活动用书反映教材的话题、词汇、语法和模块任务项目，用于练习、巩固、检测学生用书中所教授的语言项目。

- 教师资源包
    - ✓ 教师用书：教师用书的目次之前包括两项重要内容："致教师"和教材英方主编撰写的the principles, methodology and contents。"致教师"介绍了教材的编写指导思想、英语教育理念、教学资源、教学时间分配建议、教学方法建议和教学评价。英方主编撰写部分则对教材的编写原则、作用、编写理念、组成和结构进行了详细介绍。
      教师用书的主体包括中文和英文两部分。中文部分以模块为单位，首先以图表形式展示每个模块的教学目标，分为语言知识目标、语言技能目标、学习策略、文化意识、情感态度和模块任务；接下来依次为教学内容分析、教学过程建议、教学评价建议和教学资源库（包含课文注释、课文译文、背景知识、补充词汇和附加活动）。英文部分提供了分步教学建议、活动答案、听力原文等。
    - ✓ 展示课光盘：包括教材分析和教学指导，以及针对一个典型模块拍摄的展示课，其中展示课包括课堂实录、教师说课和专家评课，为教师的教学提供范例，供教师借鉴。
    - ✓ CD-ROM（单机版网络教材）：光盘将纸质教材以电子化形式呈现，将教材相关的音频、视频、翻译等资源嵌入，实现了所有练习活动的电子化操作，此外还提供辞典查询等辅助学习功能。光盘可以在线更新，教材和光盘内容的任何改动都可随时同步。
    - ✓ 在线版网络教材体验卡：该产品为CD-ROM的在线升级产品，除了包含CD-ROM中的核心教学功能，还增加了语音评测、虚拟班级、作业布置等，增强人机交互、师生互动体验，为师生提供便利。
- 独立包装的CD-ROM（单机版网络教材）：与前述CD-ROM为同一产品，供师生单独购买。
- 网络支持平台：外研社基础分社网站提供教材相关的教学资源共享、教师发展项目、科研课题、产品介绍、活动赛事等栏目。

● 配套教辅：主要为同步练习册、同步阅读和同步听力。

配套资源的提供使得教材体系更加完善、立体、现代和动态，延伸了教材使用的时间，拓宽了其使用空间。教材配套资源还可以进一步完善，比如为学生提供更多的听力和阅读资源，并精准匹配学习者当前的程度；为教师提供更为详尽和操作性强的教学指导等。

4. 结论和启示

作为基础教育阶段教材"一纲多本"政策执行后首批通过教育部审核、并在国内使用的教材之一，《英语（新标准）》的开发和修订可为我国今后英语教材编写提供有益的借鉴：

(1) 项目组建：教材出版社的实力和资力非常重要。教材出版工程浩大，人力、物力投入巨大，需要各部门之间的通力合作。送审和课前到书的要求，对教材项目队伍提出了很高的要求。

教材出版参与人员的专业素质和沟通能力对于项目的推动和成功功不可没。编写者若足够专业，可以大幅降低编辑的工作量，否则则反。教材编辑的专业性同样重要，除了一般意义上的审校能力，还包括其对教材编写的理论认识和实践经验，对《课标》的理解能力，对初稿的审读和反馈能力，对教材体例的敏感性和整体把控能力，以及沟通能力，特别是跨文化沟通能力，编辑的成长需要时间和积累。

(2) 教材编写：《英语（新标准）》以话题为纲，统摄其他《课标》元素的做法比较巧妙，因为话题通常可以确保所有元素呈现在一个交际性场景中，但各个元素之间的相互匹配 (match) 和协调 (integration) 非常关键，这既是重点也是难点。

(3) 教材组织：教材在第一册设计 Starter 部分衔接小学教材，帮助学生更好地完成从小学到初中的过渡，具有较强的实用性。此外，各册教学模块数量的设计也结合了当今中学教学的实际情况，具有参考性。

同样，现有的相关研究也在不同方面提醒我们在教材编写中应更加注意以下方面：

(1) 知识点复现：Tomlinson (2008) 指出全世界范围内 EFL 教材的缺点之一是对学习要点的复现不足。对中国的 EFL 学习者而言，词汇和语法的复现非常重要。复现问题与教材编写的"技术"相关，但也不可避免地涉及其他因素，比如就词汇编写而言，必须决定要首先用到或呈现哪些意义，《课标》仅提供词族而未标注其意义，也就未明确说明呈现词汇的交际场景，这对于我国年幼的英语学习者的帮助不够，也为教材编写带来挑战。因此应整体、客观地看待这一问题。

(2) 文本内容与真实性：教材内容除了要服务于教学这一目的，也应吸引学习者充分投入，因此不难理解文本的趣味性已成为广大师生的共同要求，这就需要其内容满足学习者对于生活的好奇心 (Barrios, Debat & Tavella 2008, in Tomlinson 2008)、富有挑战并能增进学生的知识 (Cunningsworth 2002)；需要文本体裁多样，能充分吸引学习者智力和情感投入，特别是对于低龄段或语言水平较低的群体而言 (Masuhara & Tomlinson 2008, in Tomlinson 2008)。起步阶段学习者的教材中，真实性材料相对较少 (Barrios, Debat & Tavella 2008, in Tomlinson 2008)，多为专门编写 (Cunningsworth 2002)。本套教材采取多元大纲的编写方式以落实《课标》各项规定，需要协调语言内容和意义的关系——这一最大的技术难题 (Tomlinson 2008)，其中语料多为专门编写，通常篇幅较为固定，充分证明"戴着镣铐跳舞"的教材编写工作的挑战性。但是，无论语料是否真实，都应遵循下列原则：教材所呈现或用于练习的语言应是学习的范例，并代表真实的语言使用 (Cunningsworth 2002: 66)。

(3) 学习资源的提供：尽管教材的资源配套非常丰富和立体化，比如《英语(新标准)》教材推出了网络版和单机版，拓展了学习的时间和空间；教材配套的动画等增加了内容的丰富性和趣味性，但学生接触到的主要英语学习材料仍然是教材上极为有限和简短的文章，缺乏与之紧密关联、配套的泛读材料，这个问题仿佛是外语课程的世界性问题，但泛读在学生的语言习得与发展中起着不可替代的作用(Tomlinson 2008)，不能忽视。

最后，笔者想特别强调教材编写与《课标》之间的关系。通过全文分析，可以清晰看到教材编写严格以《课标》为纲，紧密贴合《课标》的要求，特别是在形式上严格对标。然而，教材如何在符合《课标》的前提下，遵守并科学体现英语学科的规律、教材编写行业的智慧、青少年的学习特点和规律，从而更好地服务于教学，不仅需要教材编写者持续不断的努力，也需要《课标》等政策文件的指引。

参考文献

［1］ Barrios M L, Debat E D & Tavella, G. Materials in Use in Argentina and the Southern Cone [A]. In Tomlinson, B. *English Language Learning Materials: A Critical Review* [M]. London: Continuum International Publishing Group, 2008. 300–316.

［2］ Cunningsworth, A. *Choosing your coursebook* [M]. 上海：上海外语教育出版社，2002.

［3］ Dubin F & Olshtain E. *Course Design* [M]. 上海：上海外语教育出版社，2002.

［4］ McGrath I. *Materials Evaluation and Design for Language Teaching* [M]. 上海: 上海外语教育出版社，2016.

［5］ Nation I S P & Macalister J. *Language Curriculum Design* [M]. New York and London: Routledge, 2010.

［6］ Masuhara H & Tomlinson B. Materials for General English [A] In Tomlinson, B. *English Language Learning Materials: A Critical Review* [M]. London: Continuum International Publishing Group, 2008. 17–37.

［7］ Richards J. *Curriculum Development in Language Teaching* [M]. 北京：外语教学与研究出版社，2008.

［8］ Tomlinson B. *English Language Learning Materials*: *A Critical Review* [M]. London: Continuum International Publishing Group, 2008.

［9］Tomlinson B & Masuhara H. Adult Coursebooks [J]. *ELT Journal*, 2013, 67(2): 233–249.

［10］Tomlinson B, Dat B, Masuhara H & Rubdy R. EFL courses for adults [J]. *ELT Journal*, 2001, 55(1): 80-101.

［11］White R. *The ELT CURRICULUM: Design, Innovation and Managemen*t [M]. Oxford: Basil Blackwell, 1988.

［12］Wilkins A. *Notional Syllabuses* [M]. Oxford: Oxford University Press, 1976. 转引自 White R. *The ELT CURRICULUM: Design, Innovation and Managemen*t [M]. Oxford: Basil Blackwell, 1988.

［13］陈大方. 初中《新标准英语》教材中言语行为分布及其特征的研究[D]. 浙江工商大学，2013.

［14］陈露. 创造性使用《英语（新标准）》初中教材的几点尝试[J]. 基础英语教育，2006 (3).

［15］陈诗敏. 初中《新标准英语》教材的适用性研究——以广西南宁市三所普通初中为例[D]. 广西师范大学，2015.

［16］程晓堂，孙晓慧. 英语教材分析与设计[M]. 北京：外语教学与研究出版社，2011.

［17］李纳. 对初中《英语》新标准教材的分析与评价[D]. 内蒙古师范大学，2011.

［18］刘冬梅. 农村学校英语教材适用性研究——以武川县外研版初中教材使用情况为例[D]. 内蒙古师范大学，2015.

［19］齐仕融. 对新目标和新标准两套初中英语教材中插图的比较研究[D]. 杭州师范大学，2016.

［20］邱辉，陆巧玲. 不同版本七年级上册英语教材的对比分析——以外研版《英语（新标准）》与人教版《英语（新目标）》为例[J].《教育观察》，2014(19).

［21］沈利芳.《新标准》初中一年级英语教材使用情况调查与分析[D]. 内蒙古师范大学，2010.

［22］夏纪梅. 现代外语课程设计理论与实践[M]. 上海：上海外语教育出版社，2003.

［23］张双双. 跨文化视角下《新标准英语》初中教材文化内容分析[D]. 山东师范大学，2016.

译林版初中英语教材研究报告

译林出版社 马绯璠

1. 教材概述

译林版初中英语教材由译林出版社和牛津大学出版社（中国）有限公司合作出版。译林出版社成立于 1988 年，隶属凤凰出版传媒集团，位于江苏省南京市；牛津大学出版社（中国）有限公司是牛津大学出版社的全资附属公司，其总部现位于香港，上海设有分公司。

译林版初中英语教材以牛津大学出版社出版的 *English Treasure* 为素材，根据中国学情和国家课程标准进行了修改。中方主编是南京大学外国语学院教授、博士生导师王守仁和江苏省教育科学研究院英语教研员、正高级教师何锋。英方主编是 Catherine Dawson 和 Joanne Claire Kent，Catherine Dawson 是英国资深英语语言教学专家，多年来致力于开发第二语言习得的教学策略和学习策略，Joanne Claire Kent 是英国资深编辑、作家，英国作家协会（Society of Authors）成员。

2. 教材的编写和修订情况

译林版初中英语教材第 1 版是依据《全日制义务教育普通高级中学英语课程标准（实验稿）》编写的，2002 年经教育部审查通过。现正在使用的译林版初中英语教材是根据《义务教育英语课程标准（2011 年版）》（以下简称《课标》）对第 1 版进行了修订的新版本，该版本教材于 2012 年通过教育部审定，并于当年开始正式出版和投入使用。根据教育部规定，修订后的英语教材名称由《牛津初中英语》(7A—9B)统一变更为《英语》（七年级上册—九年级下册）。本书中如果未特别指出，则均是指修订后的第 2 版译林版初中英语教材。

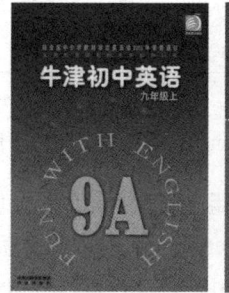

图 1　新旧版教材封面

修订后的教材使用了新封面，图 1 左侧为第 1 版封面（以 9A 为例），右侧为第 2 版封面（以九年级上册为例）。第 2 版教材与第 1 版教材相比，整体框架基本不变，原有的优势得到了发挥；同时，修订后的教材体现了《课标》在语言知识、语言技能、情感态度、学习策略和文化意识等方面的要求，加入了更加富有时代感的内容，并充分考虑一线师生的反馈，让教材内容更加适合中国学生英语学习的需求。修订主要体现在单元体例调整、难度调整、单元数量和话题调整这几个方面。

2.1　单元体例调整

第 2 版译林版初中英语教材相比第 1 版，单元内部架构进行了一定调整，修订前每单元有 9 个板块，修订后调整为 8 个板块。从表 1 可以看出第 1 版和第 2 版板块设置方面的不同。

表 1　新旧教材板块设置

第 1 版板块	第 2 版板块	板块功能
Comic strip	Comic strip	卡通漫画
Welcome to the unit	Welcome to the unit	导入

Reading	Reading	阅读
Vocabulary		词汇
Grammar	Grammar	语法
Integrated skills	Integrated skills	综合技能
Study skills/Pronunciation	Study skills	学习技能
Main task	Task	任务
Checkout	Self-assessment	自我评价

其中调整比较大的是学习技能（Study skills）板块、任务（Task）板块和自我评价（Self-assessment）板块。第 1 版教材中词汇（Vocabulary）、语音（Pronunciation）、学习技能（Study skills）三个板块在第 2 版教材中合并为学习技能（Study skills）板块，词汇尽量安排在语篇中学习，不再单独分出板块，以避免词汇学习与语篇学习产生割裂，与构词法有关的内容则移至学习技能（Study skills）板块。调整后的学习技能（Study skills）板块各册有着十分鲜明的侧重点：七年级上下两册为语音、语调知识，八年级上册为构词法，八年级下册为写作技能，九年级上册为阅读技巧能，九年级下册主要为交际策略。学习技能（Study skills）板块将之前分散讲解的内容进行了整合，相关内容尽量集中在连续的单元中呈现，条理清楚，循序渐进，更加有利于教学；同时，新版教材删除了一些一线师生反映不实用的内容，增加了更多实用内容，加强了对学生的技能指导。板块调整方面还体现在将主任务（Main task）板块改为任务（Task）板块，名称进行了微调，经过适度修改降低了对学生的要求，为学生完成写作任务提供更多支撑。检测（Checkout）板块改为自我评价（Self-assessment）板块，更名后还进行了重新设计，新的设计中该板块主要考查学生对单元话题内容的把握、对单元词汇的掌握及运用、对单元语法项目的理解及运用、对学习技能介绍的有关知识的运用。

2.2　难度调整

修订后译林版初中英语教材难度有所下降。第 1 版教材投入使用后部分一线教师反映难度偏大，教学中存在困难，部分学生感到学习起来比较吃力，对英语学习产生了一定的畏难情绪。第2版教材对难度进行了较大调整，通过缩减容量和降低要求等方法实现了难度的适度降低。

教材容量方面，第1版六册教材页码分别为102、104、104、104、112和68，全套教材共594页，第2版六册教材页码分别为100、100、100、100、116和60，全套教材共576页。修订后的教材每个单元由原来16页（部分单元为18页）缩减至12页（九年级上册和九年级下册每个单元为14页），通过降低容量为学生减负。

词汇方面，尽可能地删减《课标》未做要求的词汇和复杂的专有名词，提高基础词汇复现率。特别是与小学阶段衔接紧密的初中起始阶段七年级上册，尽量降低难度和要求，保证小学与初中平缓、自然地过渡和衔接。

为了降低难度，各个板块内部也进行了较大幅度的调整。例如，阅读（Reading）板块篇幅缩减，容量减少。原来该板块的语篇大多为2页，修订后七年级上册均为1页，语篇长度明显变短，后几册教材语篇长度逐渐增加，体现梯度；在语言表达方面，语篇在保证地道性的前提下，对句式进行了简化，有利于减轻学生学习压力。综合技能（Integrated skills）板块中，A部分的听力内容难度降低，大部分听力内容采取分步呈现的方法，练习也降低了难度；A部分听力内容和B部分Speak up（让学生开口说并提供了范例）的话题衔接度更好，让学生在输入之后再进行输出，降低了教学难度。任务（Task）板块降低了范文语言难度，新增的Useful expressions部分提示学生写作时需要用到的常用表达，为学生写作提供了有效支撑。语法（Grammar）板块也进行了较大调整，第1版教材中该板块每单元为3—5页，修订后将篇幅缩短至2—3页；语法项目也有所减少，第1版教材每个单元一般有3—4个语法项目，修订后每单元仅包含一个难度较高的语法项目或两个相对容易掌握的语法项目。另外，修订后教材对一些语法难点进行分次处理，并尽量安排在相邻单元，便于学生更好地消化、吸收，减轻了学生负担。例如，第1版教材中一般现在时安排在一个单元学习，修订后分布在两个单元，在第一单元仅学习 be 动词的一般现在时，在第二单元再学习行为动词的一般现在时；第 1 版教材中一般过去时安排在一个单元，修订后拆分到两个单元学习，先学习一般过去时的陈述句形式，下一单元再学习一般过去时的疑问句和否定句形式；现在完成时则分三个单元学习，第一单元讲解现在完成时的主要用法，第二单元讲解了其他用法，第三单元则讲解了一般过去时和现在完成时的区别，将现在完成时相关知识点进行分散学习。在顺序安排上，语法点先易后难，《课标》要求的主要语法内容安排在前五册，基本上每个模块只包含一个重点语法项目，每册学习两个重要的语法项目，辅以一些难度较低的语法知识点，九年级下册不再安排新的语法项目。被动语态调整至八年级下册最后两个单元，与前面的语法难点现在完成时隔开，避免难点过度集中。此外，教材尽量在一段时间内不断复现所学语法项目，以达到巩固、强化的目的，并保证相近语法项目集中呈现。

2.3　单元数量和话题调整

第 1 版教材共 34 个单元，每册书有两个模块，每个模块包括 3 个单元，一册共 6 个单元（九年级下册为 4 个单元），单元数目偏少，话题不够丰富，单元教学时间长，这样的大单元设计容易使学生感到单调、乏味。修订后教材共 44 个单元，每册书仍然包括两个模块，每个模块包括 4 个单元，一册共 8 个单元（九年级下册为 4 个单元），这 44 个单元全面涵盖了《课标》要求的 24 个话题项目下的 85 个子项目。单元数量增加后每个单元容量减小，学时缩短，更加有利于教学。

具体来说，七年级上册新增两个单元，分别为第二单元 Let's play sports! 和第三单元 Welcome to our school，其余单元主题不变；七年级下册新增两个单元，分别是第二单元 Neighbours 和第六单元 Outdoor fun，其余单元主题不变；八年级上册新增两个单元，分别是第四单元 Do it yourself 和第七单元 Seasons，其余单元主题不变；八年级下册新增两个单元，分别是第四单元 A good read 和第五单元 Good manners，原来 Charity show 和 Charity walk 替换为

Sunshine for all 和 A green world；九年级上册新增两个单元，分别是第四单元 Growing up 和第五单元 Art world，其余单元主题不变；九年级下册单元主题未变，只对顺序进行了调整。

3　教材评析

3.1　相关评价

3.1.1　审查意见

国家基础教育课程教材专家工作委员会对译林版初中英语教材给予了较高评价，认为修订后的译林版初中英语教材指导思想符合《课标》要求，编写思路清晰，教材内容编排科学、严谨，连贯性强，有利于教学；教材选材时代感强，贴近学生生活，符合学生的年龄特征和认知水平，易于激发学生兴趣；练习形式多样，训练目的明确，形式为教学内容服务，有利于学生能力的培养；教材版面设计新颖，色彩丰富，清爽宜人，对学生有吸引力。

3.1.2　文献综述

许多研究者，特别是一线教师，对译林版初中英语教材进行了研究，提出了自己的看法。徐建国(2016)对译林版初中英语教材进行了整体剖析，认为教材虽然存在音标标注不全、指示语表述方式有待完善等细节问题，但整体上是一套质量高、语言新、内容广、入口宽、出口活的好教材，能够满足初中英语的教学需求。还有研究者将译林版初中英语教材与其他版本教材进行了对比研究。康莉丽(2016)对比研究了译林版初中英语教材、人教版初中英语教材、冀教版初中英语教材和仁爱版初中英语教材，认为译林版初中英语教材采用典型的板块式单元设置，技能和知识交叉融合，能够保证学生综合语言能力的提升，相比其他版本教材更加关注学习策略的培养，有助于提升学生的自主学习能力，更加以学生为中心，但也存在对本国文化介绍不足、合作学习机会不够等问题。

有研究者对教材中的练习题目设置进行了研究。徐嘉瞳(2017)认为教材中各类练习分布相对科学，逻辑性、层次性和趣味性较强，与初中生的认知特点相吻合，能够激发学生内在学习动机，语言知识的覆盖面较广，并且注重基本语言技能的培养，在考查情感态度、学习策略以及文化意识方面虽然并不完美，但较之于过去的教材几乎完全忽视这几个方面的考查而言，已经有了跨越性的进步，不足之处则是整体题量略大，词汇练习的词汇复现率偏低，语法练习形式单一等。

教材中语篇的多模态呈现形式也引起了研究者的关注。陈涛 (2016) 选取译林版初中英语教材中的阅读 (Reading) 板块为研究对象，分析语篇中所涉及的主要模态形式，探讨图像、排版、颜色在教材中如何体现意义。仲丽娜 (2015) 深入研究了译林版初中英语教材多模态语篇中语言和图像符号之间的关系及图文互动产生的效果，并认为教材编写者需要提供与文字更匹配、时代气息更浓的图片。

研究者还就教材中对学生价值观形成会造成一定影响的隐性内容进行了深入探讨。许秋娟 (2014) 对译林版初中英语教材的文化导向进行了研究，特别是对阅读 (Reading) 板块、综合技能 (Integrated skills) 板块的听力部分和任务 (Task) 板块的文化内容比例进行了分析，认为该教材文化知识丰富，重视培养文化意识。王朴 (2011) 从隐性课程 (Hidden Curriculum) 的角度出发，系统分析了译林版初中英语教材中以潜移默化的方式对学生的知识、价值观、行为规范、情感态度等产生影响的部分。她认为，译林版初中英语教材中的大部分隐性内容有利于激发学生的学习兴趣和学习动机，可以促进学生的认知、情意、道德的发展，促进文化的传递，但部分隐性内容仍然有待提高，更好地培养学生本民族文化观和科学精神，引导学生形成正确的消费观。

3.2 深度梳理

3.2.1 编写理念

译林版初中英语教材的编写以《课标》为依据，将《课标》的理念和要求转化、落实到教材中，按照"话题—功能—结构—任务"相结合的思路编排，以话题为主线，以任务为主导，辅以功能和结构项目。每个单元围绕一个话题，整套教材覆盖了《课标》要求的所有话题项目，在语言知识、语言技能、情感态度、学习策略和跨文化交流意识等方面有机结合，紧密联系，具有思想性、科学性、趣味性和灵活性。

教材充分考虑了一线教学的实际和学生的认知水平，充分考虑了中国学生英语学习的特点和需求，坚持科学适宜的原则，合理地安排教学内容。编排上具有层次性，循序渐进，由近及远，由浅入深，从身边人到伟人，从身边事到世界各地风情，从自己、他人到人与社会、人与自然，从现在到未来，充分考虑了语言学习的渐进性，并注重常见话题通过螺旋式复现不断拓展和加深。

教材主张以人为本，将学生放在英语学习的核心地位，立足于学生的全面发展和终身学习，教材充分承认学生在学习中的主体地位，给予学生充分的自主权和主动权，合理控制教材难度，在初中起始年级为学生从小学向初中过渡提供了合理恰当的衔接，为学生自主学习和自主探究留出足够的时间和空间，使学生能够长期保持学习兴趣和学习积极性。教材让学生通过体验、实践、参与、合作、交流和探究等方式，学习和使用英语，完成学习任务，并对本单元自己的学习情况进行评估，制定学习计划，充分发挥学生的主观能动性。

教材坚持德育为先，立德树人，全面渗透、有机融入社会主义核心价值体系，体现英语学科工具性和人文性相统一的性质。教材将对学生的思想教育、文化教育、价值观塑造渗透于语言知识的学习中，有助于促进学生形成开放、包容的性格，树立民族自豪感和自信心，培养中国情怀和国际视野，发展跨文化交流的意识和能力，培养社会责任感、使命感，形成正确的人生观、价值观和世界观。

3.2.2　教材内容

3.2.2.1　教材整体情况介绍

译林版初中英语教材共六册，学生每学期使用一册。七年级上册至九年级上册每册 8 个单元，每 4 个单元为一个模块，每个模块围绕一个大的主题，其后安排一个相关的综合语言实践课题（Project）；九年级下册为 4 个单元，每 2 个单元为一个模块，同样每个模块围绕一个大的主题，其后安排一个综合语言实践课题（Project）。各册教材结构如图 2 和图 3 所示。

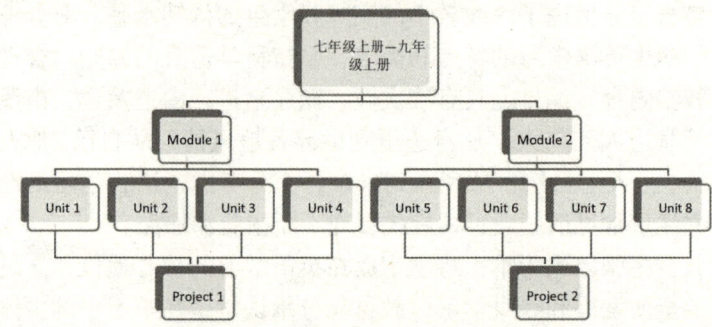

图 2 七年级上册—九年级上册教材结构图

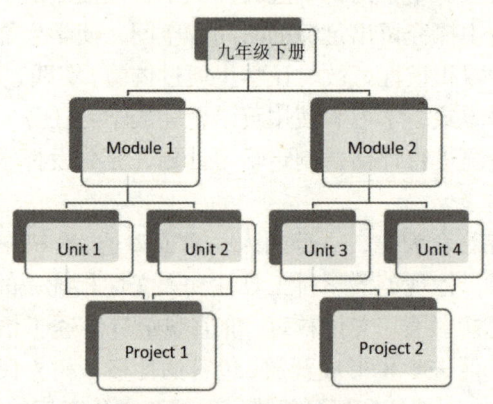

图 3 九年级下册教材结构图

译林版初中英语教材六册共包含 44 个单元，《课标》中的 24 个话题项目下的 85 个子项目在这 44 个单元中得到了全面覆盖。全套教材立足于学生的全面发展、终身发展，话题贴近学生生活，涉及文化、道德、情感、休闲等方方面面，将对学生的思想教育、文化教育渗透于语言知识的学习中。该教材每四个单元构成一个模块，既有单元话题，从一个较小的点切入，又有模块话题，模块内的四个单元围绕一个更大的话题展开。我们发现，其他版本教材更倾向于一个册次之内各个单元话题之间几乎没有关联，在话题选择上主要基于学生的认知水平、生活经历（例如各个版本教材中七年级上册往往会安排学校生活、社交交友等话题）和词汇难度（有关太空、文学的话题往往包含一些较难的词汇，因而各个版本的教材都倾向于往后放），而对话题之间的关联性关注较少。而译林版初中英语教材十分强调话题之间的关联，这种编排方式更加有利于主题意义的深入探究。表 2 展示了各册模块主题和单元主题，从中我们可以看出各单元话题设计时教材编写者的用心。

表 2　教材模块主题和单元主题

册次和模块	模块主题	单元主题（单元标题）
七年级上册模块 1	Getting to know each other	● This is me! ● Let's play sports! ● Welcome to our school! ● My day
七年级上册模块 2	Colourful life	● Let's celebrate! ● Food and lifestyle ● Shopping ● Fashion
七年级下册模块 1	Home and neighbour-hood	● Dream homes ● Neighbours ● Welcome to Sunshine Town! ● Finding your way
七年级下册模块 2	Wonderful things	● Amazing things ● Outdoor fun ● Abilities ● Pets
八年级上册模块 1	Teenage life	● Friends ● School life ● A day out ● Do it yourself

八年级上册模块 2	Nature and the environment	● Wild animals ● Birdwatching ● Seasons ● Natural disasters
八年级下册模块 1	Travel in time and space	● Past and present ● Travelling ● Online tours ● A good read
八年级下册模块 2	Rights and responsibilities	● Good manners ● Sunshine for all ● International charities ● A green world
九年级上册模块 1	Getting along with each other	● Know yourself ● Colours ● Teenage problems ● Growing up
九年级上册模块 2	Entertainment	● Art world ● TV programmes ● Films ● Detective stories
九年级下册模块 1	Cultures around the world	● Asia ● Great people
九年级下册模块 2	The future	● Robots ● Life on Mars

3.2.2.2　教材各板块介绍

　　译林版初中英语教材中每个单元均由 8 个板块构成，分别是：卡通漫画 (Comic strip)、导入 (Welcome to the unit)、阅读 (Reading)、语法 (Grammar)、综合技能 (Integrated skills)、学习技能 (Study skills)、任务 (Task) 和自我评价 (Self-assessment)，此外，每册教材安排两个综合语言实践课题 (Project)，放在每个模块的最后。整个单元围绕一个核心话题，各板块之间紧密联系，环环相扣，前后照应，形成一个有机的整体。下面我们对各个板块的功能做一个较为详细的介绍。

- 卡通漫画 (Comic strip) 板块导入单元学习的话题，并点出单元的语法学习要点。这个板块是译林版初中英语教材的特色和创新之一，漫画风趣幽默、简洁易懂、寓教于乐，让学生在轻松一笑的同时初步了解单元话题和重点语法项目，有效提高学生学习积极性，有助于培养学生的多模态识读能力。

- 导入 (Welcome to the unit) 板块激活学生关于单元话题已有的背景图式，初步了解单元主题语境，为单元学习做好热身准备。

- 阅读 (Reading) 板块是单元学习的重点板块，该板块选取了新鲜有趣、符合学生认知特点的文章，题材广泛，文体多样，配有形式丰富、梯度合理的练习，训练学生提取文章主旨和获取细节信息等阅读能力，并鼓励学生就相关话题迁移创新，联系自身实际进行表达。

- 语法 (Grammar) 板块对语言现象进行概括总结，并通过适量练习帮助学生掌握基本的语法规则。

- 综合技能 (Integrated skills) 板块融合了听、说、读、写四项技能，综合提高学生使用语言的能力，与传统教材将四项技能割裂开来的做法相比有了明显改进。

- 学习技能 (Study skills) 板块既包括语音、语调、构词法、写作方法等语言知识，又包括如何使用字典、网络、图书馆等学习方法。

- 任务 (Task) 板块旨在发展学生的写作能力，通过提供范例、提纲和有用的语言表达等，引导学生搜集素材，整理思路，组织语言，再落笔成文，顺利完成该单元的写作任务。该板块语篇与阅读板块语篇相呼应，让学生在提高写作能力的同时学习和了解中外文化，扩展视野。

- 自我评价 (Self-assessment) 板块让学生对自己在本单元的学习情况进行自我反思，为之后的学习制定合理的计划，学会规划自己的学习，建立良好的学习习惯，为独立学习和终身学习打下基础。

- 综合语言实践课题 (Project) 板块安排在每个模块的最后，这是译林版初中英语教材的一个重要创新之处（改版之际其他教材也借鉴，并设计了类似板块），该板块旨在让学生结合自身的生活经验，综合运用前面整个模块所学的语言知识、语言技能及学习技巧通过小组合作的方式完成一个综合性的、实践性的任务，任务种类多样，有制作海报、校报、欢迎手册等各种形式，在"用英语做事情"的过程中，学生可以学会自主探究和合作学习，提高交际能力、动手能力、创新能力，培养合作精神和探究精神。

3.2.3　教材评析

3.2.3.1　工具性和人文性达到统一

译林版初中英语教材体现了《课标》提出的英语课程具有工具性和人文性双重性质的要求。一方面，教材按照"话题 — 功能 — 结构 — 任务"相结合的思路，帮助学生在探究主题意义的过程中，掌握英语知识和英语技能，发展基本的英语素养，学会将英语作为交流思想和了解世界的工具；另一方面，教材关注学生的健康人格和正确价值观的形成，让学生通过英语了解世界，修订后的教材在中国文化元素的渗透方面也下了不少功夫。英语的学习不仅是语言知识积累和语言技能提高的过程，更是积极的情感、态度、价值观的形成过程，在学习基础知识和基本技能的同时要学会学习，学会做人，学会辨别是非，同时增进对世界的了解，培养开阔的胸襟和宽容的品格，教材致力于让学生在学习英语的过程中可以不断提高自己的人文素养和意志品格。

3.2.3.2　话题选择合理，编排方式整体性强

修订后教材增加了若干新话题，为教材注入了新的活力。具体来说，修订后的话题具有以下三个较为突出的特点。

第一，修订后单元数量增加，语篇话题更加丰富，内容趣味性、可读性和时代性更强。修订后的教材更加与时俱进，内容和形式反映了时代发展的新特点，与学生生活相关性更强，更加能够体现时代的发展和进步，激发学生的学习兴趣，使他们更加愿意积极参与话题的讨论。例如，八年级下册重新编写的单元 Online tours 与现在的网络应用有着密切联系，引导学生真切地感受互联网带来的信息便利。又如，七年级下册新增单元 Outdoor fun、八年级下册新增单元 A good read 的阅读（Reading）板块的语篇分别选自《爱丽丝漫游奇境记》（*Alice in Wonderland*）和《格列佛游记》（*Gulliver's Travels*），有较强的趣味性和可读性，让学生感受经典作品的魅力，体会阅读带来的快乐。教材文本的时代性和趣味性还在于教材对科技发展进行了合理的想象，以培养学生的科学精神，也让学生读起来觉得更加新鲜有趣。例如，九年级下册第三单元 Robots 的话题是人工智能对人们生活的影响，这里没有采用说明文体裁，没有将相关事实简单地堆砌式呈现出来，而是通过设想一个例子，讲述家用机器人给江先生的生活带来的方便与麻烦，让学生辩证地看待现代技术对人们生活的影响；九年级下册第四单元 Life on Mars 的话题是宇宙探索和太空移民，这里教材同样没有对相关知识进行简单堆砌式的呈现，而是设想几十年后（2100 年），火星已经成为人类移居的第二家园，让学生通过合理想象来表达自己对未来的看法。这样接地气的呈现方式让初中学生更加容易接受，也更愿意表达。

第二，修订后的内容更加注重学生文化品格的塑造，特别是中国文化的渗透更加显著，这有助于学生增加民族自豪感和自信心，让学生拥有中国情怀和国际视野，增强对不同文化的理解力。例如，七年级上册第五单元 Let's celebrate! 介绍了东西方的主要节日，在任务（Task）板块增加了中国的春节，以与阅读（Reading）板块的万圣节形成对比；七年级下册新增第六单元 Outdoor fun 的学习技能（Study skills）板块介绍了风筝的起源与发展，可以帮助学生更好地了解中国文化和历史，了解墨子、鲁班等中国古代人物，并学会如何用英语进行介绍；九年级上册新增第五单元 Art world 的阅读（Reading）板块介绍了音乐家谭盾及其具有中国特色的音乐；九年级上册第一单元 Know yourself 原来有关星座的部分改为介绍中国生肖的内容，体现了对中国文化的关注。

第三，修订后的内容更加注重立德树人，更加注重塑造学生的品格和世界观。教材并没有采用简单说教和喊口号的方式来告诉学生如何分辨对错和建立正确的人生观、世界观和价值观，而是润物细无声地通过具体的人和事，将立德树人的理念融入教材，让学生在学习的过程中逐渐树立高尚的品格并形成正确的世界观和价值观，理解和践行社会主义核心价值。例如，七年级下册新增第二单元 Neighbours 谈论邻里和谐友好以及社区互助；八年级下册新增第六单元 Sunshine for all 以一位大学生担任特奥会志愿者的经历体现公益事业的重要作用并倡导人们积极参与公益活动；八年级下册另一新增第八单元 A green world 介绍瑞士人如何保护环境和节约资源，提倡环境保护，引导学生讨论在生活中如何节约资源，保护环境，关爱自然；九年级上册新增第二单元 Growing up 的任务（Task）板块，以感动中国年度人物郭明义为原型，介绍他多年如一日关心和帮助他人的高尚品德，通过具体的事例，把社会主义核心价值观有机融入英语教学之中。

译林版初中英语教材在话题编排上也有显著特点，具有很强的整体性。一册教材包含两个模块，每个模块均有一个主题（theme），围绕该主题安排四个学习单元。这样的编排，相较各个单元话题之间无有机联系的编排方法，更加有利于教师和学生在教学中探究主题语境，对相关话题的探究不会浅尝辄止，而是会对其有更加深层次和全方位的理解。当然，这样的编排方式也并非百利而无一弊。这样的设计对教材编写者是一个极大的考验，如果设计不当，很可能各个单元之间会有一定重合，区分度不够，无法给学生提供足够新鲜的内容，让学生感到有些乏味。例如，八年级下册第二单元 Travelling 和第三单元 Online tours 重合度较高，第二单元讲了迪士尼之旅等与旅游相关的内容，第三单元则讲了借助网络来到纽约、悉尼等地方进行虚拟旅行，虽然第三单元多了 online 这个关键词，但实际内容仍然是 travelling。学生学完第二单元到第三单元，可能会因为没有足够新鲜信息的刺激而感到乏味，从而产生学习倦怠。

不过，这样的情况在教材中并不多见，整体上教材各个单元都特别注意主题的衔接度和区分度，在整体性上把握较好。

3.2.3.3 部分价值导向性方面仍然有待提高

第 2 版教材删除或替换一些可能给学生带来负面影响的内容，但细节上仍然有一些需要改进的地方，特别是在价值导向方面有待提高。例如，七年级上册第八单元 Fashion 的阅读（Reading）板块从时装秀（fashion show）的角度来讲述各种服装及其搭配，综合技能（Integrated skills）板块则是 Sandy 和妈妈讨论要穿什么衣服，这可能对学生造成一定负面影响，让学生受到西方价值观的影响，对自己的外表和衣着过度关注。又如，八年级上册第二单元 School life 的任务（Task）板块要求学生来谈谈自己最理想的学校，在后面给出的范文中作者表示自己最理想的学校是 "My ideal school starts at 9 a.m. and finishes at 3 p.m. We do not need to get up early."（每天九点开始上课，下午三点放学，不需要早起。），这无疑对学生良好学习习惯的养成不利。

纵观整套教材，对中国文化和世界文化关注不够也有待提高，正如我们前面所说，修订后教材有了一定的改进，但仍有一定的进步空间。对教材整体梳理后我们会发现，中国元素出现频率较低，而且很少出现在阅读（Reading）板块，英美之外其他国家文化的相关内容也是类似的情况。绝大多数教师会用两个课时对阅读（Reading）板块仔细讲解和剖析，阅读（Reading）是师生最为关注的板块，我们发现教师在展示公开课时也往往会选择这个板块，这体现了这个板块的重要性和师生对这个板块的重视程度，但在这个重要的板块中却少有中国元素涉及，要么是基于虚构的信息（这在教材中占了相当大的比例），要么是对西方文化习俗的介绍。例如，八年级上册第二单元 School life 的阅读板块是一个英国的学生和一个美国的学生对自己学校生活的讲述；七年级上册第五单元 Let's celebrate! 的阅读板块讲的是在美国如何庆祝万圣节；八年级下册第三单元 Online tours 的阅读板块介绍了美国的纽约市，第五单元 Good manners 的阅读板块介绍了英国的日常礼仪；九年级上册第四单元 Growing up 的阅读板块讲的是美国 NBA 球员斯伯特·韦伯 (Spud Webb);九年级上册第七单元 Films 的阅读板块介绍了英国电影演员奥黛丽·赫本 (Audrey Hepburn);九年级下册第二单元 Great people 的阅读板块介绍了登月第一人美国宇航员尼尔·阿姆斯特朗 (Neil Armstrong)。当然,个别单元的阅读 (Reading) 板块还是有比较明显的中国元素,例如九年级上册第五单元 Art world 的阅读板块介绍了谭盾和他的音乐风格;九年级下册第一单元 Asia 介绍了中国的北京和桂林两个城市,但相对来说比例过低。另外,教材经过修订之后引入了简写后的《爱丽丝漫游奇境记》《格列佛历险记》等西方经典文学故事,语篇经典性有所提高,教材整体人文性更强,但遗憾的是,中国文学经典或者对其的介绍却很少,这显然不利于学生民族自尊心和自豪感的建立。学生也需要认识到,世界并非只有英国、美国等主要英语国家,也并非只有发达国家,其他国家一样有值得纪念的人物和事件,一样有异彩纷呈的文化和奇观,值得学生去学习和关注。我们要关注除了英国和美国之外以英语为母语的国家,也要关注非英语国家,我们要关注发达国家,也要关注占大多数的发展中国家情况,让学生看到发展中国家面临的问题和人们如何努力改变自己的生活。要让学生看到世界文化多样性,真正理解全球化带来的影响,培养人类命运共同体意识,否则就会让学生视野过于狭隘,甚至对英国和美国产生盲目地崇拜。

教材中既体现显性课程的内容,也包含着隐性课程的内容。显性课程是指在课程和教材中明确陈述的,并要在考试、测验中考核的正规教学内容和教育、教学目标。但学生在学习中不仅会学到显性课程教授的听、说、读、写等知识和技能,还会获得态度、动机、价值和其他心理方面的成长,这就是隐性课程的作用。隐性课程向学生潜移默化地传递了有关价值观、态度和原则的信息 (Kentli 2009)。教材要更多关注心理、情感及价值观等隐性层面对学生潜移默化的影响。例如,第 1 版教材第一单元的阅读 (Reading) 板块详细介绍了星座知识及其对个人未来命运和性格的影响,实际上这种说法源于西方的占星学,带有明显的西方色彩且明显缺乏科学依据,教材对这种说法的宣扬明显不利于学生科学的、正确的世界观、人生观的形成，第 2 版教材中则将这部分内容进行了替换，并且在该单元的综合技能 (Integrated skills) 板块加入了生肖的内容，讲述了人们常认为不同生肖年份和不同星座出生的人会有不同的性格特点，同时也特意在短文中明确指出这种说法缺乏科学依据，只是一种娱乐的手段而已。这是一个非常好的改变，说明教材编写者对西方意识形态可能带来的问题有了一定认识。教材编写者还应当对西方中心主义的语言霸权和文化霸权时刻保持清醒的批判意识，加大本土化改造的力度，加大中国元素的比重，加大非英语国家情况的介绍，不能让学生言必称英美，也不能只关注世界上几个主要的发达国家，其他国家情况则了解甚少，此外还要加大有关农村地区和农民生活的比例，不能一味强调城市生活。实际上，英语教育并不是让学生单向地接受英语世界中的各种信息，而是引导学生能够从更广阔的角度审视世界，审视自己。要让英语教育更好地为社会主义政治、经济、文化建设服务，就要将教材编写放到中国文化战略的政治框架之内，教材编写者要有高瞻远瞩的眼光和放眼全球的视野，树立人类命运共同体意识，在全球化和本土化大背景下把握英语教材的定位。

3.2.3.4　对学生主体性较为关注

译林版初中英语教材将学习者放在了首要的地位，让学生在学到英语基本知识、基本技能的同时培养自身认识问题、分析问题、解决问题的能力，尤其是增强自身的创新意识、创新精神和创新能力。教材倡导将学生视为学习的主体，将学生视为人格独立的个体，有个体差异的人，富有发展潜力的人，在这方面进行了大胆的尝试。教材致力于改变原来"老师教什么，学生就学什么"的沉闷、枯燥的学习模式，把自主实践放在了重要位置。教材为学生创设真实有趣的情境，通过丰富的形式把自主实践作为落实学习目标的基本手段，给学生体验、参与、合作、探究的机会，将自主实践活动作为整个模块的出口，鼓励学生综合本单元所学词汇、语法和技能，全面提高英语交流能力和实践能力。教材每个单元最后一个部分自我评价 (Self-assessment) 板块（示例如图 4）也体现了学生的主体性。

学生在这个板块对阅读（Reading）板块语篇理解和词汇学习、语法（Grammar）板块和任务（Task）板块这三个重要板块自己的学习情况和学习成果进行评估，对自己本单元的学习进行反思和总结，并为自己确定努力的方向。这对培养学生良好学习习惯，实现自主学习和终身学习有重要作用。

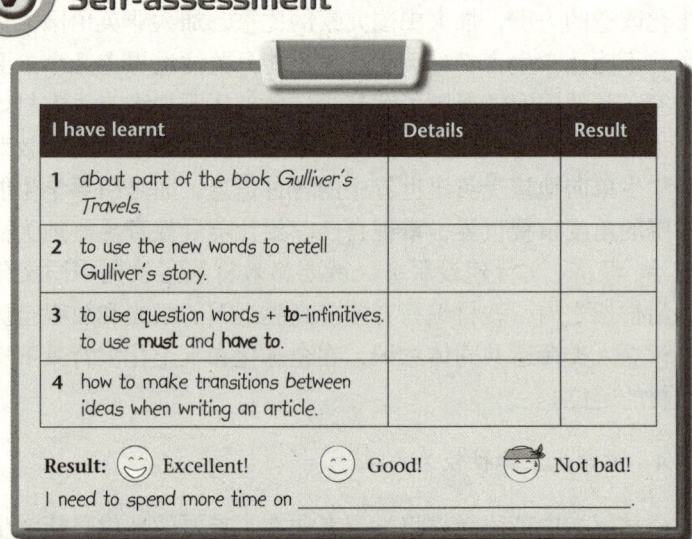

Self-assessment

I have learnt	Details	Result
1 about part of the book *Gulliver's Travels*.		
2 to use the new words to retell Gulliver's story.		
3 to use question words + **to**-infinitives. to use **must** and **have to**.		
4 how to make transitions between ideas when writing an article.		

Result: ☺ Excellent!　　☺ Good!　　☺ Not bad!
I need to spend more time on _____

图4　教材自我评价板块

3.2.3.5　词汇和语法学习实现语境化

　　译林版初中英语教材改变了以往孤立地学习词汇和语法的方法，将词汇和语法的学习融入语境之中。经过修订之后，词汇不再单独作为板块进行讲解，而是放在语篇的语境下，放在主题意义的探究中让学生习得词汇。在语法（Grammar）板块中，语法知识同样放在所在单元主题意义的探究中来学习，在设计语法分布顺序时，除了依据上文提到的难点不过于集中等编排原则，还充分考虑了语法点与单元话题的适配性。例如可数名词和不可数名词这一语法点的讲解放在了七年级上册第五单元 Food and lifestyle，在讨论各类食物时很自然会引入对可数名词和不可数名词的讨论；有关祈使句和 should、had better 的用法这两个语法点则放在八年级上册第四单元 Do it yourself，这个单元中自然会用到祈使句来表示 DIY 的操作步骤，也自然会用 should 和 had better 来说明 DIY 时的注意事项，又如 have/has been to 和 have/has gone to 的语法点放在八年级下册第二单元 Travelling，该语法点与单元话题也是十分自然贴合。在适合的语境下让语法学习更有效果。

3.2.3.6　提供教学合理支撑

译林版初中英语教材十分注重给予学生足够输入作为支撑，为学生最终完成学习目标搭建了脚手架，保证学生在得到有效输入的情况下再进行有的放矢的输出，符合英语教学的规律。综合技能（Integrated skills）板块和任务（Task）板块很好地体现了这一点。

综合技能（Integrated skills）板块将听力练习和口语练习相结合，让学生在听的基础上进行说的输出。听力部分，在必要的地方还会在听之前提供一段背景知识，激活相应图式；在听力理解的输入训练后，再进行口语输出训练。在口语部分（Speak up），学生首先会读到一段对话范本，在模仿和借鉴基础上学生的口语水平得到逐步提升。例如九年级上册第一单元 Know yourself，学生在听之前首先有一小段文字，给学生提供背景信息，如图 5 所示：

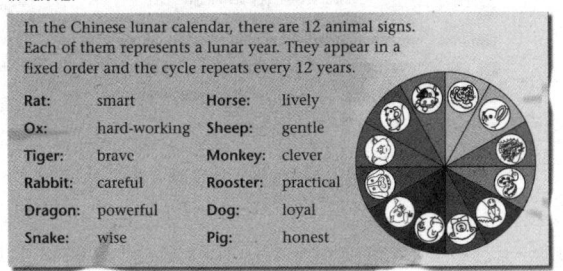

图 5　教材听前活动

阅读之后学生就生肖、星座和人的性格这个话题进行两段听力练习，如图 6 所示：

 A2 ▶ *Millie is listening to a radio programme about animal signs, star signs and personalities. She is making some notes. Listen to the programme and help her complete her notes.*

CHINESE ANIMAL SIGNS
Animal signs: 12 in all, each representing a (1) _____
They are: Rat, Ox, Tiger, (2) _____, Dragon,
(3) _____, Horse, Sheep, (4) _____,
Rooster, (5) _____ and Pig
Some people believe that people born under the same
(6) _____ may have similar personalities.

WESTERN STAR SIGNS
Star signs: a cycle of (7) _____ star signs
Your star sign: depends on your (8) _____
Some people believe that your star sign may decide your personality.

15

A3 ▶ *Millie is writing about what she has learnt from the radio. Listen to the programme again and help Millie complete the article.*

Do you know what decides your personality?

In the Chinese lunar calendar, there are 12 animal signs. Some people believe that people born under the same (1) _____ may have similar personalities. For example, they think that people born in the Year of the Rabbit are (2) _____ while people born in the Year of the Dragon are very (3) _____.

In Western countries, a year is divided into a cycle of (4) _____ star signs. Your star sign depends on your (5) _____. Some people believe that your (6) _____ may decide your personality.

Do animal signs or star signs really tell anything about your personality? No, not really. If you are interested in either animal signs or star signs, read about them just for (7) _____. It is you who shape your life and your future.

图 6　教材听力活动

听力练习之后，学生就这一话题进行口语对话，前面听力中习得的输入内容可以直接用于这里的输出。如图 7 所示：

中学英语教材区域国别研究报告

B Speak up: We can read about them just for fun.

 Millie and her neighbour Joe are talking about animal signs and personalities. Work in pairs and give your own opinions. Use the conversation below as a model. You may use the information in Part A1 to help you.

Millie: What's your animal sign, Joe?

Joe: My animal sign is the Tiger. It is said that people born in the Year of the Tiger are brave.

Millie: Mm, you're brave in some ways.

Joe: Yes. What it says about me may be true, but for my cousin Julie, that's not the case. Her animal sign is the Sheep. It says that she's gentle, but in fact, she gets angry easily.

Millie: Yes, many people believe similar things. I think we can read about these for fun, but we shouldn't believe in them.

图7 教材听后活动

在任务（Task）板块中，教材编写者同样为教学提供了有力的脚手架。写作板块是整个单元的倒数第二个板块（自我评价板块之前），这样的位置安排体现了教材编写者的特别用意。写作是要建立在一定语言知识的积累上的，这符合英语学习的基本规律。教材并不是直接给出要求让学生去写，而是首先给出一些提示和模板，经过几个步骤之后，学生写作就水到渠成，学生在这个过程中写作能力得到了真正提高。这个板块比较常见的做法有以下几种。

第一，教材给出范文和常用表达（Useful expressions），必要时还会通过问题列表、表格等形式向学生展示文章典型的框架结构，明确告诉学生文章要写哪些部分，各个部分应当包含哪些内容，然后要求学生写一篇类似文章。例如七年级下册第八单元 Pets，教材首先给出一篇介绍猫的文章作为范文，然后提供一些常用表达，接着引导学生理清文章思路和脉络，最后开始写作。如图 8 所示：

A ▸ *Amy gave a presentation on her cat. Here is her script.*

Poppy the cat

My favourite pet is a cat. Her name is Poppy and she is three years old.

She has long, grey fur and white paws. Her eyes are green and she is quite small. She weighs about two kilograms.

Usually she eats cat food, but her favourite food is fish. She likes warm milk too.

She is very friendly and quiet. She likes sleeping in a basket. Sometimes she plays with a ball. When she is hungry, she will miaow.

I feed Poppy every day and give her clean water. I like to brush her fur and she enjoys it very much.

Poppy is my best friend, but she is very lazy sometimes! She never worries because we take good care of her.

Useful expressions

I love/like my ... very much.

My ... looks like ....

He/She is always very friendly/quiet/happy/noisy.

Usually he/she eats ....

He/She lives in a cage/basket/box.

He/She usually sits/lies on the bed/floor.

He/She likes/does not like ....

He/She needs ....

We usually/sometimes ....

B ▸ *You want to give a presentation on your favourite pet. First, prepare a fact sheet about it to help you organize your ideas.*

1 What does it look like?

| Size | _____ | Eyes | _____ |
| Colour | _____ | Body | _____ |

2 It is _____ . (clever/friendly/happy/kind/lazy/noisy/quiet)

3 Think about its lifestyle.

What does it eat? _____

What kind of place does it live in? _____

What does it like/dislike? _____

How do you look after it? _____

4 What is special about your pet? _____

C ▸ *Write your script for your presentation on your favourite pet. Use the information on the fact sheet in Part B. When you finish, present your work to the class.*

图 8　教材写作活动 1

　　第二种方法是首先以表格、调查问卷、申请表等形式展示相关信息，然后提供常用表达，之后根据前面信息整合形成完整范文，或要求学生根据前面的信息进行填空，将范文补充完整，最后要求

学生写一篇类似的文章。例如七年级上册第四单元 My day，如图 9
所示：

Millie's happiness chart

Activity	Love	Like	Dislike	Reason
Morning exercises		✓		They are good for us. They help us get ready for the day.
Lessons	✓			Teachers are nice and the subjects are interesting.
Basketball			✓	I am not tall, so I cannot play it well.
Reading	✓			I can learn a lot about the world.
Drawing		✓		It is fun.
Homework			✓	We always have too much homework!

B ▶ *Millie is writing about her likes and dislikes in her diary. Complete her diary entry with the information on page 52.*

I love (1) _____ at school. Our teachers are (2) _____
and the subjects are (3) _____. I love (4) _____ too.
From it, I can learn a lot about (5) _____.

I like (6) _____. They are (7) _____. They help us
(8) _____ for the day. I also like (9) _____. It is
(10) _____.

I do not like (11) _____. I am not (12) _____, so I
cannot (13) _____. We always have (14) _____.
I do not like it.

图 9　教材写作活动 2

第三种方法，也是最为常用的一种帮助学生学习写作的方法。首先给出写作提纲，然后展示根据该提纲写作的完整范文，或要求学生根据写作提纲的提示将该文章补充完整，并且给出写作类似文章的常用表达，最后要求学生列出自己的提纲并写一篇文章。经过这个过程，学生学会了正确的写作方法，知道如何在写作前搭建框架，明白应当在思路明确的情况下再动笔写作。学生在研习范文之后再进行写作，写作能力可以得到有效提升。教材根据不同的写作文体，以不同形式给出写作提纲，比较常用的有以下几种，如图10-12所示：

(1) 流程图。例如七年级上册第五单元 Let's celebrate! 和九年级上册第一单元 Know yourself:

A It is "Festival Week". Each student in Class 1, Grade 7 has to write about his or her favourite festival. Below is Millie's writing plan.

中学英语教材区域国别研究报告

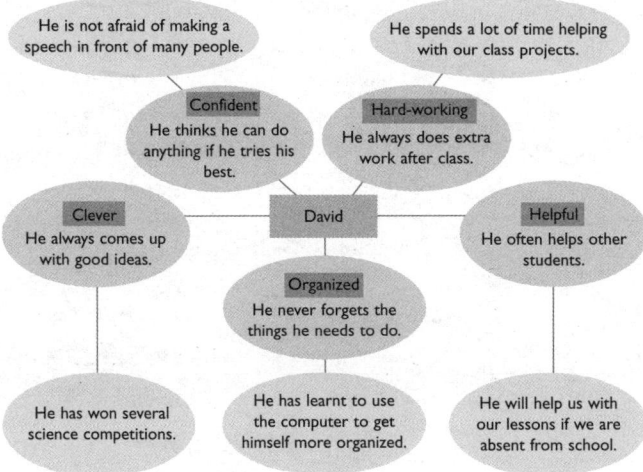

A Class 1, Grade 9 needs a new monitor. Millie and Simon want to recommend David. They are making a spidergram to organize their ideas about him. Here is the spidergram.

图 10　教材写作活动 3

（2）表格。例如八年级上册第一单元 Friends 和八年级下册第二单元 Travelling：

A Daniel is going to take part in the writing competition. Here is a list of words that he can use to describe different people. Read the list.

Words about people	
Face	long, round, square, small
Eyes	big, small, round, bright, smiling
Nose	big, small, long, short, straight
Hair	black, dark brown, long, short, straight
Looks	beautiful, pretty, good-looking, handsome, lovely, cute, short, tall, fat, slim, smart, strong
Personality	clever, smart, polite, friendly, kind, generous, hard-working, helpful, honest, humorous, patient

(A) *Kitty plans to write about her trip to Hong Kong. She organized her ideas by using a fact file. First, she wrote down the main points. Then she wrote down the details. Read her fact file.*

	Main points	Details
When	The winter holiday	
Where	Hong Kong	
Who	My parents and I	
What	Visiting places of interest	Disneyland—parade of Disney characters —exciting Space Mountain ride Ocean Park—dolphin show and bird show
	Other activities	Visited museums Went shopping
	Eating	Delicious seafood
How	Enjoyed the trip	Interesting, exciting, fun, nice Want to visit it again

图 11　教材写作活动 4

(3) 写作要点。例如八年级上册第五单元 Wild animals 和九年级上册第六单元 TV programmes：

(A) *Simon wants to write a report on bears for the Wild Animals Club. Read his notes below.*

A report on bears

Looks

· big and heavy, large body, short and strong legs, large paws, short tail

Food

· most eat meat and fish, some also eat plants and insects

Abilities

· can run very fast, good at climbing and swimming

Qualities

· move around slowly in the daytime, sleep through the winter, seldom hurt people

Danger

· hunters catch them for their fur and paws

(A ▶) *Millie is writing a TV drama script for a competition. Read through the first half of her outline.*

Background
- The twins, Justin and Luke, were at home.
- Their friend Sarah lived in Hill Building.
- The twins received a message from Sarah, who was asking for help.
- There were some burglars in Hill Building.

Story
- Justin and Luke called the police at once. Then they ran there quickly.
- The twins saw three men in police uniforms coming out of the building with guns in their hands.
- The twins were pushed into a minibus.
- They tried to use a knife to open the back door of the minibus.

图 12　教材写作活动 5

3.2.3.7　练习梯度合理，但思维训练有提升空间

　　练习也是教材的一个重要组成部分。就练习类型的多样性、练习内容的全面性以及练习对单元内容的复现程度几个方面而言，译林版初中英语教材都表现较好。题目设计层次性比较明显，例如七年级上册第一单元 This is me! 的阅读（Reading）板块的文章是三个同学的自我介绍，阅读后的练习一共分为四个部分，第一部分是根据课文内容将四张图片与另外四张图片对应起来（Help Mr. Wu, the English teacher, match the new students with the correct information.），考查学生对课文内容的大致理解，属于简单题；第二部分根据课文内容判断正误（Write a T if a sentence is true or an F if it is false.），难度较第一部分有所提升，考查了课文更多细节内容，但仍然属于简单题，在课文中直接就可以定位答案；第三部分根据课文内容补充完整一篇短文（Mr. Wu is writing about his new students. Help him complete his sentences.），这里的短文出现了视角的转换，课文是三位同学的自我介绍，而这里则是老师写的一篇有关他的三位学生的短文，虽然答案都在课文中，但是需要学生转换思维角度，难度有所增加；第四部分则需要学生根据学会的表达来说说自己的情况（Complete the sentences about yourself.），属于迁移创新和发散思考

的部分，难度最大，安排在最后。这样的设计让各个题目之间有明显的区分度，难度递增合理，可以增强学生学习兴趣，也有利于教学。基础较好的同学可以通过难度较高的练习发展自己的英语水平，而基础稍弱的同学从简单题做起，有利于他们树立学习英语的自信心。

教材题目设计较为突出的问题在于针对学生思维的训练偏少，锻炼学生批判性思维和辩证思维的题目几乎没有，题目思维含量不足。例如，九年级上册第二单元 Colours 的阅读（Reading）板块中，四个练习形式如图 13 所示。从中可以看出，各个部分仍然保持了较好的阶梯性和递升性，第一部分是考查生词的意思，第二部分考查对课文细节信息的把握，第三部分转换视角，从 Millie 的视角来展示文章信息，第四部分则是要求学生自行表达，说说自己的情况。到了较高学段九年级，仍然缺乏让学生独立思考、辩证思考的题目，即使要求最高的第四部分题目也仍然只是让学生仿造课文内容写一段话，说说自己的情况，此类设计还需提升，训练学生的思维能力。

B1 *Millie is not sure about the meanings of some words in the article. Help her work out what the words mean. Circle the correct letters.*

1 To *influence* someone means _____.
  a to give someone a present
  b to make someone change
  c to ask someone for help

2 When you feel *relaxed*, you are _____.
  a calm and not nervous
  b too tired to move
  c happy and cheerful

3 To *prefer* means _____.
  a to hate something
  b to talk about something often
  c to like one thing more than another

4 To *create* means _____.
  a to grow
  b to produce
  c to find

5 At a *wedding*, a man and a woman _____.
  a get into trouble
  b get married
  c fight with each other

6 To *cheer* someone *up* means _____.
  a to make someone calmer
  b to make someone sadder
  c to make someone happier

7 To *remind* someone *of* something means to help someone _____.
  a remember or think about something
  b forget something
  c feel sure about something

8 To *require* means _____.
  a to repair
  b to think
  c to need

B2 ▶ *Millie wants to remember what the different colours represent. Help her match the colours on the left with what they represent on the right.*

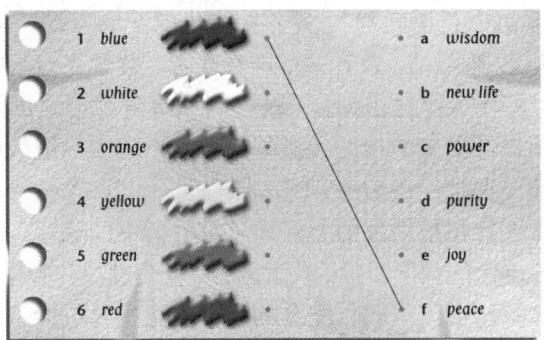

B3 ▶ *Millie is thinking about her friends. Help her decide which colour is suitable for each of them. Use the information on pages 22 and 23 to help you.*

1
The best colour for Lisa is _____. It is the colour of _____ and it represents power.

2
Daniel likes the colour _____ because it can help him _____ down when he is angry.

3
Sandy should use the colour _____ more. It can _____ her up when she feels sad.

4
Paul's colour should be _____. He works hard and hopes for _____.

5
Kitty likes spring. Her favourite colour is _____ because it is the colour of _____.

B4 ▶ *There is also a short questionnaire in the magazine. Fill in the questionnaire with your own information to see if your favourite colour matches your characteristics.*

My favourite colour is _____

It represents _____
_____

I like it because _____
_____

I am _____

Does your favourite colour match your characteristics?　Yes ☐　No ☐

图 13　教材阅读板块活动

3.2.4 配套资源

译林版初中英语教材提供了立体化的配套资源。除学生用书外，还提供教师用书、录音带、录音光盘、教学光盘(教师用)、学习光盘(学生用)、教材培训包、教材网站等各种形式的辅助教学资源，给教学提供更多的帮助和指导。教师用书由一线教师和中外教学专家按照《课标》的教学理念、课程目标以及教科书的主要内容和目标编写，旨在帮助教师更好地了解教科书的编写理念，快速准确地把握各单元的教学目标、教学内容、教学过程和教学方法等。

与译林版初中英语教材配套的线上资源主要包括牛津英语教研网和译林教育网。牛津英语教研网旨在为使用译林版英语教材的师生提供一个学习、查询、交流、分享的平台，包含教研新闻、教材资料、教材培训、教学研究、资源中心、名校名师、教师博客、教研论坛、视频点击、教研直播、听说活动等板块。译林教育网主要包含产品中心和教学中心两个模块，这是一个向广大师生完全免费开放的平台。产品中心主要提供教材配套助学图书的音频下载；教学中心提供与教材配套的助教数字资源库，包括微课、课件、教案和同步AB测试卷，就初中部分而言，微课、课件和教案每个单元分为七个课时，测试卷每个单元两套。该助教资源库全部由经验丰富的特级教师和高级教师打造，旨在帮助中小学教师用好教材、备好课。资源库覆盖了整个义务教育阶段，提供了海量可免费在线观看或下载的资源，内容详实，可直接在课堂使用，为首次使用译林版教材或者经验还不够丰富的教师提供了有效帮助。教案均为教学详案，包括教学重难点分析、教学目标、教学步骤、板书设计、设计意图等板块，全方位阐释教学流程，完整呈现名师教学思路，教师可以在线查看所需教案并下载后直接使用，也可以将其作为素材，从中获得灵感，根据自己的教学需求加以修改后使用；课件部分与教案内容完全对应，两者互相补充，配套的压缩包包含所有相关的视频、音频文件，可直接用于课堂教学；每个微课6–8分钟，针对课堂重点和难点，充分展示优秀教师的课堂教学思路；测试卷分为A卷基础卷和B卷提高卷，教师可以根据教学进度和学生实际情况加以自由选用，试卷经过教师和编辑精心设计和反复校对，并附有完整答案。教案、课件和测试卷可以在线查看，也可以下载，微课部分可在线观看。

3.2.5 其他突出特点

译林版初中英语教材的编写有着较为独特的合作模式，该教材的编写集合了牛津大学出版社、译林出版社、江苏省中小学教学研究室三方的力量。牛津大学出版社提供素材的基础来源和经验丰富的外籍作者，课文遣词造句都出自英方专家之手，保证了语言地道性和典型性，并引入了国外先进的语言教育理念。江苏省中小学教学研究室对外方提供的文本和练习反复斟酌，进行本土化改造，使其更加贴合中国的国情和学情，贴合中国学生的实际，更加适合一线教学；教材初稿完成之后，江苏省中小学教研室也有足够的力量组织各级教研员和一线教师对教材进行试教试用，保证教材在实际教学中的可操作性。译林出版社编辑队伍为教材政治导向的正确性和语言表达规范性等进行把关，为教材质量提供了保障，且依托多年来建立的强大而成熟的发行体系，为教材发行和教师培训提供了便利。三方在合作过程中经过不断的线上沟通以及线下教材研讨会等形式，既保证了语言地道鲜活，为学生输入真实有效的语言，同时又符合教学实际，充分反映了一线师生的需求，并保证了完善成熟的销售渠道和宣传渠道，确保为使用教材的师生提供周到全面的服务。

4. 结论和启示

译林版初中英语教材体现了英语学科工具性和人文性的统一，在这方面进行了有益的尝试和创新，特别是第2版有了较大改进，但仍有可以改善的空间。译林版初中英语教材脱胎于外版教材，主体又经过外籍作者的改编，中外合作的模式保证了语言的地道性，有利于吸收国外先进教育理念和教学方法，但同时要警惕西方思维模式和意识形态的负面作用。实际上，在任何文化中，话语与意识形态和实际生活都是紧密相连的，所有的文本都反映着特定的社会现实或者意识形态（刘立华，2010）。教材中的隐性课程对学生会产生巨大影响，甚至可以说比显性课程影响更大，其作用可能会伴随学生的一生，这方面需要教材编写者特别加以关注，唯有如此，教材才能真正发挥立德树人的职能。现在教材中显著存在的文化失语现象，究其根源是在合作编写的过程中，中方主编的主导作用不够强。在今后的教材编写中，中方的主导权必须牢牢把握，在合作过程中要时刻保持批判性的头脑和敏锐的政治意识，对教材的价值导向严格把关，确保教材全面贯彻立德树人理念，渗透社会主义核心价值观，弘扬中华优秀传统文化和革命文化，防止西方意识形态侵入教材。我们的教材面对的是心智还未成熟的青少年，教材的内容会对他们价值观和世界观的形成产生深远影响，需要教材编写者特别谨慎。为了保证文本价值观的正确性，在外方作者写作的过程中，中方要与其密切合作，参与到他们写作的全过程中，在教材编写过程中拥有更强的主导力，加强对中华优秀传统文化、革命文化和社会主义先进文化的传承和发扬，让文化自信在教材中得到更好的体现。

译林版初中英语教材在练习编排上主要针对英语知识和英语技能进行训练，阶梯性和系统性较好，但在批判性思维培养方面还需要大力加强。从当前教材的练习来看，练习主要集中在以下几种形式：将单词或者包含目标单词的句子与图片进行对应，在短文语境中对目标单词或者语法项目进行操练，根据对话范本组织语言进行对话练习，从阅读或者听力文本中提取细节信息等，而针对批判性思维培养的题目却几乎没有。初中生虽然受到语言能力和思维能力的限制，还无法进行深度的批判性和辩证性思考，但思维能力的培养并不能完全忽视。学生通过学习，对所读文本进行批判性反思，可以赞同作者的观点并为作者观点提供更多证据，也可以发表与作者不同的观点并给出相应理由，或者对作者论证观点的方法或者证据提出质疑，学生有机会进行深度思考并且互相交流，思维能力才能得到提高。这样的思维习惯可以让学生终身受益，形成健康的人格，学会不盲从他人，学会独立思考；批判性思维的养成还有助于教师和学生识别语篇中隐含的语言霸权和文化霸权，避免西方意识形态对自己的负面影响。

译林版初中英语教材将学习者放在核心地位，倡导将学生视为学习的主体，在这方面进行了大胆的尝试，十分值得其他教材编写者借鉴。教材将自主实践活动(Project)板块作为整个模块的出口，就一线师生反映情况来看，很多教师对该设计非常欢迎，并将其作为课堂教学的重要部分，但仍有一部分教师将该板块流于形式甚至直接跳过不用。这一方面与师生长期以来形成的应试教育思维有关，另一方面也呼唤教材编写者在编写这个板块时提高任务的可操作性，并在教材中以及其他配套资源中为教师提供更多支撑，在教师培训中对这个板块的设计意图与教师进行更多的沟通，扭转长期以来的师生的思维定式。教材每个单元最后一个部分自我评价(Self-assessment)板块也体现了学生的主体性，该板块可以培养学生良好的学习习惯，让学生学会自主学习和独立学习，这样授之以渔的尝试同样值得肯定。在具体实践中，需要教材编写者对这部分的使用给予更加详细说明，在评价方式上更加多元化，将师生评价、自我评价、学生互评等多种评价形式纳入教材之中。

《课标》要求中学英语教育要完成知识与技能、过程与方法、情感态度价值观培养等"三维目标"，教的过程、学的过程和评价的过程，是一个系统工程。译林版初中英语教材在这方面做了许多有价值的尝试和创新，为今后的教材编写者提供了宝贵的经验。

参考文献

[1] Kentli, D. Fulya. Comparison of Hidden Curriculum Theories [J]. *European Journal of Education Studies*. 2009, (1): 83 — 87.

[2] 陈涛. 基于多模态话语分析的牛津版初中英语纸质教材研究 [D]. 扬州大学，2016.

[3] 康莉丽. 我国现行初中英语教材评析——以四套教材为例 [D]. 长春师范大学，2016.

[4] 刘立华. 评价理论研究 [M]. 北京：外语教学与研究出版社出版，2010.

[5] 徐嘉瞳. 牛津译林版初中英语教材练习系统研究 [D]. 江苏师范大学，

[6] 徐建国 . 义务教育教科书初中《英语》（译林版）教材研究报告 [J]. 英语教师，2016, (20): 16 — 22.

[7] 许秋娟 . 译林新版初中英语教材文化导向研究 [D]. 南京师范大学，2014.

[8] 仲丽娜 . 译林版初中英语教材的多模态语篇分析 [D]. 扬州大学，2015.

[9] 王朴 . 译林版牛津初中英语教材中的隐性课程研究 [D]. 苏州大学，2011.

香港地区初中英语教材研究报告

上海外国语大学　赵璧

0. 引言

教育部 2017 年颁布了《普通高中英语课程标准 (2017 年版)》，对课程结构进行了大幅度的优化。为了更好地推动新课程标准的实施，也为进一步适应全球化的时代浪潮和国际大都市的城市定位，上海正在积极思考和探索更符合时代需求和人才培养需要的教材编写理念和路径。香港与上海具有相似的经济条件和城市定位，也都有重视英语教育的传统。上海在基础教育阶段注重普通话和英语的教育，而包括英语在内的两文三语是香港现行的语文政策，因此香港地区在编写英语教材方面的实践成果和经验，对于上海乃至全国新版英语教材的编写有着重要的参考价值。本研究将以初中阶段的英语教学为切入点，选择香港地区具有代表性的初中英语教材进行分析和研究，力求提炼出操作性强、可供借鉴的核心要素，以供上海乃至全国的相关教材编写工作者参考。

1. 香港地区教育情况概述 [①]

1.1 学制简介

香港地区历来非常重视基础教育。根据 2020-2021 学年的统计数字，香港地区目前共有 589 所小学、506 所日间中学及 62 所特殊

---

① 本节信息除单独标注的以外，均来自香港教育局官网 (https://www.edb.gov.hk/)。

学校②。香港地区儿童约于 6 岁就读小学一年级，开始接受六年制的小学教育，同时也是接受九年义务教育及十二年免费教育的开始。香港地区中学教育在 1997 年以前采取三年初中、二年高中、二年预科及三年大学的制度，即是"三二二三学制"。1997 年后，香港教育统筹局（即现在的教育局）提出把中学改为三年初中、三年高中，而大学则转为四年制，即"三三四学制"。在香港地区教育相关文件中，通常把小学一到六年级简称为"小一"到"小六"，初中三个年级简称为"中一"到"中三"，高中三个年级则简称为"中四"至"中六"。

根据香港教育局的分类，按其营运资金及办学团体，香港地区的中学共分为六种，分别是官立中学（Government Secondary Schools）、资助中学（Aided Secondary Schools）、直接资助计划中学（Direct Subsidy Scheme Secondary Schools，简称直资中学）、按额津贴中学（Caput Secondary Schools）、私立中学（Private Secondary Schools，可再细分为日校和夜校）、私立独立学校计划学校（Private Independent School Scheme Schools），其中官立中学的办学团体为香港政府，其余均为社会团体或私人机构。

从 1978 年 9 月起，香港地区就开始通过公立学校③（也称"公营学校"）为所有适龄儿童提供九年免费小学及初中义务教育。自 2008-2009 学年起，香港地区也通过公立学校提供免费的高中教育。香港地区政府还全面资助职业训练局为中三毕业学生开办全日制课程，为他们提供主流教育以外的另一种免费进修途径。

教育理念方面，香港地区非常注重均衡教育，强调要提供五育（即德、智、体、群、美）并重视多元化的学校教育，以配合香港地区学生的不同需要，使学生吸收更多知识，确立价值观和掌握技能，为日后升学或就业打稳基础，以及促进学生的个人成长（彭敬慈，

---

② 数据来自香港教育局"2020/21 学年学生人数统计"报告。
③ 公立学校（公营学校）包括官立小学、资助小学、官立中学和资助中学。其中官立小学和官立中学直接由教育局管理，免收学费；资助小学和资助中学则由非营利办学团体接受政府津贴提供免费教育。

2017:5–7)。

1.2 语言教育

1997 年后，香港地区根据自身的发展历史和地域特点，提出要提高学生"两文三语 (Bi-literacy and Tri-lingualism)"的能力："两文"即以中文、英文为书写文字，"三语"即以粤语、普通话和英语为口语。

2010 年之前，香港地区的学校的教学语言安排分为中文中学和英文中学。在中文中学，除英文科以外，其他学科均用粤语授课；在英文中学，除中文科外，其他学科均用英语授课。为了营造"两文三语"的语言环境，并摆脱公共政策困境 (Evans, 2016: 47)，香港教育局于 2009 年 5 月决定"微调中学教学语言安排"，即从 2010/11 学年的中一年级开始，学校可以根据教师授课能力及学生学习能力，自行选择教学语言。在符合条件的情况下，中学可在初中阶段采用英语教授所有或部分中文科以外的科目。"微调中学教学语言安排"旨在加强校内英语环境，增加学生运用和接触英语的机会。

除了"微调中学教学语言安排"以外，香港地区还分阶段实施了一系列提高中小学生"两文三语能力"的措施，其中和英语教育有关的措施包括：2000–2001 学年出版英文写作成套教材，并派发给全港学校；为公立中小学提供以英语为母语的英语教师以改善英语教学质量 (Jeon, 2016:106–107)；促进英文广泛阅读计划；为开班数超过 6 个班的公立中小学增设一个负责英文教学的主任级教席；在 2006 年成立的教育局中央资源中心为教师提供英语教学的参考资源等等。

目前在东南亚地区，香港地区使用英语的熟练程度总体居前，其 2020 年英孚英语熟练度指标 (EPI) 在全球 50 个城市排名中位列第 28，首尔排名 24，台北排名 25，上海排名 29，北京排名第 35 位[④]。

---

④ "更全面的全球成人英语熟练度调查"，https://liuxue.ef.com.cn/epi/。

1.3 中小学英语教育理念

香港地区中小学英语课程的相关文件均由课程发展议会 (Hong Kong Curriculum Development Council) 负责编制，课程发展议会是香港地区统筹课程问题的机构，成立于 1972 年，原名课程发展委员会，1988 年 9 月改名为课程发展议会。目前现行的英语课程标准是 2017 年颁布的《英语教育学习领域课程指引》(English Language Education Key Learning Area Curriculum Guide，以下简称《指引》)，该文件包括介绍、课程结构、课程规划、学与教、评估、学与教资源等六个部分，对香港地区小学、初中和高中阶段的课程目标、课程内容、学习目标、学习任务等进行了规定，并为教学方法、评估方式、资源开发等提出了要求和建议。

整体目标方面，《指引》主要强调了英语课程对学生个人发展的意义，提出开设英语课程的整体目标是让学生了解其他民族文化的知识，增加学生运用英语追求个人与智力发展、求学、娱乐、工作的机会，以及帮助学生应对信息技术进步带来的社会经济需求变化。

《指引》把英语课程的学习目标归纳为以下三项：语言形式和交际功能 (language forms and communicative functions)、语言技能与语言发展策略 (language skills and language development strategies)、英语学习的具体态度 (attitudes specific to English language learning)。和内地课标文件相比，《指引》更注重语言的交际功能，强调有意义的语言使用与掌握语言形式同等重要，学生必须学会在现实生活或模拟情况下应用外语进行有目的的交流。

在实施建议方面，《指引》强调教学上要尊重学习者的多样性，确保具有不同学习需求的学生都能取得理想的学习成果。教学方法上，《指引》主要推荐以积极参与、灵活区分、有目的的沟通为特点的"任务学习法 (task-based learning)"。在评价上，《指引》要求各校给予形成性评价更多的重视，要把形成性评价比终结性评价更重要，并鼓励学校将形成性评价的范围由"教学性评价 (assessment for learning)"拓展至"作为学习的评价 (assessment as learning)"，以充分发挥学生作为评价主体的主观能动性。

香港教育局于 2001 年 9 月颁布了《学会学习——课程发展路向》报告书，提出课程发展的大前提是要帮助学生学会学习，并由此掀起全面的课程改革，在 2002 年发布的英语课程指引中，"教学（teaching and learning）这个名词亦渐被'学与教'（learning and teaching）取代"（彭敬慈，2015: 89）。《指引》2017 版延续了 2002 版中"学与教"的范式转向，并在 2002 版的基础上增加了四项主要更新重点（major renewed emphases），即跨学科学习、教育中的信息技术、价值观教育、STEM 教育和创业精神。这四项既是当前香港地区英语教育的建设重点，也是英语课程未来持续更新的方向。

1.4 基础教育的其他相关特征

香港地区的基础教育显著特色之一是推行校本管理制度，该制度可以追溯到 1997 年，教育统筹委员会（简称"教统会"）发表了有关"优质学校教育"的《第七号报告书》，其中一项主要建议是政府向学校下放更多权责，让学校有更大的自主权和灵活性，以发展学校特色，照顾学生的不同学习需要并提升学习成果。

自此以后，政府要求所有资助学校均须按照《教育条例》的规定，成立由办学团体代表、校长、教师、家长、校友和独立社会人士等不同持分者⑤组成的法团校董会，对学校进行共同管治。同时，学校也需要提高运作的透明度，包括将学校特色、办学理念、课程设置、教材、学校的语言政策等相关信息都公布在学校网站上或者用其他方式告知学生和家长，以供学生和家长择校时考虑。在此制度下，各所学校有比较充足的空间可以更灵活地管理校务、运用资源和计划学校的发展。

如果开发校本课程有困难，学校可按自身需求，向教育局相关的支援组别以及由教育发展基金所资助的机构提出申请，请求提供

---

⑤ 持分者：也写作"持份者"，即英语中的 stake-holder，指可以影响一个组织的决策并被这些决策影响的人。香港教育界从商业中引入这个概念，意在强调办学团体不应是学校的唯一决策者，校友、老师、学生、学生家长等都是教育的利益相关者，都应该有发言权。

校本支援服务。具体来说，"校本专业支援计划"共分五项，包括：校长支援网络、学校支援伙伴计划、专业发展学校计划、大学—学校支援计划、同僚参与校外评核等。"校本专业支援计划"目的在于把教师持续专业发展、校本课程发展和学校发展三者紧密地联系起来，以促进学生的学习。有研究指出，当学校领导层和教师意见一致，校本管理改革、持续职业发展、合作性的学校风气相结合的时候，确实对学校管理、教师工作、校本课程和学生学习多有裨益。(Cheung & Wong, 2011:471; Ko *et al.* 2015:1207)

近年来，香港政府还特别重视信息科技教育的推广。香港政府分别在 1998、2004 及 2008 年制定了第一、第二及第三个资讯科技教育策略，以配合善用资讯科技以促进学与教的全球趋势。在以往资讯科技教育策略已奠定的基础及优势之上，香港政府又于 2015/16 学年推行了第四个资讯科技教育策略，旨在通过优化的学校资讯科技环境、学校的专业领导与能力，以及社区伙伴的支援，促进学生善用资讯科技的能力，提升他们的自主学习、解难、协作、计算思维的能力，加强创意、创新、创业精神，并培育他们成为具有操守的资讯科技使用者，实现终身学习和全人发展。

这两项特色制度都对香港基础教育阶段的英语教育产生了重要的影响。校本管理制度使香港各所学校在选择英语教材和教学模式方面有了更大的自主权，而信息科技教育策略则使得包括英语在内的学科教育和信息科技教育之间的结合愈发紧密。

2. 香港地区中学英语教材概述

2.1 教科书供应制度简介

香港地区的教科书供应制度具有高度商业化的特征。"香港的教科书制度可以说在世界上是独一无二的。教科书与任何商业产品或服务一样，不会获得政府的政策倾斜及资助。这种定位令教科书行业具备高度商业化，要靠走市场来生存。毫无疑问，这种定位推动着香港教科书成长，香港教科书质量可说名列世界前茅，与此有关"（李家驹，2016:16-17）。由于政府不参与价格控制，所有教科书由学生（家长）购买，所以香港地区的教科书出版业属于完全的自由经济，市场竞争相当激烈。

虽然不参与定价，但政府会通过严格的送审制度对教材质量进行控制。香港政府并未要求所有出版教材都须送交教育局评审，但如果出版社希望其出版的教材能够入列教育局的推荐教材表，则必须送审。每学年香港教育局都会组织由科目专家、一线教师和学者所组成的科目评审小组对各出版社送审的教材进行评审，评审范畴包括课本内容、学与教、组织编排、语言、编印设计（印刷课本适用）、电子功能运用的有效性及操作设计（电子课本适用）等等。评审通过的各学科教材会被列入教育局的推荐教材表——《适用书目表》和《电子教科书适用书目表》，并会在教育局网站上公布。教育局编订这两个表格，旨在确保学校在推行各科课程时有适合的课本可用。凡是入列这两个表格的印刷、电子课本和学习材料，都确保是按照课程发展议会编订的各科课程纲要／课程指引／课程及评估指引所编写的，其中各项内容均经过香港教育局的审阅并得到认可。

为减轻家长的经济负担，香港教育局还规定：有 2010–2011 学年起，入列《适用书目表》的印刷课本，出版社须遵守"五年不改版"的规定。对于已列入《适用书目表》超过五年的印刷课本，出版社如申请改版，必须提出充分的理据。申请改版的课本经教育局评审并确认改版内容较旧版有大幅改善后，才会获得批准。因此，在香港同一套课本不会出现"年年改版"的现象。如果五年内出版社需要对教材进行勘误重印，教育局会在《适用书目表》内注明"重印兼订正"字样，并规定此类课本学生可沿用旧书。教师应提供协助，向选用旧版课本的学生提供出版社以附页或勘误表形式提供的修订数据，而不应规定学生购买新版课本。

由于香港地区推行校本管理制，只要不违反《教育条例》及教育局通知公告，各校有权自主决定课程设置并自主选择教材。学校挑选课本时可参考《适用书目表》和《电子教科书适用书目表》，也可以选择书目表之外的课本和学习材料。教师可运用其专业知识，根据学生的学习需要，自行编订学习材料或替学生选择书目表以外的课本或学习资源。事实上，自下而上的、由教师推动的校本教材计划更能发挥教师的能动性和专业性，也能更好地适应学生的需求（Yuen *et al*., 2018:23）。教育局也鼓励教师善加利用教育局提供的免费教学资源及其他生活化材料作为辅助教材，以提高教学效能、减少对课本的倚赖。学校选用任何形式的教材和学习材料时，均应以最有利于学生学习为前提，并根据教材和学习材料的质量、具体课程及学生的学习需要作出最终的选择。

2.2 教科书选择和使用建议

鉴于"校本管理"制下香港地区各学校可以自主选择教材，且选择范围并不局限于两份《适用书目表》所列书目，2017 年颁布的《指引》中还专门为教材和教学资源的选择提供了比较详细的实施建议，包括教材的选择、使用及其他教学资源的选择三个部分。

在教材的选择方面，《指引》建议教师综合考察教材的内容安排、教学活动设计及语言质量等方面，选择适合学生需求、兴趣和能力的教材。考察纸质教材时，教师应审查教材的印刷质量、纸张质量、教材重量等要素；考察电子教材时，教师应关注音视频功能的嵌入、音视频材料是否提供文字稿、是否提供按需打印功能等。在教材的使用方面，《指引》特别强调教师不应拘泥于教材的现有内容和设计，而应该根据教学目的有选择地、灵活地、自由地使用或修改教材中的相关部分。在选择教材以外的其他教学资源时，《指引》建议教师应该兼顾虚构类文本和非虚构类文本，以拓宽学生的视野。《指引》还鼓励教师积极利用学校资源、网络资源和社区资源，以丰富学生的英语学习体验。

2.3 2020–2021 学年香港地区初中英语教材概述

香港教育局 2020–2021 学年共公布了 19 套共 123 本通过评审的初中英语教材，具体情况如下：

表 1　**2020–2021 学年香港教育局初中英语推荐教材目录** [⑥]

No.	Title (e-Textbook)	Books	Publisher / Developer	Year of Publication
List of Recommended Junior Secondary School Printed & e-Textbooks in English				
1	*Time Zones*	3	Smart Education Charitable Foundation Ltd.	Version 1.1 Feb 2015
2	*Open English*	24	The Open University of Hong Kong	2015
3	*Upstream*	3	Stanford House Publications (HK) Ltd.	2006
4	*Developing Skills - On Track (Reprinted with minor amendments)*	6	Aristo Educational Press Ltd.	2007 1st Edition, 2008 Reprinted with minor amendments
5	*Life (Hong Kong Edition)*	3	Cengage Learning Hong Kong Limited	2017
6	*Developing Skills — Freeway (Reprinted with minor amendments)*	6	Aristo Educational Press Ltd.	2007 1st Edition, 2008 Reprinted with minor amendments
7	*Longman Activate*	6	Pearson Hong Kong	2007
8	*Longman Elect*	6	Pearson Hong Kong	2007
9	*Longman Activate JS (Second Edition)*	6	Pearson Hong Kong	2012
10	*Longman Elect JS (Second Edition)*	6	Pearson Hong Kong	2012
11	*Longman English Edge*	6	Pearson Hong Kong	2017
12	*Longman English Spark!*	6	Pearson Hong Kong	2017
13	*Aristo First*	6	Aristo Educational Press Ltd.	2012

⑥ "2021/22 School Year Textbook Price Information", <https://cd.edb.gov.hk/rtl/searchlist.asp>

14	*Aristo Success*	6	Aristo Educational Press Ltd.	2012
15	*New Treasure Plus (Second Edition)*	6	Oxford University Press (China) Ltd.	2017
16	*Oxford English (Second Edition)*	6	Oxford University Press (China) Ltd.	2018
17	*New Treasure Plus*	6	Oxford University Press (China) Ltd.	Version 1.1 Jun 2018
18	*Developing Skills – Connect for Junior Secondary Learners*	6	Aristo Educational Press Ltd.	2017
19	*Developing Skills – Link for Junior Secondary Learners*	6	Aristo Educational Press Ltd.	2017

从该推荐教材目录中可以归纳出香港教育局所审核认可的初中英语教材的几个特点：

（1）大部分由主流、大型、权威出版社出版，但总体来源比较多元。

2020–2021 学年香港教育局的《适用书目表》所推荐的 19 套教材中，6 套由雅集出版社（Aristo Educational Press Ltd.）出版，6套由培生（香港）出版社（Pearson Hong Kong）出版，3 套由牛津大学（中国）出版社（Oxford University Press (China) Ltd.）出版。其中雅集出版社是香港老牌的教科书出版社，成立于 1978 年，出版的教科书覆盖英语、语文、历史、地理、经济、生物、化学、物理等多个学科，被香港学校广为采用。而培生（香港）出版社则隶属于英国培生集团，该集团迄今已有 150 多年的历史，旗下共有包括"朗文"在内的多个知名教育名牌。牛津大学（中国）出版社是牛津大学出版社的全资子公司，在香港地区是主要的教科书出版社之一，出版各个级别的中、英文教科书，其出版的中、小学的中文和英语教材深受欢迎。由这三家出版社出版的英语教材占据了香港教育局《适用书目表》的近 80%，尤其是近五年来新通过教育局评审的英语教材则全部由这三家出版社出版，明显体现出近年来大出版社独占市场的特点。

列入香港教育局《适用书目表》的其余 4 套教材（约占总数的 20%）的来源较为多元。比如 1 号教材 *Time Zones*，其出版商为"聪颖教育慈善基金"，是一家专门致力于"学童服务"的香港非营利性慈善组织。该组织成立于 2009 年，曾在香港及内地举办过英语创意写作、朗读、广播剧比赛等，也举办过一些关于电子教学的教师培训及经验分享活动。2 号教材 *Open English* 的出版机构为香港公开大学，该大学成立于 1989 年，是一所以远程教育为主，致力于提供开放及灵活性教育的政府资助性大学。3 号教材 *Upstream* 的出版商"史丹福（书屋）出版有限公司"则是一家成立于 1992 年的以提供幼儿园至初中阶段英语教育资源为主的私营公司。5 号教材 *Life (Hong Kong Edition)* 的出版商则为美国圣智学习集团，这是一家全球性的创新型教育、学习、研究方案提供商，该集团在图书馆和学术市场具有比较明显的优势。

由此可见，香港教育局所提供的《适用书目表》中所覆盖的初中英语教材，80% 由在本地及国际上具有良好声望的主流大出版社所出版，其余 20% 的教材虽然在市场上的占比不高，但出版来源非常多元，既包含了本地教科书专业出版社、全球性教育学习集团、也包含了教育慈善机构和政府资助的高校。香港教育局在评审教材时，主要考察的还是送审教材本身的质量是否符合教科书的标准，对于出版机构的背景并无特殊要求。

(2) 同一出版社的教材体系内部注重分层化和差异化。

香港教育局《适用书目表》中近 80% 的初中英语教材来自于三大出版社：雅集（6 套）、培生（6 套）、牛津（3 套）。这三大出版社之所以有多套初中英语教材能够入选《适用书目表》，得益于其教材体系内部的分层化和差异化。这方面优势最明显的是香港本地老牌教科书出版商雅集出版社，从书目表中可以看出，该社入选的 6 套教材各不相同，分属 On Track, Freeway, First, Success, Connect 和 Link 六个不同系列。其次是培生（香港）出版社，其入选的 6 套朗文品牌的教材中，有 4 套是各不相同的，另外两套则是老版本的更新。而牛津大学（中国）出版社在这方面的优势不明显，其入选的 3 套教材中只有 2 套是有差异化的，另 1 套是更新版。

　　除了在难度上注重分层化设计以外，差异化路线也是香港地区教材推陈出新时的重要设计思路之一。以培生（香港）出版社 2017 年出版的 *Longman English Edge* 和 *Longman English Spark!* 这两套教材为例，这两套教材和之前 2012 年出版的 *Longman Elect, Longman Activate* 等教材之间最大的区别就是新教材中融入了香港地区目前大力提倡的 STEM 教育[⑦]的内容。目前，香港地区的英语教育和 STEM 教育有两种结合方式，一种是以英语为教学语言进行 STEM 课程的授课，这也是香港全英文授课中学[⑧]所采取的方式，但有学者认为该方式虽然强化了英语能力，但学科内容的掌握情况却不够理想（Lo & Lo, 2014:65）。第二种方式就是将 STEM 课程的部分内容融入英语教学。*Longman English Edge* 和 *Longman English Spark!* 系列教材遵循的就是后一种方式的编写理念，通过在课本素材中增加与 STEM 教育有关的内容来实现英语学科教育与 STEM 教育的融合。

2.4　香港地区代表性初中英语教材的选择——实证研究

　　由于入选《适用书目表》的英语教材数量较多，官方也不提供教材使用率的统计数据，香港地区实行的"校本教育"制度又赋予了各校自主选择教材的权利，且选择范围并不局限于《适用书目表》，本课题只能依据实地调研的结果筛选最具代表性的香港地区初中英语教材。

[⑦] STEM 的四个字母分别代表科学（Science），技术（Technology），工程（Engineering），数学（Mathematics）。STEM 教育就是集科学，技术，工程，数学等多学科融合的综合教育。

[⑧] "微调中学教学语言安排"政策于 2010 年 9 月实施前，香港约有 20% 的中学为全英文授课学校。

首先，通过对香港地区 22 所传统名校 ⑨ 以及 18 个学区里中学教育优势最明显的九龙城区 ⑩ 的 78 所中学 ⑪ 的官网进行逐一查询，查看是否按照香港教育局的要求提供必购教材清单。九龙城区的 78 所中学包括官立中学，资助中学，直接资助中学，私立中学，英基协会学校等。根据查询结果显示，只有不到总数 1/8 的学校在官网上公布了教材清单，且各校列为必购的教材差异非常显著。经过统计，总共只有 10 所中学选用的是列入香港教育局《适用书目表》的初中英语教材。具体统计结果如下：

表2　10 所采用香港教育局《适用书目表》初中英语教材的中学

序号	学校名称	选用教材	选用年度
1	赛马会官立中学	*Pearson: Longman Activate JS 1A*	2017-2018
2	玛利诺修院学校（中学部）	*Oxford junior*	2017-2018
3	民生书院	*Junior Oxford Advanced listening; Longman reading anthology*	2017-2018
4	圣保罗书院	*Aristo: Developing skills — Grammar & Usage*	2012-2013
5	圣保禄学校	*Pearson: Focus*	2017-2018
6	英华女学校	*Cengage Learning: life + Aristo: Developing Skills-Grammar & Usage*	2017-2018
7	喇沙书院	*Pearson English*	2017-2018

---

⑨ 香港地区有 22 所学校被坊间统称为 "传统名校"。这 22 所学校全部由基督教或天主教教会创立，并于1939年组成了 "香港补助学校议会"。与当时其他资助学校 (Subsidized Schools) 不同，这些学校全早于 1973 年前依《补助则例》(Grant Code) 接受政府指定补助，所以名为补助学校 (Grant Schools)。这些学校大部分经费来自政府的补助，但学校的日常运作由办学的教会负责。现今，这 22 所学校中有的已转为直资，有的大致上已与资助学校相同，但补助学校议会仍然存在，主要维护各成员学校的利益。由于这 22 所学校历史悠久，培育过不少社会人才，办学成果有目共睹，而且各校均有独特的文化传承，所以被称为传统名校。<https://www.schooland.hk/ss/traditional-elite>

⑩ "2020最新排名！48所Band 1A中學分佈情況如何？18區誰才是教育強區？"<https://andrewchantutor.com/2020/11/08/>

⑪ "九龍城區中學一覽"<https://www.myschool.hk/secondary-school/Kowloon-City-District>

8	圣马可中学	*Aristo: Developing Skills for HKDSE All-in-one Practice: Vol. 3 (Set B)*	2017-2018
9	圣保禄中学	*Pearson: Focus*	未注明
10	荃湾官立中学	*Pearson: Longman Elect*	未注明

从查询情况来看，首先，选择在学校官网上公开教材信息的学校数量很少。香港教育局只要求学校要将课程设置、教材、学校的语言政策等相关信息告知学生和家长，但对告知的方式未做具体规定。根据对几位香港适龄生家长的个别采访，大多数学校都会在暑假中用信件或者电子邮件的方式将教科书清单寄发给学生，以供学生（家长）购买。可见，相比在校网上公开，香港学校更倾向于通过定向告知的方式发布教材相关信息。

其次，从上述表格中可以看出，即使选用了《适用书目表》中所列教材的学校，在具体使用方式上也体现出明显的"校本主义"特征。10 所学校中有 5 所学校并没有完整地采用某一套教材，而只是从中选取了符合自己学校和学生需求的某一分册，比如圣保罗书院和英华女学校在必购教材中只列出了雅集出版社的语法专项练习分册"Developing Skills–Grammar & Usage"，圣马可中学则只要求购买雅集出版社另一本练习册"All-in-one Practice"第三卷的 B 分册。这符合香港教育局提倡的减少对课本倚赖的精神。

第三，即使有些学校在官网上公开了必购教材书单，提供的信息也可能不够准确，有待进一步核实。比如"玛利诺修院学校（中学部）"所列 *Oxford Junior* 教材，名称信息不够完整。根据在牛津大学出版社（中国）官网[12]上的查询结果，所列教材既有可能是 *Junior Oxford Essential / Advanced Listening*，也有可能是初中学生适用的 *Oxford English* 或者 *Oxford English (Second Edition)*。

另外，在查询过程中还发现，一些香港学校，尤其是被视为名校的中学，选择的并不是香港本地出版的教材，而是国外原版教材。

---

[12] "English Language Teaching Hong Kong" <https://www.oupchina.com.hk/elt/junior-secondary#oxford-eng>

比如"嘉诺撒圣心书院"要求学生购买的 *Real Life* 英语教材，就是培生出版社在英国出版的中学英语教材。

最后是本课题对三大主要教材出版社的实地调研。培生（香港）出版社市场部在回复邮件采访时，提供了以下初中教材市场占有率数据：

表3　培生（香港）出版社4套初中英语教材的市场占有率

教材名称	市场占有率
Longman English Edge	17.80%
Longman English Spark!	8.70%
Longman Elect (Second Edition)	6.50%
Longman Activate (Second Edition)	6.90%

据培生（香港）出版社市场部介绍，按照出版计划，*Longman English Edge* 和 *Longman English Spark!* 是用来逐步替换 *Longman Elect* 和 *Longman Activate* 的，目前还有部分在过渡期。这四本教材加起来，大概占据了40%的香港初中英语教材市场。

电话采访雅集出版社时，该社拒绝透露市场份额相关数据，但是确认该社入列《适用书目表》的6套教材中，使用最普遍的是 *Aristo Connect* 系列。

综合以上实地调研结果，本课题最终选择了培生（香港）出版社的 *Longman English Edge*（以下简称 *Longman Edge*）教材作为香港地区初中英语教材的代表进行深入研究。

3.　培生 *Longman Edge* 教材研究

3.1　培生 *Longman Edge* 教材的基本情况

培生集团旗下的朗文品牌多年来一直致力于英语教育产品与服务的开发，在辞典、英语教材、英语语法和读物等领域都占据全球重要地位。培生（香港）出版社的历史悠久，1982年出版第一套香港中学英文教科书系列 *Integrated English*，6年后又出版了小学英

语课本系列 *Welcome to English*，均在市场取得较高的占有率。1988年，培生首部双语词典《朗文当代英汉双解词典》大受欢迎，进一步巩固了朗文在英语教学领域的权威地位。时至今日，除英语教学外，培生（香港）还推出了各个程度、不同学科的教材，包括中文、数学、科学、物理、信息及通讯科技、商科、通识教育、常识、普通话、音乐、经济学等，每年在香港共售出400万本教科书。培生出版的多个英文教材系列包括 *Longman Activate*、*Longman Elect* 及 *Primary Longman Elect* 等，自推出以来，均广为香港本地学校采用，平均每5个香港学生当中就有4个使用培生的教材学习英语[13]。

本课题研究的这套 *Longman English Edge* 教材由培生教育（亚洲）公司（Pearson Education Asia Limited）于2017年出版，根据培生公司市场部提供的信息，这套 *Longman Edge* 教材目前在香港地区拥有近20%的市场占有率。该套教材于2017年2月通过香港教育局的审核，被列入《适用书目表》，并获得授权在教材的扉页上印有图1的认可标识。

图1　香港教育局认可教材标识

该套教材总共包含7个部分，包括：学生用书（Student

---

[13] "关于培生香港"–"教科书及教学内容"，<https://www.pearson.com.hk/zh_HK/about-us/about-pearson-hong-kong/textbook-and-contents.html>

Books)、练习册(Workbooks)、听力用书(Listening Books)、词汇拓展(Vocabulary Boosters)、语法用书(Grammar Books)、学生电子书(Student e-Books)以及一个数字学习平台(Digital learning platform)。其中学生用书分三级,从1A到3B共6本分册。

3.2 培生 *Longman Edge* 教材的相关评价

香港教育局所提供的《适用书目表》中,还列明了依据 CDC Syllabus for English Language (Secondary 1-5)(1999)标准,对每一套入列该表的教材从目标、内容、信息、概念、学习活动及语言等六个方面进行审核后的评审意见。对 *Longman Edge* 这套教材的评审意见如下:

- Meeting the aims and objectives of the curriculum guide(达到了课程指引的目的和目标)
- Content self-contained and effective in meeting the curriculum requirements(内容完善,能有效地满足课程的要求)
- Relevant and accurate use of information and data(信息和数据的使用相关、准确)
- Concepts clear, accurate and logically developed(概念清晰、准确,逻辑合理)
- Appropriate learning activities facilitating achievement of the learning targets(学习活动设计恰当,有助于实现学习目标)
- Precise and accurate use of language(语言的使用准确、恰当)

从《适用书目表》中所提供的评审意见来看,教育局评审组对 *Longman Edge* 教材的评价还是比较高的。《适用书目表》中的其他一些教材虽然也通过了评审,但在上述维度中的一项或几项的考察中并没有得到完全肯定的评价,而是带有"generally(基本、大致)"这样的修饰词,这意味着在这些考察维度上,该教材略有不足。比如由"聪颖教育慈善基金"出版的教材 *Time Zones* 虽然也入列了《适用书目表》,但该教材获得的 7 条评审意见中,有 6 条都包含了 generally 的字样:

- <u>Generally</u> meeting the aims and objectives of the curriculum guide
- Content self-contained and <u>generally</u> effective in meeting the curriculum requirements
- <u>Generally</u> relevant and accurate use of information and data
- Concepts <u>generally</u> clear, accurate and logically developed on the whole
- <u>Generally</u> appropriate learning activities facilitating achievement of the learning targets on the whole
- <u>Generally</u> appropriate use of interactive activities and multimedia for effective learning, teaching and assessment

对比后可以看出，*Longman Edge* 教材获得的评价意见明显优于对 *Time Zones* 教材的评价。事实上，*Longman Edge* 也是所有入列《适用书目表》教材中获得最高评价的教材之一。

3.3 培生 *Longman Edge* 教材深度分析

3.3.1 编写理念

"两文三语"政策赋予了英语的地位，与英语课程相关的文件报告（如《指引》2002 版和 2017 版）也均使用英语，所以香港主流的初中英语教材均定位为母语教材，而非 EFL（English as Foreign Language，英语作为外语）教材。这些教材中的全部内容都是以英语写成，全书不出现中文翻译或解释，其目的在于尽可能地为学生营造真实的语言环境，使学生具备运用英语进行多主题、多层次、多模态沟通和交流的能力。培生 *Longman Edge* 教材也属于此类全英语教材。

在前言中，出版商对 *Longman Edge* 初中英语教材的定位是 "a new, exciting and challenging course for Junior Secondary aimed at engaging you in fun, thought-provoking and meaningful English language learning"。可见，有趣（fun）、启发思维（thought-provoking）和有意义（meaningful）是此套教材编写时的核心理念和目标。

在封底页上，该教材的主要特点被概括为以下五点：

1. Stimulating reading texts (supports STEM learning)（引人入胜的课文, 同时支持 STEM 教育）；

2. Carefully designed units（精心设计的课程结构）；

3. Vocabulary building in every unit and a Grammar in text focus throughout（贯穿整本教材的词汇积累与语法专题学习）；

4. Fun, practical, flexible and well-designed tasks（有趣、实用、灵活、精心设计的任务）；

5. Digital learning platform（数字学习平台）。

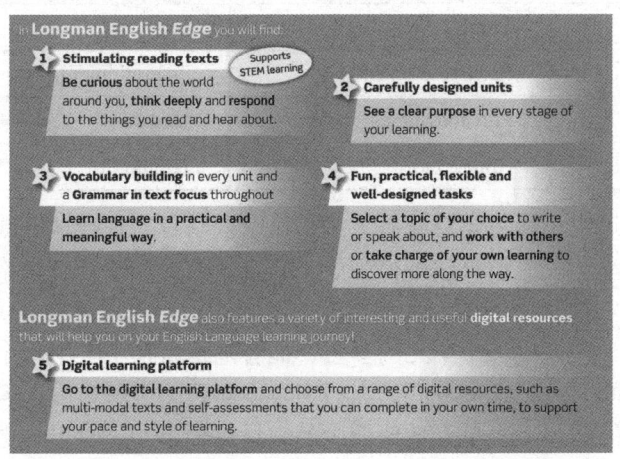

图 2　*Longman Edge* 教材封底页所介绍的教材 5 大特点

从中我们可以总结出 *Longman Edge* 教材的三条编写思路：首先，内容上，该套教材强调要把语言学习与 STEM 教育相结合，即跨学科学习；其次，教学方法上，该教材主要采用"任务学习法"；第三，配套资源上，该教材提供了丰富的数字学习资源，既有助于教师因材施教，充分发展校本特色，也有助于学有余力的学生课后进行自主拓展式学习。这三条编写思路与《指引》2017 年版中跨学科、任务驱动、融入信息技术的导向高度一致，也是 *Longman Edge* 教材能够在教育局评审中获得高度肯定的原因之一。

3.3.2 内容总量与单元结构

　　教材的内容总量和当地的教学日程安排有着直接的关系。内地中小学英语教材的设计一般是每学期一册，每册教材通常包括 20 个单元左右。*Longman Edge* 教材也是每学年两册，但每册只有 4 个单元。以该教材初一年级（香港称"中一"）第二学期 1B 分册为例，该分册包含的四个单元为：

表 4　*Longman Edge* 教材 1B 分册各单元主题列表

单元	题目	主题
Unit 5	Yum!	Leisure
Unit 6	Pack your bags!	Entertainment
Unit 7	Fun and games	Leisure
Unit 8	Connected	Technology

　　内地中小学每年总共有大约 160 个教学日，香港地区则规定全日制中小学校上学日数不得少于 190 日，内地教学日总数略少于香港地区。按每周一课/单元的教学进度计算，内地需要在大约 3–4 个教学日内完成一个单元的学习，而香港地区初中学生每个单元的学习时间大约在 3 周左右。在假定学生学习能力和学习内容总量大致相当的前提下，单元数比较少的教材每个单元能够包含更多的板块，在主题内容上更能保证丰富性、完整性和深入性，教师和学生也有更加充裕的教与学的时间。

　　Longman Edge 教材每单元的篇幅都在 20–22 页（16 开）之间，每单元统一包括 9 个板块，相对于其他教材来说是比较多的。9 个板块具体如下，其中加粗的字体部分是该板块在教材中出现时的具体名称：

表 5　*Longman Edge* 教材每单元板块组成

序号	板块名称
1	A **Warm-up** page（热身页）
2	thought-provoking **Reading** texts（启发性的阅读课文）

3	useful **Vocabulary building**（有用的单词积累）
4	practical explanations about **Language**（实用的语言注释）
5	a fun **Task**（有趣的任务）
6	a **Vocabulary Roundup** page（词汇复习页）
7	a **Learn More** QR code（拓展学习二维码）
8	a **Let's Reflect** section（反思板块）
9	a **Checkpoint** QR code（自测二维码）

Longman Edge 教材的编写特点之一就是"Carefully designed units（精心设计的课程结构）"，具体到每个单元则表现为 9 个板块之间的连接性和配合性，使各板块成为紧密围绕同一个主题所展开的有机整体。图 3 显示了 1B 分册第 6 单元 Pack your bags! 的组织结构：

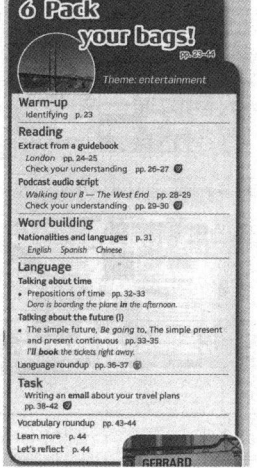

图 3 *Longman Edge* **教材 1B 分册第 6 单元结构**

细读该单元内容可以发现各板块之间存有明显的承接、对照和呼应关系。比如 Reading 板块的两篇课文，第一篇是比较整体地介绍伦敦的旅游指南节选，第二篇是专门介绍伦敦西区的播客录音文字，内容上体现"整体"和"局部"，语体上包含书面语和口语，模态上呈现文字和声音，都使这两篇课文既在主题上保持了一致，

又在细节上体现出了明显差异，增加了语料的丰富性。Language
板块和 Task 板块之间是铺垫和准备的关系。以本单元为例，首先
Language 板块中着重学习的两个语法点（时间前面的介词、一般现
在时）是完成 Task 板块写作任务（写一封关于旅行计划的邮件）
的必备技能；其次，Language 板块最后一个部分 Language roundup
实际包含三个练习，先是听 Patrick 一家讨论去首尔旅行时计划
参观的景点，然后听并记录 Patrick 一家拟定的行程，最后阅读
Patrick 写给朋友的描述此行的邮件并填空。可以看出，Language
roundup 部分其实是用分步骤练习的形式提供了一个流程演示和写
作范例，为后面写一封关于旅行计划的电子邮件的写作任务做好铺
垫和准备。

3.3.3 主题内容

我国《普通高中英语课程标准》（2017 年版 2020 年修订）中
把课程内容的主题语境归为人与自我（生活与学习、做人与做事）、
人与社会（社会服务与人际沟通，文学、艺术与体育，历史，社会
与文化，科学与技术）、人与自然（自然生态、环境保护、灾害防范、
宇宙探索）三大类（教育部 2018:14）。对照这一分类，*Longman
Edge* 教材中各单元的主题可归纳如下：

表 6 *Longman Edge* 教材各单元主题一览

教材	单元	单元标题	思想主题	主题语境
1A	1	A new start	teen life	人与自我
	2	Strong, fit and fast	healthy living	人与自我
	3	Crime fighters	culture	人与社会
	4	Amazing experiences	out of the ordinary	人与自我
1B	5	Yum!	leisure	人与自我
	6	Pack your bags!	entertainment	人与自我
	7	Fun and games	leisure	人与自我
	8	Connected	technology	人与社会

2A	1	Great storytelling	entertainment	人与自我
	2	Green living	environment	人与自然
	3	Getting along with others	teen life	人与自我
	4	Language and communication	communication	人与社会
2B	5	The unexplained	out of the ordinary	人与自我
	6	looking good	teen life	人与自我
	7	Let's get involved	social issues	人与社会
	8	Simply the best	culture	人与社会
3A	1	Healthy body, Healthy mind	healthy living	人与自我
	2	Advertising	communication	人与社会
	3	Let's innovate	work and technology	人与社会
	4	Future living	science and technology	人与社会
3B	5	Think before you shop	social issues	人与社会
	6	Science in our lives	science and technology	人与社会
	7	Protect our wildlife	nature and the environment	人与自然
	8	Culture	culture	人与社会

从表6统计可知，*Longman Edge*教材总共24个单元，分属 teen life（3个单元），healthy living（2个单元），culture（3个单元），out of the ordinary（2个单元），leisure（2个单元），entertainment（2个单元），technology（4个单元），environment（2个单元），communication（2个单元）和 social issues（2个单元）等10个思想主题，每个思想主题覆盖2–4个单元，分布比较均匀。

从思想主题的设计来看，*Longman Edge*教材注重选择生活化、时代性、跨学科的学习内容。首先，*Longman Edge*教材以学生周围的世界（the world around you）为关注对象，选择贴近学生生活的文本作为阅读和练习素材。比如1A分册第一单元的 Text 1 "Diary of a Troubled Teen"由 4 篇短日记组成，分别讲述的是"我"上初中以后立下的目标，学校里一位特别严格的老师，和妈妈为小事发生的冲突，以及上学迟到被校长抓到的事情。这些与学生的学习生活密切相关的话题使学生能更容易地与文本建立联系、产生共鸣，从而激发学生的学习兴趣。除了课文以外，每单元其他部分的内容也围绕该单元的思想主题展开。比如上述第一单元在教授频率副词语法知识点时所用的例句是"The canteen is usually crowded with people at lunchtime."；完形填空练习所用的文本内容则是讲述开学换座位时发生的小惊喜。

其次，所选素材的时代性很强。以 1A 分册第三单元"Crime fighters"为例，Text 1 的题目是"The enduring appeal of Sherlock Holmes"。课文中除了介绍柯南·道尔的原著以外，还介绍了英国广播公司在 2010 年出品的改编剧《神探夏洛克》(*Sherlock*) 以及美国哥伦比亚广播公司在 2012 年改编的电视连续剧《基本演绎法》(*Elementary*)，甚至还提到了中国观众给《神探夏洛克》中福尔摩斯和华生起的绰号"卷福"和"花生"。而在 1A 分册第二单元"Strong, fit and fast"中，并没有介绍跑步、游泳、足球等大众化的传统体育项目，而是选择了象棋拳击、水下曲棍球、蹦床、躲避球等非常时新的运动项目。

图 4 *Longman Edge* 教材 1A 分册第二单元介绍的新兴运动项目

再次，教材重视跨学科教育。《指引》2017 版中提出要把 "STEM 教育与创业精神" 作为更新和发展重点，推荐的主要实施路径之一就是跨学科阅读（Reading across Curriculum，简称 RaC）。因此，*Longman Edge* 教材也把 "支持 STEM 教育" 的跨学科阅读作为自己的主打特色之一。

在 *Longman Edge* 初中教材的所有主题中，技术主题包含 4 个单元，比例最高。以 1B 分册第 8 单元 "Connected" 为例，该单元第一篇阅读课文 "Cool apps and app designers" 强调了青少年学习编程的重要性，并列举两名香港初三女生参加 2016 "Summit with All Access" 手机应用设计大赛并获奖的案例，鼓励 "每个人都能学编程"。3B 分册第 6 单元的两篇课文则分别介绍了基因编辑技术的应用前景及其伦理风险，让学生既能了解基因工程技术的科学原理，又能深入思辨与其相关的道德责任，从而实现科学教育与人文教育的融合。

即使在非技术主题的单元中，*Longman Edge* 教材也会着力融入一些跨学科的学习内容。比如 1B 分册第 5 单元 Yum! 的主题是 "休闲（Leisure）"，但该单元的 Text 2 中设计了一个 "Chemistry corner"，用三张图片让学生比较用三种不同方式（第一种是既不添加发泡剂也不添加打发的蛋清，第二种是只添加发泡剂但不添加打发的蛋清，第三种是既添加发泡剂又添加打发的蛋清）制作的薄煎饼在松软程度上的差异，让学生体会化学和烹饪之间的联系。

按主题语境统计，"人与自我" 和 "人与社会" 语境各包含 11 个单元主题，"人与自然" 语境只包含 2 个单元主题，说明该教材对 "自我" 和 "社会" 类主题的倾向性比较明显，这或许是出于 "自然" 类主题与香港初中学生认知、交际和经验的关系比较疏离的判断。而从主题的安排顺序上来看，"自我" 类主题在前三册中出现的频率比较高，共出现 8 次，"社会" 类主题出现了 3 次，"自然" 类主题出现了 1 次；而在后三册中，"社会" 类主题出现了 8 次，"自我" 类主题出现了 3 次，"自然" 类主题出现了 1 次。这反映出 *Longman Edge* 教材在主题顺序上注重遵循关注范围由己及人、逐渐扩大的自然学习规律，力求循序渐进地提升学生的社会责任意识。

3.3.4　文本类型与易读性

课程标准是教材编写、教学、评估和考试命题的依据。《指引》2017 版中强调要广泛阅读不同主题的虚构类和非虚构类文本，因此教材也需要在平衡不同的文本类型方面做出相应的努力。

Longman Edge 教材每个单元包括 2 篇主题阅读课文，其中 Text 1 的长度略大于 Text 2。所有单元的课文以信息类文本为主，但也不乏一定比例的文学类文本。比如 3A 分册第一单元"健康的身体、健康的头脑"的 Text 1 "The pursuit of happiness"就由文章 (article) 和诗歌 (poem) 两部分组成：前半部分的文章是关于如何获得幸福的四条建议，后半部分则是 Helen Steiner Rice 创作的诗 "Help yourself to happiness"。第四单元"未来生活"的第一篇阅读课文 "Canaries" 则是一篇科幻题材的短篇小说 (short story)。这说明 *Longman Edge* 教材并没有因为其跨学科语言学习的定位而舍弃文学类阅读，而是尽力寻找信息类与文学类阅读文本之间的平衡。

在信息类文本的框架内部，*Longman Edge* 教材也着力拓宽文本类型的多样性。以 1B 分册为例，主题阅读中就包括了博客、食谱、说明书、街头采访等多种类型，如下表所示：

表 7　*Longman Edge* 教材 1B 分册主题阅读及文本类型一览表

单元	主题	阅读篇章题目	文本类型
5	Yum!	Adventures in food: fascinating fusions	文章（Article）
		Better cooking through chemistry	博客和食谱（Blog entry and recipe）
6	Pack your bags!	London	旅游指南节选（Extract from a guidebook）
		Walking tour 8 — The West End	语音导览录音文字（Podcast audio script）
7	Fun and games	Play: it's not just for fun	文章（Article）
		A short history of computer games	网络文章（Online article）

| 8 | Connected | Cool apps and app designers | 文章（Article） |
| | | Which smartphone app do you love right now? | 街头采访（Vox pop） |

如表 7 所示，*Longman Edge* 教材 1B 分册共有 4 个单元总计 8 篇主题阅读课文，但分属 6 种不同的文体。说明该套教材在"支持 STEM 教育"的编写理念框架内，仍然在拓展阅读的多样性和丰富性方面做出了积极的探索。

为了了解 *Longman Edge* 教材从初中入学到毕业阶段阅读文本的难度变化，我们分别对 1A 分册第 1 单元的 Text 1 和 3B 分册第 8 单元的 Text 1 进行了易读性测试，结果如下：

Fairly easy		Fairly difficult	
常用易读性指标		**常用易读性指标**	
Flesch Reading Ease	79.74	Flesch Reading Ease	53.94
Flesch-Kincaid Grade Level	4.71	Flesch-Kincaid Grade Level	10.71
Automated Readability Index	4.02	Automated Readability Index	11.31
Coleman-Liau Readability Score	6.64	Coleman-Liau Readability Score	11.08
Gunning Fog	7.79	Gunning Fog	13.58
SMOG	8.32	SMOG	12.14
文本统计信息		**文本统计信息**	
总单词数 373	总句子数 36	总单词数 561	总句子数 28
总音节数 514	总字母数 1605	总音节数 879	总字母数 2706
平均词长 4.30	平均句长 10.36	平均词长 4.82	平均句长 20.04
平均单词音节数 1.38		平均单词音节数 1.57	
复杂单词个数（>=三个音节）34		复杂单词个数（>=三个音节）78	

图 5　*Longman Edge* 教材 1A 分册 1 单元 Text 1 与 3B 分册 8 单元 Text 1 的易读性对比

从图 5 可以看出，*Longman Edge* 教材为香港初中学生入学第一单元 Text 1 所设定的难度为"较容易（Fairly easy）"，但为毕业前最后一单元 Text 1 所设定的难度则上升至"较难（Fairly difficult）"，三年学习期内对学生阅读能力的要求明显提高。从文本统计数据来看，总单词数从 373 增加到 561，即课文长度大约增长了 50%。与此同时，复杂单词的比例（复杂单词个数/总单词数）从大约 9% 增至约 14%，平均句长也增加了一倍，说明阅读难度显著提升。从各项易读性指标来看，由于 Flesch Reading Ease 指标中 50–60 为较难，60–70 为标准，70–80 为较容易，因此 *Longman Edge* 初中英语教材从 79.74 到 53.94 的数值变化，实际上是涵盖了从"较容易"到"较难"三个完整等级。再从 Flesch-Kincaid Grade Level 和 Automated Readability Index 的数值来看，这两个指标的数值与美国中小学的年级阅读水平大致对应。据以上可以判断，*Longman Edge* 初中英语教材的初始阅读难度大致相当于美国 4 年级学生的阅读水平，但三年后初中毕业时已经提升到相当于美国 10–11 年级，也即高一或者高二学生的阅读水平。可见，该套教材阅读难度的提升速度还是非常快的。

3.3.5　文化知识

《指引》2017 中认为在中小学开设英语课程的整体目标之一就是"为每一个学英语的学生提供拓展他们对其他民族文化的知识和经验"的机会。这里的"其他民族文化"显然不仅限于英语国家的文化。Cortazzi & Jin（1999）把 EFL 教材按照文化内容分为三类：基于本族文化的教材、基于目标语文化的教材和面向国际文化的教材。*Longman Edge* 教材呈现出鲜明的本地文化意识和世界文化开放性，据此标准应被归于面向国际文化的教材之列。

Longman Edge 教材中的本地文化意识首先体现在尽可能使用香港本地的文化名称和文化标志。例如 1A 分册第一单元的 Text 1 中有这样一句话 "I usually take the MTR to school with my classmates."这里的 MTR 正是"香港轨道交通系统（简称港铁）"的缩写。该单元第二篇阅读课文中也有这样一句，"When I told them my last teaching job was in Peru, they asked me if that was in the New Territories."其中的 New Territories 正是香港本地的地名"新界"。该分册第二单元 "Strong, fit and fast" 中，Text 1 选择介绍场地自行车而非传统的跑步或球类运动，很大程度上也是因为场地自行车是香港的优势体育项目，而且香港本地运动员黄金宝和李慧诗分别获得了 2006 年亚运会公路自行车赛男子组冠军和 2012 年伦敦奥运会竞轮赛金牌。

Longman Edge 教材非常注重反映和体现香港本地文化的融合特色。以 1B 分册第五单元 Yum! 为例，该单元的主题是介绍香港的食物，但选择了 fusion food（融合菜）为切入点，并特别突出了具有融合特色的一些香港本地招牌食品，比如咖喱鱼丸（curried fish balls）和猪扒包（pork chop bun）等，前者是中国鱼丸与印度咖喱的相遇，后者则是葡萄牙面包与中国猪排的结合。

在教材中使用本土化内容有诸多益处，包括：学习者容易把目的语与自己生活连接起来；教材中的演示让学习者了解如何表达身边的地点和事件；熟悉的场景可以增强学习者的学习积极性和能动性；本土化语境更有利于满足学习者用目的语表达跨文化交际的需求（廖燕怡 2014）等。

除了本地文化以外，*Longman Edge* 教材也用一种非常开放的姿态呈现了世界各地的文化和习俗，尤其是东南亚近邻国家，如韩国、日本、新加坡等。比如 1A 分册第 3 单元 Crime Fighters 中出现了日本人气漫画《死亡笔记》（Death Note）；第 4 单元 Amazing Experiences 的语言练习部分介绍了马来西亚的巴图洞庙（Batu Caves）；1B 分册的第 6 单元 Pack your bags! 中既介绍了英语国家伦敦的文化风貌，同时也在 Language Roundup 板块中对韩国的主要景点进行了简要介绍。2A 分册第 2 单元第一篇阅读课文 "Supermarkets aim to reduce waste" 介绍的对象则是法国的一家超市。3B 分册第 4 单元的 Text 1 中还提到了新西兰毛利人纹脸、肯尼亚马赛人撑大耳垂的习俗。这种开放性的地区观和世界观是 *Longman Edge* 教材在文化知识方面的一个显著特点。当然，也有学者指出，香港教材中反映的外国文化不均衡，以英语国家和地域邻近国家为主，而非洲的文化则很少呈现，（Yuen 2011:464）；而且以静态和褒扬性文化主题为主，忽略了潜在的价值取向（Lee & Li 2019:14）。

3.3.6 学习活动分析

Longman Edge 教材中对 5 类学习活动进行了明确标注，包括听、说、读、写和词汇，其中前 4 类属于语言技能活动，词汇则属于语言知识活动。该教材在活动设计方面规律性很强，每个单元所安

排的活动类型和顺序基本都是相同的，仅以 2B 分册第 5 单元为例归纳如表 8：

表 8 *Longman Edge* 教材 2B 分册第 5 单元学习活动分布

教材单元	板块		语言知识活动 * 次数	语言技能活动 * 次数
2B 分册 第 5 单元	Warm-up		/	Speak*1
	Reading	Text 1	Vocab*1	Read*4
		Text 2	Vocab*1	Read*6
	Word Wise		/	/
	Language		/	Listen*2
	Task		/	Speak*4, Write*1

每个板块安排的学习活动次数可能会有变化，比如 2B 分册第 6 单元的 Warm-up 板块就包含了 2 次 Speak 的学习活动，但每个板块的活动类别基本是固定的。从上表大致可以看出，Read 活动的出现频率最高，在所有类别的学习活动中占绝对优势，Speak 活动次之，其他学习活动的出现次数都比较低。*Longman Edge* 教材如此设计的原因，可能是该教材套装中除了学生用书以外，还有单独的听力、语法和词汇用书，因此减少了学生用书中以上活动的设计比例；另外，每个单元的 Task 板块本身就是一个大型写作任务，已经从多层次多角度训练了学生的写作技能，故无须再刻意追求写作活动的数量。

在学习方法上，《指引》2002 年版和 2017 年版都把"任务学习法（task-based learning）"放在了中心的位置。在这一思想的指引下，*Longman Edge* 教材着重利用"有趣、实用、灵活、精心设计的任务（fun, practical, flexible and well-designed tasks）"来实现每个单元的学习目标。每个单元以写作为最终产出成果的 Task 板块最能体现这一设计思路。表 9 汇总了 *Longman Edge* 教材的所有写作任务：

表9　*Longman Edge* 教材中的写作任务一览

教材分册	单元	写作题目	类型
1A	Unit 1	Writing a blog entry about secondary school life	blog
	Unit 2	Writing an article about an up-and-coming sport	article
	Unit 3	Writing a script for a TV crime series	script
	Unit 4	Writing a story about an amazing experience	story
1B	Unit 5	Writing a blog entry about a new fashion dish	blog
	Unit 6	Writing an email about your travel plans	email
	Unit 7	Writing an article about a toy game	article
	Unit 8	Giving an oral presentation about an idea for a new app	oral presentation
2A	Unit 1	Writing a film review	film review
	Unit 2	Writing a problem-solution essay about an environmental problem	essay
	Unit 3	Writing a playscript about getting along with others	playscript
	Unit 4	Creating a vlog entry about a form of communication	vlog
2B	Unit 5	Writing a story about a mysterious event	story
	Unit 6	Writing a one-sided argumentation essay about school rules	essay
	Unit 7	Writing a formal letter to invite a speaker to give a talk	letter
	Unit 8	Writing a profile about an inspiring person	profile
3A	Unit 1	Writing a letter of advice to a student	letter
	Unit 2	Designing an advertisement and writing a letter of proposal to an advertising company	advertisement, letter

	Unit 3	Writing a blog entry about an innovation	blog
	Unit 4	Writing a feature article about life in the future	feature article
3B	Unit 5	Writing a speech about responsible shopping	speech
	Unit 6	Writing a short story with science fiction	short story
	Unit 7	Writing a letter to the editor about an endangered species	letter
	Unit 8	Writing a two-sided argumentation essay about preserving an aspect of Hong Kong culture	essay

从表 9 可以发现，*Longman Edge* 教材 6 册共 24 个单元的写作任务总共包含 16 种文体类型，即使是同一种文体类型，在写作要求上也有所区分，比如 2B 分册的第 7 单元、3A 分册的第 1 单元和第 2 单元，虽然写作的文体均为信件 (letter)，但写作要求分别是 a formal letter, a letter of advice，以及 a letter of proposal。可见 *Longman Edge* 教材设计写作体裁时相当注重多样性。

其次，该教材的写作任务设计也体现出明显的时代性。24 个写作任务中包含了 3 次 blog 写作和 1 次 vlog 拍摄，这些新兴的写作形式和学生日常的娱乐生活紧密相关，既能激发学生的写作兴趣，又能提升学生的传播能力，是值得引导学生尝试的文体。

Longman Edge 教材每单元写作任务的"精心设计"之处还体现在其多层次的推进结构上。以 3A 分册第 3 单元"Let's innovate!"为例：该单元的写作任务是要求学生想出一项可以解决日常生活中的问题或者不便之处的创意，并以此为题写一篇博客。Task 板块并没有要求学生直接开始写作，而是分了四个步骤来导入和铺垫。首先，教材提供了一些其他学生在生活中遇到的问题（比如学生总是因为坐姿不正确而挨批评）以及他们的奇思妙想（发明一把能够纠正坐姿的椅子），要求学生将问题与解决方案配对。这一步实际上是在为学生提供"发现问题——靠创意解决问题"的参考案例。其次，教材提供了一封由计算机课教师写给学生的邮件，

里面详细解释了学校将要举办的 Tools for Schools 比赛，比赛内容就是需要大家发挥创意，解决生活中的一个难题，并把自己的创意写成博客并提交。这一步则是在为该博客写作任务设定场景，使学生了解该博客的写作缘由及读者群体，从而能够选择恰当的写作内容并使用合适的语言。第三步则是以计算机课教师的身份为学生提供了一篇博客范文，要求学生通过阅读范文，掌握此类博客的写作结构以及作为参赛内容应该运用的说服策略。有趣的是，该篇博客范文旨在解决学生在校久坐的问题，提出的解决方案是：设计高度可以调节的椅子，让学生可以站着上课；还要在桌子底下增加两个小秋千，让学生上课无聊的时候可以增加腿部运动。这一方案不但为学生"画瓢"提供了仿照的"葫芦"，提示了相关的写作技巧，最重要的是为学生的创意写作定下了"趣味性"的基调。换句话说，学生们在博客中提出的解决方案并不需要特别传统，或者具有很强的可行性，而是创意至上、能够自圆其说即可。这也解释了该写作任务的文本类型——博客，而不是一份项目书。Task 的最后一步才是要求学生实际完成博客写作的任务，并在同伴反馈的基础上进行修改。

该写作任务的各步骤说明详见表 10：

表 10 _Longman Edge_ 教材 3A 分册第 3 单元写作任务设计

教材分册 /单元	写作体裁	写作任务开展步骤	各步骤的设计目的
3A 分册 /第 3 单元	Blog Entry	1. 将学生遇到的问题和他们的想法配对。	启发和导入
		2. 阅读来自计算机课教师的邮件，了解比赛要求。	确定写作场景、目的和读者
		3. 阅读计算机课教师提供的博客范文。	学习博客写作结构和说服策略。
		4. 写作并根据同伴反馈进行修改。	练习博客写作。

从该案例中可以看出，_Longman Edge_ 教材中所设计的写作任

务在选题上和学生的生活息息相关，在实用性上和 STEM 教育紧密结合，强调解决日常生活中的真实问题，在任务的设计上环环相扣、逐步推进，但同时又不乏趣味性，充分体现了该教材所倡导的"任务型学习"的各项特点。

3.3.7　视觉呈现

版面编排是教材理论体系与层次结构的重要表现形式，"兼备'美'与'用'之教科书设计不仅可以触发教学艺术 (the art of teaching) 之实现，亦可为师生双方带出学习成效与美感经验" (Bao-jing C. *et al* 2012:47)。*Longman Edge* 教材在排版上的一大特色就是灵活使用侧边栏插入一些提示、索引、注释、拓展类的内容，以方便学生即时参考解惑。比如在主题阅读板块，由于 Longman Edge 的定位是母语教材而非 EFL 教材，因此所有词汇都不提供注释，学生主要依靠语境判断词义。但如果课文中出现语境支持不足的复杂单词或专有名词，教材就会利用侧边栏给出相应的英语释义，以帮助学生扫除阅读中的词汇障碍。图 6 即为 *Longman Edge* 教材 1A 分册第 4 单元 Text 1 中左侧边栏用于提供生词释义的案例：

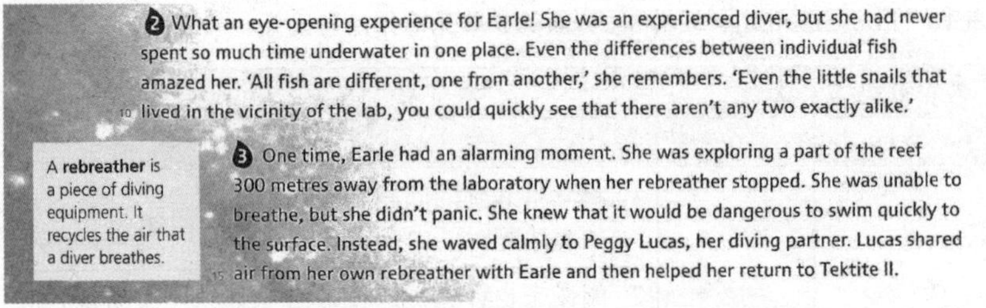

2 What an eye-opening experience for Earle! She was an experienced diver, but she had never spent so much time underwater in one place. Even the differences between individual fish amazed her. 'All fish are different, one from another,' she remembers. 'Even the little snails that lived in the vicinity of the lab, you could quickly see that there aren't any two exactly alike.'

A **rebreather** is a piece of diving equipment. It recycles the air that a diver breathes.

3 One time, Earle had an alarming moment. She was exploring a part of the reef 300 metres away from the laboratory when her rebreather stopped. She was unable to breathe, but she didn't panic. She knew that it would be dangerous to swim quickly to the surface. Instead, she waved calmly to Peggy Lucas, her diving partner. Lucas shared air from her own rebreather with Earle and then helped her return to Tektite II.

图 6　*Longman Edge* 教材提供生词释义的侧边栏应用

Longman Edge 教材的语法学习基本理念是"要用实用的、有意义的方式学习语法 (learn language in a practical and meaningful way)"。该理念在教材中的体现形式之一就是每单元的 Language 板块中都会利用侧边栏插入一些关于语法的实用小贴士，比如图 7 中的"Common confusion"，就是帮助学生掌握语法难点的一个很

实用的设计。

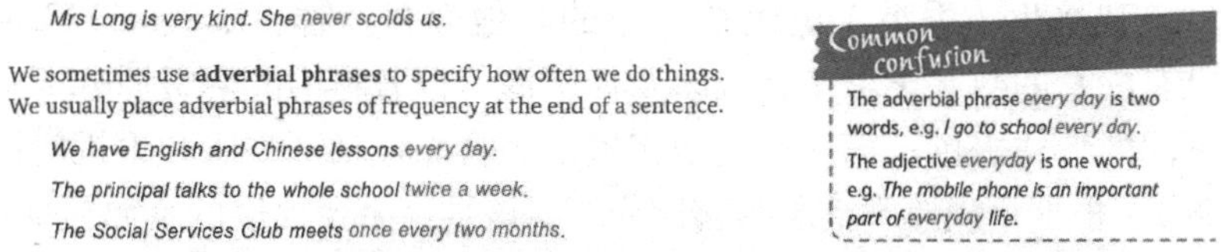

Mrs Long is very kind. She never scolds us.

We sometimes use **adverbial phrases** to specify how often we do things. We usually place adverbial phrases of frequency at the end of a sentence.

We have English and Chinese lessons every day.

The principal talks to the whole school twice a week.

The Social Services Club meets once every two months.

Common confusion

The adverbial phrase *every day* is two words, e.g. *I go to school every day.*
The adjective *everyday* is one word, e.g. *The mobile phone is an important part of everyday life.*

图 7　*Longman Edge* 教材提供语法小贴士的侧边栏应用

除了 Reading 和 Language 板块以外，*Longman Edge* 教材每一单元的其他板块也非常注重侧边栏的应用。图 8 是该教材各板块中侧边栏的一些使用案例截图。

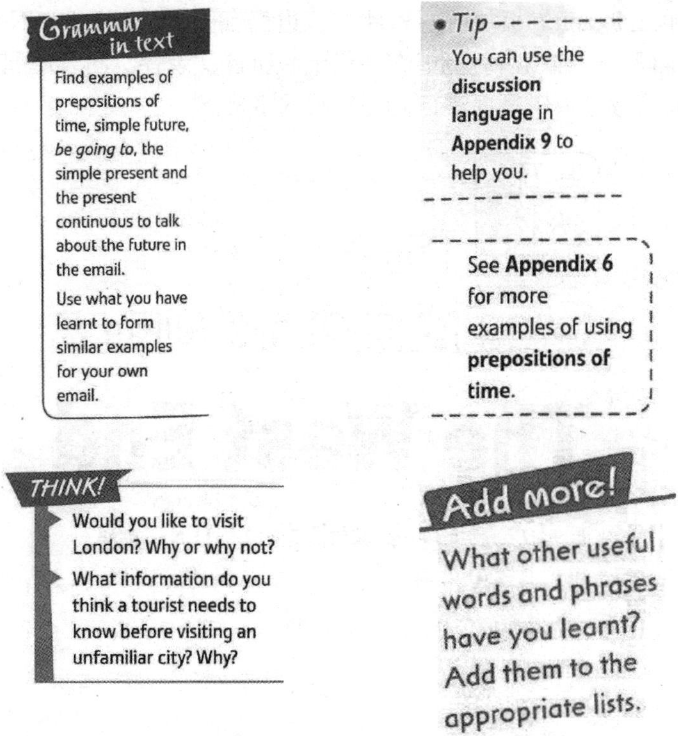

Grammar in text

Find examples of prepositions of time, simple future, *be going to*, the simple present and the present continuous to talk about the future in the email.

Use what you have learnt to form similar examples for your own email.

• Tip --------

You can use the **discussion language** in **Appendix 9** to help you.

See **Appendix 6** for more examples of using **prepositions of time**.

THINK!

Would you like to visit London? Why or why not?

What information do you think a tourist needs to know before visiting an unfamiliar city? Why?

Add more!

What other useful words and phrases have you learnt? Add them to the appropriate lists.

图 8　*Longman Edge* 教材的排版特色——灵活的侧边栏设计

3.3.8 配套资源

和培生（香港）出版社出版的其他教材一样，*Longman Edge* 也有配套的数字学习平台及多媒体资源。该教材的配套资源分两种不同的形式提供。第一种是数字资源平台（包括网络版和手机应用版）。根据培生（香港）的官网介绍，该数字平台提供的资源包括：教材的电子版、影片与动画、试题与评估、教学 PPT、听力练习、补充练习纸（即 worksheet）等。但由于该数字资源平台只开放给"已订购培生香港 2018-19 学年与课本相连的教材之学校老师及学生使用"，因此暂时无法纳入本课题研究的范围之内。第二种是免费资源。*Longman Edge* 教材每一单元中的多个板块都会提供二维码，用手机扫描这个二维码，就可以获得在线播放的多媒体资源。比如每个单元 Reading 板块的两篇课文旁边都有一个带有 LISTEN 标识的二维码，扫描以后就能够在手机上收听课文录音，同时还配有可以随着音频播放进度而逐词高亮显示的字幕。

图 9　*Longman Edge* 教材课文的 LISTEN 二维码

用手机扫描这个二维码会出现下图所示的音频播放界面：

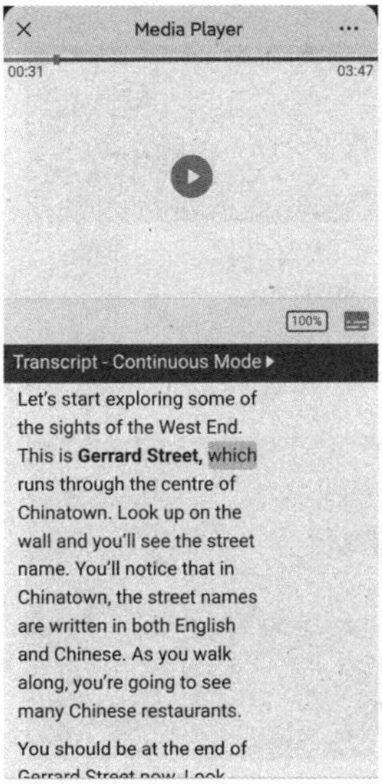

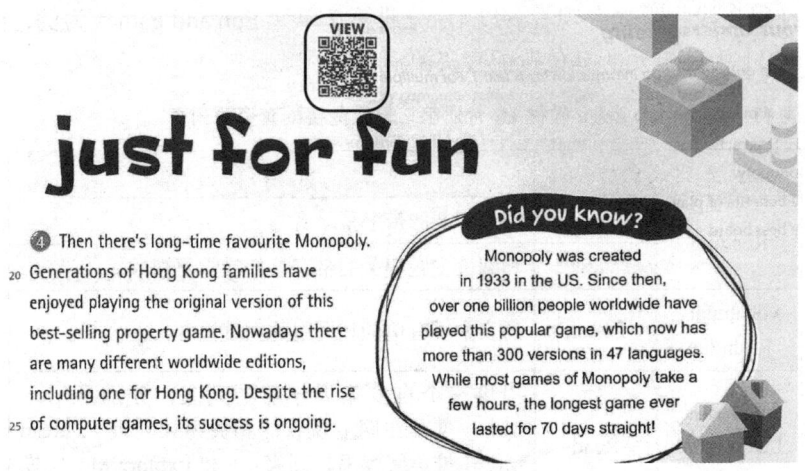

图 10　*Longman Edge* 教材配字幕的课文朗读音频资源

每个单元 Reading 板块的 Text 1 旁边还有一个带有 VIEW 标识的二维码：

图 11　*Longman Edge* 教材课文的 VIEW 二维码

用手机扫描该二维码后，可以直接播放这篇课文的动画版本：

图 12　*Longman Edge* 教材课文的动画资源

　　这些可通过二维码获取的免费资源颇为丰富，且最显著的优点是不限于订购该教材的学校教师和学生使用，任何人都可以扫描二维码在线收听或者观看。以 1B 分册第 7 单元 Fun and games 为例，表 11 为该单元所有免费配套资源清单。

表 11　*Longman Edge* 教材 1B 分册第 7 单元免费配套资源列表

板块	资源类别	资源内容
Reading	Listen	两篇课文的带字幕录音
	View	和阅读主题相关的带字幕拓展学习视频
Vocabulary Roundup	Listen	列表中所有单词和词组的朗读录音
Learn more	Read	提供三个自主拓展学习的列表，分别是 View More（推荐在网上观看的相关视频列表），Read More（推荐阅读书目列表），和 Explore More（推荐浏览的网址列表）

二维码在专业教材中具有"符合专业教材的发展需求，成本降低、环保节约，体现为读者服务的宗旨"等应用优势（郭红蕊 2018:47）。和传统纸质版教材相比，*Longman Edge* 教材利用二维码作为配套数字资源的提供方式有着显而易见的优势。首先，将一部分配套教学材料移到手机端或者电脑端可以大大缩减教材的厚度和印刷成本；其次，弥补了纸质教材无法开展多模态教学的不足；第三，充足的、可自由选择的配套数字资源既方便教师根据自己学校和班级的需求因材施教，也方便学有余力的学生根据个人兴趣开展课外自主学习。

3.3.9 附录内容

Longman Edge 教材的附录部分具有显著的丰富性和实用性特征。以 3B 分册为例，其附录共包含 11 个部分：

表 12 *Longman Edge* 教材 3B 分册附录清单

Appendix 1	Verb forms
Appendix 2	Irregular verbs
Appendix 3	Common adjectives used in adjective patterns
Appendix 4	Conditional sentences
Appendix 5	The passive voice
Appendix 6	Discussion language
Appendix 7	Individual presentation
Appendix 8	Classroom English
Appendix 9	Pronunciation
Appendix 10	Reading skills
Appendix 11	Note taking skills

其中附录 1、2 和附录 9 在 *Longman Edge* 教材的每本分册后面的附录部分都有，发挥的是语法手册和发音手册的功能；附录 3 到附录 5 则是本分册重点学习的语法内容；比较有特色的是附录 6、7、8 这三个部分，这几个部分把课堂学习、演示、讨论等场景下常用的

句型进行了集中的整理归纳，方便学生随时查阅，这对于鼓励学生更多地在课堂上使用英语进行交流、沟通和学习，推动在学校中创造真实的语言环境有着重要的意义。此外，附录 11 为学生提供了一些课堂上利用各种缩写和数学符号加快笔记速度的小技巧，对于提升学生的课堂学习效率很有实践意义。

Longman Edge 教材虽然每本分册的附录中都有 Reading skills 部分，但每册具体涉及的阅读技巧数量有所差异，初中学段最后一学期所使用的 3B 分册提供的内容最多，如表 13：

表 13　*Longman Edge* 教材 3B 分册附录中的"阅读技巧"部分

序号	阅读技巧
①	Skimming
②	Scanning
③	Predicting
④	Locating relevant information
⑤	Identifying a sequence of events
⑥	Identifying specific information: facts, opinions, feelings and preferences
⑦	Working out the meaning of words and phrases
⑧	Understanding stated information
⑨	Understanding words and phrases
⑩	Identifying the main idea and supporting details in a paragraph
⑪	Understanding language features: setting, tone and atmosphere
⑫	Identifying views and attitudes
⑬	Making inferences: views, attitudes, intentions and predictions
⑭	Identifying the main theme or ideas of a text
⑮	Making inferences: tone and mood
⑯	Understanding the purpose of a text
⑰	Summarising and paraphrasing
⑱	Predicting the development of a text

⑲	Understanding figurative language
⑳	Responding to the wider meaning of a text

　　当课文或练习中出现与某项阅读技巧相关的内容时，*Longman Edge* 教材会给出详细标识，学生通过查阅附录中对应部分的内容，可以学习和了解该处所考查的具体阅读技巧。详细标识如图 13：

4 What does the writer compare an impulse purchase to in paragraph 2?

_____

_____

图 13　*Longman Edge* 教材中的阅读技巧标识

　　该标识中有"Read 19"字样，表示此处涉及的是第 19 项阅读技巧，查询附录 10 "Reading Skills"可以得知，该道练习题考查的是学生对"理解比喻性语言（Understanding figurative language）"技巧的掌握情况。而附录中每项阅读技巧下面也会注明该技巧在教材中出现时的单元和页码，如图 14 所示：

⑲ Understanding figurative language

Texts often contain figurative language. Figurative language refers to words and phrases that are used in an imaginative way to create a particular idea or feeling in the reader's mind. Here are a few common examples of figurative language.

Figurative language	Definition and example
simile	an expression that describes people or things by comparing them as something else, e.g. *The night was as dark as ink.*　(The night was very dark.)
metaphor	an expression that describes people or things by referring to them as something else, e.g. *The sky is a large blue blanket.*　(The sky looks like a large blue blanket. It is beautiful. It is comforting.)
idiom	a phrase that has a special meaning which is different from the ordinary meaning of the words in the phrase, e.g. *Alex was over the moon when he heard the good news.*　(Alex was very happy.)

Unit 5 Text 2 AQ4, p. 7　　　Unit 6 Text 2 AQ3, p. 27

图 14　*Longman Edge* 教材 3B 分册附录 10 "阅读技巧"部分截图

这种标识和附录交叉引用的设计能够为学生提供阅读技能的概览，让学生了解阅读技能的整体学习目标，也有助于学生了解自己对各项具体阅读技能的掌握情况，进而监督和评估自己的进步。

4. 对于编写上海初中英语教材的启示

结合香港地区的课标文件《指引》2017版，本课题从编写理念、主题内容、文本类型、学习活动设计、配套资源等多个方面对 *Longman Edge* 这套香港地区有代表性的初中英语教材进行了深入分析。该教材的编写思路和特点对上海的初中英语教材编写工作有如下借鉴意义：

4.1 注重时代特色

英语作为全球使用最广泛的工作语言，具有把握时代脉搏、掌握最新潮流趋势的先天优势。相较于其他以基础性、经典性教学内容为主的课程，英语课程在反映时代特色方面有更突出的灵活性和可操作性。*Longman Edge* 教材在主题内容和学习活动设计方面都体现出了很强的时代特点。以写作任务为例，*Longman Edge* 教材中的写作体裁非常多元，包含了博客、vlog、社交媒体相册等与中学生日常娱乐生活紧密联系的多模态文体形式。而上海地区现行的英语教材，应用文写作多以书信写作为主，任务设计与信息时代的关联有待提高。因此，采用迭代式课程开发模式，在教材的编写中注重时代特色，反映时代变化，应是上海新一代地区性英语教材编写时的重要关注点。

4.2 全球化视野和本地化特色相结合

上海一向致力于打造、巩固和提升其海纳百川的全球化大都市形象，同时也非常注重弘扬红色文化、海派文化、江南文化等。香港地区的初中英语教材中也鲜明地体现出了全球化与本地化相结合的文化特色，这对于培养当地青少年的文化自觉性和文化的对外传播能力有着重要的意义。这种对本地特色文化的积极宣扬，是其他地区编写英语教材时值得借鉴的思路之一。因此，新教材的建设应特别强调坚定文化自信、传播中国声音，弘扬中华优秀传统文化（吴驰，2019: 25）。上海的英语教材编写可以借鉴香港地区的思路，通过介绍国际文化和本地文化的阅读文本并设计相应的学习活动，使英语教材成为上海城市文化定位的一个集中展示地，使相关学习活动成为文化自觉性和文化传播能力的一个重要培养途径。

4.3 重视与其他学科的融合

作为全球最主要的科技工作语言，英语在传播先进科技理念、学习最前沿的科技知识方面有着得天独厚的优势。香港地区近年来在中小学教育阶段大力普及信息教育和 STEM 教育，强调语言学科与非语言学科融合的跨学科学习。在香港地区教育政策的指引下，香港地区的初中英语教材非常注重跨学科知识的传授和可迁移能力的培养。*Longman Edge* 教材中就有相当数量支持 STEM 教育以及 LaC（Learning across Curriculum，跨学科教育）的板块和内容。上海英语教材的编写也可以借鉴这一思路，强调英语学习与其他学科知识的呼应和融合，达到"用英语学其他学科，用其他学科强化英语"的目的。

4.4 丰富配套数字学习资源

"利用信息科技进行互动学习"是香港地区中小学教育的四个关键任务之一，不但香港教育局网站上有可供教师、学生及家长使用的一站式英语学习资源平台，各教材出版社也都提供了配套的数字学习平台，使用该教材的学校师生均可注册使用。*Longman Edge* 教材既在数字平台上给教师和学生提供了全面覆盖语音、语法、词汇、视听资源、互动教案、电子课件、试卷和活动方案等各个教学环节的丰富资源，又通过教材中的二维码提供包括课文朗读音频、课文动画、补充阅读素材等在内的免费多媒体学习资源，这不但为教师开展多样性教学活动提供了更多的使用参考案例，同时也为学有余力的学生课外开展拓展性、自主性的学习创造了更为便利的条件。上海现行的初中英语教材虽然也配有电子课本，但数字资源建设方面还比较有限，可借鉴香港教材的做法，"利用新的信息技术手段在教材中引入新的环节和元素，实现已有教材从二维到三维的立体化改造"（王丽 2021: 113）

4.5 充实附录的辅助教学功能

创造浸润式的、延伸到课堂以外的语言学习环境对于二语习得来说具有重要的意义。*Longman Edge* 教材充分开发了附录的辅助教学功能，将课堂内外开展讨论、个人演示、小组项目等典型学习场景所用的常见句型进行归纳整理，以列表的形式收入附录之中，供学生随时翻阅参考。这对于增强学生使用英语进行口头交流的信心，增加学生在课堂内外运用英语进行交际的频率有着积极的作用。此外，附录中的阅读技巧汇总以及与教材正文中的交叉互引体系，能够帮助学生建立对阅读技能的整体理解和自我评价，起到支持、辅助教学的作用。充实附录的操作简便易行，值得上海在编写新一版初中英语教材时借鉴参考。

参考文献

[1] Chan Bao-Jing, Wei-Ling Yeh & Li-Hua C. Applying illustrations and layout design for textbook to enhance the art of teaching: A case of social studies textbook [J]. *Journal of Textbook Research*, 2012, 5(1):47–84.

[2] Chan, J Y H. The role of situational authenticity in English Language Textbooks [J]. *RELC Journal*, 2013, (3):303–317.

[3] Cheung, C K. The use of popular culture as a stimulus to motivate secondary students' English learning in Hong Kong [J]. *ELT Journal*, 2001, (1):55–61.

[4] Cheung, A C K. & Wong, P M. Effects of school heads' and teachers' agreement with the curriculum reform on curriculum development progress and student learning in Hong Kong [J]. *International Journal of Educational Management*, 2011, (5):453–473.

[5] Cortazzi, M. & Jin, L. Cultural Mirrors: Materials and methods in the EFL classroom [A]. In Hinkel, E. (ed.), *Culture in Second Language Teaching and Learning* [C]. Cambridge: Cambridge University Press, 1999. 196–219.

[6] Evans, S. *The English Language in Hong Kong: Diachronic and Synchronic Perspectives* [M]. London: Palgrave Macmillan, 2016. 33–52.

[7] Jeon, M. English language education policy and the native-speaking English teacher (NET) scheme in Hong Kong [A], in R. Kirkpatrick (ed.), *English Language Education Policy in Asia* [C]. Switzerland: Springer International Publishing, 2016. 91–111.

[8] Ko, J. & Cheng, Y C. & Lee, T T H. The development of school autonomy and accountability in Hong Kong—Multiple changes in governance, work, curriculum, and learning [J]. *International Journal of Educational Management*, 2016, (7):1207–1230.

[9] Koh, A. Popular Culture goes to school in Hong Kong: a LanguageArts curriculum on revolutionary road? [J]. *Oxford Review of Education*, 2015, (6): 691–710.

[10] Lee, I. Genre-based teaching and assessment in secondary English classrooms [J]. *English Teaching: Practice and Critique*, 2012, (4):120–136.

[11] Lee, J F K. & Li, X H. Cultural representation in English language textbooks: a comparison of textbooks used in mainland China and Hong Kong [J], *Pedagogy, Culture & Society*, 2019, https://doi.org/10.1080/14681366.2019.16 81495.

[12] Lo, Y Y. & Lo, E S C. A meta-analysis of the effectiveness of English Medium Education in Hong Kong [J]. *Review of Educational Research*, 2014, (1):47–73.

[13] Mak, B. & Chik, P. Differences in perceived approaches to learning and teaching English in Hong Kong secondary schools [J]. *Educational Review*, 2011, (2):195–218.

[14] The Curriculum Development Council. English Language Education Key Learning Area Curriculum Guide (Primary 1-Secondary 6) [EB/OL]. Retrieved from https://www.edb.gov.hk/attachment/en/curriculum-development/kla/eng-edu/Curriculum%20Document/ELE%20KLACG_2017.pdf, 2017.

[15] Yuen, K M. The representation of foreign cultures in English textbooks [J]. *ELT Journal*, 2011, (4):458–466.

[16] Yuen, S. & Boulton, H. & Byrom, T. School-based curriculum development as reflective practice: a case study in Hong Kong [J]. *Curriculum Perspectives*,

2018, (38):15–25.

[17] 课程发展议会 . 学会学习 - 课程发展路向 [EB/OL]. Retrieved from https://www.edb.gov.hk/sc/curriculum-development/cs-curriculum-doc-report/wf-in-cur/index.html

[18] 郭红蕊 . 浅析二维码技术在专业教材中的应用技巧——以交通类教材为例 [J]. 出版参考，2018(06):47–48.

[19] 李家驹 . 回眸为前行——香港教科书出版六十年 [J]. 中国出版史研究，2016(04):12–21.

[20] 廖燕怡 . 初中英语教材中的本土文化内容分析——以粤港两地为例 [J]. 新西部（理论版），2014, (11): 59+57.

[20] 彭敬慈 . 香港教育之新的教育目标与范式转向 [J]. 中国教师，2015(09):87–89.

[21] 彭敬慈 . 从五育到七育看香港的均衡教育 [J]. 中国教师，2017, (03):5–9.

[22] 王丽 . 高校教材立体化建设思考 [J]. 编辑学刊，2021(01):112–115.

[23] 吴驰 . 回溯与展望：我国中小学英语教材建设 70 年 [J]. 教育测量与评价，2019(10):20–26.

[24] 中华人民共和国教育部 . 普通高中英语课程标准 (2017 年版 2020 年修订) [S]. 北京：人民教育出版社，2020.

台湾地区初中英语教材研究报告

上海体育学院 钱晶晶

1. 台湾地区基础教育情况概述

1.1 台湾地区基础教育总体情况

基础教育"是对公民实施基本的普通文化知识的教育，也是提高公民基本素质的教育，或者指为继续升学或就业培训打好基础的教育"（顾明远 1990）。我国台湾地区的学制体系共分为三个阶段：义务教育、高级中等教育和高等教育，其中义务教育和高级中等教育属于基础教育。台湾地区的基础教育系统实行六三三制，即小学六年、初中三年、高中三年，其中小学及初中阶段实行九年义务教育。初中毕业后，学生可进入三年制的高级中等学校、高级职业学校或五年制专科学校继续学习。高级中等学校的学生主要以考大学为升学目标，高级职业学校的学生毕业后大部分选择直接就业或报考二年制的专科学校（简称二专），二专毕业的学生想继续升学可以报考二年制的技术学院（简称二技），相当于大学学历（赖如娟 2012）。

英语学科自 2001 年实行九年一贯新课程标准改革，英语课程的开设起始年级提前至小学（赖如娟 2012）。从 2001 年起，小学第一次开始实行英语教学：在小学高年级（五、六年级）开设英语课程。从 2005 年起，在小学中年级（三、四年级）开设英语课程。台湾地区第一个自低年级（一、二年级）开设英语课程的城市是台北市。

1.2 台湾地区基础教育政策概况

台湾地区自 1968 年开始实施九年制义务教育，包含六年小学和三年初中教育。自 2001 年起，台湾地区实行九年一贯新课程标准的教育改革。九年一贯课程改革的主要特点为：1) 注重课程统整，强调小学与初中的衔接；2) 以"课程纲要"代替"课程标准"，为课程松绑，课程纲要仅对课程目标、学习领域的概念架构以及基本能力表现等作原则性的规定，给予学校与教师更多的自主性和弹性空间；3) 用"能力本位"替代"知识本位"的教育观念；4) 突出学校本位课程，鼓励教师、家长、行政人员、社区人士共同参与课程设计；5) 注重学校弹性课程，减轻课业压力，减少全年课时数（钟晨音，徐长江 2003）。此后，为响应不断出现的延长基本教育年限的建议与呼吁，台湾地区教育部门于 2014 年正式实施《十二年"国民"基本教育课程纲要总纲》（龚孟伟，刘新华 2014）。

2014 年 11 月，台湾地区颁布"十二年国民基本教育课程纲要总纲"，这标志着"台湾地区正式步入十二年国民教育课程一贯制建设新时代"（刘登珲 2017）。十二年一贯制改革是在九年一贯制改革的基础上推出的。与九年一贯制课程设计强调"能力本位"所不同的是，十二年一贯制课程设计强调培养学生的"核心素养"。此外，十二年一贯制变革的启动还旨在打破义务教育与高中教育分立的"二元制"，解决小学、初中和高中课程衔接不良的问题。在框架设计上，通过将课程划分为"规定课程"（台湾地区教育部门统一规划的课程）和"校订课程"（由学校自行安排的课程）的方式，统整了小学、初中、高中课程，加强了各学段课程之间的衔接性，明确了学校课程的定位和权力；在基本目标上，十二年课程结构变革旨在实现"适性扬才"，为每个学生提供适合其个性发展的学习机会（刘登珲 2017）。

英语基础教育方面，目前台湾地区教育部门正在努力推进"全英语教学师资培育实施计划"。该计划于 2018 年 11 月发布，总预算 2000 万新台币，计划通过四年时间（2019 年 1 月 1 日至 2022 年 12 月 31 日）实现两个目标：1) 高中以下学校英文科教师以全英语教授英文课，包括以英语教学学科内容及课室语言；2) 小学教师及初中非英语科教师具有以英文教授非英文科之其他领域学科的能力。

2.　台湾地区初中英语教材概述

2.1　教材编写依据

本文所分析的教材是由台湾地区南一书局企业股份有限公司出版发行的《国中英语》（以下简称南一版初中英语教材）。该套教材根据台湾地区教育部门 2008 年所颁布的"国民中小学九年一贯课程纲要"编写而成。该纲要的一些主要特点为：改革"知识本位"，代之以"能力本位"；改革"学科本位"，代之以"课程统整"；改革"精英教育"，代之以"大众教育"；改革"权威主义"，代之以"学校本位"（周兴平，徐丽华 2011）。

2.2　教材编审制度

教材编审制度可以分为三类：统编制、审定制和自由制。统编制是指台湾地区教育部门根据课程标准来编写教材并向全台湾地区统一发行，俗称为"一纲一本"制度。审定制是指各出版社根据课程标准编写教材，经过台湾地区教育部门审核通过后出版发行，供学校自由选择，俗称"一纲多本"制度。自由制是指各出版社自行出版和发行教科书，无须经过台湾地区教育部门审核。

台湾地区自 1968 实施九年制义务教育以来，初中教材编审制度的沿革大体可分为四个阶段。第一个阶段（1968 至 1988 年）采用统编制，即"一纲一本"制度，由教育部门成立教科书编审委员会，根据课程标准编写教材，审查通过后由民间出版社发行。第二个阶段（1989 至 2001 年），采用统编和审定并行制度。不同科目遵循的制度不同：联考科目（升学相关科目）维持统编制，仍采用"一纲一本"制度，而非联考科目（与升学无关的科目）采用审定制，由出版社编写，审核通过后发行。第三阶段从 2002 起，所有科目的初中教材全面开放审定制，由原本的"一纲一本"转变成为"一纲多本"，各出版社根据课程标准编写和出版各科教材，学校和老师可自行选择所需教材。但审定制在实行不久后就遭受到了质疑，经历了一些变化：从一开始的"部编"教材全面退出市场，完全由民间出版机构自由竞争的状态，到恢复若干学科"部编本"的编写发行，形成"部编本"与"民编本"并行的局面（曾家延 2013）。

审查规则方面，台湾地区教育部门所制定的教材审查规则分为必要规则和一般规则。必要规则细分为四大类，主要涉及一些原则性的要求，如符合法律、课程纲要的要求。一般规则是采用打分制度，总分 100 分，具体分为 7 大类标准（见表 1）。审查结果分为通过（符合必要规则，一般规则得分 70 分以上且无任何修订意见）、修订后再审（符合必要规则，一般规则得分 70 分以上但附有修订意见）、不通过（不符合必要规则或一般规则得分不到 70 分）三类。

表 1 台湾地区教材审查一般规则评分标准

分类标准	分值	内容
教材整体评估	25	整体评估是对教材的综合性评估，包括是否符合课程纲要要求、与小学教材的衔接性、教材内容（活动、难易程度、主题等）等方面的 12 条细则
语言成分	15	语音、词汇、句型三大方面的 7 条细则
语言能力	15	听、说、读、写及综合应用能力方面的 7 条细则
编印设计	10	版面设计、插画、字体和印刷、纸质和装订方面的 4 条细则
教师手册	15	教师手册内容方面的 5 条细则
学生习作	10	学生习作（即习题册）的内容、题型、题量、难易度等方面的 3 条细则
辅助教材与教具	10	录音带或 CD、视听教具（如闪卡、图卡、投影片、情境图、布偶或纸偶等）、录影带和教学软件四个方面的 4 条细则

2.3 教材选用制度

台湾地区中小学教科书的选用层级大多以学校为选用单位，但也可以采取联合选用方式，即各县市可根据区域内的实际情况，采用校际合作层级或县市层级的方式选用教材（郭添财 2016）。以学校为选用单位和联合选用这两种选用方式各有其利弊。学校层级的优点是能尊重每个学校的教学实际需求，使学校的课程建设具有更大的自主性，但人力成本更高，选用程序的严谨度有所欠缺。校际合作层级和县市合作层级的优点是选用程序更为严谨，人力与时间成本更低，且校际合作和沟通更多，但教材的多元性、教师的专业自主性受限较多，且选用层级越高越可能造成意识形态传输（郭添财2016）。

2.4　常用英语教材目录

自台湾地区的教材审定制推行以来，许多出版社积极投入教材编写和出版工作。台湾地区基础教育阶段的英语教材来源有三类：进口教材（如培生、牛津、香蕉船等）、补习学校编写的教材（如何嘉仁、长颈鹿、吉的堡、佳音等）、本地出版社编写的教材（如康轩、仁林、南一、美乐蒂、彩虹等）。以上教材经过台湾地区教育主管部门审定通过的版本有培生、吉的堡、何嘉仁、长颈鹿、佳音、康轩、南一、美乐蒂、仁林、彩虹，共计十套教材（赖如娟2012）。

初中英语教材方面，通过教育主管部门审定的有四套，分别为育成、南一、康轩和翰林出版社的教材。台湾地区的初中实行三年制，每一个学年使用两册英语教材，整个初中阶段共计六册，分别为一上、一下、二上、二下、三上、三下。

2.5　教材配套资源

常见的教材配套资源有教师手册、习题册（练习册）、CD、教学软件等。除这些常见的配套资源以外，学校还使用教材以外的其他资源，如校本教材（学校组织教师自编的教材）和网络资源等。

为了提高台湾地区初中和小学学习者对于英语学习的兴趣及成效，台湾师范大学英语系团队建设全方位英语线上学习平台CoolEnglish（www.coolenglish.edu.tw），为9～15岁的学生提供个人英语学习平台，目前已有十二万余人注册。CoolEnglish网站首页（图1）提供平台相关资料下载链接。该线上学习平台主要分为两大内容：学习区及游戏区。学习区包含听力、口语、阅读和词汇语法四个部分（图2）。游戏区包含RPG游戏、游戏嘉年华、APP词汇游戏、智者为王四大部分（陈浩然，刘贞好 2016）。

图 1　CoolEnglish 网站首页

图 2　CoolEnglish 网站学习区内容架构

　　该网站具有以下几个特点。一是资源的丰富性和多模态性。学习区包含了听力、口语、阅读和词汇语法四个部分，内容较为全面丰富。其中，听力部分采用情境动画视听的方式，依据教材内容制作动画影片，并搭配完整的中文讲解，提升学生练习英语听力的兴趣。2018 年起，听力区开始提供电影英文学习，学生看完电影做题。口语部分包含跟读模仿、问答练习、角色对话等。口语部分运用智能语音辨识系统来协助学生确认口语内容是否正确，该系统也可支持多位学生在线进行相互间的对话练习。阅读部分采用图解式阅读的方式，辅助学生理解阅读内容。阅读区持续新增"悦读书屋"教材，内含大量生动活泼的有声电子绘本，提供真人发音与双语翻译，降低学生阅读的难度，提升阅读兴趣。词汇方面，依据课程标准所核定的基本 1200 词，采用主题式词汇学习方式进行词汇练习。语法方面，采用语法闯关大挑战的方式，进行情境化学习（搭配图片、例句和文章），来帮助学生理解语法的使用语境。

第二个特点是资源的趣味性，主要体现在游戏区内容丰富多样。游戏区的 RPG 游戏为一款 3D 冒险游戏，以"魔物学园"为背景框架，设定为男女两种性别角色。故事背景设定为由于工业污染，人类生态环境日渐恶化，且环境恶化导致世界各地出现了变异的怪物，这些怪物不时地袭击人类。来到美国进行交换生的主人公 Shelly（女主角）与 Marco（男主角）展开了一场崭新的异国学校生活，包括冒险、结交朋友还有完成学校作业等（陈浩然，刘贞好 2016）。学生通过完成各个关卡任务取得游戏和学习的成就感。整个游戏的画风偏二次元风格（图 3），对中小学生有较强的吸引力。游戏嘉年华以及 APP 词汇学习游戏区，集合了拼字云（单词拼写类游戏）、翻牌游戏（练习记忆单词意思）、过独木桥（句意和词意理解类游戏）、打歌学英文（听歌练歌游戏）、英语村（英语口语游戏）等数十种网页小游戏。游戏区的另一个亮点是智者为王游戏，是专为中小学生提供的一个英文快问快答比赛类游戏，学生可随时登录，在线与其他选手进行限时答题比赛（陈浩然，刘贞好 2016）。

图 3 CoolEnglis 网站 RPG 游戏"魔物学园"游戏画面

第三个特点是网站的互动性。该网站除提供资源以外，还为教师和学生提供丰富的活动。网站为教师提供线下的教师培训活动（图4）。此外，举办"阅读王"比赛，参赛学生须阅读平台上的电子英文绘本专区"悦读书屋"，并完成测验题组，主办方为获奖的学生举行颁奖活动。

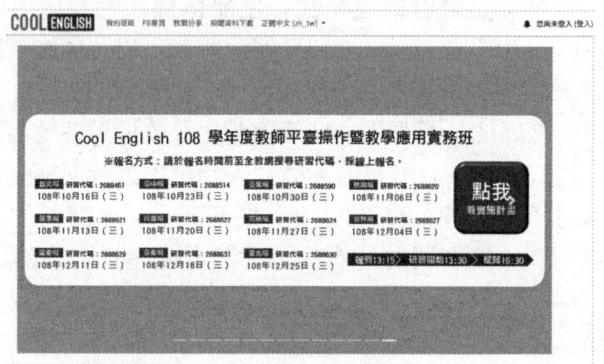

图 4　CoolEnglish 教师培训活动

3.　南一版初中英语教材评析

3.1　南一版初中英语教材的基本情况

3.1.1　教材概况

南一版初中英语教材根据台湾地区教育部门 2008 年所颁布的"国民中小学九年一贯课程纲要"编写而成，由南一书局企业股份有限公司出版发行。2011 年 8 月第一次出版，2015 年修订，本文所研究的对象为该套教材在 2017 年出版的第四版教材。教材主编为台北大学应用外语系教授刘庆刚。

3.1.2　编写团队情况

编写团队分为：主编、副主编、编撰顾问、编撰委员。表 2 是一上的编写团队人员情况简表。其中主编、副主编以及编撰顾问为大学教师。编撰委员既有大学教授，也有现任初高中教师和资深英语教师。编撰顾问和编撰委员中均含外籍教师。根据教材概述，整套教材的所有对话与课文均由外籍教师执笔，台湾本地编撰团队参与讨论。

表2　南一版初中英语教材（一上）编写人员情况简表

	职业	是否外籍	人数
主编	大学教授	否	1
副主编	大学副教授	否	1
编撰顾问	大学副教授	是	1
	大学副教授	否	1
编撰委员	大学教授	是	1
	大学讲师	是	1
	现任初中英语教师	否	6
	现任高中英语教师	否	1
	资深英语教师	否	5

3.2　相关评论

前面 2.3 小节中提到，通过教育主管部门审定的台湾地区的初中英语教材有四套，分别为育成、南一、康轩和翰林出版社的教材。数据显示，康轩、翰林和南一这三套教材在 2018 年度台北市和新北市的市场占有率位列前三（吕书贤 2019: 52）。其中，康轩和翰林这两套教材在近十几年逐渐受到大陆地区的学者的关注（康轩版：吕春兰 2015；王佳平 2012；吉小利 2018；翰林版：钱雯婷 2014），但目前大陆地区尚无南一版初中英语教材的相关介绍与研究。本文拟对南一版初中英语教材进行较为系统的介绍，并重点分析该套教材的突出特点，以填补现有研究的空白。

3.3　深度评析

3.3.1　编写理念

南一版初中英语教材的编写理念为：1）"以沟通式教学

观[①]（Communicative Approach）为原则，每单元内容及活动均提供生活化情境，并将主题、沟通功能及活动融合为一，以培养学生的沟通能力，并鼓励学生将所学的语言技能应用于生活实况"；2）"以学习者为中心，鼓励学生间的互动，并循序渐进介绍基本的沟通功能与主题，培养学生人际沟通的语言能力"（南一版初中英语教材 2017）。

3.3.2 框架和内容

该套教材共分六册，供初中三学年使用，每学年使用两册。每册所包含的课[②]（lesson）、复习（review）、拓展阅读（reading cap）、附录和总页码的数量信息见表 3。

表 3　南一版初中英语教材容量信息

册	课数	练习数	拓展阅读篇数	附录数	总页数
一上	8	3	0	7	137
一下	9	3	0	4	143
二上	9	3	0	6	153
二下	9	3	0	9	153
三上	9	3	3	5	175
三下	6	0	3	5	102

该套教材中的课（lesson）、复习（review）、拓展阅读（reading cap）和附录示例参见图 5。

---

① Communicative Approach 这一术语在大陆地区和台湾地区的译法有所不同：大陆地区一般译为交际式教学法，台湾地区则译为沟通式教学法。
② 南一版初中英语教材中的一"课"（lesson）相当于一个单元。

三上第 6 课

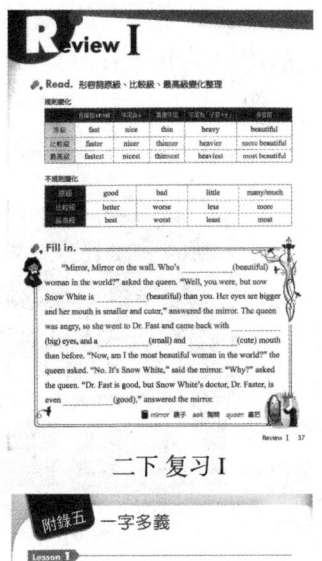

二下 复习 I

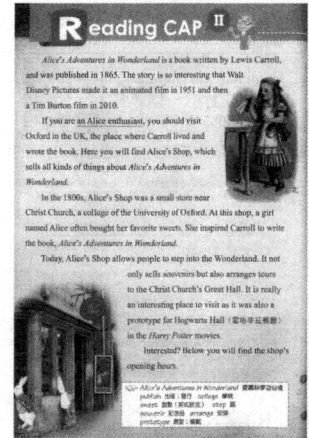

三下 拓展阅读 II

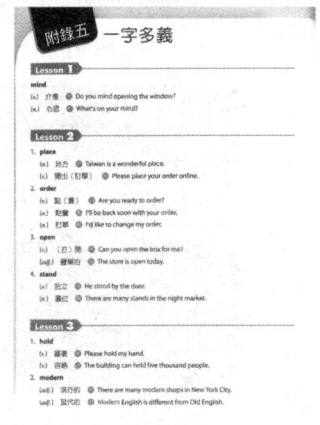

二下 附录五

图 5　南一版初中英语教材中的课、复习、拓展阅读和附录的示例

3.3.3　配套资源

该套教材配套资源有：教师手册（供教师教学参考）、习作（供学生进一步练习选用）、CD（音频）、教学软件及网络资源。

南一书局教师网（https://trans.nani.com.tw/NaniTeacher/）（图 6）提供该出版社出版的所有学段各学科教科书的配套电子资源。此外，南一书局还设计了专门的软件 OneBox（http://onebox.nani.cool/）（图7），为教师提供电子书、题库资料、影音资料、备课素材、课程计划等各类资源。

图 6　南一书局教师网首页

图 7　南一书局教学软件 OneBox 下载页面

3.3.4　教材特色

在本小节，我们将分析南一版初中英语教材的四个特点：交际性、学生主体性、趣味性和教育性。侧重于分析这四个方面的原因在于：1) 注重交际功能和以学生为中心是南一版初中英语教材的两大编写理念，因此有必要对其交际性和学生主体性这两方面的经验进行提炼和分析；2) 该套教材在趣味性和育人价值上特色鲜明，值得学习借鉴。

3.3.4.1 教材的交际性

南一版初中英语教材的交际性主要体现为三个方面：1) 设计明确的交际能力目标；2) 采用沟通类主题；3) 提供生活化情境。

南一版初中英语教材每册的大纲中明确列有各单元交际能力目标，清晰的交际能力目标能够帮助教师和学生把握每单元交际能力培养的重点。其中一上的交际功能目标见表4。

表4 南一版初中英语教材交际功能目标示例（一上）

课 (Lesson)	交际功能目标
Starter	能使用简易英语进行日常生活对话
Lesson 1	能使用简易英语介绍自己的家庭成员
Lesson 2	能使用简易英语询问年龄并介绍朋友
Lesson 3	能使用简易英语询问相关物品
Lesson 4	能使用简易英语叙述人和事物的特征
Lesson 5	能使用简易英语表达建议、请求、禁止等
Lesson 6	能使用简易英语描述人与物正在进行的动作
Lesson 7	能使用简易英语询问时间，描述场所及物品等位置
Lesson 8	能使用简易英语描述昆虫和动物种类

该套教材在每课的标题设置上也凸显了对交际功能的重视，标题以沟通类的主题为主。表5是一上每课标题列表，所列出的标题从内容上以日常交际的话题为主，从形式上以日常交流中的对话形式为主，凸显了交际功能的运用。

表5 南一版初中英语教材每课标题示例（一上）

课 (Lesson)	标题
Lesson 1	Who Is That Man?
Lesson 2	Where Are You from?
Lesson 3	What's This?
Lesson 4	It's My Favorite TV Program

此外，南一版初中英语教材无论是在课文内容还是练习活动设计中，都较为注重创设生活化的情境。生活化的情境不仅能活跃教学气氛，还能激发学生的学习兴趣，提高学生的口语交际能力。以一下第 9 课 The Cookies Were There Five Minutes Ago 为例，该单元在课文和练习中均创设了生活化情境，来介绍过去时的使用。在该课的导入环节（图 8），使用了商品打折这一常见的生活情境，自然导入过去时和现在时的用法。在课文对话环节（图 9），通过 Jason 偷吃饼干后与 Emma 以及 Emma 的妈妈之间的趣味对话，让学生理解对话语境中过去时的使用。在课文练习活动环节（图 10），通过创设祖孙俩一起看过去的老照片的情境，训练学生在情境中正确使用过去时的能力。这些情境都具有较高的真实性，贴近学生生活，有助于提高学生的学习兴趣，培养学生在实际生活中的语言运用能力。

图 8　南一版初中英语教材课文导入部分情境设置示例

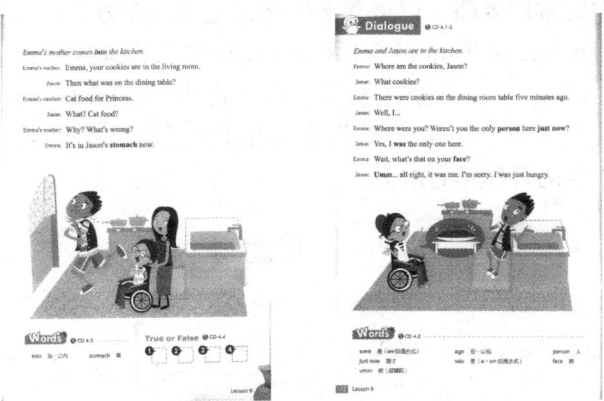

图 9　南一版初中英语教材课文正文情境设置示例

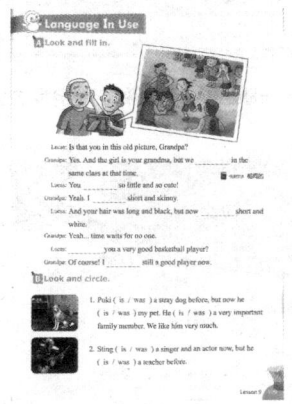

图 10　南一版初中英语教材练习活动情境设置示例

3.3.4.2　教材的学生主体性

该套教材的一大特点是以学生为中心，主要体现在以下两个方面：1) 注重培养学生的自主学习能力；2) 注重培养学生合作学习的能力。

该套教材较为注重培养学生的自主学习能力和方法。比如，在一上中，详细提供了如何使用字典查单词的方法（图 11），以培养学生自主学习词汇的能力。在三上的阅读角（图 12）中，详细提供了阅读中的常用策略，以培养学生的自主阅读能力。在三下的最后一课（Preparing to Turn to the Next Page）中，详细介绍了毕业演讲的策略（图13），并提供了具体示范。此外，该套教材设计了不少学生互动类活动（图14），包括多人合作类活动及双人合作类活动，以培养学生的合作学习能力。

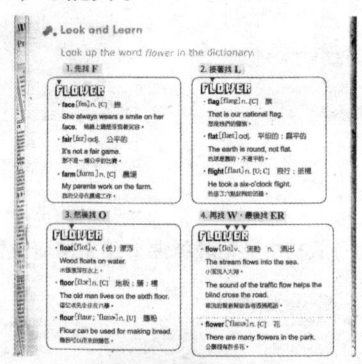

图 11　南一版初中英语教材查字典方法页面

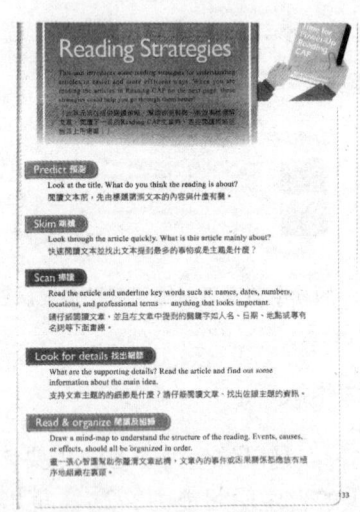

图 12　南一版初中英语教材阅读策略页面

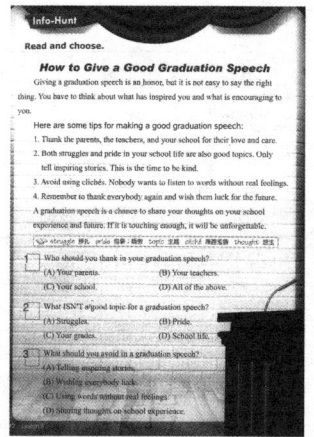

图 13　南一版初中英语教材毕业演讲策略页面

图 14　南一版初中英语教材学生合作活动示例

3.3.4.3　教材的趣味性

南一版初中英语教材的图片和文字内容都体现了较强的趣味性。其趣味性主要体现在教材中的趣味元素、趣味活动和趣味板块设置三个方面。

该套教材中的趣味元素主要分为以下几类：童话和寓言元素、影视戏剧类元素、动漫和动画元素。其中童话和寓言元素在教材中的具体分布见表6。

表6 南一版初中英语教材中的童话和寓言元素

册	童话和寓言元素	出现频次
一上	匹诺曹	2
	白雪公主和七个小矮人	1
一下	灰姑娘	3
二下	白雪公主和七个小矮人	1
	睡美人	1
	三只小猪	1
	莴苣姑娘	1
	龟兔赛跑	1
	小红帽	1
	乌鸦喝水	1
三上	海的女儿	1
	鹅和金蛋	1
	蚂蚁和蚱蜢	1
	狐狸和山羊	1
	蝙蝠、鸟和野兽	1
	城里老鼠和乡下老鼠	1
	蚂蚁和蚱蜢	1

从表6可以看出，童话和寓言元素贯穿整个初中阶段的英语教材，从初一到初三都有丰富的童话寓言元素出现。其中一些最为耳熟能详的童话故事，如灰姑娘和白雪公主的故事，在教材中多次出现。童话和寓言元素不仅丰富，而且大多配有精美的插图（图15），大大地增加了趣味性。

图 15 南一版初中英语教材童话和寓言素材示例

除童话元素外，影视戏剧类元素在这套教材中也较多使用，其在教材中的分布见表 7，具体示例见图 16。

表 7 南一版初中英语教材中的影视戏剧类元素

册	影视戏剧类元素	出现频次
一上	超人	2
	蝙蝠侠	1
	罗密欧与朱丽叶	1
	海角七号	1
	罗马假日	1
	憨豆先生	1
一下	超人	1
	机器人瓦力	1
	哈利·波特	1
三下	变形金刚	1
	成事在人	1

从表 7 可以看出，影视戏剧类元素主要集中在初一年级，且跟童话寓言元素一样，编者似乎较为偏爱个别知名度高的影视形象，

比如超人的形象在教材中出现了三次。另外值得注意的是，影视类元素的作品多来自英国和美国。

图 16　南一版初中英语教材中的影视戏剧类元素示例

在动漫和动画元素方面，南一版初中英语教材中的形象分为两类：一类是原型形象（名字和形象都与原著基本相同）；另一类是改编形象（名字和形象进行了一定的"改头换面"），如图 17 所示，其漫画形象借鉴自日本动漫《海贼王》中的漫画人物形象，相似度非常高。总体而言，该套教材中的动漫原型形象较少，基本上以改编形象为主。动漫改编形象融入教材的各个方面，出现在阅读文本、对话、各类练习和活动、词汇表等各个板块，在提升教材的吸引力方面起到了积极的作用。

图 17　南一版初中英语教材中的改编类动漫和动画元素示例

南一版初中英语教材中的动漫和动画元素在各册中分布情况见表8。

表8 南一版初中英语教材中的动漫和动画元素分布

册	动漫和动画类元素	出现频次
一上	哆啦爱梦	1
	改编版海贼王	4
	改编版海绵宝宝	1
二上	改编版海绵宝宝	2
	哆啦爱梦	1
	凯蒂猫	1
二下	改编版海绵宝宝	4
	疯狂动物城	1
三上	宫崎骏作品介绍	2
	改编版海贼王	1

从表8可以看出，南一版初中英语教材中的动漫和动画类形象基本来自美国和日本这两个国家。其中出现频次最多的是美国的动画片海绵宝宝和日本动漫海贼王的改编形象。

南一版初中英语教材的趣味性还体现在各类趣味活动的设置，该教材的常见做法是将语言活动用有趣的形式"包装"起来。如教材中会使用谜语游戏或侦探游戏来提升学生的兴趣，此外还有转笔游戏等动手类游戏（图18）。

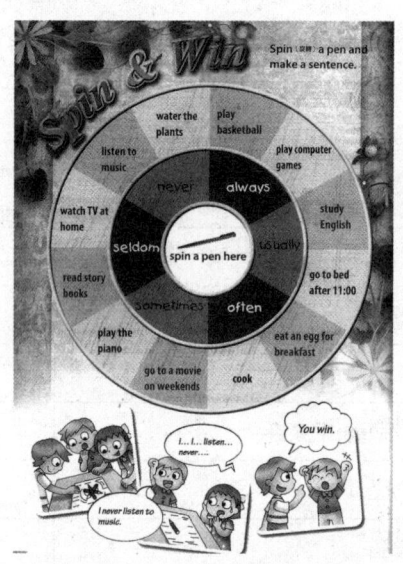

图 18　南一版初中英语教材趣味活动示例

　　除确保语言活动的趣味性以外，南一版初中英语教材还设置特别的板块——趣味小剧场（Comics）（图19）。其中，初二年级上下两册每个单元末尾以及初三年级上册个别单元末尾设有趣味小剧场，往往以对话或者手机聊天的形式为主，语言风趣幽默。该板块为选读板块，学生可选择读或不读，内容轻松幽默，无配套练习或活动。

图 19　南一版初中英语教材趣味小剧场示例

南一版初中英语教材的另一大特色是对教材育人价值的重视。该教材的教育性主要体现在以下几个方面：安全教育、行为礼仪规范教育、环保意识教育、包容性教育以及对弱势群体的关注。

从内容上看，该套教材对安全教育相关的内容非常重视，包括网络安全、道路驾驶安全、地震安全教育、电话欺诈防范意识、天然气安全使用意识等，其在教材的分布见表9。其中，有两个单元——二下第 2 课 It's More Dangerous to Shop Online 和三下第 6 课 A Man Called and Said He Was a Police Officer 分别用整个单元介绍网络安全购物和电话欺诈防范意识的相关内容（图 20）。

表9 南一版初中英语教材中的安全教育内容分布

册	安全教育主题
一上	网络安全
二上	道路驾驶安全
	地震安全教育
二下	网络购物安全（整个单元）
三上	电话欺诈防范（整个单元）
三下	天然气使用安全

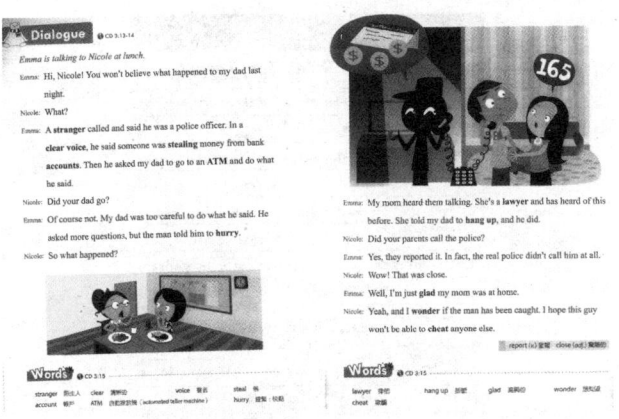

图20 南一版初中英语教材安全教育内容示例

除安全教育外，该套教材还较为注重学生的行为礼仪规范教育，其在教材的总体分布见表 10，示例见图 21。其中，有两个单元——二下第 8 课 My Mom Has Me Do Many Things 和三上第 7 课 Put the Napkin on Your Lap 分别用整个单元介绍家务习惯培养和餐桌礼仪规范的相关内容。

表 10　南一版初中英语教材中的行为礼仪规范教育内容分布

册	行为礼仪规范教育主题
一上	看电影行为规范
	参观动物园行为规范
一下	博物馆 / 教室行为规范
	家务习惯
	养宠物规范
二上	饮食行为习惯
	手机使用行为规范
二下	家务习惯培养（整个单元）
三上	餐桌礼仪规范（整个单元）
三下	毕业演讲礼仪规范

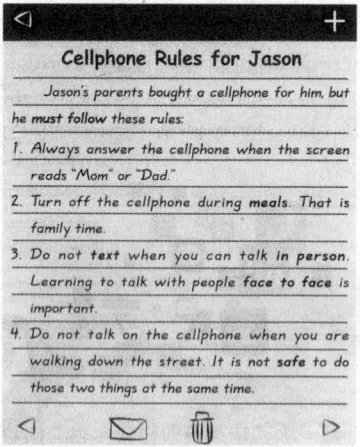

图 21　南一版初中英语行为礼仪规范教育内容示例

　　在环保意识教育方面，共有两个单元——三上第 9 课 Never Buy Things You Don't Need 和三下第 3 课 Buy Secondhand Gifts 分别用整个单元介绍如何通过不购买自己不需要的东西以及鼓励购买二手商品来保护我们的地球。另外，在二上有两处分别提及在沙滩上捡垃圾的日记内容（图 22）以及不要在沙滩上乱扔垃圾的倡议。从内容上看，该套教材对环保意识的培养主要从身边的小事和学生力所能及的事情入手，贴近学生的生活和实际能力，可操作性较高。

图 22　南一版初中英语环保意识教育内容示例

　　该教材在包容性以及对弱势群体的关注方面也可圈可点。这一点首先体现在课文主要角色的刻画和选择上（图 23）。主要角色不仅包括了大陆地区英语教材中常见的黄种人和白种人两种角色形象，还包括了黑人角色形象（Michael）；此外，主要角色中还包含残障学生的角色（Emma），且该角色是课文中出镜率最高的角色之一。此外，教材的包容性还体现在对与自己的文化习俗或行为习惯不同的人群的理解和尊重。如在二下第 1 课 Some of My Friends Are Coming for Dinner 的课文对话中，Richard 邀请了朋友来家里聚餐，他特地提醒妈妈自己的朋友 Nicole 和 Emma 不吃肉类，希望妈妈准备一些素食来招待他们。此外，该套教材专设一整个单元——二下第 7 课 If We Believe in Ourselves, We Can Do Many Things，讲述残障人士的励志故事，突出残障人士的正面形象。

图 23　南一版初中英语教材主要角色形象

4.　结论和启示

4.1　结论

综上，南一版初中英语的教材的主要特点体现为其交际性、学生主体性、趣味性和教育性四个方面。

在交际性方面，该套教材为每单元设计了明确的交际能力目标，采用沟通类主题，并提供生活化的情境。

在学生主体性方面，该套教材体现了以学生为中心的编写理念：关注学生的成长发展需求，为小初衔接和初高中的衔接搭建支架；注重培养学生自主学习的能力和技巧，提供了各方面的学习策略指导；注重培养学生的合作意识，设计合作学习活动。

在趣味性方面，该套教材从趣味元素、趣味活动和趣味板块的设置三个方面确保整套教材对学生的吸引力。特别值得注意的是，该套教材的美编效果出彩，卡通形象生动有趣，插图和文字相辅相成。许多好的活动设计，如果缺少相应的配图，效果就会大打折扣，会极大地影响学生的学习兴趣。在角色塑造上，可以不拘泥于人物形象，融入一些动漫卡通形象、动物形象或影视剧人物形象，作为对话文本或练习活动中的主要角色。

在教育性方面，该套教材在安全教育、行为礼仪规范教育、环保意识教育、包容性教育以及对弱势群体的关注等方面，设计了相关内容。甚至有些是整个单元集中关注某个方面的议题。该套教材在育人价值相关的内容选择上，往往从身边的小事入手，贴近学生生活，符合学生的认知水平和能力水平，有较强的实用性和可操作性，而不是一味地追求宏大的主题或对学生提出一些超越他们个人能力的要求，这一点值得借鉴。

4.2　启示

该套教材的上述特点对大陆地区的初中英语教材设计有四方面的启示：1) 要更加重视教材的交际功能，制定明确的交际能力目标，并尽量提供真实化的语境；2) 要更强调以学生为中心的编写理念，使教科书兼具"教材"和"学材"两大功能，为学生的自主学习搭建支架；3) 要重视教材的趣味性，特别是插图的趣味性，活动设计和语言材料内容的趣味性，还要注意配图的美观性、生动性和对文字材料的辅助作用；4) 要注重教材育人相关内容的实用性和可操作性，选择贴近学生实际生活的素材，设计符合学生认知水平和能力水平的活动，以"润物细无声"的方式实现教材的育人价值。

参考文献

［1］陈浩然，刘贞好. 全方位国中小英语线上学习平台之开发与建置 [A]. *Workshop Proceedings of the 20th Global Chinese Conference on Computers in Education* [C]. Hong Kong: The Hong Kong Institute of Education, 2016.

［2］龚孟伟，刘新华. 台湾地区"十二年基本教育"改革的反思与启示 [J]. 教育学术月刊，2014(6)：43–48.

［3］顾明远. 教育大辞典 [Z]. 上海：上海教育出版社，1990: 71.

［4］郭添财. 台湾中小学教科书开放政策回顾与前瞻 [J]. 教育学术月刊，2016(1)：90–98.

［5］吉小利．海峡两岸初中英语教科书文化构成的比较研究——以大陆初中英语人教版《新目标》教科书和台湾初中英语康轩版教科书为例 [D]. 重庆师范大学，2018.

［6］赖如娟．台湾康轩版与上海牛津版小学高年级英语教材之比较与分析 [D]. 华东师范大学，2012.

［7］刘登珲．台湾地区十二年一贯课程结构的变革动向与启示 [J]. 中国教育学刊，2017(7)：74–79.

［8］吕春兰．初中英语教材插图的研究——基于大陆《新目标》与台湾康轩版初中英语教材的比较 [D]. 上海师范大学，2015.

［9］吕书贤．素养导向的国中英语教科书之内容分析 [D]. 淡江大学教育学院课程与教学研究所，2019.

[10]钱雯婷．台湾翰林版和上海牛津版英语教材交际功能的对比分析 [D]. 上海师范大学，2014.

[11]台湾初中英语教科书，《国中英语》(第四版)(1上、1下、2上、2下、3上、3下，共六册)[M]. 台湾南一书局企业股份有限公司，2017.

[12]王佳平．大陆与台湾初中英语教科书比较研究 [D]，浙江师范大学，2012.

[13]曾家延．从教科书编审制度变迁看台湾地区的教育改革 [J]. 上海教育科研，2013(9)：51–54.

[14]钟晨音，徐长江．评述台湾中小学九年一贯课程改革 [J]. 教育与职业，2003(7)：52–55.

[15]周兴平，徐丽华．台湾九年一贯教育改革的突破与困境 [J]. 太原大学教育学院学报，2011(3)：35–38.

第二章 亚洲其他国家部分中学英语教材研究

新加坡中学英语教材研究报告

上海外国语大学　安琳

1.　新加坡中学英语教育情况概述

1.1　新加坡的英语教育

新加坡地处东南亚，是个拥有多元文化种族的社会，也是全球最为国际化的国家之一。新加坡的社会构成、人口结构、语言环境以及教育制度都有其独特性，其官方语言包括英语、华语、马来语和泰米尔语，是名副其实的多语言国家。

在经合组织（OECD）最新发布的 2018 年 PISA（Program for International Student Assessment，国际学生评估项目）测试成绩排名中，新加坡总分位列第二，仅次于北京、上海、江苏、浙江组成的中国部分地区联合体（B-S-J-Z），且其前几次 PISA 测试成绩排名一直稳居前列（Schleicher 2019）。值得一提的是，此次 PISA 首次以国际化素养（Global Competence）作为一个评估项目，即有关全球性课题的知识、跨文化交际能力、认知适应能力和影响全球问题的行为，新加坡中学生的国际化素养评估表现优越，在 27 个参与国家和地区当中排名第一（OECD 2020）。据英孚教育发布的 2021年度英孚英语熟练度指标（EF English Proficiency Index）报告显示，在全球 112 个接受英孚标准化英语测试（EF SET）的国家中，新加坡位列第四，在亚洲 24 个受测国家中位列第一，处于高熟练度水平（Very high proficiency）[1]。

---

[1]　https://www.ef.com/wwen/epi/regions/asia/singapore/

新加坡的学校教育主要包括小学教育、中学教育、中学后教育三个阶段，小学六年级毕业后采取分流制度（Streaming），依据学业考试成绩和学术性检测，学生分流至不同的中学。中学提供三种核心课程：快捷（Express）课程（包括一些学校所提供的综合课程）、普通学术（Normal Academic）课程和普通工艺（Normal Technical）课程。新加坡自 1966 年开始实施双语教育政策，要求所有中学生都学习第二语文课程，在该政策下，学校教授英语作为第一语文，并采用英语作为主要的教学语言（安琳 2018）。

2.2 新加坡中学英语课程标准

2020 年新加坡《中学英语课程标准》（*English Language Syllabus: Secondary – Express Course/Normal（Academic）Course*）（以下简称"新课标"）以发展新加坡学生的"21 世纪素养"（21st Century competencies）（见图 1）为出发点，开篇即指出中学英语课程"教学大纲旨在促进学生的语言学习，以加强自我调节，并将互动交际、演讲和表达技能提升到更复杂的水平；培养精细、批判、广泛和大量的听、读和看的技能，以处理更长、更复杂的文本；并在口语、写作和展示方面做出明智的个人和批判性回应。"（CPDD 2020: 6）

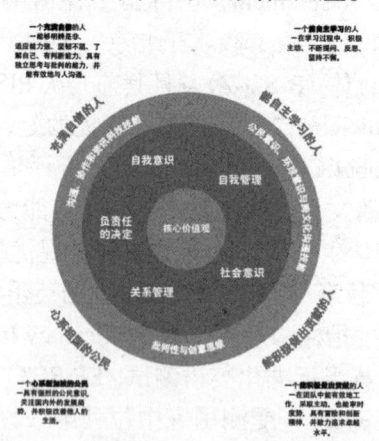

图 1　新加坡学生 21 世纪核心素养 [2]

---

[2]　https://www.moe.gov.sg/education/education-system/21st-century-competencies

基于新加坡学生 21 世纪核心素养框架，新课标将课程目标 (Learner Outcomes and Values) 设定为三大能力素养 (competencies) 和六大核心价值观 (core values)(CPDD 2020: 8)：

课程旨在将学生培养成：

- 富有同理心的沟通者 (empathetic communicator)：他们拥有积极倾听不同观点的价值观、性格和技能；自信、有效、富有理解力的沟通，同时与他人合作，努力实现共同目标；在认同新加坡精神的同时保有多种族、多文化的敏感性。
- 明辨是非的读者 (discerning readers)：具有广泛的世界观，及时更新知识、获取新知，在信息使用方面具有自我导向性，并能根据目的、对象、语境和文化自信、批判、有辨别力地处理和评估信息来区分事实与虚假。
- 创造性探究者 (creative inquirers)：探索和评估现实世界的问题和多种观点，以及从不同的印刷、非印刷和数字网络来源收集和综合信息，以便在熟悉的或新的环境中共同创造知识和解决方案。

并发展如下六大核心价值观：

- 尊重 (respect)：尊重不同的观点并遵照适当的社会惯例
- 责任 (responsibility)：寻找准确、可信、最新的信息来做出明智的决策
- 适应力 (resilience)：自我评价、自我调节学习，坚持追求知识、理解和个人成长
- 正直 (integrity)：在使用、交流信息和表达观点的过程中阐明道德原则
- 关爱 (care)：在交流中表达同理心，并有目的地使用语言为社区做出贡献
- 和谐 (harmony)：与他人进行有意义和彼此尊重的互动和协作，以实现共同的目标

因此，英语课程旨在从以下方面帮助学生提升语言使用的效率和情感 (CPDD 2020: 9)：

1. 批判性地、准确地通过听、读和看的方式理解和欣赏各种印刷、非印刷和数字网络来源的用标准英语呈现的文学和信息类文本。
2. 用合乎语法、流利、易懂的标准英语说、写和展示，以适应不同的目的、对象、语境和文化。
3. 准确、恰当地使用标准的英语语法和词汇，了解说话者/作者如何遣词造句，使用语言传达意义并产生影响。
4. 使用英语产生影响、效果和感染力。

新课标基本理念图（下图）呈现了英语课程的总目标和达成路径、英语教学六环节、英语教学六原则、三大教学重点、语言学习六要素（四大语言技能和两大语言知识）及其之间的关系和互动。（CPDD 2020: 18）

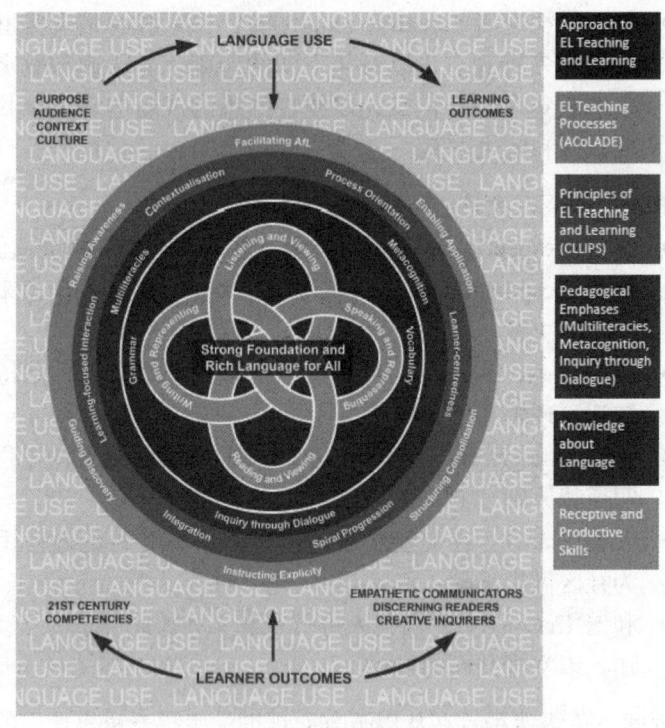

图 4　2020 年新加坡中学英语课程教学大纲主要理念

其基本理念是，英语教学以培养学生有效的语言使用能力 (Language Use)（背景文字）和学习者培养目标 (Learner Outcomes) 为总目标，语言使用受四大要素（目的、对象、语境和文化）影响，语言使用能力体现为学习成效 (learning outcomes)。学习成效和学习者培养目标可通过英语教学六环节 (ACoLADE)、英语教学六原则 (CLLIPS) 及关注三大教学重点（多元识读能力、元认知能力、通过对话展开探究）达成。所有的这些都围绕"为全体学生构建坚实的语言基础和丰富的语言"这一核心来工作，表现在课程内容六要素，即四大语言技能与两大语言知识：听与视 (Listening and Viewing)、读与视 (Reading and Viewing)、口语与展示 (Speaking and Representing)、写作与展示 (Writing and Representing)、语法 (Grammar) 和词汇 (Vocabulary)。

新课标列出了语言知识 / 技能教学内容总览表 (Overview Diagram)，按照课程内容六要素分板块，各板块包括总目标、教学重点 (Focus Areas)、学习成效 (Learning Outcomes)、年级技能推进表 (Progression of Skills from Primary 1 to Secondary 4E/5N) 和技能、策略、态度、行为分项内容要求 (SSAB=**S**kills，**S**trategies，**A**ttitudes and **B**ehaviour/items and structures)。

各板块的主要内容汇总如下：

表 1 新加坡 2020 版英语课程标准教学内容总览表（CPDD 2020）

语言学习板块	教学重点	学习成效	分项内容要求
听与视	对主动的视听展现出积极的态度	培养听觉辨别能力以及积极的视听态度和行为	视听态度和行为
			视听以识别上下文中的语音和单词
		通过专注于字面和推断意义来培养视听理解技能	视听理解
	批判性地视与听	通过关注隐含意义、高阶思维和评价来培养批判性视听能力	视听以作出批判性评价
	泛听与泛视	视听多种类型材料并作出回应	广泛视听以获得信息和享受

读与视	精读与精看	培养有准备的读和看的意识、单词识别技能、准确性、流利度和积极的读看态度和行为	开始读与看
		通过关注字面和隐含意义来处理和理解适合年龄 / 年级水平的文本	精读与精看
	批判性地读与看	通过关注隐含意义、高阶思维和判断对适合年龄 / 年级水平的文本展开分析、评价和赏析	批判性读看与赏析
	为不同的目的广泛地读与看	对广泛的文本作出回应，以享受和理解语法 / 词汇项目和符号模态在不同的上下文中的使用	广博的读看
			宽泛的读看
口语与展示	口语表达与展示的知识基础	培养对口语语篇特征的知识和意识	口语体语篇特征
		培养口语表达与展示的准确度和流利度	准确度和流利度
	以个人或合作的形式针对不同的目的、对象、语境和文化自信、有效地说和展示	针对各种目的、对象、语境和文化，以个人或合作的方式，有计划地或即兴地思索、生成、展开并有礼貌地组织思路	计划过程：个人或合作形式
		针对各种目的、对象、语境和文化，自信、流畅、连贯地进行口语表达或展示	为不同目的进行口语表达和展示
		在进行口语表达和展示之前、期间和之后负责任地进行监控、检查、修改和完善	自我监控
写作与展示	掌握写作机制	培养有准备的写作与展示意识，准备和手写，以准确流利地书写	书写
		用准确、一致的书写	拼写

		生成、选择和组织写作思路，并针对各种目的、对象、语境和文化进行创造性和批判性的写作与表达	生成、选择和组织观点
	针对各种目的、对象、语境和文化，以个人或合作的方式，创造性和批判性地写作和展示	针对各种目的、对象、语境和文化，以流畅、连贯、创造性和批判性的方式展开、组织和表达观点，以书面写作和展示的方式产出文本	展开、组织和表达观点
		检查、修改、编辑和校对，以改善写作和表达	检查、修改和编辑
语法	术语的使用	使用语言学术语学习和谈论语法结构及语言使用	语言学术语
	单词、短语、句子层面的语法	在单词和短语层面运用语法知识	单词和短语层面的语法
		在句子层面运用语法知识	句子层面的语法
	篇章层面的语法	理解有目的地运用语言是如何在篇章层面构建意义的	篇章衔接
			不同类型文本的语篇特征
词汇	丰富的词汇知识积累	发展词汇意识，构建词汇知识过程中使用语言学术语	使用语言学术语
		有丰富的词汇知识以支撑视听、读看、口语、写作、表达方面的语言技能发展	扩充丰富的词汇
	词汇使用	根据目的、对象、语境、文化使用恰当的词汇	使用恰当的词汇

2. 新加坡中学英语教材概述

2001年之前，新加坡中小学英语教材均由新加坡教育部课程发展署(Curriculum Development Institute of Singapore)负责统筹编纂与出版工作，以确保教材的品质和水准，同时负责进校实验等工作。1996至1997年间，教育部将课程发展署和课程规划署合并，成立课程规划发展署(Curriculum Planning & Development Division)。此后，商业出版社逐渐开始介入英语教材的编写与出版，邀请新加坡国内外有经验的教师和教师培训专家参与教材的编写与培训(Lim, 2002)。

目前，新加坡中小学英语教材一般由专业的商业出版社依据教育部课程标准编写，教育部审定批准后列入"审定教科书列表"(Approved textbook list) (Chew 2012)，该列表每年更新，"供校长、各级领导、课程组长等"参考选用，学校根据自身情况确定是否选用列表中的教材。

2010年及2020年公布的教育部指定中学英语教材均为Hodder Education出版社出版的*All About English*教材。该系列教材由培生出版社依据新加坡2010年课标编写出版，在新加坡境内由Hodder Education出版社购买后重新出版，2013年起投入当地学校使用(Soong & Renandya 2019)。

3. *All About English* 教材评析

All About English(以下简称AAE)作为新加坡教育部审定批准使用的唯一一套中学英语教材，已经在"审定教科书列表"中保留十余年了，在新加坡中学广泛使用。该套教材基于新加坡2010年中学英语教学大纲编制，体现语言技能为中心的编制理念，富含技能训练指导和交际任务。AAE教材针对新加坡的三类中学课程分别设有对应的版本：快捷(Express)、普通(学术)(Normal(Academic))和普通(工艺)(Normal(Technical))课程教材。同一册教材系列包括：学生用书(Textbook)、电子教材(E-book)和配套光盘(CD-ROM)，同时，教师可选用配套的教学资源包(teaching resource package, TRP)，其中包括补充讲义、教学说明、游戏、教材外的其他补充资源，以及富含教学提示和建议的教师参考用书(Wu & Navera 2018)。

近年来，一些学者以这套教材作为研究对象，分析评价了其中的语言文化范式、文化价值导向以及问题思维含量等，评价均较为正面。例如：Alcoberes(2016)梳理了AAE教材以及另外三套东南亚现行中学英语教材中的指令、示范性教学话语(author-initiated discourses）后发现，AAE 教材并未采用英语教材普遍采用的"英语本族语者文化范式"（Native-Speakers/Westerners Norms），只凸显英美国家使用的英语，而是充分呈现出基于新加坡国情和社会现状的"当地人文化范式"（Local-Speaker Norms），将英语视为一种世界语言，将新加坡当地的语言、文化和社会风貌融入教材的方方面面。Wu & Navera（2018）运用语篇分析评价工具研究了 AAE 教材前两册的文本及其所体现出的文化价值导向（cultural values），认为该教材在学生的价值观养成方面为教师提供了有益的资源和参考。Soong & Renandya（2019）运用新布鲁姆认知维度（Revised Bloom's Taxonomy）和韦伯的知识深度理论（Webb's Domain-of-Knowledge，DOK）模型分析评价了三套新加坡中学英语教材中阅读理解问题的认知维度（cognitive rigour），认为 AAE 教材符合新课标的要求，体现了对低阶和高阶思维技能的训练，可有效帮助学生提高用英语交际的能力；略显遗憾的是，教材中不同认知维度的问题分布并不十分均衡，理解和评价类问题较多，而记忆和分析类问题较少。

以下，我们就这套教材的内容编排、编写理念和教材特色进行深度剖析。

3.1　教材内容编排

3.1.1　教材各册主题安排

AAE 教材系列的前两册以技能为主线编写，按照新课标中的四大类语言技能划分单元，全书分为四大主体部分（视听、读看、口语展示、写作展示）、阅读与回应（Read and respond）附录及核心概念索引（Index）附录。其中，技能部分下设具体技能单元（Chapters），阅读与回应部分补充 4–5 篇阅读文章，帮助学生开展独立阅读（independent reading）和精读（close reading）。

以教材第一册目录为例：

表 2　*All About English* 教材系列第一册目录

Section 1: Listening and Viewing
Chapter 1　Listening and Viewing Actively
Chapter 2　Listening and Responding

教材后两册以交际目的和功能为主线编写，分为 6 个单元，每单元内嵌语言技能和知识训练及阅读与回应的补充阅读内容。以教材第三册目录为例：

表 3 *All About English* 教材系列第三册目录

Unit 1 Using language to persuade Section 1 Writing expositions Section 2 Persuading through appeals; Using techniques to enhance persuasion Read and respond
Unit 2 Using language to inform Section 1 Clarifying and elaborating; Making connections Section 2 Establishing credibility; Maintaining objectivity Read and respond
Unit 3 Using language to evaluate Section 1 Features of good evaluations Section 2 Making evaluations; Structuring evaluative expositions; Identifying flaws in expositions Read and respond
Unit 4 Using language to express thoughts and feelings Section 1 Using the appropriate voice qualities; Using connotations effectively Section 2 Using literary language; Using sentence structures for emphasis Read and respond
Unit 5 Using language to interact with others Section 1 Listening actively; Responding appropriately Section 2 Initiating and facilitating discussions; Making and responding to requests; Providing constructive feedback Read and respond
Unit 6 Using language to entertain Section 1 Using literary language; Recognising literary forms Section 2 Using plot development techniques Read and respond

教材前言"致同学们"指出，学生不必按照教材单元顺序逐次学习，只需要找到自己需要的技能选读、跳读对应章节即可。有别于学生使用过的其他教材，本书是一本实用的教学参考书（... this Textbook is unlike other textbooks that you may have used; it is designed as a useful reference book for you.）。因此，本套教材的目的是帮助学生独立自主地学习各项语言技能。

3.1.2 单元板块结构

AAE 教材前两册的单元内部是以技能介绍、技能学习要点展开的，每单元根据单元技能目标分为 2-5 个部分。从技能的重要性或技能概念入手，逐步介绍技能学习要点。单元中穿插若干小板块：重要概念（Key Concept）、示例（Example）、练习（Exercise）、提示（Attention!）、词汇释义（Definition）、语法（Grammar）、语言知识拓展（Extension）、反思（Reflection）以及语言学习（Sharpen Your Language）。

以第一册第 12 章为例，该单元为读看技能板块下的一个单元，单元主题为：信息比较与对比（Comparing and Contrasting Information）：

- 第一部分：我们为什么要对比信息（Why do we compare and contrast information?）
  - 通过对比两个游戏机的小语篇和情境代入，告诉学生掌握这一技能的重要性。
  - 重要概念：特征（feature）
- 第二部分：掌握如何比较和对比（Understanding how to compare and contrast）
  - 重要概念：比较和对比（compare and contrast）
  - 通过例证说明 compare 和 contrast 的异同
  - 练习一：阅读句子，提炼对比的特征（What feature is being compared or contrasted in each of the following statements?）
- 第三部分：知道比较和对比的语言（Knowing the language for comparing and contrasting）

- 通过例证说明连接词在比较和对比中的作用，给出更多连接词
- 练习二：阅读练习1中的句子，圈出比较相似点的连接词，在对比不同点的连接词下方划线
- 语言学习：比较级与最高级（阅读一篇短文，关注文中用于比较和对比的语言）
- 练习三：阅读一段文字，将文章中两样事物的异同提取到表格中

教材第三册以交际目的和功能展开的，每单元根据交际目的分为2大板块包含3-5个教学目标，再配以"阅读与回应"的一篇补充阅读文章。单元中穿插若干小板块：单元导入激趣屏（Stimulus）、文本聚焦（Text in focus）、读前问题（Before reading）、导引问题（Guiding questions）、技巧提炼（Skills and techniques highlighted）、读后问题（After reading）、练习（Exercise）、提示（Attention!）、关联（Connection）、词汇释义（Definition）、语言知识拓展（Extension）、语言学习（Sharpen Your Language）、反思与复习（Reflection and review）、"目的、对象、语境与文化"相关问题与指导（PACC）；在阅读与回应板块设置多项元认知问题MQ（Metacognitive questions）。

以第三册第1单元为例，该单元主题为：论述（Using language to persuade）：

- 第一部分：论说文写作（Writing expositions）
  - 该部分学习目标
    - 单元导入激趣屏：一幅卡通图及配套思考题
  - 文本聚焦：一篇杂志文章 The Growing Backlash Against Overparenting 的节选（配有读前问题、导引问题、技巧提炼、读后问题）
  - 该部分技能说明（Writing expositions）
  - 第一项分技能：确立清晰的主旨（Establishing a clear thesis statement）

◆ 要点一：采取和证明立场（Taking and justifying a stand）；例句说明

◆ 要点二：表达单一的主要观点且要具体（Expressing a single main idea and being specific）；小语篇说明

◆ 要点三：为论说文提供展开的蓝图（Providing a blueprint for the exposition）

◆ 练习一：思考题

◆ 语言学习（词汇）：模糊话术（Hedging）（通过短句和小语篇例证）

◆ 练习二：阅读一篇小短文，识别模糊话术，并解释其功能

■ 第二项分技能：运用有效的支撑材料（Using valid supporting materials）

◆ 要点一：事实（Facts）（短文阅读例证、PACC 要点提示）

◆ 要点二：数据（Statistics）（短文阅读例证）

◆ 要点三：例证（Examples）（短文阅读例证）

● 具体的事例（Concrete examples）、虚构的事例（Hypothetical examples）

◆ 要点四：佐证（Testimonies）（视频与短文阅读例证）

● 专家证词（Expert testimonies）、个人证词（Personal testimonies）

■ 反思与复习（Reflection and review）

● 第二部分：通过诉求论说（Persuading through appeals）、使用技巧加强论说效果（Using techniques to enhance persuasion）

■ （结构与第一部分相似）

● 阅读与回应：一篇书摘，配有元认知问题和导引问题以及读后问题

总的来说，各单元从技能目标设定，到技能讲解和例证，再到学习活动和练习，层次分明，指向清晰。单元间未见明显的难度层级，确实如教材前言所说，适合学生选择性学习。

3.2　教材编写理念和特色

AAE 教材旨在通过教授学生必要的英语语言技能，使其能够在学校、工作以及更广的世界范围交际情境中达成交际目标。有别于传统的按主题设置单元的编写模式，AAE 教材以技能为主线，每单元围绕特定的技能目标或交际目的目标，涵盖各类主题素材，通过听、说、读、看、写展示等技能融合训练，帮助学生掌握技能、夯实语言、达成交际。本套教材具有如下突出特色：

3.2.1　条理清晰的技能体系、鲜明的课程目标及丰富的话题融合

AAE 教材以语言技能为重点安排单元，使得课程的教学目标清晰地指向语言技能的培养以及相关策略的运用，单元内部打破传统教材单元的话题界限，围绕目标技能的认识和运用，融合多主题素材，丰富单个单元的话题维度，让学习者不会感觉乏味。

以第一册 Chapter10 Scanning 为例，该单元的选材涉及艺术、考古、礼仪、刑事侦查、美术、地理、家谱、电影、统计、体育等十个主题。学生在技能学习的同时，能够带着新鲜感阅读各环节设置的语言材料，保持较高的学习兴趣。

3.2.2　使用大量元语言引出重要概念

由于教材各单元的重点围绕语言技能目标展开，因此，教材中随处可见各类抽象概念和名词术语。一些是常见的语言技能或策略术语，如：略读（skimming）、上下文线索（contextual clues）、推断（inferences）等，一些则是语言学术语，如：语域（egister）、元音（owels）、辅音（onsonants）、指示意义（denotations）和暗涵意义（onnotations）、实义词（content words）和功能词（function words）等。

为了帮助学生理解这些核心概念，教材编者运用了丰富多样的方式阐释：

● 趣味漫画阐释抽象概念

以第一册第 18 单元的重要概念——国际音标（International Phonetic Alphabet）为例。该部分介绍元音（vowels）和辅音（consonants)。为了让学生更清晰地掌握这两个概念，编者用提示和插图的形式，生动地阐释了这两个概念的意义并给出示例。

示例 1 趣味漫画阐释抽象概念示例 (AAE1 2010: 114)

- 列表示例阐释抽象概念

以第一册第 7 单元语言学习为例，该部分的术语涉及语义学的"下义词"(Hyponyms) 和"局部词"(Meronyms)，对于中学生而言，是较为抽象的概念。教材中运用表格示例的形式，将概念清楚呈现。

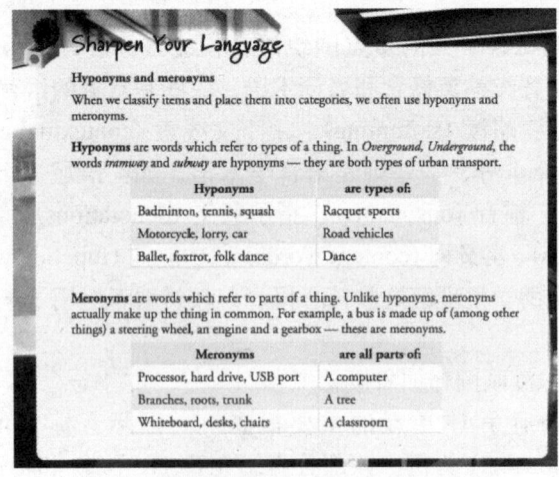

示例 2 阐释抽象概念示例 (AAE1 2010: 39)

● 图文加注阐释抽象概念

以第一册第 9 单元略读（Skimming）策略的教学为例，教材中提供了多种可以重点关注的内容，如：文章标题（title）、文本框（box text）、分项列表（bulleted list）、段落标题（heading）、小标题（subheading）、插图配文（caption）等。为了使学生理解这些术语的意义，教材使用文本加注的形式，呈现了这些概念的所指，一目了然、清晰明了。

示例 3　图文加注阐释抽象概念示例 (AAE1 2010: 48–49)

● 句子示例阐释抽象概念

以第一册第 28 单元对逃逸句（Run-on sentences）的解释说明中，运用了大量的句子作为示例。

Correcting Run-on Sentences

A common problem when writing is to write sentences that are too long. Such sentences may contain two or more ideas or details combined together in one sentence. These are called **run-on sentences**.
EXAMPLE: Bill cycles to school Sabrina takes the bus.

Here are five common methods to correct run-on sentences:

· Break the run-on sentence into shorter sentences using punctuation such as a full stop, exclamation mark or question mark.
EXAMPLE: Bill cycles to school. Sabrina takes the bus.
· Use a semi-colon to separate the two ideas.
EXAMPLE: Bill cycles to school; Sabrina takes the bus.
· Use a comma and a suitable connector such as *or, but, and,* or *yet.*
EXAMPLE: Bill cycles to school, but Sabrina takes the bus.
· Break the sentences into shorter sentences using the full stop, as well as a suitable connector such as *however, therefore, consequently, thus, furthermore* or *also.*
EXAMPLE: Bill cycles to school. However, Sabrina takes the bus.
· Use a connector such as *after, while, before, then* or *next* to correctly combine the ideas in your sentence.
EXAMPLE: While Bill cycles to school, Sabrina takes the bus.

示例 4　句子阐释抽象概念示例 (AAE1 2010: 220)

- 综合方式阐释抽象概念

以第一册第25单元为例，为阐释叙事文本中的"冲突"(Conflict)这一概念，编者采用了图形、插画、示例相结合的方式，化繁为简。

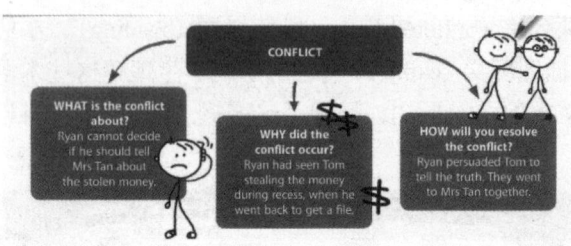

示例5　综合方式阐释抽象概念示例 (AAE1 2010: 170)

3.2.3　运用大量真实、类型多样的视听和阅读文本

AAE教材在概念阐释、技能指导、技能训练、语言学习等各板块均运用了丰富的真实文本，帮助学生理解、实践所学技能。阅读文本类型包括：小说节选、工具书节选、期刊杂志页面截图、网页、信件、明信片、广告、教材、菜谱、书摘、目录、图表、新闻报道等。视听文本类型包括：对话、纪录片、新闻报道等。文本类型多样，呈现方式也较能体现真实性原则。以第一册第30单元的一则广告文本为例，这是一则针对青少年的旅游广告，图片里不仅包含真实的宣传照片、广告宣传语、特价提示等内容，而且选用了不同的字体字号呈现，图片中还能看到广告页张贴的布告栏背景墙，这些元素都让广告更加真实。

示例6　广告文本呈现形式示例 (AAE1 2010: 237)

不同于常见的教材文本呈现方式，AAE 往往会在文本上添加注释，指导学生关注技能学习要点，有针对性地展开技能运用，并作学习分析示范。以第一册第 24 单元的聚焦文本板块为例，通过文本加注，该文本的组织结构和语言特征皆一目了然，结合此前的技能指导，学生能够自然加深对个人叙事（personal recounts）这一文本特征的了解：

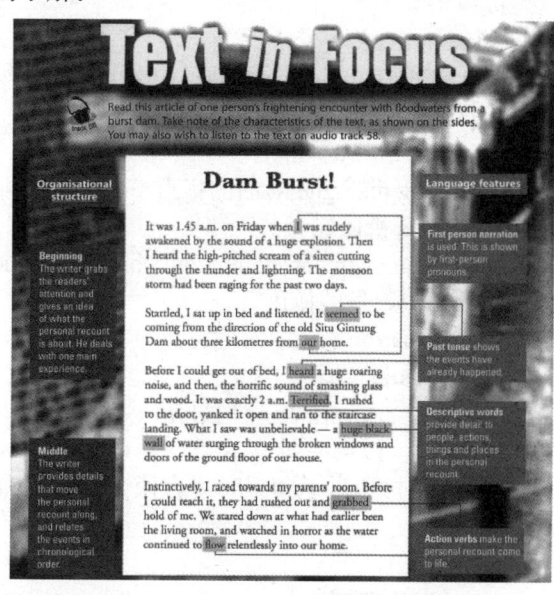

示例 7　教材文本加注示例 (AAE1 2010: 152)

与此同时，教材中绝大多数的文本都给出了文章来源，不仅有利于学生了解选材的出处和文本特征，也有助于提高学生的学术诚信素养。

3.2.4　技能训练融合语言学习

根据新课标的要求，课程内容六要素除四大主要语言技能以外，语法和词汇也是教学重点。因此，在 AAE 教材中，随处可见语言知识相关的学习提示、指导和专项训练。在语言学习（sharpen your language）板块，教材帮助学生关注词汇、语法知识，并在练习中实践。

以第一册为例，语言学习板块的内容有：

- P20 Connectors 连接词
- P39 Hyponyms and meronyms 下义词和局部词
- P69 Comparatives and superlatives 比较级和最高级
- P75 Denotations and connotations 指示意义和暗涵意义
- P93 Points of view – first-person and third-person 第一人称和第三人称视角
- P134 Contractions 缩写
- P156 Forms of the simple past tense 一般过去时的形式
- P158 Adjectives 形容词
- P159 Adverbs of time 时间副词
- P177 Punctuating dialogue 对话的标点
- P180 Imperatives 祈使句
- P206 Using commas in compound and complex sentences 在合成句和复合句中逗号的使用
- P248 End punctuation marks 句尾标点
- P260 Homonyms 近义词

除此之外，教材也会适时在表达性技能（说和展示、写和展示）中融入相关的语用知识。以第一册第 20 单元 Making conversation 为例，在口语输出前，教材列举了聊天时适合谈论的话题和不适合谈论的话题。

示例 8　教材中语用知识讲解示例 (AAE1 2010: 130)

3.2.5　步骤指导为技能学习提供支架

为帮助学生掌握技能要点并学以致用，教材在一些技能指导板块设计了清晰的步骤指导框架，为学生搭建脚手架，并通过练习活动，将技能知识付诸实践。

以第一册第 22 单元说与展示主题 Planning presentations 为例，教材通过一幅流程图，帮助学生理解如何解读演讲题目，从而做好充分的演讲准备。

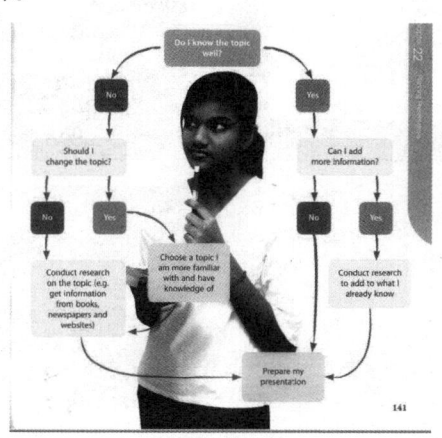

示例 9　教材的步骤化技能指导示例 (AAE1 2010: 141)

3.2.6　主题导入和练习活动富含交际情境和趣味性

教材在引入单元主题（前两册的技能主题、第三册的交际目的主题）时，通常会采用漫画、引文摘录、情境发问、主题图、名言等形式，帮助学生代入具体的交际情境，设身处地地思考单元主题的意义。材料选择生动有趣，具体的交际场景也很容易与中学生产生共鸣，可以有效激发并引起学生继续学习的欲望。

以下分别为漫画导入、名言导入、引文摘录导入和漫画＋情境发问导入的具体示例：

（AAE3 U1 P4）	（AAE3 U4 P154）
（AAE1 U13 P72）	（AAE1 U17 P106）

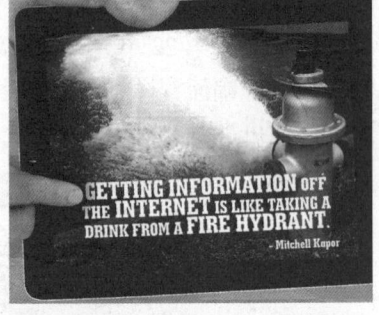
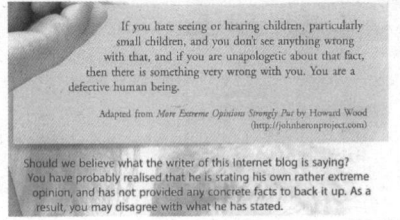

示例 10　教材丰富的主题导入示例

除此之外，教材中的活动形式也非常丰富，融趣味性和交际性与一体，且贴近学生生活实际。以第一册第 2 单元 Listening and responding 为例，单元讲授了语言交际和非语言交际的不同类型，引出了"面部表情"（Facial expressions）这一重要概念。在通过插图阐释概念后，教材给出一个活动：Work in pairs, use a digital camera to take pictures of your partner making various facial expressions. Show them to your other classmates and ask them to identify the meaning of each expression. 该活动涉及两人合作、拍照分享、表情分析等合作探究学习，也兼具趣味性，能有效调动学生的积极性和参与度。

再以第一册第 17 单元 Understanding register 为例，为了帮助学生了解正式和非正式口语交际语域，编者设计了一个活动，让学生结合具体交际情境，分析一名同学的演讲稿，并帮助他修改完善。完成之后，听录音示范。通过错误示例和正确示范的对比，学生可以分析、讨论提炼出不同语域的交际要点，根据交际情境的正式程度选用得体表达。

示例 11 情境化交际活动示例 (AAE1 2010: 111)

再以第一册第 10 单元 Scanning 为例，为帮助学生掌握扫读的阅读技能，编者设计了一个假想活动：Imagine that you are a detective in the police force. The country's most wanted criminal, Franky Lee, has escaped from jail, and has been seen at the airport. Below are different scenarios. Answer the following questions as quickly as possible by scanning the flight information table below. 不仅情境设置非常有趣，也有悬念，学生根据所给的趣味多模态文本，以及多条提示信息，推测通缉犯的去向。寓教于乐，活学活用。

4. 结论和启示

新加坡的中学英语教材 *All About English* 依据新加坡 2010 年版中学英语教学大纲编写，突破传统的以话题为界的单元设置，体现语言技能为主的编写主线，凸显语言知识技能学习和使用的目标，注重提升学生对语言交际具体的目标、对象、语境和文化方面的意识，通过丰富的形式阐释技能教学中的核心概念，结合文本示范、图解辅助、步骤指导等脚手架，帮助学生理解各项技能涉及的关键环节和知识，并通过大量真实的文本和生动有趣富有交际性的活动，帮助学生在语言使用中检测学习成效，是一套编写理念独特、特色鲜明的英语教材。

通过对新加坡中学英语教材 *All About English* 的分析，我们总结出如下经验，值得在我国本土中学英语教材编写过程中借鉴学习:

首先，语言技能的教学可以适当依托明示的策略指导，提高学生的技能学习和使用意识，帮助学生更好地掌握元认知和认知策略等学习策略，成为主动的学习者。

其次，对抽象概念不应完全回避，必要的语言学知识可以通过例证、图解、图文加注等形式加以阐释，帮助学生构建语言知识体系概念。

另外，符合学生年龄特征的漫画、插图、指令语等，可以有效提升教材的可读性和趣味性，在单元导入、概念解释等方面，与平淡、严肃的中性口吻相比，更加可以达到事半功倍的效果。

同时，大量、优质的真实文本可以保证教材语言输入的质和量，题材广泛的选材也可以避免长时间谈论同一话题的乏味。教材编写时，可以尽量打通主题间的关联，构建更加灵活的主题群，保证教材里的"新"意。

参考文献

［1］Alcoberes, P. J. N. The author-initiated discourses in the selected English textbooks in southeast Asia: A world Englishes paradigm. *Asian Englishes,* 2016, 18(1), 36–52.

［2］Chew, P. G. L. Language teaching methods in Singapore primary schools: An historical overview[A]. In B. Spolsky and Young-in M. (Eds.), *Primary School English-Language Education in Asia* [C]. New York/London: Routledge. 2012, 38–58.

［3］Curriculum Planning & Development Division. *English Language Syllabus: Secondary – Express Course/Normal (Academic) Course (Implementation starting with 2020 Secondary One Cohort)* [S]. Singapore: Ministry of Education, 2020.

［4］Lim, S.C. Developments in the English language syllabuses in Singapore [A]. Asia Pacific Journal of Education[J], 2002, 22(2), 81–95.

［5］Oates, T. Why textbooks count: a policy paper. Cambridge Assessment, 2014.

［6］OECD. *PISA 2018 Results (Volume VI) Are Students Ready to Thrive in an Interconnected World? Country Note: Singapore.* [OL] https://www.oecd.org/pisa/publications/VolumeVI-GlobalCompetence-CountryNote-Singapore.pdf, 2020.

［7］Pang, E. S., Lim, F. V., Choe, K. C., Peters, C., & Chua, L. C. System scaling in Singapore: The STELLAR story. In *Scaling educational innovations* (pp. 105–122). Springer, Singapore, 2015.

［8］Schleicher, Andreas.*PISA 2018: Insights and Interpretations*. OECD, 2019.

［9］Soong Shuyi, N & Renandya, Willy A. An analysis of the cognitive rigour of questions used in secondary school English language textbooks in Singapore[A]. *Asian Journal of English Language Studies (AJELS)*[J], Volume 7, December, 2019.

［10］Widodo, H. P., Perfecto, M. R., Van Canh, L., & Buripakdi, A. (eds.). *Situating Moral and Cultural Values in ELT Materials: The Southeast Asian Context.* Springer, 2018.

［11］Wu, S. M. & Navera, G. S. ELT Materials as Sites of Values Education: A Preliminary Observation of Secondary School Materials. In Widodo, H. P. et al (eds.) *Situating Moral and Cultural Values in ELT Materials: The Southeast Asian Context.* (pp. 51–68). Springer, 2018.

［12］安琳 . 新加坡基础教育阶段英语课程标准研究报告 [A]. 束定芳、朱彦等 . 基础教育阶段英语课程标准国别研究报告 [C]. 上海：上海外语教育出版社，2018. 110–148.

教材清单：

［13］C. Sandra-Segeram, Chai Chor Tiang, Chin Lie Peng. (2010). *All About English – Textbook Secondary 1*. Singapore: Hodder Education.

［14］Dr Paul Doyle, Emily Cheng, Jamie Koh. (2011). *All About English – Textbook Secondary 2*. Singapore: Hodder Education.

［15］C.Sandra-Segeram, Chai Chor Tiang, Chin Lie Peng, Dorothy Lim-Chew, Leong Phooi Qwan. (2011). *All About English – Textbook Secondary 3*. Singapore: Hodder Education.

韩国初中英语教材研究报告

上海外国语大学　司露

1. 韩国基础教育情况概述

　　韩国是我国的重要邻邦，是亚洲经济文化发展的重要力量。随着全球化的快速推进，韩国社会的人员构成、民族构成和语言生活都发生了巨大的变化，韩国的语言生态呈现出了多样化的发展趋势。在新旧世纪交替之际，韩国先后举办了亚运会及奥运会，其国际影响力得到了极大的提升。为了应对全球化的挑战，提升国际竞争力，韩国历届政府都十分重视英语战略发展（沈骑 2011）。一方面，在走向世界的过程中，"韩国社会普遍认同英语在社会生活中的价值，英语已被认为是国际通行证、谋生工具和社会地位的象征"（邹为诚 2015: 442）。另一方面，为吸引外资，建设强国，"英语在韩国具有一种战略资源的意义，被赋予了经济价值"，事关国家的发展（沈骑 2011: 54）。

　　伴随着全球化的进程，韩国实现了向现代高科技信息化产业转型的飞跃。回顾韩国的经济社会发展成就，背后有着多方面的支撑，其中教育扮演着重要角色（Kim 2002）。20 世纪 60 年代，韩国制定了"教育立国"的发展战略；到了 60 年代中期，就已基本实现初等义务教育的普及；在随后的国家发展计划中，韩国历届政府也一直将教育发展指标置于经济发展指标的前列（索丰等 2015）。进入 20 世纪 70 年代，为普及初级中等义务教育，韩国政府实施了诸多保障措施，比如实施初中教育平准化政策，推行免试入学制度，扩大教科书的免费供应范围等，初级中等义务教育的普及为当时韩国的劳动密集型产业训练出了大批熟练劳动者。20 世纪 80–90

年代是韩国经济的高速增长期，国家经济结构转型需要大批各类人才。为满足人才培养的需要，韩国政府愈发重视基础教育，韩国的基础教育也从量的扩张阶段迈入质的提升阶段。韩国的第四次基础教育课程改革（1981–1987 年）提出了系统的、连贯的、"以人为中心"的教育课程体系，但在实施过程中不甚成功。第五次基础教育课程改革（1987–1992 年）基于"培养符合 21 世纪信息化、开放化、国际化发展需求的，具有主体精神、创造精神并且有道德的韩国人"的培养目标，制定了综合课程体系，并于 1989–1990 年分阶段实施（索丰等 2015）。第六次基础教育课程改革（1992–1997 年）着眼民主化、信息社会化、高度产业化、国际化和朝鲜半岛统一等时代和社会的快速变化，推进课程的地方分权化、课程结构的多样化、课程内容的适量化、课程管理的效率化，改善了一些教育现实问题（索丰等 2015）。第七次基础教育课程改革于 1997 年启动，韩国教育部又分别在 2007 年、2009 年和 2015 年对课程进行了修订，构建了以"自我管理素养、知识信息处理素养、创新性思维素养、审美感性素养、沟通素养、共同体素养"为框架的核心素养体系，明确了以培养具备"核心素养"的"创新融合型人才"为目标，追求个性化的"全人教育"；此外，进一步优化课程结构，增设"自由课程"和"融合课程"；加大地方和学校的课程管理权，推进课改的顺利实施；加强课程评价体系建设，推进零书面考试的"自由学期"（和学新 2018；姜英敏 2016；吕君等 2019；王涛等 2018）。随着课程改革的逐步推进，韩国的基础教育取得了长足的发展，"英语教育改革更是韩国每一次课程改革的重头戏"（沈骑 2011: 53）。

韩国英语教育的重大变革始于 20 世纪 90 年代。1995 年，韩国颁布了第六版英语课程标准，明确将英语列为小学阶段的必修课，从小学三年级开始全面实施；并建议从语法和翻译教学法转变为交际语言教学法（夏璐 2014；尹悦等 2019）。这次改革是一次具有划时代意义的尝试，突破了结构大纲的禁锢；但是由于缺乏经验，在实施改革的过程中没能进行本土化调整，教改效果整体而言并不是很理想（Chang 2009；牟宜武等 2018）。2007 年、2009 年和

2015 年，韩国课程与评价研究院（Korea Institute of Curriculum and Evaluation）结合韩国国情，三次修订了第七版英语课程标准，进一步推进韩国的基础英语教育改革。2015 年修订版课标从"课程性质""课程目标""课程内容体系及成就标准""教学评建议"等方面对小、初、高各学段英语课程进行了具体描述。"课程内容体系"部分包括"内容体系表""语言技能与交流活动""语言材料"等三方面，其中"内容体系表"列举了英语教学内容领域、核心概念、一般知识、内容要素、认知目标等；"语言技能"就逐步培养听、说、读、写四种技能以及至少能将一两个以上的技能结合运用的能力作出了说明；"交流活动"提供了建议开展的语音语言活动和文字语言活动；"语言材料"概述了英语课程中的文化、话题、交际功能、词汇和语法等情况，并以附录的形式提供具体内容参考。"成就标准"部分阐述了英语听、说、读、写四项技能的学习要素、成就标准解释、教授 / 学习方法和注意事项、评价方法和注意事项等。"教学评建议"提供了教授 / 学习建议和评价建议。具体来说，2015 年课标首先强调小学英语课程应"培养学生对英语学习的兴趣和自信，关注基本的英语理解和表达能力，使学生通过英语学习了解外国文化"；其次，要求初中英语课程在巩固小学英语课程的基础上，"进一步提升学生对英语学习的兴趣和关注，培养日常生活中使用英语的能力和自信，了解外国的文化和信息，并能用英语简单介绍韩国文化"；最后，明确高中英语课程应"激发和维持学生的学习动机，发展学生的英语理解和表达能力，为职业发展奠定基础"（KMOE 2015: 5）。此外，2015 年修订版课标重点突出了要以交际功能为核心开展中小学英语教学，增加了课时数，提高了听说课的比例，扩充了词汇和语法教学内容，推动了"国家英语能力测试"（National English Ability Test）的开发，基本确定了韩国学校英语课程的框架和格局（牟宜武等 2018；沈骑 2011）。

为了确保韩国基础英语教育改革的顺利实施，一方面，韩国有关部门加强了英语学习环境的改善和保障，比如扶持英语特色校建设（Managing and Supporting Focus Schools for English Education），推广小学英语探索学习教室（Providing English Exploration

Classroom in Elementary Schools）和中学课外外教学堂课计划（Providing English-Only Classroom in Secondary Schools），打造免费英语教育广播学习资源（20-hour Educational Broadcasting System English programs）等。另一方面，韩国当局着力优化师资队伍建设，比如韩国政府斥巨资实施了"韩国英语教学项目"（English Program in South Korea）、"韩国教学和学习项目"（Teach and Learn in Korea）、"国际英语村项目"（English Village）等，将外籍英语教师大量引入韩国，配置到全国各地的中小学和沉浸式英语教学中心（比如英语村、英语特区等多样化教学社区）里，缓解师资缺乏的问题，促进教育公平；同时，韩国教育部门还启动了"国家英语教师教学资格认证计划"（The Accredited TEE Teacher Scheme），加大对本土优秀教师的培养和扶持力度，提升韩国英语教育的质量和效率（Jeon 等 2017: 51）。

根据韩国教育部公布的最新修订版英语课程标准，如表1所示，韩国从小学三年级起开设英语课程，英语自小学三年级到高中一年级为必修课程；初中阶段（初中一至三年级）英语课程总计340学时，初中阶段按照45分钟为一学时，每学年34周计算，平均每周3–4学时/135–180分钟（KMOE 2020: 11）。据悉，韩国教育部正在针对第七版课程开展第四次修订工作，并将于2022年10月正式颁布2022年修订版课程标准。

表1　韩国中小学英语课程课时情况，改编自 KMOE (2015, 2020)

学段	小学			初中	高中	
	1-2 年级	3-4 年级	5-6 年级	1-3 年级	共同教育课程	选择教育课程
总课时（节）	/	136	204	340	136	170
周学时	/	2	3	3-4	3-5	

2. 韩国初中英语教材概述

自建国后，韩国的中小学教材政策"共经历了8次重大改革"（张嘉育等 2014: 36），教材制度的演进情况详见表2。整体来看，韩国中小学教材政策"自20世纪90年代开始呈现自由化发展趋势"，目前是政府和市场共同参与的模式（the mixed model of textbook policy）（亚洲发展银行2018: 20）。在这种模式下，教材编写的主要依据是国家课程标准，根据负责主体不同可将现行教材分为三类：第一类是由韩国教育部出版的国家统编教材（government-copyrighted textbooks）；第二类是由民营出版社公开竞争出版，经韩国教育部审批通过使用的国家推荐教材（government-authorized textbooks）；第三类是由学校校长筛选，经教育部或地方教育主管部门批准认定使用的校本教学用书（government-approved textbooks）"（Kwak 2006; Gim 2006; 刘雪 2006）。韩国大部分幼儿园教材、小学教材，以及中学部分科目（与国家意识形态相关的科目，比如韩国语、韩国历史、道德、社会等）的教材属于国家统编教材；一部分小学及中学教材，特别是选修类课程教材，属于国家推荐教材；对于一些因较少学校开课而没有出版社编写的科目，韩国教育部统筹编写，出版国家统编教材供选用（Kwak 2006）。根据韩国的中小学教材使用管理办法，选用教材时，在有国家统编教材的情况下，全国各学校均需采用统编教材；对于统编教材未覆盖的科目，校长可自行从教育部授权的教材目录中选择使用；在没有统编教材和推荐教材选用，或因教材不易使用以及需要其他材料补充的情况下，允许申请使用国家认定教学用书（Gim 2006）。

表2　韩国中小学教材制度的演进 改编自张嘉育等 (2014: 40)

时间	中小学教材制度概况
1948-1954年	1. 制定中小学课程大纲。 2. 建立国家统编、国家推荐、国家认定三轨并存的中小学教材制度，但未明确区分国家推荐制和国家认定制的实施范围，实施混乱。
1954-1963年	1. 确立中小学统编教材、推荐教材和认定教材的定位、标准和编写流程。 2. 明确小学所有教学科目全部使用国家统编教材，中学各教学科目以国家推荐教材为主。 3. 对于国家推荐教材，每科可通过数量不设限。

1963-1973年	1. 扩大国家统编教材制度的实施范围，规定小学所有教学科目、2/3的初中教学科目，以及专门高中的专业科目全部使用国家统编教材。 2. 对于国家推荐教材，每科可通过数量不超过7种。
1973-1981年	1. 将国家统编教材、国家推荐教材、国家认定教材分别更名为第一类教材、第二类教材、第三类教材。 2. 扩大第一类(统编)教材的实施范围，开放该类教材的编写权限，规定可委托专门研究机构编制。 3. 减少第二类(推荐)教材的通过数量，每科可通过数量不超过5种。
1981-1987年	1. 松绑第一类(统编)教材，扩大第二类(认定)教材的实施范围，明确小学所有教学科目仍维持使用第一类(统编)教材，初中和高中阶段除韩国语、韩国历史、道德外的其他科目皆开放为第二类(推荐)教材。 2. 规定第二类(推荐)教材每科可通过数量仍不超过5种。
1987-1992年	1. 提高第二类(推荐)教材每科可通过数量至8种。 2. 重视国家认定制的作用，放宽第三类(推荐)教材的实施范围。
1992-1997年	1. 延续教材政策自由化战略，松绑第一类(统编)教材，扩大第二类(推荐)教材的实施范围。 2. 将小学英语教材纳入第二类(推荐)教材。
1997-2007年	1. 将"第一类教材""第二类教材""第三类教材"改回原有名称，即国家统编教材、国家推荐教材、国家认定教材。 2. 将国家统编教材的实施范围扩大至小学所有教学科目，初中的韩国语、韩国历史、道德、外语等科目，高中的韩国语、韩国历史、道德等科目，专门高中的农业、海产、家政、科学、外语、体育等科目，以及部分工业与商业科目。 3. 废除国家推荐制下单科教材可通过版本数量的规定。 4. 扩大国家认定制教材的实施范围，明确认定制教材作为统编制和推荐制教材的补充，在现有教材难以使用或需要补充的情况下申请采用。 5. 启动数字教科书政策规划。

2007至今	1. 大幅松绑原有教材政策，许多原统编教材范围内的科目改为使用国家推荐教材。 2. 进一步开放国家认定制，规定学校教师自编的校本教材和一般书籍也可纳入认定范围。 3. 持续推动数字教科书政策。

　　长期以来，韩国中小学主要使用纸质教材。在国家数字教育发展战略的整体规划下，韩国数字教科书政策得到了稳步推进。步入 21 世纪，人们的生活方式和学习方式发生了巨大转变，现有的教育体系在应对"培养什么样的人"的问题上面临着巨大的挑战。此外，纸质教材因自重较重，承载内容有限，内容时效性差，修订工作繁复，无法满足数字原住民一代的个性化学习需求等，局限性日益凸显（张嘉育等 2014）。为适应 21 世纪教育新范式的需求，韩国政府基于对未来教育的预测，提出以信息通信技术为切入点，促进教学环境与教师教学的变革的主张。1996 年，韩国教育部组建了韩国教育研究信息院（Korea Education & Research Information Service），为韩国教育信息化改革提供理论支撑和智力支持。自此，韩国政府分 6 个阶段逐步落地以强化学生自我导向学习（Self-directed），提升学生学习动机（Motivated），涵养适性教育理念（Adaptive），打造丰富学习资源（Resource enriched），嵌入信息技术（Technology embedded）等为目标的"SMART 教育"构想（白倩等 2019; 吴砥等 2014; 张嘉育等 2014）。在教育信息化的进程中，韩国政府着力开发、应用、激活数字教科书。韩国教育改革委员会在《第三届教育改革方案》里较早地提出了数字教科书（即数字教材）的概念（刘忠波 2020）。2007 年 3 月，韩国教育部颁布了《数字教科书普及推进计划》，明确了将重点研发囊括教材、参考书、题库、词典等多元内容为一体的多媒体教科书，提出了"开发数字教科书、培训教师和教辅人员、构建教育环境、建立分销和质量保障体系、修订法律制度、提高认识与分析数字教科书的影响力及有效性"等六大任务，指明了韩国数字教科书的发展方向（廖晓丹 2020: 120）。在数字教科书政策的实施过程中，韩国采取了"由中央政府自上而下的规划发展方式"，实行"先在示范校试点部分中

小学数字教材，后推广至其他学科和学校"的办法，目前已基本覆盖"小学到高中的社会、科学和英语课程"（徐丽芳等 2020: 33）。韩国政府在推广数字教科书的同时，还组织了有关部门深入课堂调研数字教科书的有效性，坚持从实际教学需求出发，广泛采纳社会大众意见，保持技术理性，随着数字教科书的应用和研究的深入，适时调整政策、提供保障，寻求数字和纸质教科书的融合落地（白情等 2019；金敃局 2018）。韩国在数字教科书政策制定和实施上走出了一条特色之路，获得了联合国教科文组织颁发的首届"哈马德国王奖"（*UNESCO King Hamad Bin Isa Al-Khalifa Prize*），得到了世界各国的关注（杨勇 2012: 50）。

截至 2021 年 8 月，韩国教育部公布了 13 套、39 本基于 2015 年修订版课程标准编制的韩国初中英语学科国家推荐教材。13 套教材均已配备数字版本，相关出版信息如表 3。

表 3 韩国初中英语学科国家推荐教材目录

出版社	编者	分册情况及出版时间		
		初一	初二	初三
天才出版社	정사열, 이성림, 홍숙한, 강윤희, 이현주, 성현영等			
天才出版社	이재영, 안병규, 오준일, 배태일, 김순천, 박성근, 신수진等			
东亚出版社	이병민, 이상민, Kim Christian, 고미라, 김수연等			
东亚出版社	윤정미, 이희경, 강은경, 송형호, 장성욱, 염미선, 손지선, 진성인, Sundeen Glenn Paul等	2018年	2019年	2020年
未来出版社	최연희, 유원호, 박유정, 주혜연, 이수윤, 김기중, 이예식, Kevin Buchanan等			
非常出版社	김진완, 황종배, Judy Yin, 이윤희, 신미경, 조성옥, 조현정等			
能率出版社	김성곤, 서성기, 이석영, 최동석, 강용구, 김성애, 최인철, 양빈나, 정소라等			
能率出版社	양현권, 이창수, 김기택, 최정윤, 고아영等			

YBM出版社	박준언, 김명희, 김수연, 박병률, 양소영, 최희진等		
YBM出版社	송미정, 권진아, 모윤숙, 신정아, 이수하, 유현주, 정지윤等		
金星出版社	최인철, 박태자, 서원화, 홍우정, 강유나, 송다겸, 김지윤, 이정하, Jenie Pak等		
知识社	민찬규, 김윤규, 정현성, 이상기, 최진희, 박세란, 염지선, Walter Foreman等		
多乐园	강용순, 김해동, George Whitehead, 권혜연, 구나현, 한경, 홍기만等		

据悉，韩国教育部目前没有公布关于韩国初中英语教材使用分布情况的官方统计数据。Kim、Lee（2021: 15）参考了韩国统编和推荐教材协会（Korea Authorized and Approved Textbook Association）的公开数据和教材出版从业人士的意见后指出，韩国公立学校较多采用了"天才出版社（정사열 主编）、天才出版社（이재영主编）、东亚出版社（이병민主编）、东亚出版社（윤정미主编）、未来出版社（최연희主编）、非常出版社（김진완主编）、能率出版社（김성곤主编）"等7套初中英语教材。此外，"非常出版社（김진완主编）、能率出版社（김성곤主编）、东亚出版社（이병민主编）、未来出版社（최연희主编）、天才出版社（이재영主编）"等5套教材可通过个人渠道、相对较容易地购入（Park等2020: 108）。其中，能率出版社（김성곤主编）初中英语教材是基于2015年韩国课程改革成果推出的新版（2018版）教材，由韩国主流教材出版社出版，适用范围较广，具有一定的代表性（高嘉琳2020）。

3. Middle School English(能率出版社김성곤主编)教材评析

3.1 编写理念

Middle School English（能率出版社김성곤主编）是韩国2015年基础教育课程改革后依据新课标编写的教材之一。韩国2015年修订版课标指出，初中英语课程总括性目标为"掌握关于一般主题的英语理解和表达能力，培养基础的沟通能力"，具体

包括 "(1) 保持对英语的兴趣、学习动力和自信；(2) 对于日常生活中熟悉的一般性话题，可以用英语进行基本的对话交流；(3) 了解外国的文化和信息，并能用英语简单介绍韩国文化"(KMOE 2015: 5)。韩国 2015 年修订版课标还提出"语言材料应考虑学生的兴趣、需求、认知水平等因素，应提供能激发学习动力的内容，以及有益于培养创新性、逻辑性、批判性思考的内容"（廖晓丹 2020b: 117）。本套教材基本落实了韩国 2015 年修订版课标提出的课程性质、课程目标、课程内容体系及成就标准、教学评建议。

据教材出版单位介绍，本套教材在选材方面坚持真实性、趣味性，在编写中注重对课文文本以及词汇、句法和语法的处理，提供了丰富的跨学科多模态资源，鼓励实施多元评价。本套教材还充分考虑了韩国英语学习者的特点，力求满足本土化教学需求。此外，随着韩国教育信息化迈入 SMART 阶段，根据韩国教育部的要求，本套教材的数字版本已于 2019 年 3 月正式登陆韩国国家数字教材平台端，经测试已能较好地实现教材功能和平台功能。

3.2 框架结构及布局

Middle School English（能率出版社김성곤主编）教材共分为 3 册，对应韩国初中 1-3 年级。在框架结构方面，每册由封面、前页、目录、主体内容和附录等部分构成。前页包含了版权页、内封页、前言、教材结构与特点介绍。具体来说，封面和内封页含有教材名、审定信息、编者、出版社等信息。版权页提供了版权申明、数字教材咨询联系方式等。前言主要介绍了教材特色及预期目标。教材结构与特点介绍提供了教材的单元板块结构、板块特色、学习路线图等信息。此外，本套教材设置了两种目录，即常规目录和表格目录。常规目录提供了单元名及页码信息，可帮助快速定位；表格目录提供了单元板块的内容要点，为师生提供了课程知识缩略图。最后，教材附录部分包含听力文本、参考答案、参考资料版权来源和活动材料。在结构布局方面，数字教材内容布局与纸质教材基本保持一致，功能布局主要通过韩国教育研究信息院开发的统一数字教材平台实现。

3.3　分册主题

本套教材共有 24 个单元，包括 21 个常规单元和 3 个特色单元。每册的最后一个单元为特色单元，即项目单元（Project）。各册单元分布情况如下：

表 4　Middle School English（能率出版社김성곤主编）教材单元分布图

册数	单元	主题
第 1 册	Lesson 1	Welcome to My World
	Lesson 2	Discover Your Culture
	Lesson 3	Spend Smart, Save Smart
	Lesson 4	The Power of Ideas
	Lesson 5	Follow Your Dreams
	Lesson 6	The Joy of Art
	Lesson 7	Time for Stories
	Lesson 8 *	The Best Way to Win
第 2 册	Lesson 1	Express Yourself
	Lesson 2	Eat Right, Be Happy!
	Lesson 3	Understand the World
	Lesson 4	Go Green Together
	Lesson 5	Give a Helping Hand
	Lesson 6	The Best Trip of Your Life
	Lesson 7	On My Way to the Future
	Lesson 8 *	Who Is Happy?
第 3 册	Lesson 1	A Life Full of Experiences
	Lesson 2	Take Care of Yourself
	Lesson 3	Always Aware, Always Prepared
	Lesson 4	My Roles in Society

Lesson 5	Environmental Innovations
Lesson 6	Take Part in the Economy
Lesson 7	Future Changes through Technology
Lesson 8 *	Which Is the Best Way?

* 每册的 Lesson 8 为特色单元，即项目单元

3.4 单元板块

在单元结构方面，本套教材采用独立单元结构。常规单元、特色单元相互独立，自成一体。在板块设置方面，每个常规单元及特色单元板块数量基本相同，板块设置落实了韩国 2015 年修订版课标中的目标要求。

常规单元的固定板块包括单元大问题及主题（Big Question & Topics）、语言知识点（Study Points）、单元导入（Before You Start）、听说板块 1（Listen & Talk 1）、听说板块 2（Listen & Talk 2）、对话交流（Let's Communicate）、小组展示（Presentation Time）、读前准备（Before You Read）、阅读理解（Read On）、读后探究（After You Read）、语言聚焦（Language Focus）、思辨写作（Think & Write）、文化链接（Culture Link）、项目链接（Project Link）、DIY测试（Do It Yourself）、学习日记（Learning Diary）等，灵活板块有发音小贴士（Sound Tip）、口语小贴士（Speaking Tip）、展示技巧（Presentation Skill）、自我评价/小组评价（Self-Check / Group-Check）。此外，单元内还有通过梳理形成信息组织图（Get the BIG Picture）、建立联系（Make Connections）等活动形成的隐性的思辨板块。相较前两册，第三册教材减少了对话交流（Let's Communicate）板块。

特色单元是本套教材基于韩国 2015 年修订版课标对人才培养的具体要求编写的拓展性学习内容，主要板块有单元导入（Before You Start）、读前准备（Before You Read）、阅读理解（Read On）、读后探究（After You Read）、项目活动 1（Project Work 1）、项目活动

2(Project Work 2)、项目活动3(Project Work 3)、学习日记 (Learning Diary)。

表5 *Middle School English* 教材板块内容

板块名称	板块内容
单元大问题及主题	整合本单元的听、说、读、写、文化等教学内容，引导学生聚焦单元主题相关的核心问题展开思考、寻找答案。
语言知识点	明确本单元重点学习的语言功能和形式。
单元导入	设置单元情境，通过多模态的形式导入单元学习任务。
听说板块	根据不同子主题开展涉及听力和口语技能的个人或结对活动，培养学生的日常交流能力。
发音小贴士	提供拼读、连音、语调等知识。
口语小贴士	提供地道的口语表达技巧。
对话交流	通过小组游戏，以有趣、自然的方式锻炼日常沟通技巧。
小组展示	鼓励学生按步骤开展与单元主题相关的调查，形成结论后做公开发表，培养口语表达和展示能力。
展示技巧	提供一些做公开发表、展示演讲的技巧，为学生进行课堂展示扫平一些障碍。
自我评价/小组评价	通过一些基于活动语境的具体问题，帮助学生对学习内容进行中间检查，通过自我反思来调整学习计划，助力多元评价的实施。
读前准备	集中处理主课文中的主要词汇表达以及与课文主题相关的内容，为后续开展阅读活动做准备。
阅读理解	提供真实有趣的信件、日记、漫画、报纸等多种语篇类型和结构的阅读文本，延续导入部分的情节推进，通过设问引导学生解读文本，锻炼学生阅读技能的同时培养其思维能力。

读后探究	通过功能整合的结构化活动来巩固学生对主课文的理解。值得一提的是，隐身内嵌在此的思辨板块通过帮助学生分析形成信息组织图，再将学习内容扩展到其他相关主题的活动，既加深了对主课文的理解，又培养了学生的创新融合思维能力。
语言聚焦	以漫画的形式引入关于语言形式的学习，通过字体加粗凸显语法知识点，引导学生比较思考，并提供练习供学生操练。为了使学生实现用英语在现实生活中正常交流，该板块设置了"日常用语"环节，提供常用的词汇表达，为学生创设真实的生活场景来操练语法知识。
思辨写作	引导学生基于单元主题尝试不同语篇类型和语篇结构的写作。一般来说，该板块将写作任务拆解为罗列想法和观点、形成句子、进行创意写作等，写作步骤环环相扣，清晰明了，可培养学生用语言表达认知的能力。
文化链接	为学生提供了丰富有趣的多模态资源来了解世界不同国家的文化特征。
项目链接	体现了韩国2015年课程改革关于人才培养的新要求。该板块是多技能融合的综合板块，串起了单元学习内容，通过以小组为单位开展项目学习和探究学习解决实际问题，培养学生的语言能力、创造力和解决问题的能力。
DIY测试	提供了基于单元学习内容的测试题，帮助学生在单元学习后进行自我检测。
学习日记	与"单元大问题及主题"呼应，通过再次梳理单元子主题，帮助学生回顾学习内容，并在此基础上回答核心问题。此外，学生可以通过自测打分，评估各板块学习目标的达成程度。

项目活动	为特色单元的主要板块，由在阅读活动基础上开展的、具有可操作性的综合性实践活动构成，形式多样，锻炼学生自主学习、合作学习、探究学习的能力。

以本套教材第 2 册 Lesson2 为例：

本单元主题为"Eat Right, Be Happy!"。如图 1 所示，单元主题图呈现了各国食物，通过视觉形式展示了单元主题，传递了部分信息、意义和情感态度。"单元大问题及主题"板块位于页面右中，整合了本单元的听、说、读、写、文化等教学内容的子主题，包括饮食习惯、点餐、世界各国的学校午餐、我最喜欢的餐厅、特别日子的特别食物等，引导学生聚焦本单元核心问题，即如何正确饮食。值得关注的是，韩国 2015 年课程改革提出了跨学科融合的理念，本套教材在涉及跨学科的子主题的左上方或右上方用徽章的形式做了标注。比如：阅读理解–子主题 3–世界各国的学校午餐与社会研究相关课程关联。此外，通过点击子主题右下方的学位帽徽章按钮即可看到板块对应的学习目标，这为随时掌握整个单元的教学方向提供了便利。页面左下角罗列了本单元"语言知识点"，页面右下角为"单元导入"活动，这样的编写形式充分考虑了学生的使用体验。"语言知识点"简单明了地呈现了本单元语言形式、语言功能方面的学习要点，"单元导入"通过引导学生进行关于健康饮食习惯的开放式讨论，激活学生语言和背景知识，有效创设单元主题语境，引入单元话题，构建相关的话题词汇语义网，为后续的单元活动奠定语言基础。这两个板块做到了以学生为中心，指令语均使用了学生的母语并辅以示例帮助理解，旨在充分调动学生的积极性，引发学生对单元主题的思考。

图1 *Middle School English*（能率出版
社김성곤主编）教材第 2 册 Lesson2 部分示例一

　　"听说板块 1"对应的子主题是饮食习惯，该板块属于跨学科
融合板块，学习目标是：（1）听懂对话中的忠告内容；（2）根据对
方的情况给出忠告。板块内学习活动也做到了对学习目标的落实。
该板块热身环节的学习活动有：根据自身情况勾选关于饮食习惯的
描述；根据听力对话中的忠告内容选择合适的文本。听力选择部分
主要是根据听力对话中的忠告内容选择符合的图片。听说部分主要
是：听录音并根据购物清单填空；听第二遍录音补全对话并练习。
口语表达环节的学习活动是与同伴进行角色扮演，并根据情况给出
忠告。"听说板块 2"对应的子主题是点餐，学习目标是：（1）听
懂听力对话中询问推荐意见的内容；（2）根据情况，给出有推荐内
容的回答。该板块相关学习活动与"听说板块 1"几乎一致，遵循
了语言习得的规律。

　　"对话交流"板块通过一个 4 人拼图游戏，练习对话中给忠告
和进行推荐的技巧。板块内学习活动的指令语采用了学生的母语，

实施步骤明晰，具体有：(1)4人分成两队，队伍代表之间进行石头剪刀布，获胜的队伍将获得一块"紫色烦恼"拼图，需要依次找到适配的"绿色忠告"拼图和"蓝色推荐"拼图，并将他们拼接起来；(2)根据步骤1里拼图的文本内容，用本单元的语法知识点来组织对话；(3)正确完成对话的队伍将赢得拼图，收集最多拼图碎片的队伍将获胜。游戏之后设置了基于"听说板块1"和"听说板块2"的学习目标的自评板块，学生可以通过游戏表现为自己打分，检查课程中学习情况。

"小组展示"板块引导学生进行结对活动，按步骤根据自身饮食习惯制作"食物金字塔"，具体步骤包括(1)和同伴讨论并写下过去3天吃过的食物；(2)将步骤1中的食物按照图示食物金字塔分类并填入表格，比较和同伴饮食习惯的异同；(3)根据步骤2中的表格制作海报，并向同学们展示我和同伴的饮食习惯。该板块通过多模态的形式给足学生支架，在完成真实任务的过程中锻炼了学生的创新融合思维能力、口语表达和展示能力。

"读前准备""阅读理解""读后探究"板块环环相扣，引领学生深度挖掘单元主课文，实现本单元阅读学习目标，即(1)阅读课文，了解各国学校供餐的特点；(2)能将课文内容与实际生活联系起来思考。在"读前准备"环节，学生需要找出与图片相关的文本并猜测划线单词的含义；猜测图中各国学校午餐食物；扫读主课文并根据课文情况在图中标记各国学校午餐对应的食物。通过上述活动，可以充分激发学生的思维，初步处理部分词汇，使学生熟悉课文内容，从而有较好的阅读体验。接下来，"阅读理解"板块主要呈现了主课文（以第一人称视角介绍世界各国的学校午餐，非连续性文本，全文共有270余词），配有8幅情节相关的插图，帮助学生掌握主要事实、观点，了解文化背景和文化内涵。相关学习活动主要是处理词汇、语法和语篇的关系，比如：基于对课文的理解选词、回答问题，还有结合生活实际开放性地评价课文内容，这些活动有助于学生基于文本、深入文本、超越文本，把握主旨、理解细节、联系实际，提升理解性语言技能，将语言、文化、思维融为一体。除了阅读理解活动，该板块还加入了词汇的补充和深化练习，为分级教学提供了保障。"读后探究"板块基于课文和音频文本等语言输入材料，通过功能整合的结构化活动，实现了多模态语言输入、多技能语言输出，并形成思维成果。具体学习活动有：听录音基于课文内容判断正误（听力、阅读）；找出并修改下列对话与课文内容不一致的部分（阅读、写作）；根据课文补全信息组织图（阅读、写作）；结合生活实际为海报附图并配文（写作）。至此，3个板块通过隐藏的思辨主线的串联，整合单元多模态语篇内容，通过梳理信息、运用思维策略、联系实际表达个人见解的方法，助力落实深度学习，帮助学生提升语言和思维能力。

"语言聚焦"板块的学习目标是学会使用主格关系代词和频率副词。本教材采用了贴合学生品味的趣味漫画，融入了韩国传统文化元素，巧妙地呈现了抽象的语法知识，降低了认知难度，便于学生理解"which"和"who"用法的差别，以及"never""always""sometimes"对应的频度差异。值得一提的是，除了巩固操练语法知识的常规练习外，该板块还创立了真实语境，在"日常用语"环节提供常用的词汇表达，通过写作和口语输出活动，模拟生活场景中语法知识的使用。

本单元"思辨写作"板块的学习目标是：（1）评价自己最喜欢的餐厅；（2）写一篇关于自己最喜欢的餐厅的探店点评。具体来说，该板块创立了真实的生活语境，通过确立明确的写作目标、拆解合适的执行步骤、设置清晰的自评反馈等系列机制，保障了目标的落地。学习活动包括：（1）参照示例描述最近去过的最喜欢的餐厅（确立观点）；（2）根据该餐厅情况，回答探店点评表里的问题（搜集信息）；（3）基于上一步中的点评要点，仿照示例完成句子，进行创意写作（模仿输出）；（4）完成了上述学习活动后，学生可根据自评板块的3个具体问题进行自我评价以及修订（自我评价）。详细的步骤化指导将语言知识、思维策略、学习能力等融为一体，帮助学生顺利完成任务。

"文化链接"板块的学习目标是：（1）了解各国纪念日吃的食物；（2）起草一份可以在班级活动日中做的料理的食谱。该板块涉及了英语课程和实用艺术（科技/家政）课程的融合，属于跨学科融合板块。通过多模态形式的输入，板块内学习活动使学生了解世界各国的饮食文化特色，增长文化知识、促进文化理解、拓宽文化视野，培养学生对不同国家和地区的文化的理解能力和包容态度。在此基础上，"项目链接"板块拓展了主题语境，增加了内容和语言输入，以项目为主线、学生为主体，设计班级活动日菜品选择、食谱信息收集和处理、实际操作、小组评价的全过程，突出了项目探究过程的综合性、跨学科性、实践性和目标指向的多重性，培养学生自主学习、合作学习、探究学习的能力。

如图2所示，为便于学生巩固本单元已学知识，"DIY测试"板块提供了针对单一和融合技能的测试题，包括：听录音为两个学生选择正确的食物；阅读文本选出与新加坡无关的选项；使用合适的词汇表达和主格关系代词看图写话。整体而言，该板块的试题较贴近单元学习内容。为了满足不同水平学生的需求，该板块通过功能按钮附上了补充单元评价和深化单元评价试题。

最后，"学习日记"板块回归"单元大问题及主题"，通过填空练习对单元主要板块学习内容进行梳理，最终落脚到单元核心问题的回答上，突出了单元主题和不同维度的子主题之间的关联，以及单元大问题的主导地位。除了引导学生记录最感兴趣的子主题以及感受外，该板块在单元学习结束之际再次带领学生回顾主要板块的学习、进行板块分项评估。数字教材平台端在针对每个板块的评估问题旁添加了功能按钮，点击后可直接链接到对应板块回顾学习。这样的形式一方面可以记录学生的进步与成长，另一方面可以培养学生在学习过程中开展检查、反思、计划与改进的良好学习习惯，最终提升学生的自主学习能力。

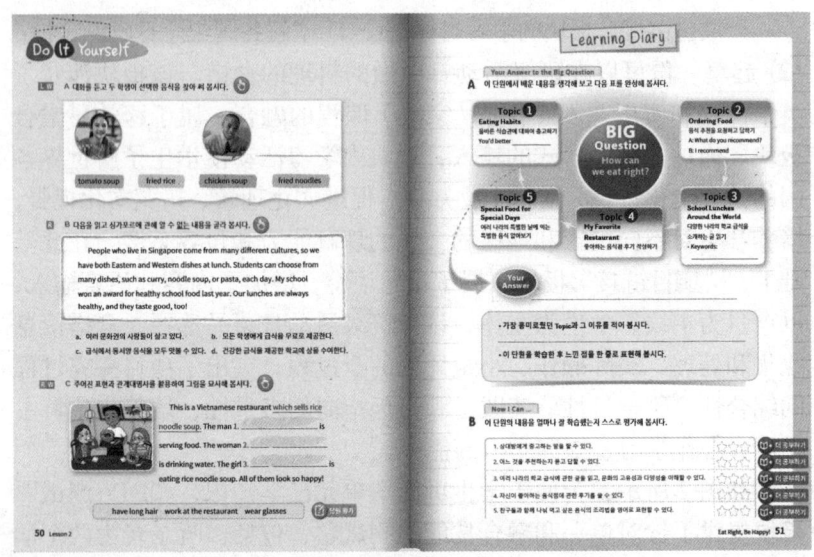

图 2 Middle School English(能率出版
社김성곤主编) 教材第 2 册 Lesson2 部分示例二

4. 结论和启示

中、韩地处东亚，均属于典型的单语种、非英语国家，两国英语教育的社会功能和政策特征具有较大的相似性（Kachru 等，2006）。因此，深入分析韩国英语教育政策、教材特色，对推进我国基础英语教育改革具有启发意义。

Middle School English(能率出版社김성곤主编) 教材在出版社官网列出了五条该教材的特色，值得在我国 EFL 教材编写过程中借鉴：

- 详细说明了教材中出现的主要词汇及表达；
- 收录了教材活动的答案示例，有助于备课和复习；
- 总结了单元核心语法，并附上了分级附加练习；
- 鼓励单元评价，叙述评价，期中 / 期末考试，过程性评价等并存的多元评价；
- 提供与语言学习内容相关、有用、有趣的背景知识和阅读内容。

除此之外，笔者认为该套教材注重语言材料的多样性、真实性、文化性、跨学科性，促成了多模态文本的互融、互现、互动，实现了教材编者、教材和教材使用者的良好沟通（Weninger 2021）；其次，该套教材以学生为中心，注重提升语言知识技能的同时，润物细无声地培养创新融合的思维能力，以及对世界文化的理解力和包容力；再次，该套教材以单元大问题引路、单元主题铺路，串起了固定板块和灵活板块，并内嵌思辨板块，有机渗透了最新的语言教学理论，符合 EFL 教材编写趋势；最后，该套教材的纸数融合出版已相对较成熟，数字教材在纸质教材的基础上添加了多媒体资源、学习资源，提供了更多的交互功能，为教学、学习、测评提供了极大的便利。

参考文献

［1］CHANG B-M. Korea's English Education Policy Innovations to Lead the Nation into The Globalized World [J/OL]. Pan-Pacific Association of Applied Linguistic, 2009, 13(1): 83–97. https://eric.ed.gov/?id=EJ921027.

［2］GIM C. A Critical Review of Textbook Authorization System in the Republic of Korea [C] //Caught in the web or lost in the textbook?, 2006.

［3］JEON J, 2019. *Language Education Policies in South Korea* [M]. KIRKPATRICK A, LIDDICOAT A J, 编 //The Routledge International Handbook of Language Education Policy in Asia. 1 版 . New York: The Routledge International Handbook of Language Education Policy in Asia: 111–123.

［4］JEON J, LEE H, 2017. Secondary teachers' perception on english education policies in Korea [J]. *Journal of Asia TEFL*, 14(1): 47–63. DOI:10.18823/asiatefl.2017.14.1.4.47.

［5］KACHRU Y, NELSON C L. *World Englishes in Asian Contexts* [M]. Hong Kong University Press, 2006.

［6］KIM G-J. *Education Policies and Reform in South Korea* [M]. BANK T W, 编 //Secondary Education in Africa: Strategies for Renewal, 2002.

［7］KIM S, LEE H. Asserting Koreanness in South Korean middle school English textbooks [J]. *World Englishes*, 2021, 1–18.

［8］KMOE, 2015. 교육부 고시 제 2015-74 호 [별책 14] 영어과 [Z] (2015).

[9] KMOE, 2020. 교육부 고시 제 2015-74 호 [별책 1] (교육부 고시 제 2020-248 호 일부개정 포함) 초·중등학교 교육과정 총론 [Z] (2020).

[10] KWAK B-S. Comparison of Korean and Namibia School Curriculum with Focus on Textbook Provision [C]//Caught in the web or lost in the textbook?, 2006.

[11] PARK S-G, KIM H-D, 2020. A comparative analysis of speaking tasks in digital and paper textbooks for middle school English [J]. *Secondary English Education*, 13(4): 101–120. DOI:10.20487/kasee.13.4.2020.11.10.

[12] WENINGER C. Multimodality in critical language textbook analysis [J]. *Language, Culture and Curriculum*, 2021, 34(2): 133–146.

[13] 亚洲发展银行，2018. 亚洲教材政策 [M].

[14] 刘忠波. 韩国中小学数字教科书的政策推进、开发出版及问题对策 [J].: 108–113. DOI:10.13363/j.publishingjournal.2020.03.017.

[15] 刘雪. 韩国教育管理体制现状概览 [J]. 世界教育信息，2006, (7): 14–16.

[16] 吕君，韩大东. "核心素养"理念下的韩国新一轮基础教育课程改革述评 [J]. 基础教育，2019, 16(1): 93–100. DOI:10.3969/j.issn.1005-2232.2019.01.011.

[17] 吴砥，尉小荣，朱莎. 韩国教育信息基础设施建设经验的启示 [J]. 现代远程教育研究，2014, (5): 86–94. DOI:10.3969/j.issn.1009-5195.2014.05.010.

[18] 和学新. 课程改革：新世纪的国际视野 [M]. 北京：中国社会科学出版社，2018.

[19] 夏璐. 韩国英语教育变革对我国英语教育模式的启示 [J]. 教学与管理，2014, (3): 116–120.

[20] 姜英敏. 韩国 "核心素养" 体系的价值选择 [J]. 比较教育研究，2016, (12): 61–72.

[21] 尹悦，金基石. 光复后韩国的语言生态及语言政策 [J]. 东疆学刊，2019, 36(2): 81–85. DOI:10.19410/j.cnki.cn22-5016/c.2019.02.014.

[22] 廖晓丹. 韩国中小学数字教科书的开发应用及对我国的启示 [J]. 全球教育展望，2020, 49(7): 119–128.

[23] 廖晓丹. 课程一致性视角下中韩初中英语数字教材编制比较研究 [D]. 上海外国语大学，2020.

[24] 张嘉育，文贞喜. 韩国中小学教科书制度探析 [J]. 教科书研究，2014, 7(3): 33–65.

中学英语教材区域国别研究报告

[25] 徐丽芳，邹青. 国外中小学数字教材发展与研究综述 [J]. 出版科学，2020，28(5): 31–43. DOI:10.13363/j.publishingjournal.2020.05.005.

[26] 杨勇. 韩国教育研究信息院概览 [J]. 世界教育信息，2012, (9A): 50–51.

[27] 沈骑. 论全球化下韩国英语战略发展与变革 [J]. 当代韩国，2011, (1): 53–63.

[28] 牟宜武，崔吉林. 全球化时代背景下的韩国当代英语教育改革行动——以交际为导向 [J]. 外语教学理论与实践，2018, (1): 90–98.

[29] 王涛，朴宣运. 韩国 2015 课程方案及其对中国课程改革的启示 [J]. 全球教育展望，2018, 47(11): 3–13.

[30] 白倩，沈书生. 韩国中小学"数字教科书计划"及其对我国的启示 [J]. 外国中小学教育，2019, (9): 64–71.

[31] 索丰，孙启林. 韩国基础教育 [M]. 上海：同济大学出版社，2015.

[32] 邹为诚. 六国基础教育英语课程比较研究 [J]. 外语教学与研究，2015, 47(3): 437–446.

[33] 金敗局. 韩国中小学正式使用电子教材 [J]. 世界教育信息，2018, (7): 78.

[34] 金红莲. 韩国基础教育学制改革研究 [J]. 当代教育科学，2016, (16): 24–28.

[35] 高嘉琳. 英语课程中的本土文化 [J]. 基础教育外语教学研究，2020, (12): 53–59.

日本初中英语教材研究报告

上海外国语大学 邵思源

　　日本作为中国的邻国，在英语教育上与我国有不少相通之处。国内已有不少学者（李雯雯，刘海涛 2011；李立柱 2012）对日本英语教育的改革动向，历史变革等方面进行了相关研究，但是针对日本英语教材的研究还比较缺乏。教材在英语教学中的重要性不言而喻，对以英语为外语的国家作用则更大。在中学阶段，教科书不仅对教师的教学方法会产生重要的指导作用，对于学生学习的效果和英语课堂教学的影响则更大。所以，"了解、跟踪、借鉴国外的经验和理论、模式和方法对编写外语教材是必不可少的"（庄智象2002: 51）。日本是非英语国家，有众多的以英语为外语的学习者，语言环境和学习环境与我国极为相似，本文将选择日本目前具有代表性的英语教材展开研究，从教材的主要内容、目标描述、语言点、编写理念等几个方面展开论述。

1. 背景介绍

　　日本文部科学省（下称文部省）从1980年开始，把英语教育的核心从语法和词汇转向交际能力的培养。1989年修订的《要领》中，首次提出了"交际"和"跨文化理解"两个词语，并提出"在培养学生用英语表达的基本技能的基础上，提高学生使用英语进行交际的积极性，提升学生对语言和文化的兴趣，培养学生跨文化理解的素养"的外语教育改革目标。至此日本的英语教育逐步开始脱离传统的翻译教学法，并把《要领》中的关于语法的要求由13项削减为11项。在2000年，日本首相委员会"21世纪的目标"这一报告中，再次强调"英语是一项全球能力"（Yamada 2010: 493），日本的英语教育要"注重跨文化理解和交流，强调语言是跨文化相互理解、共存共生的重要手段。教育开始注重培养学生的感性和悟性。"（吴晓威，陈旭远 2014: 87）

在这一背景下，"文部省于2003年正式开始实施提升日本国民整体英语水平的项目，发布了一个比较重要的文件《培养能使用英语的日本人的战略构想》。同年，日本政府开始实施'超级英语'（Super-English）项目，要求各阶段的教育不仅要把英语作为学校的选修课，还把英语作为授课语言来进行其他学科的浸入式教学项目（Immersion Program）"（转引自蔡基刚 2017:303）。十年后，日本文部省进一步发布了《为应对全球化的英语教育改革实施计划》（简称实施计划），本计划以 2020年东京奥运会为指向，提出初中英语课堂要使用英语教学，加入模块学习，培养学生理解日常话题、进行简单的信息交换及表达的能力，并揭示了新的英语教育人才培养目标及具体的开展方法。这些措施包括增加英语教师的研修机会，提高研修质量等，也对教材进行了开发和不断地完善，如为教师研修提供影像教材，开发模块教学需要的信息、通信、技术（Information Communications Technology简称ICT）教材等。

2. 日本中学英语教育改革发展现状

据经济合作与发展组织（Organization for Economic Cooperation and Development 简称 OECD）调查，21 世纪初期，日本的平均托福成绩排名靠后。2007 年，在 28 个被调查经济体中，日本位列最后一名，与其他国家相比，日本人的整体英文水平较差，日本中学生的英语成绩达标率也普遍较低。根据日本文部省的统计数据，21世纪初期，初、高中毕业生中仅有不到三成学生的英语水平能达到合格标准（转引自徐静 2015:15）。

鉴于此，日本政府决定，对英语教育进行自上而下的深入改革，提高日本年轻一代在 21 世纪的竞争力，其中对学校的英语教育尤为重视，并给予了大量的支持。在学校层面，主要通过"改善英语教学，提高英语教师素质，改善聘用制度，充实英语师资力量，激发学生学习英语动机"这几个方面来提高英语教学的质量（大桥春美 2010: 21）。针对初中阶段的英语教学，提出培养交际能力的教学目标，并要求初中英语教育采用小班教学和分组教学，重点培养学生的交流能力。在师资方面，提出"使绝大部分英语教师具备利用英语活动培养交流能力所必需的英语能力和教学能力"的目标，积极推进所有英语教师的集中研修，加强师资培训；促进本社区精通英语人士的录用；要求初中英语教学每周提供一次以上的外教课，任课教师由母语为英语的人担任；改革外籍教师的聘用制度等（大桥春美 2010:21）。

另外，为了增强日本中学生的英语学习动机，给学生创造真实交际机会的语言学习环境，并加强对英语国家语言与文化的体验和了解。"文部省决定把中学生海外留学制度化，中学生去海外留学，每年认定为 30 个学分，回到日本后可用于升级或毕业"（牟宜武 2016:55）。

学校层面的各项具体措施对日本的英语教学起到了很大的促进作用，从中可以看出日本正在逐步改变过去偏重语法翻译法，摒弃填鸭式教学法，提倡交际法教学，增强听说能力。日本政府高度重视英语教育，从上至下实行小、中、高、大学英语教学"一条龙"（日语叫作"具有一贯性"）的教育体系。

3. 教材概述

根据日本本土学者的调查，47.7% 的日本公立中学使用《新视野》2008 版教材，该教材的出版商为东京书籍株式会社，是日本本土比较老牌的日本教科书出版商之一，曾出版过大量的教科书和教育软件。在日本，该教材的使用率几乎是其他教材的双倍（Yamada 2008: 497）。《新视野》教材一般 3-5 年修订出版一次。因此，本文选择《新视野》(2017 版）为日本初中阶段具有代表性的外语教材。

3.1 教材主要内容

《新视野》教材的主要内容由单元（Unit）、每日场景（Daily Scene）和展示（Presentation）三部分构成（见表1、表2和表3）。正文部分包括对话或短文，从整体上构成了具有完整故事情节的教学内容。除此以外，正文部分还包括基本句型和训练听、说、读、写四项语言技能基本练习。每日场景（Daily Scene）的主要内容是不同场景的日常生活交流，展示（Presentation）一般穿插在几个具有连贯性的单元主题之后，重在灵活运用在正文和每日场景中学到的发音、单词以及句式等基本知识，锻炼学生的自我表达能力。同时，该教材设计了阶段性的复习和测验，对于发音、词汇和语法的解释得当，有匹配的难度适中的练习。

另外，《新视野》在各单元之间还穿插设置了多个学习板块，包括"你好，英语"，"听力活动"，"学习方法角"，"让我们一起阅读吧"，"语法的归纳与练习"，"英语歌曲"等。"你好，英语"主要针对小学英语的复习和中学英语的导入；"听力活动"目的是加强听力技能的训练；"学习方法角"关注的是中学生在英语学习方面的策略和技巧；"让我们一起阅读吧"一般包含了篇幅稍长一点的读物，作为本单元的补充内容；"语法的归纳与练习"帮助学生提炼本单元的重要语法，并补充相应的语法练习。

表1 《新视野》七年级主要内容

单元	每日场景	展示
Unit 0 字母表 Unit 1 初次见面 Unit 2 在学校 Unit 3 我喜欢的事物 Unit 4 家庭聚会 Unit 5 学校的文化节 Unit 6 澳大利亚的哥哥 Unit 7 来自巴西的足球教练 Unit 8 英国的书	Daily Scene 1 询问身体状况 Daily Scene 2 电话会话 Daily Scene 3 贺卡 Daily Scene 4 网站 Daily Scene 5 指路 Daily Scene 6 稍微麻烦下	Presentation 1 自我介绍（基于unit 0至unit 4） Presentation 2 一天的生活（基于unit 5至unit 9） Presentation 3 充满美好回忆的活动（基于unit 10-unit 11）

	Unit 9 去华人街吧 Unit 10 憧憬的波士顿 Unit 11 充满美好回忆的一年	Daily Scene 7 明信片	

表 2 《新视野》八年级主要内容

单元	每日场景	展示
Unit 0 我的春假 Unit 1 姐妹学校的一位朋友 Unit 2 去英国的一场旅行 Unit 3 职业体验日 Unit 4 美国的住宿家庭 Unit 5 英语中的单口相声 Unit 6 通用设计 Unit 7 电影《海豚的故事》	Daily Scene 1 日记 Daily Scene 2 礼貌地请求 Daily Scene 3 邮件 Daily Scene 4 电话会话 Daily Scene 5 指路 Daily Scene 6 诗歌 Daily Scene 7 购物	Presentation 1 将来的梦想 （基于 unit 0 至 unit 3） Presentation 2 介绍城市 （基于 unit 4 至 unit 6） Presentation 3 喜欢的事情和东西（基于 unit 7）

表 3 《新视野》九年级主要内容

单元	每日场景	展示
Unit 0 世界上的国家 Unit 1 过去和现在的流行文化 Unit 2 地球的另一边 Unit 3 公平的贸易活动 Unit 4 致我们的后代 Unit 5 与机器人一起生活——赞同或反对 Unit 6 争取一个更美好的世界	Daily Scene 1 吃饭时的对话 Daily Scene 2 信 Daily Scene 3 邀请 Daily Scene 4 指路 Daily Scene 5 电话会话 Daily Scene 6 报告	Presentation 1介绍日本文化（基于unit 0至unit 1） Presentation 2修学旅行（基于unit 2至unit 3） Presentation 3中学生活（基于unit 4至unit 6）

3.2 教材的目标描述

　　《新视野》教材每册在介绍中均有清晰的目标描述（见表4），教材的内容编排与教材设定的目标吻合，在教学材料中能够明确体现出清晰的教学目标。根据本教材设定的目标，七年级学生能够用英语在日常情境中互相传达信息和想法，八年级学生能够用英语在各种各样的情境中互相传达信息和想法，九年级学生的学习目标即能够用英语在各种各样的情境中准确传达信息和想法。具体的学习目标如下表：

表4　教材总目标及子目标

新视野	教材总目标	单元	子目标
第一册（7年级）	能够用英语在日常情境中互相传达信息和想法	Unit 1	能够进行自我介绍 / 能够询问对方的状况。
		Unit 2	能够就近处、远处的事物进行说明、询问 / 能够将初次见面的两人互相介绍给对方。
		Unit 3	能够说自己喜欢的事物 / 能够询问对方喜欢的事物。
		Unit 4	能够数数、计数，并且询问数量 / 能够向对方提出想法和建议。
		Presentation	能够用三个以上的句子做自我介绍。
		Unit 5	能够就自己不知道的事物进行询问。 能够说事物的特性、状态等。
		Unit 6	能够说自己和对方以外的人或事物。 能够就自己和对方以外的人或事物进行询问。
		Unit 7	能够就不认识的人或事物进行询问。 能够询问时间等。
		Unit 8	能够就"在哪儿""是谁的东西"等进行提问。 能够就自己和对方以外的人或事物持续进行对话。
		Unit 9	能够就现在正在做的事情进行会话、询问。 能够阻止对方做某事、引起对方注意等。
		Presentation	能够用三个以上的句子以一天的生活为主题进行小演讲。

		Unit 10	能够就会不会做某事进行会话／能够问什么时候可以做某事。
		Unit 11	能够谈论过去发生的事。 能够询问过去发生的事。
		Presentation	能够用三个以上的句子以充满美好回忆的活动为主题进行小演讲。
第二册 （8年级）	能够用英语在各种各样的情境中互相传达信息和想法	Unit 1	能够说明自己或朋友与以前相比的不同之处。
		Unit 2	能够询问或传达休假或周末的安排。
		Unit 3	能够询问或传达自己想去的地方、想做的事情等。
		Presentation	能够用4句以上的英文发表自己的梦想。
		Unit 4	能够询问或传达规定。
		Unit 5	能够就身边的话题阐述自己的意见并给出理由。
		Unit 6	能够询问或传达有什么
		Presentation	能够用4句以上的英文介绍自己所住的城市。
		Unit 7	能够使用资料就某一话题进行比较说明。
		Presentation	能够用4句以上的英文发表自己喜欢的事情／东西。
第三册 （9年级）	能够用英语在各种各样的情境中准确传达信息和想法	Unit 1	能够从恰当的视角介绍某部作品。
		Presentation	能够用5句以上的英文发表关于日本文化的想法。
		Unit 2	听朋友介绍的人或动物，能够归纳总结听到的信息。
		Unit 3	就朋友的经历进行访谈，并能够发表访谈结果。
		Presentation	能够用5句以上的英文就自己的修学旅行发表想法。

		Unit 4	能够询问并传达关于自己或朋友的各种信息。
		Unit 5	能够在接受对方的意见并陈述自己的想法的基础上进行讨论。
		Unit 6	能够询问或传达关于熟人的详细信息。
		Presentation	能够用 5 句以上的英文就至今为止一直在努力的事情和接下来想做的事情发表想法。

从表四中可以看出，七、八、九这三个年级的教学总目标和子目标呈阶梯状，目标要求难度逐渐上升，总目标从日常情境的信息传达到不同语境下的信息交互，再进一步上升到准确地传达想法和信息，各级目标层层递进，环环相扣，使得中学阶段的学习目标成为一个一贯性体系，加强了学习目标之间的连贯性和承接性。其中，各级子目标表述清晰，使得总目标进一步具体化，通过"能够做"这样的目标描述进一步清晰了外语学习、教学和评价的各项指标。

3.3　语言点的循序渐进

从整体上看，该教材对所包含的语言结构进行了科学地组织、分级和排列，考虑了语法的复杂度，由浅入深，有一定的递进性和梯度。先教一般现在时，再教过去时和将来时；先教陈述句，问句，再讲授祈使句和存在句；先教 be 动词，再教实意动词，遵循语言的循序渐进性，前面的内容为后面的内容提供了一定的铺垫，部分语言点有一定的复现，使得学生接触语言的频率有所提高。

语言学习不能仅仅看作是一个叠加的学习过程，每一个单元的话题、语法结构、词汇等需要和已学内容和学习者的先验知识有一定的内在联系，这样学习者在通过前面阶段的学习后，能够结合先前所学表达自己的想法和观点。因此，语言点在不同语境下的不断重复能够帮助学习者更快地熟练掌握所学知识。

表5　语言知识概述

分册	语言知识
新视野 第一册（7年级）	I am ... / You are ..., Are you ...? / I am not ... This [That] is ... / Is this[that] ...? / He [She] is (not) ... I like [study, play] ... / Do you play ...? / I do not play ... Two lemons / How many rabbits ...? / Let's ... What is ...? / ... is delicious [good, difficult]. / What do you ...? Haruki lives .... / Does Haruki live ...? / Haruki does not talk .... Who is ...? / What time is it ...? / Which do you ...? Where is ...? / Whose book is ...? / Do you know him[her]? Kota is drinking .... / Are you taking ...? / What are you doing? / Don't ..., Be .... I can [cannot] ... / Can you ...? / When can you ...? I watched ... / I came ... / Did you ...?, I did not ....
新视野 第二册（8年级）	This pen was .... / Was this pen ...? / I was looking for ... / You look happy. I am going to visit .... / Are you going to visit ...? / Show me your passport. / People call it Big Ben. I greet customers to welcome .... / I want to be ... / I have many things to do. I have to speak ... / I do not have to speak .... / I will show .... / You must help ... / You must not eat .... If you are interested, ... / I think (that) .... / When you are busy, ... / ... because it was hot. There is .... / There are .... / Is there ...? / We enjoyed listening to Rakugo. / Playing soccer is fun. Larger than ..., the largest ... / more popular than ..., the most popular ... / my best ... / as fast as ...
新视野 第三册（9年级）	The painting is loved by ... / Was this picture painted by ...? / This idea makes me happy. I have lived ... / He has lived ... / (How long) have you known ...? / The Amazon has been important ... Have you ever heard ...? / I have just looked ... / Have you looked ... yet? I am surprised to hear .... I know how to protect .... / It is necessary for us to prepare .... / I want you to pass ....

| | The boy is playing the guitar. / The language used in Australia is ... / I know what you mean. |
| | This is a book I brought .... / Deepa is a student who likes .... / This is a movie that [which] makes .... / This is a book that [which] she wrote. |

4. 编写理念

4.1 采用主题教学模式

《新视野》教材采用的是主题教学模式，每一个单元都包含一个独立的主题，语言素材、语言活动以及相应的练习等均围绕同一个主题展开。主题内容的选择与中学生的生活息息相关，符合中学生的心理认知特点，如校园生活、家庭聚会、体育、旅行等，能够起到话题引领的作用，具有一定的拓展空间，并且话题从围绕自身生活逐步过渡至本国文化、世界文化和科技发展。此外，在选材上基本能够做到以学生为中心，满足该学段学生的需求，所涉及的话题基本都是该年龄段的学生比较感兴趣的话题。

采用主题教学模式的教材，其相关词汇、句型、语法等语言知识和技能均围绕该主题，不但有利于学生习得和主动运用这些词汇，而且帮助学生多角度、多层面强化所学的语言和文化知识，教学时可以围绕主题不断拓展和扩充，既方便了教学设计，又为学生的学习提供了丰富的资源。以《新视野》第一册的第一单元"初次见面"为例，本单元的学习目标主要是两个方面：第一，能做自我介绍；第二，能询问对方的相关情况。正文包含听、说、写三个板块，比如第一部分是进行自我介绍，学习基本句型 I am ...；第二部分是确认对方信息，同时介绍基本句型，You are ... / Are you ...? 第三部分则是询问出生地。学生通过这一单元的学习，可以基本达到完成自我介绍和与对话者简单交流的学习目标。

4.2 突出语言应用和实践能力

从整体上看，《新视野》更偏向于语言技能的学习，注重学生的语言应用能力，以语言结构为基础，通过新词操练、语法解释和听说交际练习来加强语言本身的学习。这些特色均体现在各项活动中，如语音训练、朗读训练、听说交际能力训练等。课堂教学提供大量的学生参与和展示的机会，密切配合单元主题，使得课堂活动丰富多彩，激发学生的学习动机和兴趣。由此可见，该教材特别注重语言应用能力和交际能力的培养。

以《新视野》第二册(8年级)第三单元为例，本单元主题为"职业体验"，将学生分成小组去各种不同的工作场所体验工作，采用探究式、发现式的学习方式，促使学生开阔视野，培养实践能力。听力、写作和情境对话也为学生提供创造性地运用语言的机会，如情境对话中Alex和Deepa互相分享在职业体验日的经历。此外，这一单元涉及不定式这一语言点，为了训练和巩固这一语法点，在听、说、写等语言技能的活动设计中也分别结合了该语言点。通过这些具体的语言实践活动以及学习策略的引导，逐步培养学生的倾听和交流技能。

4.3 注重跨文化内容

《新视野》教材以功能或情景为主线组织教材内容，同时在课文中融入文化信息。如何将文化这一宏大的概念与语言内容结合起来，该教材考虑到了中学生的年龄和认知特点，从对不同文化中中学生的学习方式和生活方式的对比分析这一角度让学生感受文化差异。以《新视野》第二册(8年级)第一单元"姐妹学校的一位朋友"为例，日本青少年和他的同学们与美国的姐妹学校学生利用网上的公告牌交换信息，要求来自不同学校的学生介绍自己学校的活动。课文中以一位美国学生的口吻介绍她所在的中学的学校活动，通过提问"日本也是一样吗？（Is it the same in Japan?）"引导学生思考美国和日本的中学生在校活动的异同。在课文后，又以专栏的形式详细介绍了美国的中学生活。这种落实到学校活动细节的文化教学方式，结合学生对不同文化中同龄人的兴趣，使得语言教学与跨文化态度和意识有机融合在一起。

教科书的文化体系及文化内容在总体上反映了国家意志和民族文化，在一定程度上能够帮助学生形成正确的文化观。纵观《新视野》三册教材，不少主题所选的生活场景大都设定在日本本土，以日本的家庭和访日的美国、澳大利亚等国的青少年的日常交流作为课文的主要内容。笔者发现，日常生活的相关内容居多，其次是本国的传统文化、风俗习惯、历史地理的相关介绍，比如书法、日本料理、单口相声等日本传统文化的相关内容在教材中反复出现。由此可见，《新视野》教材注重语言和文化的关系，传承日本主流文化，通过教科书呈现的文化价值取向加深学生对本族语言和文化的理解，开拓学生的多元视野。同时，对日本和目标语国家的文化进行比较，给学生呈现一个内容丰富、多元的文化世界，也能够帮助学生更好地了解国家文化，从而深刻地领会语言与文化的不可分割性，这也是该教材注重跨文化理解的体现之一。

4.4　充分考虑时代性和趣味性

在编写教材的过程中，教材选篇是否为学生所喜爱，是否能够激发学生学习的热情是衡量教材成功与否的重要标准之一。《新视野》教材选篇广泛，内容生动有趣，三册教材话题从易到难，形成坡度。话题的选择包括个人信息、日常生活、家庭生活、学校生活、节日活动、文化娱乐、旅游与交通、文学与艺术、语言与文化、科学与技术、计划与未来、热门话题、全球与环境等。话题分类比较全面，循序渐进，具有一定的科学性，扩展了学生的个人视野，提高了人文素养。

编者在选择题材时还考虑到了时代特点。主题的选择具有开放性，充分考虑到了英语的国际化及其背后的文化因素。教材取材不仅仅只关注欧美等发达国家，还包括巴西、澳大利亚等国家和地区。这种对世界文化的多角度呈现能够培养学生具有多元文化的视野和思维，势必会影响到学习者的文化观念的形成。

4.5　强调真实的交际场景

新视野教材大量选择对话型文体，模拟自然语言中的交际场景，力图创造一种真实的交际氛围，为学习者创造一个语言使用的语境，真切地体会词语和句子在各种语境中的含义。以《新视野》第二册第二单元"去英国的一场旅行"为例（图1），模拟出国旅游时出海关的真实场景，日常的语言既简单又真实，凸显各种场景中的交际氛围和参与交际的活生生的人物。在这样的课文中，学生通过生动的语言形式，获得真切的感受，使他们具备运用英语完成各种社会交往的语言储备，提高学生的交际能力，综合发展语言技能。

Officer:	Show me your passport, please.
Kota:	Sure. Here you are.
Officer:	What's the purpose of your visit?
Kota:	Sightseeing.
Officer:	How long are you going to stay?
Kota:	For five days.
Officer:	Where are you going to stay?
Kota:	At my sister's house in London.
Officer:	I see. Enjoy your stay.
Kota:	Thank you.

图1　教材中对话示例

5. 结语

日本初中英语教材《新视野》主要体现以下几个特点：以主题教学模式为依托，内容编排与教材目标一致；教学目标阶梯式层层递进；教材中的语言点循序渐进；模拟真实交际场景，突出语言应用和实践能力；注重跨文化态度及意识；选题广泛生动有趣。

然而，笔者同时也发现日本《新视野》教材尽管在内容上着重强调语言基础知识的教学和训练，帮助学生形成一定的文化意识和交际意识，但也存在以下几个问题：第一，语言输入内容相对比较简单；第二，对话较多，书面语较少，阅读量相对不足；第三，练习比较机械，不少句型和语言点的练习只提供替换练习。

本文仅仅对教材的内容进行了初步分析，为下一个提供阶段的研究提供相关信息，未来研究将对教材的使用主体和使用环境进行进一步的考察。

参考文献

［1］Yamada, M. English as a multicultural language: implications from a study of Japan's junior high schools' English language textbooks [J]. *Journal of Multilingual and Multicultural Development*, 2010, 31（5）.

［2］大桥春美. 日本中小学的英语教育现状及其启示 [J].《外国中小学教育》2010（1）.

［3］李雯雯，刘海涛. 近年来日本英语教育的发展及政策变革 [J].《外国语》2011（1）.

［4］笠岛准一，关典明等 New Horizon 1 English Course [M]. 日本：东京书籍株式会社，2017.

［5］笠岛准一，关典明等 New Horizon 2 English Course [M]. 日本：东京书籍株式会社，2017.

［6］笠岛准一，关典明等 New Horizon 3 English Course [M]. 日本：东京书籍株式会社，2017.

［7］蔡基刚. 日本科学家诺贝尔奖与专门用途英语教学：改革开放高校英语教育 40 年反思 [J]. 上海理工大学学报（社会科学版），2017（4）.

［8］龚亚夫. 英语教育新论：多元目标英语课程 [M]. 北京：高等教育出版社，2015

［9］牟宜武. 全球化时代背景下的日本外语教育战略 — 培养日本国民的英语交际能力 [J]. 外语教学理论与实践，2016（2）.

［10］徐静. 韩国、日本英语教育的历史、现状与改革 — 基于 OECD 语言能力调查的分析 [J]. 世界教育信息，2015（8）.

［11］吴晓威，陈旭远. 日本中学英语教科书的文化内容 [J]. 外国问题研究，2014（2）.

［12］庄智象. 构建具有中国特色的外语教材编写和评价体系 [J]. 外语界，2006（6）.

第三章　欧洲部分国家中学英语教材研究

芬兰中学英语教材研究报告

同济大学 王蓓蕾；上海理工大学 倪蓉

引言

近 100 多年来，芬兰的外语教育经历了多次改革。英语是大部分芬兰学生必修的外语课程之一，自 2000 年起，芬兰学生在 PISA 测试中的阅读成绩始终名列前茅，受到世界各国的高度认可。芬兰的英语教学有何特色？英语教材编写又有哪些特点？

本文在分析芬兰英语课改历程和最新课标的基础上，综合分析芬兰的两套初中英语教材，总结其内容、活动和特色，旨在为我国初中英语新教材编写提供启示。

1. 芬兰教育情况概述

1.1 芬兰基础教育体系

芬兰每隔十年左右就会有一次大规模的课程改革。根据 1998 年芬兰的《基础教育法案》，九年义务教育培养目标是培养学生自主学习的能力，教授儿童生活所需的基本知识和技能，使他们成长为有基本知识和技能、有道德、热爱生活、乐于探索的社会成员（满泽洪 2016: 96）。

芬兰的教育法案、课程标准和各级教育相关部门的关系如图 1 所示：

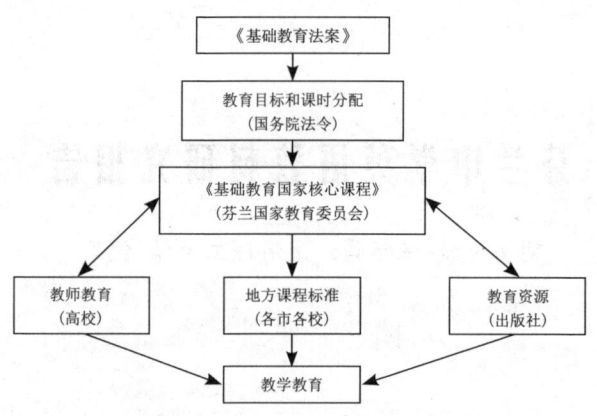

图 1 芬兰基础教育运行机制（束定芳，朱彦等 2018: 152)

1.2 芬兰基础教育英语课标

芬兰最新版的全国英语课程标准分为基础教育阶段的英语课标（1—9 年级）和普通高中教育阶段的英语课标（10—12 年级），分别属于《基础教育国家核心课程标准 2014》（下称《基础教育课标》）和《普通高中教育国家核心课程标准 2015》。

《基础教育课标》主要从宏观上体现国家对教育的指导，教育权力逐渐下移，"赋权增能"使学校和教师有充分的教育自由以及较强的责任意识，地方教育部门或学校拥有很大的教育教学自主权，地方、学校、教师可以在国家课标的基础上制定自己的课程。该课标指出，"语言是学习和思考的前提。语言是所有学校活动的一部分，每位教师都是语言教师。语言学习有助于提高思维能力，有助于学生形成并欣赏多语言多文化的身份认同。学生拓展词汇和语法结构的同时，也需提高交际和获取信息的技巧。语言学习可以寓教于乐，富于创新"（FNBE 2014: 593）。

芬兰的官方语言是芬兰语和瑞典语，英语可以作为A大纲（第一外语）或B大纲（第二外语）的语言来学习。A大纲语言可以从1—6任意年级开始开设，一般从三年级开始（但2020年开始，从小学一年级第二学期开始就开设第一外语）；B大纲语言则是在7—9年级开设，一般从7年级开始（FNBE 2014: 374）。3—6年级学生通常学习母语和至少两门外语课程，一门为核心的A1语言，另一门为B1语言或A2语言（FNBE 2014: 374）。根据2016年芬兰出台的国家最低周课时规定：A大纲语言在7—9年级每周7个课时；B大纲语言在7—9年级每周4个课时。1—2年级没有制定专门的英语课程目标；3—6年级和7—9年级两个学段的英语课程目标都包括三个维度："文化意识""语言学习技巧"以及"语言能力"（FNBE 2014: 370，594），即培养文化意识和语用意识；掌握语言学习的技巧策略；提升语言水平、交际技巧以及文本理解和产出等技巧，初步掌握各种话题的英语听说读写技能。1—2年级课程的核心内容包括：日常生活、当前的环境、家庭和学校，适合的歌曲、童谣和游戏，关于目标语言文化和语言区域的常见信息三方面。3—6年级课程核心内容包括：日常话题、真实生活情境中的功能、农村与城市生活、多元文化知识以及语法结构和交际策略等方面的内容。

2. 芬兰中学英语教材概述

根据芬兰统计局2019年的数据[①]，1—6年级的学生中有83%选择英语，而7—9年级几乎所有的学生（99.5%）选择英语。影响芬兰学校英语教学的两个主要文件为：《欧洲语言共同参考框架》和国家课标，以及基于这两个文件编写的教材（Kopperoinen 2011: 75）。

芬兰国家课标对教学材料的选择和使用给出了原则性的建议，强调教材要给学生提供丰富的学习资源和环境，强调了"在教学中给学生提供多样化的学习环境、交流渠道和工具"（FNBE 2014: 602）。教师拥有较大的自主权，他们可以根据自己所教班级的具体情况在国家教育委员会编制的教材中选择教材，也可以自由地选择使用不同出版社的出版物。

芬兰的英语教材出版社包括Otava、Sanoma Pro、WSOY、Finn

---

① https://www.stat.fi/til/ava/2019/02/ava_2019_02_2020-05-20_tie_001_en.html

Lectura，其中 Otava 出版了从学前班到高中的各类英语教材，例如，*Jump In*（学前班英语教材）、*High Five! Primary English*（小学英语教材），*Top*、*Scene*、*Smart Moves*（初中英语教材）以及 *Open Road*、*Culture Café*（2003—2008）、*Insights*（高中英语教材）；WSOY 出版了 *Profiles*、*English Update Highlights*（1999—2001）、*In Touch* 等，Finn Lectura 出版了 *Stepping Stones*、*Everyday English* 等成人英语学习教材；Sanoma Pro 是芬兰最大的教育出版社，出版了 *Spotlight*、*On the Go*、*KEY English*（初中英语教材），以及 *Steps into English*、*On Track* 等高中英语教材。

3. 芬兰初中英语典型教材评析

本研究选取Sanoma Pro出版社的*KEY English*和*Spotlight*两套初中英语教材进行分析（见表1），主要基于以下考量：(1)教材较新，体现了芬兰基础教育新课标的新理念；(2)两套教材是同一家出版社的系列教材；(3)两套教材都面向初中学生。下文将从编写理念、编写框架、主题语境与语篇类型、教材活动设计、语言技能、教材特色等方面对这两套教材进行详细的分析。

表 1 *KEY English* 和 *Spotlight* 教材基本信息

教材	*KEY English*	*Spotlight*
出版时间	2015	2018
作者	Paul Westlake Raija Kangaspunta Eero Lehtonen Jyrki Peuraniemi Arja Haavisto	Mika Haapala Raija Kangaspunta Eero Lehtonen Jyrki Peuraniemi Leena Semi Paul Westlake
册数	3 册： *KEY English 7*: courses 1–2 *KEY English 8*: courses 3–5 *KEY English 9*: courses 6–8	3 册： *Spotlight 7* (*S7*): faces and places *Spotlight 8* (*S8*): sights and sounds *Spotlight 9* (*S9*): fact and fiction

3.1 *KEY English* 教材分析

3.1.1 编写理念

教材 *KEY English* 前言部分标题为"欢迎使用 *KEY English*"（用芬兰语撰写），说明该套教材可以用于教学生的英语口语和写作，帮助他们有效使用英语。同时，教材提供有关英语国家的文化生活信息。教材前言页还对教材中的各板块做了一一介绍，并阐明各板块的设计意图，便于使用者理解和使用。

3.1.2 编写框架

3.1.2.1 整体框架

教材 *KEY English* 共三册。第一册包括两个课程模块，第二、三册包括三个课程模块。如表 2 所示，三册教材涵盖了人与自我、人与社会和人与自然等主题群，每册包括 2—3 个课程模块，共计 8 个课程模块。

表 2 *KEY English 7–9* 课程体系

册	课程模块与单元		
KEY English 7	Course 1 How do you do?		Course 2 Who are you?
	Unit 1 Here and now Unit 2 Pets and vets Unit 3 School is cool! Unit 4 Friends will be friends		Unit 5 You are what you do Unit 6 You are what you buy Unit 7 You are what you wear Unit 8 You are what you eat
KEY English 8	Course 3 Get up and go!	Course 4 USA today… and yesterday	Course 5 Between you and me
	Unit 9 Europeans Unit 10 Holidaymakers Unit 11 Travellers Unit 12 Globetrotters	Unit 13 The fall – some like it cool Unit 14 The Winter – some like it cold Unit 15 The Spring – some like it warm Unit 16 The summer – some like it hot	Unit 17 In your life Unit 18 In your eyes Unit 19 In your country

	Course 6 Oh Canada!	Course 7 Here, there and everywhere	Course 8 The wonderful world of culture
KEY English 9	Unit 20 Getting to know you Unit 21 Bears and berries Unit 22 Challenges Unit 23 Extremes	Unit 24 Work Unit 25 Community Unit 26 Media Unit 27 Environment	28A Culture is everything 28B What's it to you?

以第一册为例，如图 2 所示，每个课程模块包括 4 个单元，在主题设定上由近及远，内容贴近青少年的学习生活特点和认知需求，涵盖学习、生活、休闲、工作等各种话题，融通世界各国，从欧洲文化到美国、加拿大等其他洲际的文化习俗，由易到难，层层推进。整套教材包括教材、练习册、参考答案、CD、教师参考资料、测验卷及答案。

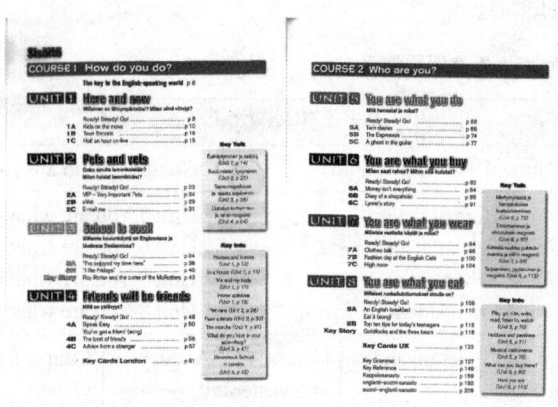

图 2　*KEY English 7* 目录

三册之间的衔接和梯度主要表现为：

(1) 在前言、目录和每个单元的内容上，第一册和第二册的体例和整体风格一致。如图 2 所示，每册教材的目录页不仅包括课程模块和单元主题，还归纳了每个模块的口语技能（Key Talk）和文化信息（Key Info），适合 A1 水平的学生。

第三册的前言对初中最后一年的听说读写、文化技能和学习策略提出了明确的要求，目录页单列了听力的内容。三册的第一单元都用歌曲引入，激发兴趣。

(2) 三册的模块和单元主题由具体到抽象，由日常生活话题到抽象的文化现象，由个人到团体再到社会环境。每单元根据主题设定主要人物、动物和事物，前后单元的人物存在一定的联系，人物众多，各有侧重。

(3) 各册语篇类型丰富，包括说明文、记叙文、应用文、短对话和长对话。在文学作品的选择上，从第一册*KEY English 7*故事类语篇(Key Story)逐渐到诗歌、纪实文学、经典传说(Key Legend)再到其他题材的文学作品。

(4) 三册教材中英语国家的文化现象、行为和标志物介绍贯穿始终，以Key Cards系列为例，从第一册的英国文化介绍(Key Cards London)到第二册的爱尔兰(Key Cards Ireland)、美国文化(Key Cards USA)到第三册的加拿大(Key Cards Canada)、澳大利亚(Key Cards Australia)和新西兰文化(Key Cards New Zealand)。

(5) 三册提供的语言支架有所不同。其中第一册 *KEY English 7*给学生的母语支持最多。除了前言、指令语使用芬兰语之外，*KEY English 7*目录页在每个单元标题下面都用芬兰语提示了该单元的1—2个核心问题。例如，Unit 1 Here and now 下面的两个问题 Millainen on lähiympäristösi? Miten siinä viihdyt? 相当于 What is your neighbourhood like? How do you enjoy it? 方便学生准确理解该单元的主要教学内容。

3.1.2.2　课程模块与单元框架

如表3所示，第一个课程模块(Course 1)包含4个单元，每个单元包括导入部分(Ready! Steady! Go!)和三篇不同语篇类型的文章(Key Text)——对话、邮件、歌曲、故事等——以及产出性听说活动(Key Talk)和主题相关信息(Key Info)。每个课程模块包括一个主要故事(Key Story)。每册书的附录包括双语语法(Key Grammar)、不规则动词、按单元排序的词表以及按字母排序的词表（Key Reference）。

表3 课程模块一框架

COURSE 1 How do you do?		
The key to the English-speaking world		
Unit 1	**Here and now**	
	Ready! Steady! Go!	
	1A Kids on the move	
	1B Teen secrets	
	1C Half an hour on-line	
Unit 2	**Pets and vets**	Key Talk
	Ready! Steady! Go!	
	2A VIP – Very Important Pets	
	2B eVet	
	2C E-mail me	
Unit 3	**School is cool!**	
	Ready! Steady! Go!	
	3A "I've enjoyed my time here."	
	3B "I like Fridays."	Key Info
	Key Story: Roy Rotter and the curse of the McRotters	
Unit 4	**Friends will be friends**	
	Ready! Steady! Go!	
	4A Speak Easy	
	You've got a friend (song)	
	4B The best of friends	
	4C Advice from a stranger	
Key Cards London		

整套教材每个单元的七个板块功能定位清晰。Ready! Steady! Go! 作为单元导入，采用图文并茂的方式通过各种形式的活动激活学生原有的知识，引出该单元的主题、关键人或物、目标词语等。Key Text 是主要文本，包括大量有用的词汇和语法。Carry On 是基于课文的理解性活动，通常结对讨论课文内容，并通过同义替换、看图说话等形式巩固有关词汇。Key Talk 主要出现在第一册和第二册，是听说融合性活动，先听后说。第三册将 Listen 独立出来。Key Info 紧跟 Carry On，是与课文内容或单元主题的生活习俗相关信息或词汇的拓展，用真图或卡通图的方式呈现。每册 Key Grammar 集中放在附录部分，归纳主要的语法项目，辅以例句，可供自主学习或测试参考。Key Reference 在语法后面，包括语音、常识性表达、不规则动词。最后附上本册教材各单元词汇表。

课程模块一的四个单元包括青少年自我介绍、校园朋友、衣食住行等贴近生活的主题。以第一单元 Here and now 为例，如表 4 所示，该单元围绕青少年个人自我介绍的方方面面层层递进，从个人信息、家庭朋友再到自身秘密。

表 4　第一单元结构及内容

部分	内容	多模态形式
Ready! Steady! Go!	● Ready 部分介绍来自美国、爱尔兰和英国的三个青少年，并提出一系列问题为自我介绍做准备；Steady 以图文形式说明自我介绍的主要环节；Go 提供相关短语	● 人物照片、国旗、家乡图片 ● 思维导图 ● 表格
1A Kids on the move	● 主课文 (Key Text)：两名 13 岁少年的自我介绍 ● 活动 (Carry On)：介绍其他四名青少年。 ● 关键信息 (Key Info)：英国不同类型的房屋 ● 听说 (Key Talk)：来自不同国家的青少年不同的自我介绍方式及联系，7 年级学生采访芬兰足球明星	● 人物照片、地图、风景图、房型图、房子内部结构卡通图

| 1B Teen secrets | <ul><li>活动告示情景（on the boards）</li><li>青少年秘密：三名青少年的喜好、能力和活动</li><li>活动（Carry On）：有关青少年秘密的问答</li><li>关键信息（Key Info）：我与我的身体（各种器官）</li><li>关键信息（Key Info）：每天早晚的家庭活动，问及芬兰语中的意思</li></ul> | <ul><li>告示图</li><li>照片</li><li>身体卡通图</li><li>家庭活动图</li></ul> |
| 1C Half an hour on-line | <ul><li>以邮件形式交流分享青少年秘密</li><li>短信缩略语</li></ul> | <ul><li>出版社资源链接</li><li>缩略语表格</li></ul> |

3.1.3 主题语境与语篇类型

三册的模块和单元主题由具体到抽象，由日常生活话题到抽象的文化现象，由个人到团体再到社会环境，基本涵盖了人与自我、人与社会、人与自然三大主题群。

各册语篇类型丰富，包括说明文、记叙文、应用文、短对话和长对话。文学作品包含故事类语篇（Key Story）、诗歌、纪实文学、经典传说（Key Legend）和其他题材的文学作品。

三册各单元没有安排明确的人物线，各单元根据主题设定主要人物、动物和事物，前后单元的人物有一定的联系，但人物众多，各有侧重。*KEY English 7*包括两个模块。课程模块一包括小区生活、宠物关爱、校园生活和友谊。课程模块二围绕课余爱好、购物消费、穿着品味、饮食习惯展开。两个课程模块的人物都是来自世界各地的青少年，人物信息通常根据主题出现在导入、课文和课文理解活动中，例如，第一单元导入中出现的四个人物Jill、Pat、Sarah和Paul在该册最后一个单元的课文"英式早餐"中一起用餐聊天。

*KEY English 8*包含三个课程模块。课程模块三的核心是欧洲各地的文化，围绕诗歌、度假、旅行和环球观光等主题，运用自述、对话、解说、故事等，呈现十名来自欧洲不同国家的青少年多姿多彩的

生活，以及世界各地的风土人情、重要历史事件和人物。课程模块四围绕美国的四季展开，跟随四名来自英国四个地方的青少年（父亲或母亲为美国人）游历美国的东部、西部，领略美国的历史、娱乐、自然风光，品读科幻小说。课程模块五围绕成长中的人际交流、各国名人和芬兰文化展开，涉及校园霸凌、英雄人物、芬兰习俗等。

KEY English 9 的三个课程模块同样将世界各国文化贯穿始终。课程模块六中，来自世界各地的枫叶营（Maple Camp）交换生在项目负责人 Janet 的组织下体验加拿大文化，包括地域常识、语言文化、野外生存、追逐梦想等内容。课程模块七从不同年轻人的视角来描述各自的职业、职业排行榜、未来职业发展以及影视舆论。课程模块八介绍了音乐、文学、表演、建筑等艺术文化，说明文化无处不在，生活中的衣食住行都是文化。最后的六个故事分别描述了不同时代背景下六个青少年的校内外生活经历、兴趣爱好和生活态度。

3.1.4　教材活动设计

KEY English 的活动形式多样，包括个人、结对和小组等形式的活动，以问答、采访、讨论等结对形式的活动为主（见表5），将听说、读说、看写、听写等理解性和产出性的活动有机融合。产出性活动以听说为主。

表5　第一单元活动设计

板块	活动类型	活动内容
单元导入	看图听歌	辨析六个国家的音乐
	听说	听 Philip 介绍家庭信息，记录并向同伴描述所听到的信息
	看图说话	基于图片信息和参考问题采访
	结对交流	介绍自我
1A	结对问答	基于课文和所给的问题问答
	扫读朗读	在课文中搜寻同义句朗读
	看图翻译	将房子平面图中的英语译为芬兰语

	看图写话	描述自己的和理想中的家（书面）
	情景听力	听对话确定人物介绍顺序
	听对话复述	向熟人和朋友介绍
	角色扮演	不同场景下的人物介绍
	听真实人物介绍	介绍学校、语言和人物
1B	结对问答	获取课文 B 青少年秘密的大意
	结对问答	获取课文中的细节
	看图翻译	将人体器官的英语译成芬兰语
	看图写话	描述平时和周末的生活（书面）
1C	读后思考	邮件分享秘密及回复中的缩略语

3.1.5 语言技能

本套教材在单元话题词汇和常用功能性表达方面提供了充分的支撑，提升学生的听说、写作表达能力和语用交际意识。单元话题词汇或句型在导入部分提供。如表 6 所示，教材听说板块从第一册的功能性表达，到第二册的对话场景设计，再到第三册就经历、事件或现象发表观点，内容和交际场景逐渐复杂。前两册的板块标题为 Key Talk，听说的内容以对话为主，第一册常用功能性表达在每个单元的 Listen and learn 活动中提供，要求学生听后重复，然后进行角色扮演。第二册的 Listen 和 Learn 活动既相互联系又各自独立，Listen 部分的内容更加全面，对话篇幅拉长，听后结对朗读练习，再开展角色扮演，其中指令语和场景设计都使用芬兰语，仅有部分单元设计了 Key Talk 板块。最后两个单元的看图说话要求学生根据提供的问题来问答，描述图片，这两个单元中的活动指令语使用英语。第三册的各单元不再有独立的 Key Talk 板块，而是改为 Listen，每个单元都有听力，内容从对话改为语篇。听后的问答和讨论，指令语都使用英语，仅在第一个单元提供了常用表达。

表 6 三册听说板块常用表达

册	听说板块
KEY English 7	U1 介绍（向新认识的人介绍自己，介绍朋友） U2 跟熟人礼貌聊天（跟熟人打招呼，问候） U3 不同场景会面时间地点的常用表达 U4 讲述各种消息并回应或鼓励 U5 询问及描述喜好 U6 提供建议并回应 U7 赞美穿着并回应 U8 餐饮用语
KEY English 8	U9 遇见外国人 U10 在旅行公司 U11 问路 U17、U18 看图说话问题
KEY English 9	U20 表达个人观点

3.1.6 教材特色

本套教材的特色主要表现在板块名称、导入、文化信息和多模态呈现方式上。

（1）板块名称

KEY English 教材名称和里面的大部分板块名称都包含 Key 这个单词，起到前后呼应的作用。例如：课文（Key Text）、听说活动（Key Talk）、关键信息（Key Info）、故事（Key Story）、传说（Key Legend）以及附录中的语法（Key Grammar）和词汇（Key Reference）。

（2）模块导入和单元导入

KEY English 的模块导入和单元导入都有自己的特色。第一册和第二册教材 *Key English 7* 和 *Key English 8* 都以歌曲形式导入课程模块。第一册模块一的导入部分是请学生听六首音乐，并和世界各地以英语为母语的国家的地图或地标匹配，以此来激发学生的兴趣。

每个单元的导入 Ready! Steady! Go!分为 Ready!、Steady!、Go!

三个部分。如图3所示，通过听力、图片、文字等导入单元主题、主要人物/动物/事物和核心短语（Go!），部分单元还涉及语法。每个单元的导入信息量大，指令语和短语释义都使用芬兰语。

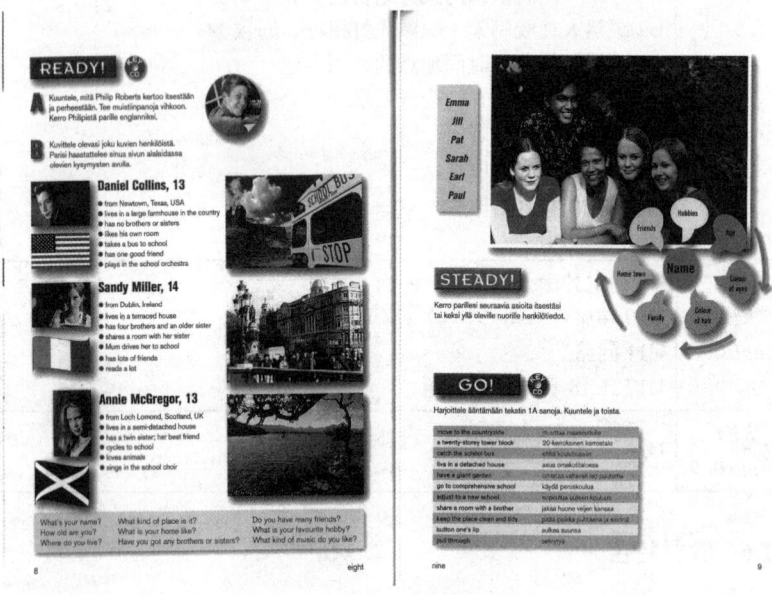

图3　图文并茂的单元导入

(3) 文化信息

　　KEY English 的文化特色鲜明，包括物质文化和精神文化（教育部2020），主要体现在嵌入式的关键信息（Key Info）和关键卡片（Key Cards）两个板块（见表7），其中，第一册 Key Info 通常嵌入在读后的活动 Carry On 中，主要提供与单元主题相关的文化知识或词汇，每个单元出现次数不等（0—3次），是阅读理解活动的延伸和拓展，个别出现在 Key Talk 中。这些活动设计让学生联系自身经历交流观点，描述文化现象或行为，也体现了文化的本土化处理方式（Garton and Graves 2014）。第二册 Key Info 主要针对模块主题的拓展。而 Key Cards 则是独立介绍某一国家的地域特点和文化习俗，引发学生兴趣。

表 7　三册教材中的独立文化板块

册	关键信息（**Key Info**）	关键卡片（**Key Cards**）
KEY English 7	英式房型（U1） 芬兰每月校历（U3） 伦敦商店（U6） 餐饮用语注意事项（U8）	Key Cards London（伦敦重要景点） Key Cards UK（英国地域特点与文化习俗）
KEY English 8	作为世界语言的英语（U12） 万圣节前夕（U13） 纽约别名（U14） 星条旗（U15） 美国独立日（U16） 山姆大叔（U16）	Key Cards Ireland（爱尔兰地域特点与文化习俗） Key Cards USA（美国地域特点与文化习俗）
KEY English 9	无	Key Cards Canada（加拿大地域特点与文化习俗） Key Cards Australia（澳大利亚地域特点与文化习俗） Key Cards New Zealand（新西兰地域特点与文化习俗）

（4）多模态呈现方式

　　KEY English 各单元图片类型丰富，有多名青少年的真实照片和家庭学校实景图，也有卡通手绘图片，用于不同的板块和活动。如图 3 和图 4 所示，单元导入和关键信息就常用不同类型的图片满足不同的需求，人物用真图，主题信息用气泡图，房型用真图，房子平面结构用手绘图。

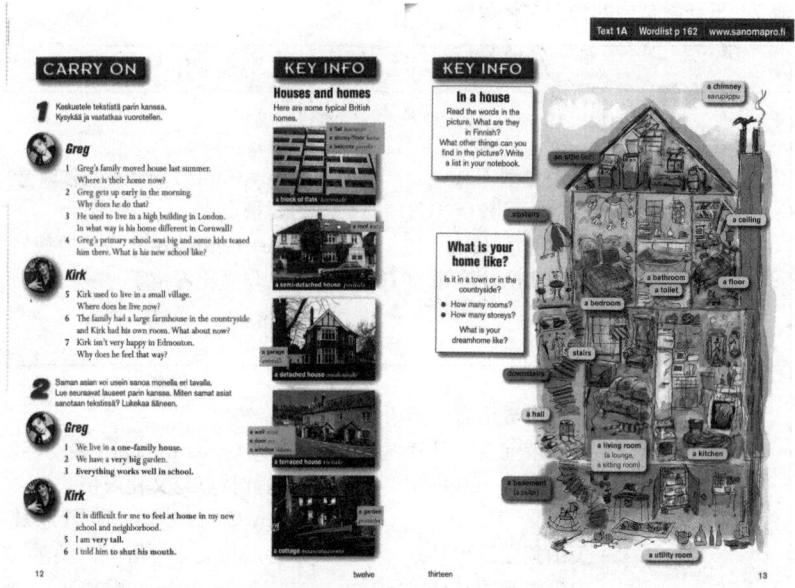

图4　第一单元的 Key Info

（5）教材附录内容丰富，便于培养学生自主学习能力

　　教材附录中的内容丰富，近100页，包括关键语法、参考资料和词汇表。以第一册教材为例，Key Grammar 总结了常用语法并提供了例句，Key Reference 包括发音规则、字母表、星期、月份、季节、疑问词、数字、介词、不规则动词表以及两种词汇表，按单元顺序排列的词汇表和按英语和芬兰语字母顺序排列的词汇表。这些内容的系统梳理有助于学生检索查询，自主学习。

3.2　*Spotlight* 教材分析

3.2.1　编写理念

　　从教材*Spotlight*第一册（*Spotlight 7*）前言里的一页漫画（见图

5），对其教学理念可窥一斑：编者突出英语学习的重要性（English is everywhere），强调合作学习（Let's work together），要学会寻求帮助（Help is near，例如充分利用附录），重视口语（Open your mouth），强调不断练习（Practice makes perfect），鼓励学生不要轻言放弃（Don't give up）。同时也给学生强调了这样的理念：在课堂之外，也有很多语言学习的途径和方法，包括音乐、电视电影、网络、漫画书等等。

图 5 *Spotlight 7* 前言

这样的教学理念在 *Spotlight* 系列教材中得到了充分的贯彻：重视两人合作，附录内容丰富（占到整本教材约 1/3），口语比重大，提供了大量真实场景的实践，阅读材料中包含大量电影、流行歌曲和新闻文章等原汁原味的内容。将大众传媒作为青少年日常生活方式的一个重要组成部分纳入英语教材中，可以对学生的交流和学习动机产生积极的影响（Larsen-Freeman 2000）。选用电影剧本作为阅读材料的芬兰英语教科书尤其体现了大众传媒的高度影响力。芬兰在全国播放标有芬兰语字幕的外国原版影视剧，大量引进和播放外语教学节目。芬兰还有电视频道全天候播放英语动画片，重视国民的外语听说能力（周淑惠 2015）。英语已经通过音乐和电影等大众媒体深入芬兰青少年的生活，英语的使用变得有积极性和社会意义（Leppänen & Nikula 2007）。

3.2.2 编写框架

3.2.2.1 整体框架

教材*Spotlight*共三册：第一册包含两个课程模块（即Course 1和Course 2，共6个单元），第二册包含三个课程模块（用三个国家的国旗作为主题标识，共9个单元），第三册不再区分课程模块，包含6个单元。如表8所示，*Spotlight*三册教材同样涵盖了人与自我、人与社会和人与自然等主题群。每册开始的"Welcome to *Spotlight* 7/8/9"栏目会给出本册的主要人物，每个单元的主题（尤其是Text A）都围绕这几个人物展开。

表8　*Spotlight 7—9*课程体系

册	课程模块与单元		
Spotlight 7	Course 1	Course 2	
	U1 Keeping in touch U2 Free time U3 School	U4 Food's ready U5 Upstairs, downstairs U6 In fashion	
Spotlight 8	Ireland	America	New Zealand
	U1 Greener than green U2 Out and about U3 Go north!	U4 Coast to coast U5 On the map U6 Big city lights	U7 The other side of the world U8 It's up to you U9 Look after yourself!
Spotlight 9	U1 It's my life U2 Leaning to live U3 Modern media U4 Can you manage? U5 Wild and wonderful U6 As you like it		

*Spotlight 7*的人物是 Jack、Bryan、Sarah、Ronny、Naledi、Avery，他们是小学同学。小学毕业后，Jack 留在了芬兰，其他小伙伴去了不同的国家（Bryan–加拿大，Sarah–苏格兰，Ronny–澳大

利亚，Naledi–南非，Avery–美国）。本册书的六个单元就由这六个人物串连了起来，组成两大课程模块：校园生活（问候、爱好、学校）和日常生活（饮食、家庭、时尚）。

Spotlight 8 的三个课程模块围绕三个国家（爱尔兰、美国、新西兰）展开，在本册前面来自 Sarah、Avery 和 Ronny 的三张明信片也给到了提示，同时在"Welcome to Spotlight 8"栏目又引入在这三个国家生活的三位新人物：Shauna（爱尔兰）、Josh（美国）和Ginny（新西兰）。关于爱尔兰的前三单元围绕度假展开，包括如何度假、度假过程中碰到的烦心事等等。第 4 到 6 单元则是关于美国，围绕交通工具、旅行、景点展开。最后三个单元是关于新西兰，围绕心情、喜好、金钱观展开。

Spotlight 9 共 6 个单元，不再设计人物主线，而是在"Welcome to Spotlight 9"栏目中给出了六个主题的梗概（见图 6），强调了英语学习对生活、学习、使用社交媒体、工作、保护环境、理解不同文化等方面的重要作用。话题的选择更具有社会性，激发学生的批判性思维。

该教材的配套资源包括练习册、教师用 CD、网站配套资料（分别供教师和学生使用）。练习册很有特点，有的练习与课本有关联，教材上面会标注，例如 Log-on 有标注配套的学生用书

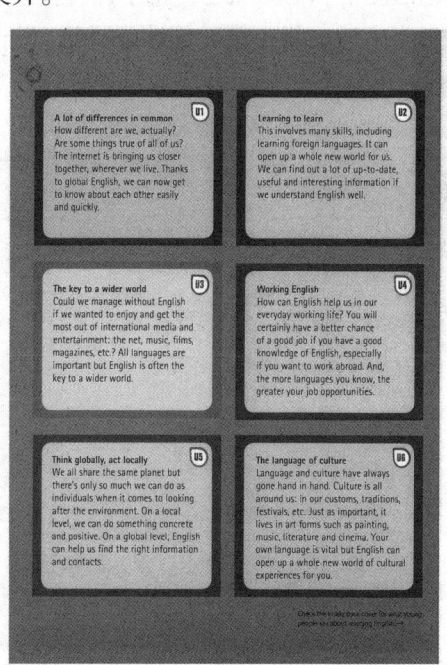

图6 Spotlight 9 "Welcome to Spotlight 9"栏目内容：六大主题梗概

练习。所有的写作指导和写作活动都在练习册上。而且，对于语法板块，教材上基本都是口语练习和游戏，相应的练习册会包括

语法理论和书面作业。例如，练习手册中的语法部分按照 present, practice, produce 的流程进行。语法主题用例句来呈现，这些句子已被译成芬兰语，并在下面简短写下所讨论的语法结构，以及在何种情况下使用该结构，然后就是相关的语法练习。最后，还有针对 advanced students 的 Plus task，包括翻译练习，将芬兰语译成英语或写出包含特定语法结构的句子等。总之，教材重口头交流，练习册重书面。

3.2.2.2　课程模块与单元框架

以第一册 *Spotlight 7* 为例，这册包括两个课程模块，分别是 Course 1 和 Course 2，每个课程模块含 3 个单元，包括校园生活和日常生活。每个单元都涉及了听、说、读、写四项技能的相关活动。*Spotlight* 教材每册的单元框架在每册目录页清晰显示（见图 7）。

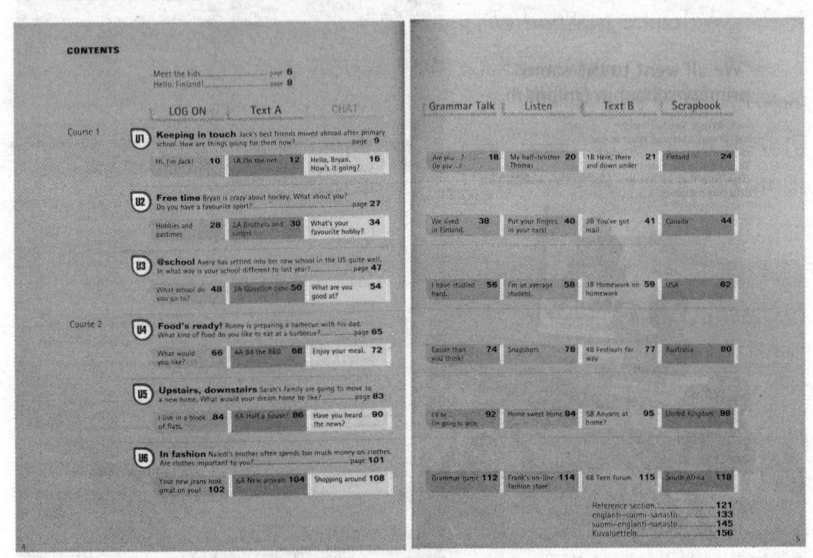

图 7　*Spotlight 7* 目录

在每单元的组成方面，三册书的体例和整体风格基本一致（见表 9）。虽然板块中 Scrapbook 和 Spotlight on 两者表达不一，但本质差不多，都属于文化板块。

表 9　每册的单元组成

册	单元板块
Spotlight 7	Log on、Text A、Chat、Grammar talk、Listen、Text B、Scrapbook
Spotlight 8	Log on、Text A、Chat、Grammar talk、Listen、Text B、Scrapbook
Spotlight 9	Log on、Text A、Listen & Learn、Chat、Grammar Talk、Spotlight on、Text B & Read More

　　三册的每个单元都以漫画故事开场，生动有趣，帮助学生把握单元主题，激发学生学习兴趣。在单元的每个栏目中，与 *KEY English* 相似，有大量插图，基本来自真实生活场景。《基础教育课标》(FNBE：182)在明确语言教学目标的时候，就指出"支持学生对学校社区和周围世界的语言和文化多样性的兴趣，鼓励他们在真实的环境中交流。" (The pupils' interest in the linguistic and cultural diversity of the school community and the surrounding world is supported, and they are encouraged to communicate in authentic environments.)

　　随后的 Log on 通常会采用对话、游戏等口语活动进行热身，同时会提供英语–芬兰语短语对照表，而不是单纯的词汇对照表，帮助学生顺利过渡到 Text A。Text A (*Spotlight 7* 和 *8*) 以对话为主，文后练习也是以口头表达为主；Chat 为口语学习，针对本章节相关主题展开；Grammar Talk 针对本章节语法重点训练；Listen 则考察听力理解能力，练习安排在 Workbook 上；Text B 以及 Read more 中，右栏会提供少量芬兰语解释，也是以短语为主。单元每个板块的内容基本上都是围绕单元主题展开。

3.2.3　主题语境和语篇类型

　　阅读材料作为每个单元重要的组成部分，长度、难度和体裁都呈现出梯度变化。文本主题逐渐从具体向抽象过渡，从三册的标题也可看出。*Spotlight 7* 的封面标题是 faces and places，*Spotlight 8* 是 sights and sounds，讨论的主题相对具体。而 *Spotlight 9* 的封面标题是 fact and fiction，如 3.2.2.1 所述，话题更具有社会性。在

Spotlight 9 的第 3 单元 (Media Mania)，Text A 有一个 fact or fiction 的练习，帮助学生区分事实与观点，引导学生进行批判性思维。

阅读材料由短变长，由少变多。例如 *Spotlight 8* 的 Text B 有两篇，200 字左右，*Spotlight 9* 的 Text B 有五篇，难度系数递增，有难度标识。阅读材料内容丰富，贴近学生生活，注重价值观相关内容引入，思想较为深刻。例如，*Spotlight 9* 谈到 friendship，列举 top ten rules of friendship，描写 a true friend 的诸多特点；*Spotlight 9* 的 Text B 也会与现实生活有更多的连接，语料真实，有传记选段、影评、名家名作。阅读材料趋于实用性、社会性（例如大气变化，碳足迹等等）。阅读比重逐步加大，选材基本都是原汁原味、未经改动的文本。

Spotlight 9 的工作单元 (Unit 4) 令人印象深刻。虽然这是一套面向初中生的教材，但这个单元非常深入地探讨了暑期兼职与未来的职业，通过世界不同地区同龄孩子的视角了解现实世界，通过听力材料和阅读材料介绍记者、医生、翻译等职业，并通过各项活动使学生深入思考如何挣零花钱、如何看懂英文说明书、如何参加面试、如何参加志愿者工作。

芬兰英语教材的主题选择贴近学生的现实生活，与最新的《基础教育课标》(2014) 非常吻合。新的课标强调能力目标，而不是之前的学科目标。这是芬兰教育中一个相当引人注目的转变 (Hardy & Uljens 2018: 64)。课标的目的是培养适应未来社会的人才，强调基础阶段应注重对学生"横贯能力"(transversal competence) 的培养，以适应经济、科技与社会的发展所带来的学习环境、劳动力市场及未来社会对人才能力需求的变化（王红 2019）。横贯能力是指由知识 (knowledge)、技能 (skills)、价值观 (values)、态度 (attitudes) 和意志 (will) 组成的实体。芬兰的核心课程有七种能力，跨越知识和技能的界限，将不同领域联系起来。这些能力包括：T1. 思考和学会学习，T2. 文化、互动和自我表达，T3. 照顾自己和管理日常生活，T4. 多元文化，T5. 信息和通信技术 (ICT)，T6. 工作生活能力和创业精神，T7. 参与、介入和建设可持续的未来 (FNBE：149)。初中阶段在教材中引入对职业的介绍和思考，培养职业能力，对芬兰学生未来的学习工作大有裨益，因为他们在九年级毕业后需要面临选择：是上高中还是上职业学校。而《基础教育课标》就规定，要为学生提供从基础教育进入下一阶段教育所需的技能和知识（provide the pupils with the necessary skills and knowledge for proceeding from basic education to the following phase of education），顺利实现基础教育和下阶段教育的过渡（FNBE：371），这对中国初中英语教材的编写有很大的启示。2021 年 4 月召开的全国职业教育大会指出，中国要加快现代职业教育体系建设，"培养更多高素质技术技能人才、能工巧匠、大国工匠"，这意味着会有更多的初中毕业生进入中等职业学校，也是初中教材编写人员需要考虑的维度。

3.2.4　教材活动设计

Spotlight 与 *KEY English* 一样，活动设计丰富，包括个人、结对和小组等多种形式，以结对活动为主。以 *Spotlight 7* 第 1 单元为例（见表 10）。

表 10　*Spotlight 7* 第 1 单元活动设计

板块	活动类型	活动内容
单元导入	看图听力	访谈
	结对交流	基于听力内容进行口语访谈练习，角色交替
	结对问答	根据图片上的问题（询问个人信息）交替问答
	结对练习	朗读文中给出的与 1A 相关的词组表
1A	结对问答	根据任务场景进行交替问答（关于询问个人信息）
	结对交流	自我介绍
Chat	角色扮演	介绍自己、问候他人
	三人小组交流	模仿范本进行交流
Grammar talk	结对问答	了解对方信息
	结对问答	了解对方信息
	结对交流	了解对方信息
	看图说话	讨论喜好
1B	结对问答	回答阅读材料相关问题（三个非连续文本都是）

值得一提的是，芬兰初中英语教材和练习册中活动的指令语都是芬兰语，且活动设计中还有一些芬兰语译成英语的口语活动，语法解释也是用芬兰语。这样做的积极意义是让学生清楚理解任务和规则，方便自主学习，同时也方便家长给出帮助（Háhn 2017: 133）。这样的英语教材适合母语为芬兰语的学生，但对芬兰日益增多的移民儿童不是特别友好，有些学者也建议指令语采用双语（芬兰语和英语）的方式（Háhn 2017: 32）。

3.2.5　语言技能

在芬兰，无论把英语作为 A 大纲（第一外语）还是 B 大纲（第二外语）进行学习，《基础教育课标》都对 7—9 年级制定了语言技能板块的教学指导方针：（1）鼓励学生设定目标，利用各种方式学习英语，并评估其自主学习及与他人合作的能力，引导学生积极有效互动，明白传达信息是首要目的；（2）鼓励学生在各种场合自主发挥语言能力，鼓励学生为终生语言学习打好基础（FNBE：457，462）。从教材 *Spotlight* 可以看出这两条指导方针的作用：以交际法为基础，注重培养跨文化交际能力，听、说、读、写、译全面覆盖，本着"传达信息是首位"的原则，大量结对口语练习，有助于学生更自然、更真实地进行交流。

关于具体的学习策略，*Spotlight 9* 最后一页（见图 8）以学生的口吻给出了切实可行的建议：学习单词可以通过听音乐、查词典；充分利用合作学习的优势，善于体会不同语言的异同；每天通过各种形式坚持英语练习，如阅读、网聊等；学会在电脑上进行拼写检查，用现代化工具辅助学习；大声朗读（比如电影字幕）纠正发音；随时随地使用英语，不怕出错，让对方听懂自己想表达的意思是最重要的。学生自己总结出来的学习策略易理解、易操作，有助于发展出适合自己的学习策略，自主学习能力的培养又向前迈进一步。

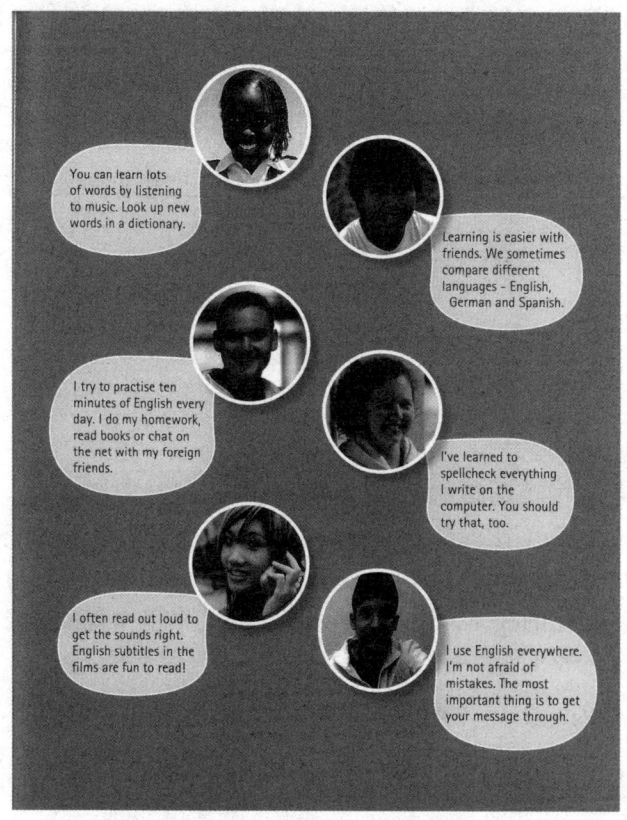

图 8 *Spotlight* 系列学习策略总结

3.2.6 教材特色

Spotlight 教材的特色主要是听说比重大、重视文化知识、附录内容丰富。

（1）听说比重大

芬兰的英语教学也走过一段弯路，曾经过于强调书面表达。但是经过教育改革，语言教育逐渐以情境教学为主，重视听和说的能力，落实英语实用化。

Spotlight 教材中，听说几乎在单元的每个部分都会出现。阅读

材料的练习很多都是口语练习，从两人问答到独立回答；Chat 部分基本都模拟现实生活中的语言使用情况，选用的都是真实生活中的例子。而且，值得重视的是，口语练习特别重视结对合作，几乎所有的口语练习中，都包含结对讨论练习，即使是在 Grammar Talk 部分，也是合作讨论练习，而且讨论的材料也都非常贴近青少年的生活。Grammar Talk 形式多样有趣，有语法游戏、问答配对、意义配对、句子补充完整等练习（更详细的语法点知识和更多的书面练习在练习册上）。这充分呼应了《基础教育课标》的核心：学生的积极参与、有意义的学习、学习的乐趣以及促进师生之间丰富互动的学校文化。

(2) 重视文化知识

芬兰初中英语教材中谈及的文化包括芬兰本土文化、英语国家文化、非英语国家文化、一般文化（如价值观、幸福观等等）。*Spotlight 7* 中的 Scrapbook，*Spotlight 9* 中的 Spotlight on 部分都是对不同国家文化的补充，而 *Spotlight 8* 则是 9 个单元直接围绕 3 个国家展开（见表 11）。

表 11 *Spotlight* 教材中不同国家和地区的文化

Spotlight	不同国家和地区的文化
S7	芬兰、加拿大、美国、澳大利亚、英国、南非
S8	爱尔兰、美国、新西兰
S9	英国伦敦、芬兰、美国和英国的教育、印度、气候变化、文化

Text B 的材料基本都是与地理和文化知识相关的信息类文本（主要面向学有余力的学生）。芬兰气候条件严酷，强国环伺，又是人口稀少的小语种国家，深知国际化才是保持竞争力的根本，因此政府十分重视外语学习，鼓励学生学习多门语言，尤其重视英语的学习，因此造就了几乎人人都能说一口流利英语的景况（Nuolijärvi 2011）。

（3）附录内容丰富

　　Spotlight 7 共 159 页，从第 121 页开始是附录部分（附录占 39 页）；*Spotlight 8* 共 249 页，从第 181 页开始是附录部分（附录占 69 页）；*Spotlight 9* 共 257 页，从第 182 页开始是附录部分（附录占 76 页）。以 *Spotlight 7* 为例，附录包括：音标，星期、月份、季节的表达，基数词、序数词和时间的表达，疑问词，连词，数字，介词，不规则动词，重要语法点等。随后是英语－芬兰语词汇表和芬兰语－英语词汇表，其中英语部分还会标注：英式英语、美式英语还是澳大利亚英语。根据 Namgung（2016: 45）对芬兰高中英语教材 *Profile* 的研究，以 *Profile 1* 为例，教材共 251 页，附录占 150 页。由此可见，芬兰英语教材中，附录比重相当大。这些附录内容可以帮助学习者自主学习，是对交际法理念的反映，因为在交际语言教学的视角下，学生被视为对自己的学习更负责任的管理者（Larsen-Freeman 2000）。芬兰教学大纲也规定，外语教学应为学生提供独立学习语言的机会（FNBE 2014）。从这个意义上说，芬兰教科书很好地反映了外语学科的目标。

4. 结论和启示

　　本文分析了芬兰的两套基于最新版课标的初中英语教材 *KEY English* 和 *Spotlight*。两套教材在主题选择、单元结构和人物设计上有一定差异，但在模块化、口语活动、特色文化板块和多模态呈现方式上具有相同之处，主要体现在课程模块和单元体系、口语表达、英语国家文化和不同类型的图文处理方式上。这些对我国初中英语教材的编写都具有重要的启示作用。

（1）教材结构清晰，自成一体，循序渐进

　　两套教材都采用了课程模块的设计方式，册和单元体系清晰，前后关联，都是从第一册的两个课程模块到第二册的三个课程模块，再到第三册的课程内容融合。每个模块包含 3—4 个单元，标题风格一致，统一用简单句（例如，*KEY English* 的 How do you do?）或短语（*Spotlight* 的 Faces and places），朗朗上口。*Spotlight* 设计了人物线，各单元主课文都围绕六位青少年展开，具有较强的代入感；而 *KEY English* 各单元尽管没有固定的人物，但在单元导入部分都有人物简介，前后单元之间的人物互相呼应。

(2) 主题选择贴合学生生活，语篇类型丰富

单元主题贴近学生生活和认知水平，统一模块下的标题风格一致，例如，*KEY English 7* 第二个课程模块（Who are you?）的四个单元 You are what you do、You are what you buy、You are what you wear、You are what you eat，从不同角度来回应主题，吸引学生兴趣。课文语篇类型丰富多样，从具体到抽象，邮件、博客、日记、歌曲、对话和故事等，采用第一、第二和第三人称不同的视角，具有多样性，其中每个单元的第二篇文章以信息介绍为主。在目录页、活动指令语、场景设计等环节使用芬兰语提供不同程度的解释，从多到少，帮助学生逐渐适应，也符合临近发展区域理论。

(3) 技能融合，突出口语交际和语言应用

两套教材注重听说交际，从导入开始就将听、说相结合，从输入到输出，注重培养学生的语言应用能力，引导学生学习听力内容中示范性的语言表述，再根据既定的场景扮演角色，结对讨论，这也符合芬兰课标对学生交际能力和语用能力的要求。此外，各单元的听说板块还提供了大量功能性语言表达，供学生选用，场景的设计也能提升语用意识，让学生知道针对不同的对象应该采用不同的表述。纵观教材各单元，口语练习无处不在，听后、读后、看后都有不同形式的口语活动，给学生提供了充分的表达机会，这可能也和芬兰的小班化教学模式（平均每班 19 人左右）有一定的关系（Kumpulainen 2018）。

(4) 文化特色鲜明，设计了专门的文化板块

两套教材的文化气息浓厚，不仅在模块或单元的主题和语篇选择上渗透了世界各地的文化，还设计了独立的文化板块 Key Cards、Scrapbook 和 Spotlight on。Key Cards 采用非连续性文本的形式介绍英语国家文化的方方面面，Scrapbook 和 Spotlight on 的涵盖面更广，包括本土文化和非英语国家文化中的衣食住行和文化习

俗等，从而提升学生的跨文化交际意识 (Cortazzi and Jin 1999)，能更好地反映语言教学的全球化，体现芬兰最新版课标的精神。

(5) 多模态语言输入，图文关系互补多样

课标建议语篇以多模态形式呈现，既包括口头的和书面的，也包括音频和视频，并以不同的文体形式呈现。两套教材的图片种类丰富，包括真人实景大图、卡通图片和思维图或思维导图。跟主要人物、真实场景或话题相关的多采用真图，内部结构图多采用手绘或卡通图片，活动设计则选用思维图或思维导图，拓展学生的思维。教材的图文关系多样，主要表现为两者之间的互补关系（张德禄 2018: 737），用图像突出、扩充语篇意义，或者相互联合、交叉形成语篇整体意义，基本上没有纯装饰性的图像。

结语

本文分析的两套最新版的芬兰初中英语教材采用模块化层级性的体系设计，选用贴合学生生活和认知水平的主题和内容，注重培养学生交际能力与语用能力，渗透本土文化和世界文化，并以多模态形式呈现，契合最新的基础教育课标，遵循语言学习规律，体现了全球化背景下语言教学和英语人才培养的趋势，可以为我国初中英语新教材编写提供启示和借鉴。

参考文献

［1］Cortazzi M & Jin L. Cultural mirrors: Materials and methods in the EFL classroom. In Hinkel E (Eds.), *Culture in Second Language Teaching and Learning*. Cambridge: Cambridge University Press, 1999.

［2］Finnish National Board of Education (FNBE). *National Core Curriculum for Basic Education 2014*. Helsinki: Finnish National Board of Education, 2016.

［3］Garton S & Graves K. *Materials in ELT*: *Current Issues*. London: Palgrave Macmillan, 2014.

［4］Hardy I & Uljens M. Critiquing curriculum policy reform in Finland and Australia: A non-affirmative and praxis-oriented approach. *Transnational Curriculum Inquiry*, 2018, 15 (2): 50–82.

［5］Háhn, J. "Enymärä": Thoughts on the use of Finnish as the majority language in locally published EFL activity books. *Journal of Applied Language Studies*, 2017, 11 (4): 113–136.

［6］Kopperoinen A. Accents of English as a lingua franca: A study of Finnish textbooks. *International Journal of Applied Linguistics*, 2011, 21 (1): 71–93.

［7］Kumpulainen T. *Key Figures on Early Childhood and Basic Education in Finland*. Finland: Finnish National Agency for Education, 2018.

［8］Larsen-Freeman D. *Techniques and Principles in Language Teaching* (2nd edition). New York: Oxford university press, 2000.

［9］Leppänen S & Nikula T. Diverse uses of English in Finnish society: Discourse-pragmatic insights into media, educational and business contexts. *Multilingua-Journal of Cross-cultural and Interlanguage Communication*, 2007, 26 (4): 333–380.

［10］Namgung W. *A Comparative Analysis on Finnish and Korean High School English Textbooks in the Perspective of Communicative Language Teaching*. Master's Thesis. Finland: University of Jyväskylä, 2016.

［11］Nuolijärvi P. Language education policy and practice in Finland. In Stickel G & Carrier M. *Language Education in Creating a Multilingual Europe*: Contributions to the Annual Conference. Switzerland: Peter Lang Publishing, 2011.

［12］教育部 . 普通高中英语课程标准（2017 年版 2020 年修订）. 北京：人民教育出版社，2020.

［13］满泽洪 . 最好的教育，最好的人生——芬兰教育考察报告 [J]. 亚太教育，2016, (5): 96–97.

［14］束定芳，朱彦等 . 基础教育阶段英语课程标准国别研究报告 [M]. 上海外语教育出版社，2018: 149-171.

［15］王红 . 芬兰基础教育阶段英语课程中的横贯能力培养 [J]. 世界教育信息，2019 (2) : 67–70.

［16］张德禄 . 系统功能理论视阈下的多模态话语分析综合框架 [J]. 现代外语，2018 (6) : 731–743.

［17］周淑惠 . 芬兰优质的英语教育及启示 [J]. 现代教育科学，2015 (4) : 169–170.

德国中学英语教材研究报告

上海外国语大学 安琳

1. 德国教育情况概述

1.1 德国基础教育概况

德国是中欧国家，由 16 个联邦州组成，官方语言是德语，和英语同属印欧语系日耳曼语族西日耳曼语支。据 2021 年的最新统计，约 50% 的德国人能熟练或较为熟练地运用英语[①]。

德国宪法确保每个州的文化自主权，各州在教学科目设置标准、课程标准、教科书选择标准、作业标准等方面都会作明确的规定。各州教育部设计课程指南，文教部长联席会议制定和实施教育标准。后者是一个咨询机构，旨在通过签订联合协议使得全国的相关政策具有可比性（杨明，赵凌 2014）。

德国的中小学课程及课程指南指明特定的州和特定学校类型里的特定年级、科目的课堂教学目标和教学内容。虽然在不同州，课程及课程指南在某些方面有所不同，但大体发展趋势相似。各州文教部制定课程标准并负责审定教材。学校从审定的教材中选择合适的教材。但是在使用教科书方面，教师有较大的自由度（杨明，赵凌 2014）。

德国各州对教材内容的需求会有所不同，一般而言，北部的

[①] 数据来源：根据 2017 年至 2021 年对德国本国人口英语语言技能的评估 (Bevölkerung in Deutschland nach Einschätzung der eigenen Englischkenntnissen von 2017 bis 2021) https://de.statista.com/statistik/daten/studie/170896/umfrage/einschaetzung-zu-eigenen-englischkenntnissen/

州往往比较容易接受较为先进的理念，而南部的州往往比较严谨、保守，东部的州会偏传统一些（Ashford & Smith 2019）。因此，在教材选用方面，各州会对不同出版社出版的教材内容依据意识形态等标准进行审查，从而决定是否选用。另一个考量要素则是中学毕业考试（Abitur），Abitur 是德国文理中学的一种毕业形式，是能够进入德国大学的资格考试，相当于德国的高考，其重要性不言而喻。Abitur 的难度也是因州而异的，南部州的难度普遍较大（难度最大的是巴伐利亚州），而北部则相对容易一些。供文理中学选用的高年级的英语教材也要为学生备考 Abitur 提供相应的教学指导（Ashford & Smith 2019）。

1.2 德国中学学制

德国教育体制主要分为五个阶段：初等教育阶段（Primarstufe，1—4 年级）、中等教育第一阶段（Sekundarstufe I，5—10 年级）、中学教育第二阶段（Sekundarstufe II，11—13 年级）、高等教育阶段（Tertiärbereich，14—20 年级）以及衍生教育阶段（Quartärbereich，20 年级以后）。

其中，德国的初中包括主体中学（Hauptschule）、实科中学（Realschule）、综合中学（Gesamtschule）三种类型，此外，文理中学（Gymnasium②）的初中部也实施初中教育。各州文教部长联席会议规定了每类学校的使命。主体中学提供基本的普通教育，使得学生依据其能力和对职业的兴趣接受教育。主体中学的毕业生通常进入工作岗位，并进入职业学校至少学习三年。实科中学提供扩展的普通教育，使得学生能在高中继续接受教育。综合中学注重普通教育和职业教育的结合。文理中学是从 5 年级到 12 年级（个别州的学制到 13 年级）的学术型中学。包含初中段（Sekundarstufe I）和高中段（Oberstufe）。其使命是培养才智出众的学生，以帮助他们进入大学学习，课程主要为现代语言、数学、自然科学科目、社会科

---

② 也译作"完全中学"。

学科目和古典语言。

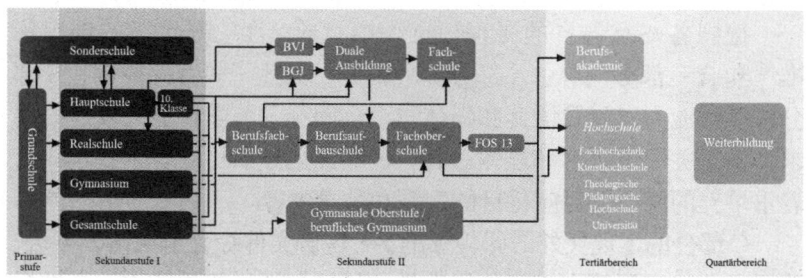

图1　德国现行学制图 ③

(1) 初 等 教 育 阶 段（Primarstufe，1—4 年级）：基 础 学 校
（Grundschule）；

(2) 中 等 教 育 第 一 阶 段（Sekundarstufe I，5—10 年级）：综合
中学（Gesamtschule）、文理中学 / 完全中学（Gymnasium）、
实科中学（Realschule）、主体中学 / 普通中学（Hauptschule）；

(3) 中 学 教 育 第 二 阶 段（Sekundarstufe II，11—13 年级）：文
理中学 / 完全中学高级阶段（Gymnasiale Oberstufe / beruf-
liches Gymnasium）、职业专科学校（Berufsfachschule）、职
业培训学校（Berufsaufbauschule）、中等专科学校 / 专科高
中（Fachoberschule）、职业过渡系统（BVJ/BGJ）、双元制
职业教育培训（Duale Ausbildung）、专科院校（Fachschule）；

(4) 高 等 教 育 阶 段（Tertiärbereich，14—20 年级）：职业学院 /
大专（Berufsakademie）、高校（Hochschule）（包括：应用
技术大学 Fachhochschule、音乐艺术类院校 Kunsthochschu-
le、神学 / 师范类院校 Theologische/Pädagogische Hoch-
schule、综合性大学 Universität 等）；

(5) 衍 生 教 育 阶 段（Quartärbereich，20 年级以后）：包括现行
学校教育体制以外的教育范畴，以及非制式规定的、私立
的、职业性的继续教育（Weiterbildung）。

___

③ 来源：https://de-academic.com/dic.nsf/dewiki/171291

1.3 德国中学英语课程标准

德国各州有各自的课程标准。柏林地区 1—10 年级的课程标准[④]包含三部分内容：A 部分课程框架，描述了教育总原则；B 部分跨学科能力发展及语言和媒体教育，阐释了跨学科能力发展的要求，重点关注了语言和媒体教育；C 部分则分学科呈现了各学科需着重培养的能力及对应科目的主题和教学内容。

C 部分的《现代外语课程标准》[⑤]这份文件综合了汉语、英语、法语、希伯来语等十三门外语教学的目标和学科相关能力。文件提出了外语教育的能力模型（见下图），主要包含语言学习能力、语言意识、跨文化交际能力、功能交际能力和文本 / 媒体素养。

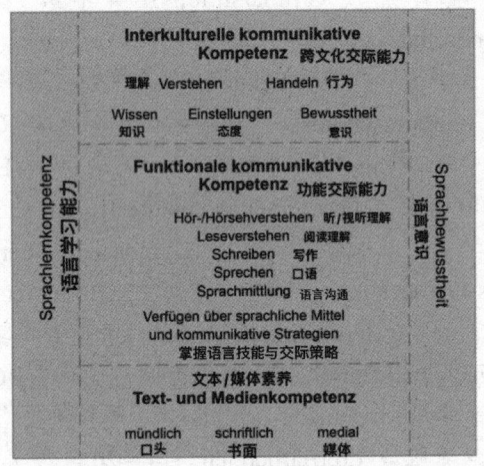

图 2　德国柏林现代外语课程教育能力模型[⑥]

该模型将跨文化交际能力视为实现外语教学口头和书面交流能

---

④ 内容参见柏林教育局官方网站：https://www.berlin.de/sen/bildung/unterricht/faecher-rahmenlehrplaene/rahmenlehrplaene/

⑤ 内容参见柏林教育局官方网站：https://bildungsserver.berlin-brandenburg.de/fileadmin/bbb/unterricht/rahmenlehrplaene/Rahmenlehrplanprojekt/amtliche_Fassung/Teil_C_Mod_Fremdsprachen_2015_11_16_web.pdf

⑥ 该模型与德国《普通高等教育入学资格外语（英语 / 法语）教育标准》中的要求一致。

力这一中心目标的先决条件。

功能交际能力作为外语课程的核心目标，包含视听、口语、阅读、写作和语言沟通（Language mediation）能力。该模型特别强调了初级语言学习阶段说技能的重要性。除此之外，语言技能（手段）包含词汇、语法、发音、韵律（重音和语调）和正字法等语言系统和交际的基本组成部分。

语言意识和语言学习能力不是孤立获得的，而是通过发展外语学习与跨文化交际能力、功能交际能力和 / 或文本和媒体能力获得的。语言意识包括对不同类型的语言使用的敏感性、了解其社会和文化特征及在某种情况下使用语言，还包括对语言的反思。语言学习能力是指独立学习语言并有针对性地进行反思和优化的能力。语言意识和语言学习能力都支持其他能力领域的学习（跨学科学习），支持终身独立学习。

柏林课标对应的 1—10 年级能力等级要求共分 A—H 八个级别，其中从 Gymnasium 初始年级 5 年级至 10 年级的学业能力等级分别对应 D—H。这些级别对应的欧洲语言共同参考框架（Common European Framework of Reference for Languages）标准分别是：F 对应 A2—B1 水平，G 对应 B1 水平。

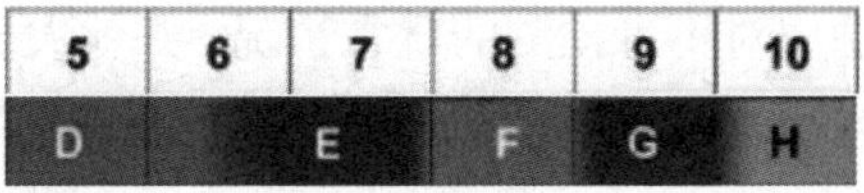

5	6	7	8	9	10
D		E	F	G	H

图 3 柏林外语课程标准中学段年级对应的能力等级要求

例如，9 年级建议达到 G 等级的能力要求，具体如下：

- 听 / 视听理解能力：在（视）听与日常生活或生活体验相关的主题材料时，能独立选择和运用适当的听力技巧和意义理解策略，从真实、清晰、发音标准的听力 / 视听文本中提取主要信息（大意），特别是细节信息（有选择地视听）。
- 阅读理解能力：在熟悉的日常话题和自己感兴趣的话题上，能独立选择和运用适当的阅读技巧和意义理解策略，读懂更长的真实文本，特别是能提取主要信息（大意）和细节信息（有选择地阅读）。

- 口语表达能力：
  - 对话：能就熟悉的日常话题、自己感兴趣的话题和已知主题领域的相关话题展开对话，发起适合情境和对象的话题，参与其中并推进，解释和询问观点以及交流论点。
  - 独白：能谈论熟悉的日常话题和自己感兴趣的或常识性话题，连贯、准确地谈论自身经历和感受、真实和虚构的事件或行为，恰当表达自己的愿望和计划，并解释原因，就日常话题进行口语展示，引用观点和理由并对询问做出回应。
- 书面表达能力：能就熟悉的日常话题、自己感兴趣的话题和已知主题领域的相关话题撰写连贯的描述性、叙述性和简单的论证性文本，在各种技巧和辅助的帮助下越来越独立地开展写作。
- 语言沟通能力：能越来越独立地将来自真实文本的信息应用于熟悉的日常情况和主题，面对使用不同语言的交际对象，运用传达信息和意图的交际策略。
- 掌握语言技能与交际策略：能明确、习惯性运用语言技能，从而成功应对不可预测的日常情况，并就大多数日常话题、自己感兴趣的话题和已知主题领域的相关话题进行反思。

柏林的《现代外语课程标准》中列出中学外语课程需涵盖的四大主题语境：个人与生活环境、社会与公共生活、文化与历史背景、自然与环境，分别包含 2—3 个主题群和若干子主题。

表 1　柏林外语课程要求的主题语境

主题语境1：个人与生活环境	
主题群1：个性	
子主题： ● 描述人、身体、个体特征、服装 ● 自传、自我形象、身份	可选专题： ● 名人传记 ● 移民和身份

• 兴趣、爱好、活动 • 运动、健康、成瘾风险 • 人生规划、梦想与希望 • 榜样、名人	• 特殊运动

主题群 2：交际、日常生活、消费

子主题： • 家庭、代际关系和性别关系 • 友谊、约会、爱情、伙伴关系 • 日常生活、家务活动、角色分工 • 庆祝活动、重大事件 • 食物、饮食习惯、健康饮食 • 食谱、营养形式 • 金钱、购物、价格比较、消费者保护、广告	可选专题： • 家庭在其他国家的重要性 • 多样性 • 群体互动 • 滥用兴奋剂

主题群 3：生活和生活环境

子主题： • 公寓、客房、家具、家居用品 • 居住地、方向、生活环境、会面地点、青少年活动中心 • 交通方式、交通工具、上学方式	可选专题： • 生活质量 • 生活和生活方式 • 生活在城市和乡村 • 基础设施 • 道路安全

主题语境 2：社会与公共生活

主题群 1：社会共存

子主题： • 生活条件、政治制度、公共机构 • 共同生活的规则 • 国籍、语言、文化多样性、族裔和/或宗教信仰 • 生命观 • 刻板印象、霸凌 • 数字和虚拟媒体 • 社会承诺	可选专题： • 目标语言其他国家的政治制度和生活条件 • 与文化和语言相关的误解 • 社交网络 • 口语、青少年语言

主题群2：学校、培训、职场	
子主题：	可选专题：
● 工作材料、教室、上学日、科目 ● 学校类型、学校系统 ● 国内外学校生涯、培训、学习、劳动力市场 ● 专业、实习 ● 职业规划、申请	● 学生交流、校际合作、国际项目 ● 海外实习 ● 海外经历 ● 留学 ● 职业流动性
主题语境3：文化与历史背景	
主题群1：传统和历史方面	
子主题：	可选专题：
● 节假日、节日 ● 饮食（当地美食） ● 独特性 ● 目标语言的传播 ● 对当前具有重要意义的历史事件和发展 ● 全球化和民族认同	● 民俗学 ● 目标语言其他国家/地区的区域特点 ● 愿景 ● 殖民主义
主题群2：文化方面	
子主题：	可选专题：
● 城市、地区、景点 ● 音乐、电影、文学、视觉艺术 ● 传统和当代艺术形式 ● 体育和重大活动	● 建筑 ● 展览、音乐会、戏剧、电影 ● 街头艺术、表演、数字艺术形式 ● 文化潮流和亚文化
主题语境4：自然与环境	
主题群1：地域方面	
子主题：	可选专题：
● 城市和国家 ● 地理环境 ● 动物和植物	● 旅游 ● 大城市设计

主题群 2：环境与生态	
子主题： ● 天气、气候 ● 人与自然、可持续性 ● 自身对环境保护的贡献 ● 发明、科学和技术	可选专题： ● 自然现象 ● 环境保护协会和倡议 ● 未来愿景

这些要求为德国本土的中学英语教材编写提供了顶层设计和方向引领。

2. 德国中学英语教材评述

2.1 德国主要中学英语教材系列评述

德国主要的英语教材出版社有 Klett 出版社（Ernst Klett Verlag GmbH）和康乃馨出版社（Cornelsen Verlag GmbH）等。Klett 出版社出版的中学英语教材系列有 *Green Line*、*Red Line*、*Blue Line*、*Orange Line* 等。*Green Line* 是专为文理中学（Gymnasium）的学生编写的，*Red Line* 和 *Blue Line* 是专为实科中学（Realschule）和主体中学（Hauptschule）的学生编写的，*Orange Line* 则是为预备定向级别（Orientierungsstufen）的学生编写的。Cornelsen 出版社出版的中学英语教材系列有 *English G 21*、*English G Access* 等，也是为不同的目标学生群体所打造的。此外，Diesterweg 出版社出版的 *Camden Town* 教材在德国的使用也比较广泛。

Klett 出版社的教材会为不同州打造个性化的版本，而 Cornelsen 出版社则往往会推出一套教材供各州选择使用。各州在选用教材上，会根据教材内容做出判断，如：教材中的 if 从句的例句是否涉及意识形态的问题、教材中是否体现足够的性别平等理念、教材的选文是否足够政治正确，等等（Ashford & Smith 2019）。

2.2 德国 *Green Line* 教材系列评述

在众多主流中学英语教材系列中，Klett 出版社出版的 *Green*

Line 教材⑦自二十世纪八十年代起首次推出，后经过多次修订、更新，2006 年出版了新编写的同名教材系列，已成为一个颇具影响力的教材品牌。该系列教材由 Klett 出版社聘请的多位资深英语教学专家（大多数为母语为英语的德国大学、中学教师或专职教材编写者）编写，曾两度获得由 Georg Eckert Institute 评比的"年度教材奖"。其中 *Green Line 1* 适用于初中学段 5 年级学生使用，逐级上升，直到 *Green Line Transition*（适用于 11 年级的学生），接下去的分册则是高中段用书 *Green Line Oberstufe*。出版社专门为一些州推出了专门的 *Green Line* 系列（如 *Green Line Saxony-Anhalt*、*Green Line New Bavaria*），以顺应各州不同的思想风格或政治倾向。

在以德国中学英语教材为分析评价对象的已有研究中，*Green Line* 系列（以下简称 GL）常被纳入研究对象之列。大多数此类研究围绕教材编写的科学性以及编写理念展开。

例如，Römer（2010）以语法中的进行体（progressive）为例，对比了口语语料库中的进行体用法功能分布比例和两套中学英语教材（*GL* 和 *English G*）中对话文本的进行体用法功能分布比例，发现两者之间有出入：教材中对使用进行体表重复动作的用法覆盖不足，而对使用进行体表非重复动作的用法呈现过多。

Syrbe & Rose（2018）从英语作为国际通用语的趋势出发，对三套德国初中英语教材（*GL*、*Camden Town* 和 *English G*）中英语表达的默认溯源、话语使用者、语言范式和规范及目标交际者等方面做了系统分析，发现教材中的英语几乎都以标准英式英语为主，在语言使用者和文化情境呈现方面较为单一、静态。

除此以外，多位学者对教材中的语用功能呈现做了分析评价。Ogiermann（2010）分析了 *GL* 中的礼貌教学案例，发现这套教材（尤其是初级分册）在这方面表现不俗，主要体现在：语用输入丰富，配有丰富的针对语用功能及礼貌得体交际的活动和练习设计，对课标要求覆盖充分。Limberg（2016）分析了 *GL* 以及 *English*

---

⑦ 参考网站：https://second.wiki/wiki/green_line_lehrwerksreihe

G21、*Camden Town* 三套中学英语教材共 18 本书中的以礼貌教学为显性目标的内容，虽然作者认为教材中的礼貌教学案例普遍性不够高，但是在三套教材中，*GL* 教材在各维度指标上均表现突出，在教学任务、练习和元语用知识提示方面的数据均优于另外两套教材的加总。

虽然从某一个研究视角开展的教材评价有褒有贬，但是在经过三十多年的使用、修订、改版、使用、再修订，*GL* 已经成为德国中学接受度和认可度都较高的教材品牌，其编写经验有许多地方值得我们挖掘、学习、借鉴。

3. *Green Line New E2* 教材评析

Green Line 系列中，有一套英语作为第二外语的课程教材 *Green Line New E2*（以下简称 *GLN*），与 *Green Line* 系列教材中的英语作为第一外语的课程教材编者团队基本重合，因此在编写理念、设计体例等方面都非常相似，此套教材在各州文理中学中广泛使用⑧，主要供第一外语为拉丁语族语言的同学选用。第一版于 1998 年推出，2004、2009、2015 年分别再版。

3.1 教材内容编排

3.1.1 教材各册主题安排

GLN 教材初中段共分为 5 册，分别对应德国的 5—9 年级。每册的单元由主题单元 (Unit)、聚焦单元 (Focus on ...) 和复习单元 (Revision) 组成，附录常包含补充页、语法、词汇等。以 *GLN* 第一册为例，单元分布如下：

---

⑧ 选用该套教材的联邦州（包含独立城市州）有：巴登 - 符腾堡州 (Baden-Württemberg)、巴伐利亚州 (Bayern)、柏林 (Berlin) 等。

表 2 **GLN 1** 教材单元分布表

单元	主题
0	Let's start
Focus 1	Focus on families
Unit 1	The Burtons and the Dixons
(Revision 1)	/
Unit 2	In town
Focus 2	Focus on numbers
Unit 3	Free time
(Revision 2)	/
Unit 4	Happy birthday
Focus 3	Focus on the UK
Unit 5	A weekend at the seaside
(Revision 3)	/
Unit 6	A week on a farm
Focus 4	Focus on English – a world language
Unit 7	Off to the USA!
(Revision 4)	/
Focus 5	Talking to friends
Appendix	<extra line>, Mediation, Grammar, Vocabulary, Dictionary

五册的单元分布情况如下：

表 3 **GLN** 五册教材的单元分布情况表

分册	主题单元 (Unit)	聚焦单元 (Focus on ...)	复习单元 (Revision)	附录 *
GLN 1	7+1**	5	4	EL, M, G, V, D
GLN 2	8	5	4	EL, M, G, V, D, O
GLN 3	7	4	6	EL, M, G, V, D, O
GLN 4	5	3	3	EL, G, V, D, O
*GLN 5***	5	0	0	S, G, V, D, O

　　*附录字母说明：G–语法附录；V–词汇附录；S–技能附录；M–语言沟通附录；EL–补充页附录；D–单词总表附录；O–其他（包括 Classroom phrases 课堂常用语，Irregular verbs 不规则动词附录，Glossary of literary terms 文学术语表）。

　　**GLN 1 除了 7 个常规单元外，还增设一个预备单元 Let's start。

　　***GLN 5 是以话题（Topic）的形式呈现单元的，全册 5 个话题，分别是 Growing up、Major minorities、Schooldays、South Africa、Living in a modern world，每个话题下设 3—5 个子话题。

3.1.2　单元板块结构

　　除第五册以外，其余四册的主题单元结构基本相同：由单元导入（Intro）、语言 A 板块（Language A）、语言 B 板块（Language B）、主课文（Text）、单元检测（Let's check）五大板块构成。

- 单元导入设置单元情境，通过多模态的形式导入单元学习任务，安排看、听、读、说、写等综合实践活动；

- 语言 A 板块提供第一个主题文本（1—3 级为有趣的对话文本、演讲稿、信件、海报、明信片、导游辞、论坛帖子、电子邮件、课堂讲义等；4 级为杂志文摘、小故事、长对话、说明文等），延续导入部分的情节推进，安排语法、词汇、语音等语言知识的学习任务，包括口笔头的练习活动以及涉及听、说、写等不同技能的个人或结对活动；

- 语言 B 板块提供另一个主题文本（1—3 级为有趣的对话文本、电子邮件、项目报告、访谈稿、短信聊天记录、网站发帖、网页；4 级为调查报告、个人陈述、报刊节选、演讲稿等），针对另外的语言点安排语法、词汇、语音等的学习任务，同样包括口笔头的练习活动以及涉及听、说、写等不同技能的个人或结对活动；

- 主课文往往篇幅更长、较多使用连续性文本，包括：低年级段的故事，中高年级的短篇小说节选、传说、电影脚本节选等，配以不同思维层次的阅读理解活动和语言学习活动，个别单元会额外提供歌曲、游戏等激发学生学习兴趣的材料和活动；

- 单元检测多为语言练习，包括看图说 / 写话、句子填空、句子改错、语篇段落选词填空、词汇分类等。

以 GLN 第二册第七单元 Heroes and heroines 为例。

单元导入（图 4）为六部经典电影主角的简介及电影配图，第一个任务要求学生读简介文字，与图片配对，教材给出语言范例供学生模仿，之后，要学生就这些角色说出更多已知的信息，并做出个人评判。第二个任务是听力任务，对话在四个学生间展开，他们在挑选电影碟片，学生需要听对话，记录他们在谈论哪些电影角色以及他们不选择相应电影的理由，同样给出了语言范例。第三个任务是全班活动，学生需要自己写下熟悉的电影角色，告诉同学一些相关信息，请大家猜。

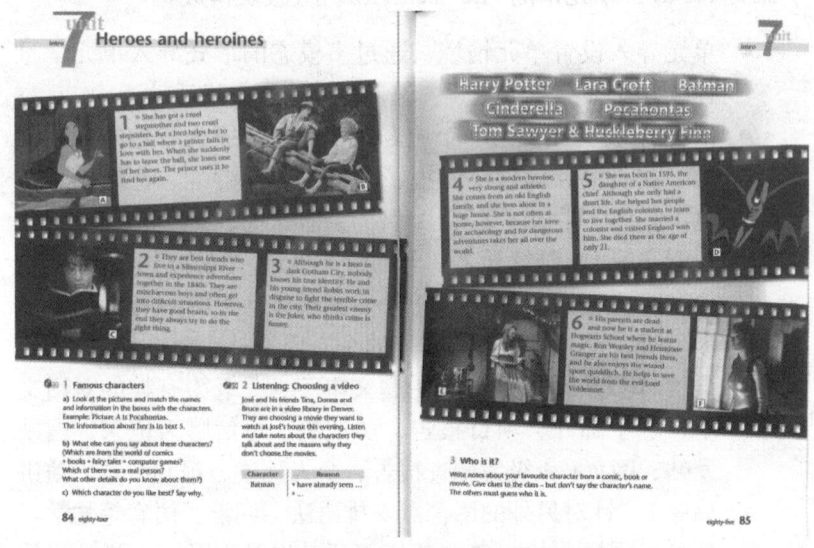

图 4　GLN 教材单元导入部分示例 (GLN 2 Unit 7, pp. 84–85)

语言 A 板块的主文本是四名青少年在一场聚会上的对话，相关学习活动有：根据对话内容回答问题（阅读理解）；对比学习形容词和副词的形式、意义、功能（语法）；将打乱顺序的单词排成句子，并将形容词改成副词（语法）；根据图片选用合适的副词描述人物的情绪状态和动作（语法）。

语言 B 板块的主文本是中学生 Tina 和动画制作人 Fred 叔叔的访谈文本，相关学习活动有：从访谈文稿中找出副词的比较级和最高级形式，对比语言 A 板块的基本形式，说出构成规则及相关发现（语法）；根据访谈稿用副词的正确形式填空，补全句子（语法）；趣味游戏，使用副词的最高级描述不同的人可以做的事（语法）；听独白并跟读，捕捉说话人的情绪，然后再找出句子中后面接了形容词的动词，仿写（语法）；句子填空，用正确的形容词或副词（语法）；段落选词填空，用形容词或副词形式（语法）。

主课文是一个传说故事 How Strong Wind found a wife，全文共有 900 多单词，配有四幅情节相关的插图，相关学习活动有：评价故事题目、根据配图写句子、评价并重写结尾（阅读理解）；选词描述故事主要人物、为每位人物写一个简短的介绍（阅读理解）；根据提示改写语段（语篇）；根据"汤姆·索亚和哈克贝利·费恩"故事的开头和结尾，展开想象，完成故事中间部分（创意写作）。

单元检测包含：为动词配相应的副词并造句（词汇）；根据给出的两个动词写出句子使其建立关联（词汇、句法）；使用合适的副词看图写话（语法）；用形容词的基本形式、比较级、最高级和副词的相关形式进行对话语篇选词填空（语法）。

可以看出，*GLN* 教材的单元语言输入量非常大，不仅有阅读文本，还包括听力文本和多模态语篇。此外，单元的学习活动较为侧重语言知识的学习和训练（语音、词汇、语法），也比较注重听、说、读、写技能训练的高阶思维活动。

此外，教材聚焦单元往往是就某一个语言学习的热点话题集中呈现类型丰富的小语篇，帮助学生获取相关知识、扩充主题相关语言表达（尤其是词汇知识），并能就该话题展开一定的讨论，联系自身经历进一步表达。

以 *GLN* 第二册的 Focus 4: Focus on traditions 为例（图 5）。课文呈现了来自不同文化背景但都居住在美国科罗拉多州丹佛市的五名青少年各自文化的传统习俗：墨西哥、丹麦、中国、匈牙利和美国印第安人。相关学习活动有：找出他们的国家、国籍、传统习俗，写入表格（阅读理解）；听关于前一活动中列出的一些传统习俗的三个访谈，记笔记（听力理解）；介绍自己国家庆祝圣诞节和新年的传统习俗（口语表达）。

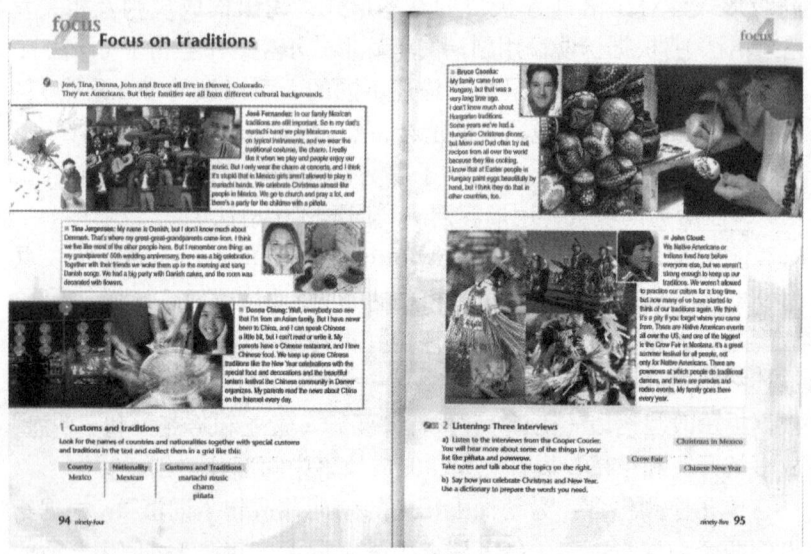

图 5 *GLN* 教材聚焦单元示例 (*GLN 2* Focus 4: Focus on traditions, pp. 94–95)

　　教材的复习板块（Revision）往往会针对性地帮助学生复习前面 2 个单元中涉及的语法及词汇知识，活动形式丰富多样。

3.1.3 教材附录

　　附录部分的容量几乎与主体单元部分相当。以 *GLN* 第二册为例，教材主体单元共有 109 页，附录部分 103 页。附录包括 6 个补充页（Extra line），9 项语言沟通活动（Mediation），语法附录（Grammar）（包含全书语法术语表和各单元语法项目详解），词汇附录（Vocabulary）（包含各单元的词汇学习指导），单词总表附录（Dictionary），以及课堂常用语（In the classroom）和不规则动词表（Irregular verbs）。

3.2 教材编写理念和特色

这套教材封底页列出四条该教材的特色：

- 强大的文本，全面的练习内容
- 系统、透明的结构，根据欧洲共同参考框架编排的、扎实的基础知识
- Let's check 和 Revision 部分有助于全面复习
- 有效的学习和工作技巧

笔者看来，这套教材的特色远不止于此。我们发现 *GLN* 突出体现了以下编写理念和特色：

3.2.1 聚焦目标语文化

这套教材从主题选择、选文和装帧设计等方面都体现出对英语为母语的文化的关注，如表 4 所示。

表 4 *GLN* 教材中的显性目标文化要素

分册	地图	单元情境大背景	整版插画	国家相关主题
1	英国、美国	英国伦敦、诺丁汉；美国纽约	英国货币	Focus on the UK; Off to the USA!
2	英国、美国、欧洲、伦敦	英国湖区、伦敦	伦敦地铁线路图	A Week in the Lake District; Focus on British history; London
3	澳大利亚、新西兰、美国	英国威尔士、美国西雅图	澳大利亚风土人情及地标建筑	A holiday in Wales; Focus on British history; Focus on regions of the USA; In and around Seattle; Sports in the US; Down Under; New England; Focus on the New World
4	英国、加利福尼亚州、美国国土扩张图、美国地图	美国	/	Focus on the early years of the US; Native Americans then and now; The Golden State

| 5 | 世界英语国家、约翰内斯堡、索赤托、南非共和国 | 英国、南非 | / | South Africa: The Rainbow Nation |

单元选文和配图涵盖各英语目标语国家的生活日常、社会现状、文学艺术、风景名胜、城市地貌、历史发展，对目标语文化进行了全方位、多角度的介绍。

尤其值得一提的是，教材中的地图也充满了青少年喜爱的卡通元素，地图上绘制了丰富的文化象征，帮助学生感知目标语国家文化。

这样的主题设定和文化定位与课程标准的要求是相一致的。以巴伐利亚州的课程标准为例，其英语课程内容概述（巴伐利亚州教育文化部 2010: 21）规定，初中年级的文化学习和区域研究重点依次是：

- 5—6 年级：英国和美国的日常文化和地理概况，对文化差异持开放态度
- 7—10 年级：(1) 英国和美国的地区细分、种族多样性、青年文化、教育、工作和专业环境；(2) 其他英语国家；(3) 英国和美国历史的重要时期；(4) 当前热点话题和发展；(5) 容忍其他的思维方式；(6) 审视自己的价值观
- 11/12 年级：(1) 基于以下主题的英语文化多样性（考虑到当前热点话题和发展）：社会与政治生活，经济，环境、自然、科学、技术，价值观和标准，艺术、文化、媒体；(2) 认可更高层次的关系；(3) 在英语世界自主学习。

可见，主要英语国家及其相关社会文化生活、地理特征、历史变迁等是德国课程标准强调在英语课程中着重学习的内容，教材对标落实。

3.2.2　插图设计及多模态语篇输入相得益彰

教材中图像和文本两种模态的互融互现互动可体现编者、教材中的角色和使用者之间的意义沟通（negotiation），可以辅助达成对

使用者在情感、态度、价值观等方面的教育目标以及跨文化交际意识和能力的培养目标（Weninger 2021）。

　　GLN 教材中的语言输入并不局限于文字形式的对话或连续性语篇，而是有大量的多模态语篇输入，体现了语言技能融合的教学理念。

　　教材中的插图采用了真实照片、卡通插画、漫画等穿插的方式，承载不同的功能，有效增强教材的可读性和吸引力。真实的人物照片、场景照片、真实的海报、影片图片等用于呈现单元情境和主要人物、增强真实性和交际互动性；故事情节插画、学习活动的卡通插画配图和附录部分的插画解释分别生动、形象、准确地反映了学习内容的背景信息或情节推进，为学习活动提供了信息来源或支架辅助，或精准阐释语言点，有助于学习活动的开展；偶尔出现的漫画则有效增加了教材的趣味性。教材中的插图绝大多数都是学习内容类图像和促进理解类图像，鲜有装饰版面类图像（程晓堂，丛琳 2020），但插图的比例并不低，且有一些页面有大开页的多模态图文呈现，很有冲击力和吸引力，可读性很高。

　　以下是教材中多模态图文呈现方式示例：

表 5　GLN 教材中的插图形式示例

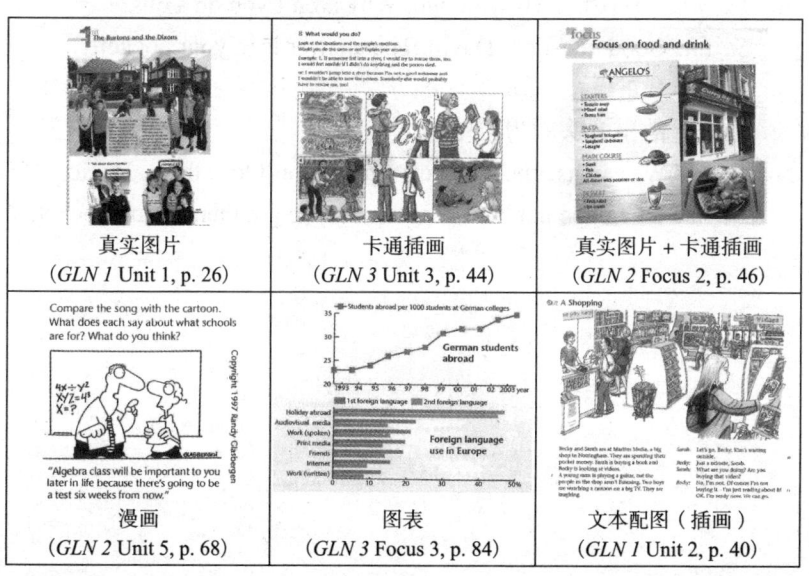

真实图片	卡通插画	真实图片 + 卡通插画
（GLN 1 Unit 1, p. 26）	（GLN 3 Unit 3, p. 44）	（GLN 2 Focus 2, p. 46）
漫画	图表	文本配图（插画）
（GLN 2 Unit 5, p. 68）	（GLN 3 Focus 3, p. 84）	（GLN 1 Unit 2, p. 40）

3.2.3　文本真实有趣，形式多样，可读性强

GLN 教材的语言输入量较同类教材要大，将 GLN 第二、三册和上海市初中牛津英语教材八、九年级四册教材进行对比发现，GLN 系列的阅读文本数（册均 34.5 篇）明显大于牛津教材（册均 14.25 篇），且 GLN 教材的选文篇幅平均比牛津英语教材长 3—10 倍。

不论是歌曲、对话文本还是故事性文本，亦或是原版读物节选，这套教材的选文都体现出如下特点：语言地道、真实自然、趣味性强、值得回味。

以 GLN 第一册第二单元的主课文为例，全文 493 词，已远远超过我国高中一年级英语教材的课文长度（约 350 词）。故事的情节从四个同学购买四张公交车一日票开始，他们乘车到达购物中心的时候，发现人太多了，于是决定转去城堡花园游玩。大家决定兵分两路：David 和 Jenny 步行前往目的地，Sarah 和 Robert 乘坐公交车前往。步行的两人刚离开不久，公车就来了，天也开始下起了雨。最后一定是 Sarah 和 Robert 先到吧？没想到结局却是，在 David 和 Jenny 到达十分钟后，Sarah 和 Robert 才浑身湿淋淋地跑到目的地。这是为什么呢？

David: Oh, yes. ... Hi, you two. Why aren't you on a bus?

Sarah: Good question, David. The answer is in your pocket!

David: Huh?

原来，故事开头就为结尾埋下了伏笔：

Sarah: We can use those tickets again. Don't lose them, David.

David: Of course not. I'm not stupid! I've got them in my pocket.

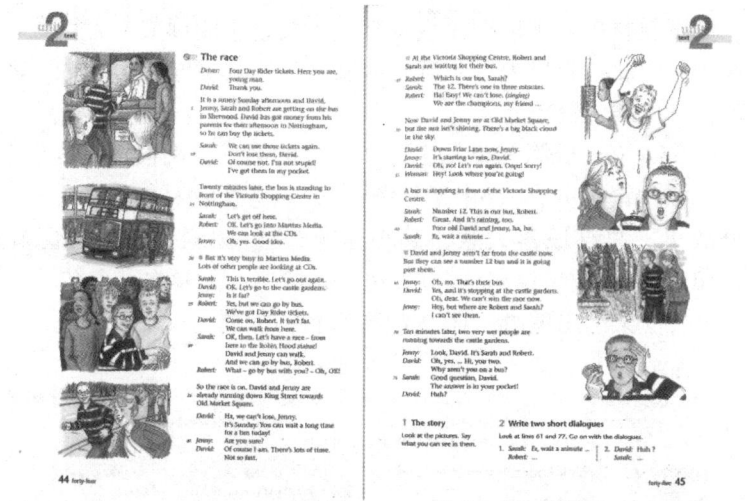

图6 *GLN* 教材对话文本示例 (*GLN 1* Unit 2 主课文 The race, pp. 44–45)

除了生动有趣的对话文本，*GLN* 还选用了许多经典、有趣、发人深省的作品，如：罗宾汉的故事节选、美国印第安人的传说故事、亚瑟王和圆桌骑士的故事、1980 年美国圣海伦火山爆发事件回忆录、Doris Pilkington 的《漫漫归家路》(*Rabbit-proof Fence*) 小说节选、美国电影 *The Ransom* 文字片段、讲述廉价劳动力的新闻报道节选、美国青少年畅销小说作家 Todd Strasser 的《赛车部落》(*Asphalt Tribe*) 小说节选、Mary Whitebird 的 "Ta-Na-E-Ka" 节选，等等。

3.2.4 教材活动编排侧重语言知识训练，思维含量高，交际性强

GLN 教材对语言知识的重视程度很清晰地反映在教材的活动设计方面，尤其是语法知识的教学，都是在相关语境下融合在语言技能训练中的，并无单独设立的"语法板块"，不仅如此，阅读文本后设计的任务除常规阅读类任务外，还有不少听力、口语、写作等技能融合型任务和语音、游戏类任务，体现了非常强的交际性和技能互融特征。

鉴于教材单元中前四个板块都是主要基于阅读文本 / 多模态语言输入，因此，教材为每一篇文本都设置了多项与阅读相关的学习活动，且思维含量较高。

以 GLN 第二册第三单元主课文部分的第一个阅读活动为例（见图7），该阅读任务含有6个子任务：(a)思考作者写作意图；(b)读部分故事，总结段落大意，起小标题；(c)预测接下来的情节走向；(d)读两个故事结尾；(e)表达个人情感：更喜欢哪个结尾，并结合语言支架给出理由；(f)为故事起新的标题。

1 Reading practice

When you read a text, you ask and answer a lot of questions: What does the title make you think of? Who wrote the text and why? What is the text about? etc. It helps if you read the whole text first to find out what it is about and then look at each paragraph again.

a) Why do you think Robert wrote the story?

b) Look at the first part of the story. Write down in one or two sentences what each paragraph is about and find a heading.

c) Now say what you think will happen next.

d) Now read the two endings to the story (A and B) on page 42.

e) Which of the two endings do you prefer? Say why. You can use these phrases:

▶ Ending A/B is better than .... .
▶ It's nicer/more realistic/more interesting/more exciting/... . It isn't so ... .
▶ I like / don't like stories that ...

f) Can you find a better title for the story?

图 7　GLN 教材的阅读任务示例 (GLN 2 Unit 3, p. 43)

(a)、(b)、(c)均为推断理解型内容类任务（问答形式），(e)和 (f) 为个人回应型情感类任务（个人喜好和理由 / 评价、提出建议），可对应新布鲁姆认知维度目标分类中的评价、创造类高阶思维层级（Anderson & Krathwohl 2001）。

3.2.5　语言沟通 (Mediation) 活动赋予交际任务新视角

语言沟通活动（Mediation）可以说是 GLN 教材的一大亮点。基于德国课程标准的要求，语言沟通作为现代外语课程教育能力模型中一大重要的功能交际能力，必须要被教材编写者所重视，并体现在教材编写中。简单来说，语言沟通（Mediation）是指在涉及多种不同语言使用者交际的情况下，能理解其中一种语言的信息，并用另一种语言表达，达成交际的目的。

以 GLN 第二册的语言沟通活动附录 1 为例（中文部分在教材中都用德语呈现）：

这个任务最好由两人一组或者三人一组完成。你们扮演的角色：其中一个是德国的交换生，另一个是交换生在英国的寄宿家庭 Smith 一家。Smith 一家有一个女儿和 / 或儿子。客人有一大堆问题要问主人。表演下列主题的英语对话：

● 到达寄宿家庭：问好、介绍、认识 ● 家庭情况：日程安排、住处、和德国相比不同的规则 ● 关于学校日常的信息：上学时间、作息安排、和德国学校相比的上学路 ● 业余时间：喜欢和不喜欢的事情、参加个人活动或者俱乐部活动、家庭宠物	例如： Mr Smith: Hello, how are you? Stefan: Fine, thanks. And how are you? My name is Stefan. It's nice to meet you. Mr Smith: Nice to meet you, too. Welcome to Nottingham, Stefan. Alex Smith: This is my sister Fiona. Stefan: Hi Fiona. ...

示例 1　*GLN* 教材中语言沟通（Mediation）活动示例（*GLN 2* Mediation, p. 116）

3.2.6　教材附录为学生提供充足的自主学习素材和策略支持

补充页（Extra line）的形式非常丰富，包括小测试、诗歌、公共标识、知识问答、事实信息等，均配有相应的活动。以 *GLN* 第二册 Extra line C 为例：该页包含 3 个活动，分别展示了不同地区、不同功能的公共标识，请学生就这些标识完成相关任务，如：解释其意义、说出在什么地方能看到这些标识、选择标识编写对话、参考趣味标识解读给出真实的标识解读、自创趣味标识解读等。

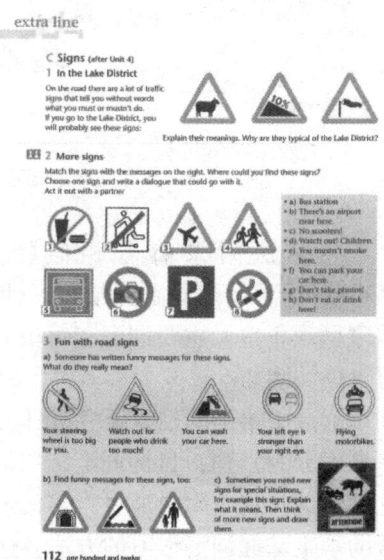

图 8　*GLN* 教材补充页内容示例
（*GLN 2* extra line C, p. 112）

　　语法附录（Grammar）部分首先给出了使用说明，接着详列了全书中的主要语法术语、例子和德语对应表述，并分单元详述了各语法点的要点规则、形式和用法。在语法说明部分，*GLN* 教材并没有延续常见语法书中的规则罗列形式，而是通过规则、示例、英德语对比、图例/示意图、漫画、警示等丰富的形式帮助学生理解语法的使用，提高母语和目标语的对比意识（鼓励正迁移、规避负迁移），提高语法学习兴趣和语法知识的运用能力。

　　以 *GLN* 第二册的语法附录 G4 为例（中文部分在教材中都用德语呈现）：

以 **-er**、**-est** 结尾的形容词比较级、最高级

The comparison of adjectives with *-er* and *-est*

　　我们可以将形容词分级用来比较人、动物或事物。

　　单音节形容词和一些双音节形容词在英语中与德语相似：小（klein），更小（kleiner），最小（am kleinsten）。

This animal is small.　　This animal is smaller.　　This animal is the smallest.

示例 2　*GLN* 教材中的语法附录示例（*GLN 2*, p. 126）

　　和语法附录有着相似特点的是 *GLN* 教材的词汇附录（Vocabulary）。附录首先给出了使用说明和音标列表，接着按单元顺序呈现各单元主要词汇。每单元的词表前还会罗列出几条词汇学习策略（诸如：掌握少量多次原则，用词汇记录本，区分高低频词，利用附录中给出的拉丁语、法语同源词记忆，区分词汇难度类型等）。单词表分为三列：目标词汇、单词注解和对应德语表达。在"单词注解"这一列，附录通过丰富的形式提供多种词汇学习策略，真正帮助学生掌握词汇学习的方法，达到"授之以渔"的目的。

　　以 *GLN* 第二册的词汇附录为例：

表 6 *GLN* 词汇附录部分示例

词汇策略	示例（中文部分在教材中都用德语呈现）		
● 例句	although [ɔːlˈðəʊ] close [kləʊs] probably [ˈprɒbəbli]	Jenny's father speaks very good English *although* he's German. The basketball match was very *close* – we won 98-96. They're playing really well today. They'll *probably* win.	obwohl eng, knapp wahrscheinlich
● 语用知识	Would you like ...? [ˌwʊd jə ˈlaɪk]	ⓘ *'Would you like?'* klingt höflicher als *'Do* *you want?'*	Möchtest du/möchten Sie/ möchtet ihr ...?
	"*Would you like* ...?" 听起来比 "Do you want ...?" 更礼貌。		
● 多语比较	history [ˈhɪstəri]	In this subject you learn about the past. ⌕ *French: histoire f; Latin: historia f*	Geschichte
	法语和拉丁语中的 history		
● 同义词对比	Sprechen ... ... neutral to speak — sprechen to say — sagen to talk (about) — reden, sprechen (über) to tell — sagen, mitteilen, erzählen to ask — fragen to answer — antworten ... auf eine bestimmte Art to call — rufen to shout — schreien, rufen to scream — schreien, kreischen to cry — schreien, weinen to laugh — lachen ... und gleichzeitig handeln to ask for — bitten um to offer — anbieten to agree — zustimmen to explain — erklären to interview — interviewen to invite — einladen to cheer — jubeln to joke — scherzen		
	"说……"（1）中性的 （2）以某种方式 （3）伴随动作		
● 图示			

词汇活动／游戏	**3 a)** Finde Reimwörter für die folgenden Wörter: cake letter to phone to bring mouse to bark door **b)** Mit deinen Reimwörtern kannst du dann Reimpaare oder Verse machen, z. B.: Let's <u>take</u> a <u>break</u> and <u>make</u> a <u>cake</u>. 为下列单词找押韵的单词
聚焦特定学习困难	**Jahreszahlen** 1492 fourteen hundred and ninety-two *oder* fourteen ninety-two 1776 seventeen hundred and seventy-six *oder* seventeen seventy-six 1900 nineteen hundred 1902 nineteen hundred and two *oder* nineteen-oh-two 1945 nineteen hundred and forty-five *oder* nineteen forty-five 2000 two thousand 2006 two thousand and six *oder* two thousand six 年份
动词常见搭配	to go ... to get ... ... on holiday in die Ferien fahren ... out of the car aus dem Auto steigen ... rowing rudern gehen ... far weit kommen ... downstairs nach unten gehen ... foggy neblig werden ... for a walk einen Spaziergang machen ... wetter and wetter immer nasser werden ... wrong schief gehen ... out one's mobile sein Handy herausholen ... on weiter machen ... up aufstehen ... to sleep einschlafen ... to school zur Schule gelangen The Norman went first. The path will get us to the car. Der Normanne kam als erster dran. Der Weg wird uns zum Auto führen. That scooter goes really fast. The weather won't get any better. Der Roller fährt wirklich schnell. Das Wetter wird nicht besser werden.
反义词	water — fire; happy — unhappy/sad; more — less; to be born — to die
建立词汇间关联（派生、词性转换）	hero — heroine; to imagine — imaginative; to stop — a stop; fact — in fact; high — height; milk — cheese — butter

3.2.7 大量使用母语（德语），鼓励正迁移，提示负迁移

  与芬兰、荷兰、瑞典、挪威等许多欧洲其他国家相似，德国在英语教材的编写上并不规避母语的使用，而且母语出现的比例和频率都非常高：欢迎页（教材说明）、目录页、语法附录和词汇附录的说明几乎是全德语，且注重提示学生关注英德双语在词汇、语法方面的相同点、不同点和易混淆之处；课文中的语言注释用的是德语；语言沟通（Mediation）活动需要进行大量的"德语—英语"转换；单元内部分活动会通过指令语提醒学生积极利用英德语之间的正迁

移学习，如：Which two ways are there to make the comparative and superlative forms of adjectives? (One way is almost like the German way, the other is different.) (*GLN 2*, p. 22)；一些活动关注英德双语之间的负迁移，帮助学生引起注意，如：Try to translate these German phrases correctly. Es is mir Wurst. (≠ It is me sausage.) ... (*GLN 3*, p. 35)。

3.3 配套资源

GLN 教材的配套资源丰富，但也相对传统，除了学生用书、教师用书、练习册、课堂 CD 和幻灯片以外，还有配套的应试手册 (Trainingsbuch)、语法手册 (Grammatisches Beiheft)、教学讲义 (Handreichung für den Unterricht)、配套听力和 CD (Hörverstehen-CDs zum Schulbuch) 等，作为教师教学、学生自主学习和课后练习资源。

4. 结论和启示

结合 Tomlinson & Masuhara (2018: 130–131) 提出的 14 条英语教材评价通用标准来看 *GLN* 这套教材，各项均可得到较高的评分：

1. 教材应让学习者接触到真实使用中的英语口语素材；
2. 教材应让学习者接触到真实使用中的书面英语素材；
3. 教材应要求学习者用英语进行有目的的交际；
4. 教材应要求学习者用英语参与真实的互动；
5. 教材应鼓励学习者在课外寻求英语交际体验；
6. 教材应为学习者提供机会，让他们自己发现英语是如何用于交际的；
7. 教材应在情感上具有吸引力；
8. 教材应在认知上具有吸引力；
9. 教材应为所有学习者提供能力可及的挑战；
10. 教材应让学习者接触各种文本类型；
11. 教材应让学习者接触各种任务类型；

12. 教材应将文本作用发挥最大化（反复利用文本教授不同语言目标）；

13. 教材应为学习者提供选择文本的机会；

14. 教材应为学习者提供选择任务的机会。

教材作为教师教学资源和手段中最重要的一种，是课程内容和教学理念的实质体现，值得深入研究。通过对德国中学英语教材 *Green Line New E2* 的分析，我们可以总结出如下经验，值得在我国中学英语教材编写过程中借鉴学习：

首先，在单元设置方面，可以突破传统的单元模式，设置特色鲜明的一些聚焦单元或复习单元，以满足不同的学习目的。

其次，在附录编排方面，可以突破传统的简化做法（罗列语法术语、极简字典式词汇表），将语法附录和词汇附录做成生动的学习资源，灵活嵌入插图、拓展资源，融入词汇和语法学习策略，鼓励学生自主学习和课外拓展，真正发挥教材的学材作用。

再次，在插图配置方面，可以尝试真实图片、卡通插图、漫画及图文搭配，以满足不同的教学功能，丰富教材的信息呈现模态，提高可读性和吸引力。

另外，在文本选择方面，需要针对目标学习者的年龄特征选取真实有趣、贴近生活、富含新知、引发深思、经典乐读的文本，确保教材文本的真实性、经典性、趣味性和可读性。同时确保输入量，适当将文本长度的范围拉大，保证一定的伸缩性和灵活性。

同时，在活动设计方面，需要保证高阶思维训练的比例，结合学生生活实际，创设一定的评价、创造类活动，注重活动的趣味性、体验性、真实性和交际性。在情境创设、聚焦语言交际的同时，关注语言知识的学习和训练。适当可考虑引入母语和目的语对比的相关活动，可参考 *GLN* 教材特色的语言沟通活动，帮助学生提高跨文化交际意识和语用意识。

参考文献

［1］ Anderson L W(Ed.), Krathwohl D R(Ed.), Airasian P W, Cruikshank K A, Mayer R E, Pintrich P R, Raths J & Wittrock M C. *A Taxonomy for Learning, Teaching, and Assessing*: *A Revision of Bloom's Taxonomy of Educational Objectives* (Complete edition). New York: Longman, 2001.

［2］ Ashford S & Smith T. Seminar on EFL textbook development in Germany. Shanghai Center for Research in English Language Education, 2019.12.10.

［3］ Bayerisches Staatsministerium für Unterricht und Kultus（巴伐利亚州教育文化部）. 2010. *Der Lehrplan für das Gymnasium in Bayern im Überblick*（巴伐利亚州文理中学课程一览）. Staatsinstitut für Schulqualität und Bildungsforschung München（慕尼黑公立学校质量和教育研究所）.

［4］ Bildungsstandards für die fortgeführte Fremdsprache (Englisch/Französisch) für die Allgemeine Hochschulreife (Beschluss der Kultusministerkonferenz vom 18.10.2012)（《普通高等教育入学资格外语（英语 / 法语）教育标准》）. https://www.kmk.org/fileadmin/veroeffentlichungen_beschluesse/2012/2012_10_18-Bildungsstandards-Fortgef-FS-Abi.pdf.

［5］ Limberg H. 2016. Teaching how to apologize: EFL textbooks and pragmatic input. *Language Teaching Research*, *20* (6): 700–718.

［6］ Niedersächsisches Kultusministerium. Englisch Materialien für kompetenzorientierten Unterricht im Sekundarbereich I（初中教育能力导向型课程教学的英语材料）[Z]. Hannover. https://www.nibis.de/datenbank_3790.

［7］ Ogiermann E. 2010. Teaching politeness with *Green Line New?*. In Engelhardt M & Gehring W (Eds.), *Fremdsprachendidaktik. Neue Aspekte in Forschung und Lehre*, 117–134. Bis Verlag.

［8］ Römer U. Using general and specialized corpora in English language teaching: Past, present and future. In Campoy-Cubillo M C, Bellés-Fortuño B & Gea-Valor M L. (eds.), *Corpus-Based Approaches to English Language Teaching* (p. 1835). New York: Continuum, 2010.

［9］ Syrbe M & Rose H. 2018. An evaluation of the global orientation of English textbooks in Germany. *Innovation in Language Learning and Teaching*, 12 (2): 152–163.

［10］ Teil C – Moderne Fremdsprachen (Jahrgangsstufen 1–10).（C 部 分： 现 代

外语课程标准 1–10 年级）. https://bildungsserver.berlin-brandenburg.de/ fileadmin/bbb/unterricht/rahmenlehrplaene/Rahmenlehrplanprojekt/amtliche_ Fassung/Teil_C_Mod_Fremdsprachen_2015_11_16_web.pdf.

[11] Tomlinson B & Masuhara H. *The Complete Guide to the Theory and Practice of Materials Development for Language Learning* [M]. John Wiley & Sons, 2018.

[12] Weninger Csilla. 2021. Multimodality in critical language textbook analysis. *Language, Culture and Curriculum*, 34 (2): 133–146.

[13] Zhang X & Su X. 2021. A cross-national analysis of cultural representations in English textbooks used in China and Germany. *SN Social Sciences*, 1 (4): 1–19.

[14] 程晓堂, 丛琳. 英语教材编写中图像资源的设计与使用 [J]. 课程·教材·教法, 2020（8）：78–85.

[15] 谷峪. 论德国教育 [M]. 长春：吉林教育出版社, 2012.

[16] 束定芳. 德国的英语教学及其对我国外语教学的启发 [J]. 中国外语, 2011, 08：(1).

[17] 杨明, 赵凌. 德国教育战略研究 [M]. 杭州：浙江教育出版社, 2014.

[18] 张金秀. 德国中小学英语教育特色及对我国英语课程改革的启示——以德国巴符州英语课程为例 [J]. 英语教师, 2015(8)：26–31.

教材列表：

[17] Hellyer-Jones, Rosemary, et al. 2004. *Learning English – Green Line new E2. [Band 1] Englisch 2. Fremdsprache.* Stuttgart: Klett Verlag.

[18] Ashford, Stephanie, et al. 2005. *Learning English – Green Line new E2. [Band 2] Englisch 2. Fremdsprache.* Stuttgart: Klett Verlag.

[19] Ashford, Stephanie, et al. 2006. *Learning English – Green Line new E2. [Band 3] Englisch 2. Fremdsprache.* Stuttgart: Klett Verlag.

[20] Ashford, Stephanie, et al. 2006. *Learning English – Green Line new E2. [Band 4] Englisch 2. Fremdsprache.* Stuttgart: Klett Verlag.

[21] Ashford, Stephanie, et al. 2008. *Learning English – Green Line new E2. [Band 5] Englisch 2. Fremdsprache.* Stuttgart: Klett Verlag.

挪威初中英语教材研究报告

宁波大学　*励哲蔚*

1. 挪威基础教育情况概述

挪威属于北欧国家，其官方语言为挪威语。挪威虽然是非英语国家，但由于北欧与英国的历史渊源，英语在挪威也是通用语言，超过90%的挪威人都能够讲英语 (Sen Nag 2017)，且熟练程度较高，挪威2019年的英孚英语熟练度指标 (EPI) 在全球100个国家和地区的排名中位列第三[①]。

挪威政府一直都非常重视教育。挪威政府认为，应让每个公民都能获得所需的知识与能力，国家的发展依赖于这种充足的人力资源（吴雪萍，史犁娟2004)。挪威政府为初等和中等教育确定了以下三个目标：学生应拥有良好的包容性学习环境，学生应掌握基本技能和扎实的学科知识，更多的学生和学徒应完成高中教育和培训 (Quality in Norwegian Early Childhood and Care, Schools and Vocational Education and Training 2018)。挪威教育部颁布了关于学校课程、教育目标、课程教学的持续时间和内容、以及教学实施的规定。学生必须积极参与到学习情境中来，教学人员必须根据教育法颁布的学科课程组织和实施教学 (NMER 1998)。

挪威具有制定国家课程指导方针的长期传统，第一个小学课程指导方针出现于1890年。自第二次世界大战以来，分别于1969年、

---

① https://liuxue.ef.com.cn/__/~/media/centralefcom/epi/downloads/full-reports/v9/ef-epi-2019-chinese-simplified.pdf

1974年、1987年、1997年和2006年颁布了义务教育阶段的课程大纲（Sivesind & Westbury 2016）。目前挪威正在进行新一轮的课程修订。

1997年，挪威进行了义务教育阶段改革，将小学的入学年龄从7岁降为6岁，并开始实行10年义务教育政策，其中小学段（primary school）为1—7年级（6—12岁），初中段（lower secondary school）为8—10年级（13—15岁）。开设有挪威语、数学、科学、英语、宗教与道德、体育、音乐、手工艺等课程。高中段分为普通学习方案（Vg1）和职业教育方案（Vg2），普通学习方案为11—13年级，职业教育方案（11—14年级）采用"2+2"模式，即两年普通课程加两年学徒身份职业教育。

2006年，挪威以"知识提升"（Knowledge Promotion）为主题，开展了新一轮义务教育课程改革，制定了新的国家课程标准，并确立了新的国家核心课程（Core Curriculum）。核心课程阐述了《教育法》目标条款中的核心价值观以及中小学教育和培训的首要原则。国家课程又分为具体的学科课程（Subject Curricula），包括每个学科课程的目的、主要课程领域、教学时数、基本技能、完成2、4、7、10、Vg1/Vg2各年级学习后应达到的能力目标、评估等（NMER 2006）。

2013年6月挪威政府任命了一个委员会，从未来职业生活和社会能力要求的角度评估中小学教育和培训的科目，2015年6月15日，挪威教育部发布报告——《未来的学校：学科和能力的更新》。该委员会建议将四个方面的能力作为更新学校内容的基础：学科能力、学习能力、交流、互动和参与能力、探索和创造能力（NMER 2015）。2016年4月15日，挪威政府宣布将更新学校的科目，并开始着手更新相关课程的大纲。新的课程大纲于2020年秋季开始陆续实施，其中义务段课程于2020年8月开始实施。

挪威学校将英语作为第一外语。Bakken（2017）研究了挪威1939—2013的英语课程教学大纲。1939年，英语作为必修课程开始在7年制普通学校的6—7年级开设，1957年提出了"全民英语教育"的初步计划，这一计划在1960年和1964年的实验教学大纲中得到进一步发展，英语作为选择性必修课程在初中阶段开设。1974年的教学大纲首次对初中阶段的英语教学进行规范，不再按能力进行分流，即所有学生必须在初中阶段修读英语课程。自 1992 年起，英语作为必修课从小学三年级开始开设（West, Edge & Stokes 1999）。1997 年课程改革后，从小学一年级起开始开设英语（吴刚 2014），但是在小学低年级，学校还是可以根据本校教师的情况自由安排，通常是在 1—3 年级之间开始开设英语课（NMER 2004）。在 2006 年和目前实施的 2013 年修订的英语课程大纲中，英语是从小学一年级开始一直持续到高中教育普通课程（11 年级）和职业课程（11 和 12 年级）的必修科目。

挪威的学时以 60 分钟为一学时计算，目前初中阶段（8—10 年级）英语课程的规定总学时是 222（NMER 2013），按每学年 35—36 周计算，也就是平均每周约 2 学时。

2. 挪威初中英语教材概述

在挪威，越来越多的跨国接触、跨国旅行和交流提高了学生的英语熟练程度和自信心，但由于英语并不是挪威的官方语言，挪威的英语教育并不属于 ESL（英语作为第二语言），而是属于 EFL（英语作为外语）的范畴（Rindal & Piercy 2013）。Ellis（2015）认为 EFL 通常通过课堂教学进行学习，而在日常生活中没有机会或只有有限的机会使用第二语言。在外语教学课堂中，教材是所有教学活动的中心（Nordlund 2016）。在挪威的中小学，教材是英语课堂的主要教学材料。Drew, Oostdam & van Toorenburg（2007）调查了来自 153 所挪威小学的英语教师，发现 70% 的英语教师除了教材之外不使用其他教学材料，另有 16.3% 的老师以教材为主要教学材料；Ibsen & Hellekjær（2003）对 65 名挪威初中英语教师的调查显示，98% 的教师严重依赖教材。因此，教材的质量对中小学英语教学有着重要的影响。

Repoussi & Tutiaux-Guillon（2010: 160）从国家是否有正规的教材审核体系、国家是指定教材还是推荐教材，以及指定或推荐的教材的数量等方面分析了各国教材审核体系的五种模式：(1) 官方审核、唯一指定教材，(2) 官方审核、多种指定教材，(3) 官方审核教材和非官方审核教材并存，(4) 官方推荐教材，(5) 无官方审核，教材由出版商开发。这五种模式体现了国家对教材的不同控制程度。国家教材审核制度能够较好地保证教材的质量，使得教材能较准确地反映国家课程的要求。而放松教科书审批制度，目的是让教师可以选择最适合学生的教科书，并在他们认为合适的情况下使用这些教科书 (Reichenberg 2016)。

挪威自 1860 年起就实行教材官方认证制度。这一任务由一个审核委员会在特别任命的审查员的帮助下完成，但是由于国家教育政策的变化，教材国家审核制度在 2000 年 6 月被废止 (Lund 2006；Reichenberg & Andreassen 2018)，也就是说挪威的教材审核目前属于第五种模式。目前，学校和教师可以自由选用任何教材。

随着教材管制的撤销，出版商开始在竞争激烈的教科书市场运作，向教师提供大量教学材料，同时教师在选择和使用教材方面有了更多的自主权 (Reichenberg 2016；Wilkens 2011)。尽管如此，鉴于长期以来从有限数量的授权教材系列中进行选择的传统，在挪威，学校和教师会选择由挪威主要出版社出版的教材 (Lund 2006)。

近年来，通过合作协议、收购和兼并，挪威图书业的集中和一体化程度较高。挪威最大的四个出版公司是 Cappelen Damm, Gyldendal, Aschehoug 和 Vigmostad & Bjørke (Opsahl, et al. 2019)。这四家公司占有挪威图书市场 80% 的份额 (2016 年)。其中 Vigmostad & Bjørke 不是出版商协会的成员，主营挪威小说、犯罪小说、翻译书籍、儿童图书，以及传记、历史、食谱、自然、体育、健康、年鉴等非小说类图书。因此，以下我们简要介绍 Cappelen Damm, Gyldendal 和 Aschehoug 三家出版社出版的现行的初中英语教材，分别是 Cappelen Damm 的 *Connect 8–10*，Gyldendal 的 *Enter 8–10* 和 Aschehoug 的 *Stages 8–10*。这三套教材都是基于挪威 2006 年 Knowledge Promotion 国家课程标准和 2013 年修订的英语课程大纲编写的。

2.1 *Connect 8–10* 简介

Cappelen Damm 出版社的 *Connect 8–10* 的定位是首先把英语作为一门语言学科，涵盖了英语课程大纲的所有能力目标。正如教材名称 connect 所表达的意义，认为语言的全部就是将人们联系在一起，教材旨在加强学生的交际能力。编者认为良好的语言学习是通过深度学习、清晰的进度和系统的支架来实现的。教材强调一次学习相对较少的文本，逐步推进并深入学习示范文本，从而使学生沉浸在文本学习的过程中理解、认识和应用语言结构，因此，每个单元的示范文本是教学的重点。

Connect 8–10 每册由六个单元和一个参考部分组成。每个单元开篇都设置了本单元在理解（Understanding）、口语（Talking）、写作（Writing）、以及语言与语法（Language & Grammar）等四个方面的学习重点，并首先列出 7—8 个单元重点词汇（Focus Words），设置理解或口语任务帮助学生掌握。每个单元由 5—6 个不同长度、不同难度和不同文体的文本组成，并附有针对理解、口语、写作、语言与语法的这四个方面的学习任务。在这些文本中有一篇为示范文本（Model Text），与此对应，每单元设置一种文体写作任务。此外，每个单元又有两个专为需要额外挑战的学生设计的文本，分别是"进一步阅读（Further Reading）"和"逐步学习（Step Up）"。参考部分涉及语法、语言、阅读策略等内容。表 1 是 *Connect 8–10* 各册的单元标题和教材配套材料的基本情况：

表 1 *Connect 8–10* 各册的单元标题和教材配套材料

教材名称 （出版年份）	单元标题	其他配套材料
Connect 8 (2016)	1. A World of English 2. Curious? 3. London 4. Becoming a Teenager 5. Great Southern Lands 6. Let Me Tell You a Story ...	**教师用书：** ● 学生用书的拓展版，所有页面的视图与学生用书完全一样。 ● 包含教学安排和活动执行的建议，背景信息，每篇课文的读前活动、读中提问参考、读后学习活动建议等。

Connect 9 (2017)	1. What's Your Story? 2. Living in America 3. Role Models 4. Love and Loss 5. This Is the United King- dom 6. Choices	**工作空间（Workspace）**：分为学 生网站和教师资源库（学校按使 用人数购买，分为 100 人、300 人、 大于 300 人三种）。 ● **学生网站**：每单元的导入视频、 课文音频、单元电影以及大量 的习题。可在网站上进行写作 练习，保存作业，发送作业， 获得老师的批注。
Connect 10 (2018)	1. Leading and Following 2. Earth Under Pressure 3. Democracy and Citizen- ship 4. It's a Classic! 5. Walls and Bridges 6. Connecting	● **教师资源库**：除学生网站资源 外，还包括写作任务、考试技 能培训样例、文本分析工具、写 作框架；存储、发送和评价学 生作文的功能，额外阅读材料 及配套练习，额外的听力文本， 以及大量的词汇和语法练习。 **数字图书**： ● 可在不同的数字平台上使用。 ● 学习者可以对文章中的单词进 行即时搜索和查找，记笔记和 划重点，以及听文章。

2.2 *Enter 8–10* 简介

Gyldendal 出版社的 *Enter 8–10* 强调采用不同类型、体裁、范围、长度和难度的真实文本，配合多种不同类型的激励性任务，使不同水平的学生都能够体会到英语学习的乐趣，产生英语学习的动力。

Enter 8–10 教材每个单元由单元导入（含学习目标、主题词汇、听力材料等），7—10 个不同长度、不同难度和不同文体类型的文本，以及一个单元活动板块组成（具体见 3.2）。所有文本都配有不同类型的活动，而且每个活动都标注了活动类别。活动既涉及基本技能，也涉及常见的语法主题。单元活动板块包括总结、拓展和自我评价三项内容。表 2 是 *Enter 8–10* 各册的单元标题和教材配套材料的基本情况：

表2　*Enter 8–10* 各册的单元标题和教材配套材料

教材名称 (出版年份)	单元标题	其他配套材料
Enter 8 (2015)	1. A Fresh Start 2. Heroes 3. Britain 4. Action 5. Disasters 6. Science 7. India	***Enter Read & Write*（*Enter*读写教程）：** ● 学生用书的简化和缩减版。 ● 包含促进学生的阅读理解和基本技能的活动。 ● 适用于需要在基础阶段进行个性化培训的学生。 ***Enter 8–10 Basic Skills*（*Enter 8–10* 基本技能）：** ● 全一册，8–10 年级多阶段材料。 ● 可与学生用书配套使用，学生用书的练习中有标注其在《基本技能》中对应的内容。 ● 《基本技能》包括语言、写作、阅读、口语、听力、数字（Numbers）、数字技能（Digital skills）等章节。
Enter 9 (2016)	1. Food for Thought 2. Beyond 3. Opportunities 4. Who Dunn It? 5. Australia & New Zealand 6. Get Involved!	**教师用书：** ● 每一页都包含学生用书中同一页的摹本，并提供有许多关于如何简化任务或设置额外挑战的教学建议。 ● 指导教师如何结合学生用书使用《基本技能》。 **数字图书：** ● 以上所有配套材料都提供数字版本（smart book），可安装于不同版本的电脑，并可离线使用。 ● 使用者可以记笔记、搜索单词、添加书签等。
Enter 10 (2017)	1. Getting Along 2. The US 3. Both Sides 4. Distant Realities 5. Precious Drops 6. Solving Conflicts	**智能白板：** ● 课堂教学工具，除学生用书和《基本技能》的所有内容外，还包括一系列互动活动，通过图像、文字、声音、背景的体验来学习语言，在数字白板和投影仪上均可使用。 **CD：** ● 包含所有文本录音和听力活动录音，适合那些无法在课堂上使用智能白板或投影仪的用户。 **在线教师资源库：** ● 网站提供音频、活页练习题、年度教学计划建议等。

2.3 *Stages 8–10* 简介

Aschehoug 出版社的 *Stages 8–10* 教材涵盖了 2013 年修订英语课程大纲所规定的基本技能，课程大纲规定的语言学习，口头交流，书面交流，文化、社会、文学这四个主要领域在各个单元都有所体现。*Stages 8–10* 不仅通过选用有意义的主题文本，激发学生与之对话并进行进一步的学习，同样强调选用不同长度、难度和体裁的文本，以及大量的多样化任务，使学生有机会采用不同方法进行学习。

Stages 8–10 选材包括小说、事实性文本、诗歌和歌曲、传说、童话故事和神话、剧本、书信和博客、访谈、图表等不同形式的文本。教材文本长度和难度各不相同（在教师指南中标注了文本难度），任务形式多样，为差异化教学提供了可能。每个单元设有起始点（Starting Point）、理解（Understanding）、文学分析（Literary Analysis）、观点（Viewpoints）、口语栏目（Speaking Spot）、写作研讨会（Writing Workshop）、数学活动（Maths Moves）、语言实验室（Language Lab）、探索更多（Explore More）、创意角（Creative Corner）等不同任务板块。教材还设有语法和语言作业，帮助学生良好过渡到中学的学习，在教材的后面有一个参考部分，包括语言、语言学习、书面和口语交流等内容。同时，教材还注重为学生的毕业考试做准备，*Stages 10* 的六个单元中有五个单元以应用文写作作业结束，为学生的笔试做准备；第六单元的重点则是类似于口试的任务。表 3 是 *Stages 8–10* 各册的单元标题和教材配套材料的基本情况：

表 3 *Stages 8–10* 各册的单元标题和教材配套材料

教材名称 （出版年份）	单元标题	其他配套材料
Stages 8 (2013)	1. The Stage Is Yours 2. Hit the Books 3. Rule Britannia 4. Out of This World 5. Home of the Brave 6. School's Out	**Stages Highlight:** ● 简化版教材，为促进课堂差异化而设。 ● 其主题结构和内容和主教材一致，但文本和任务进行了简化、缩减，或省略。 ● 增加了一个新的作业类别：Vocabulary，以帮助学生扩大词汇量。

		教师指南：
Stages 9 (2014)	1. My Style 2. Fantasy and Reality 3. Small Island – Great History 4. Making a Difference 5. Stars and Stripes 6. Happy and Healthy	● 包括年度教学计划、考试信息、活动和工作方法、精选书籍、电影和网站、章节指南、听力文本、课文文本摘要、自我评估等资源。 有声书 (Audio Book)： ● 学生网站，供需要音频支持的学生使用；可以 MP3 格式下载。 数字图书： ● 作为教科书的替代品，可安装于不同版本的电脑，也可离线使用。
Stages 10 (2015)	1. Relations 2. Around the World 3. The UK Today 4. Indigenous Peoples 5. The USA Today 6. Choices	学生网站（免费）： ● 可以进行词汇、语法和阅读理解的训练。 ● 可以使用词汇工具、写作工具和发音训练的录音功能。 教师网站： ● 包括教师指南和教科书的数字版，以及所有音频文件、视频、测试卷等。

3. *Enter 8–10* 评析

　　Enter 8 在 2016 年获得"欧洲最佳学习材料奖"（Best European Learning Material Awards，BELMA）[2]。这一奖项由欧洲教育出版商集团（EEPG）、法兰克福书展和国际教科书和教育媒体研究会（IARTEM）联合举办，每年颁发给在欧洲任何国家出品的高质量教育材料。由专家组成的国际评审团根据关联性、清晰度、可靠性、吸引力、灵活性、生成性、参与度、社会化等八个维度对所有参赛作品进行评估，并给出书面反馈，说明参赛作品的优缺点。奖项按照适用学生的年龄分四个类别。*Enter 8* 获得了 2016 年 BELMA 第三类别——中等教育，包括中等职业教育（12/13—16/17 岁学生的教育）——的唯一金奖。因此，我们选择 *Enter 8–10* 进行分析。

---

[2] http://www.belma-award.eu/index.php?id=81f29b164c4c153f40080001a0a0a5c1

3.1　挪威英语课程大纲 (ENG1–03) 及 *Enter 8–10* 编写理念

　　Celce-Murcia, Dornyei & Thurrell（1995）提出交际能力包括语言（linguistic）、社会文化（sociocultural）、策略（strategic）、语篇（discourse）和行动（actional）等五个方面的能力。其核心是语篇能力，它包含语言和语用（行动）知识和在口头和书面上使用这些知识的能力，以及作为交际活动即社会行为的语言所涉及的社会文化规范和习俗的知识（图1）。挪威英语课程大纲设置的课程教学目的、主要课程领域的能力目标以及基本技能要求反映出，其英语课程的主要目标是培养学生的交际能力，特别是"交际语言技能和文化洞察力"（NMER 2013）。

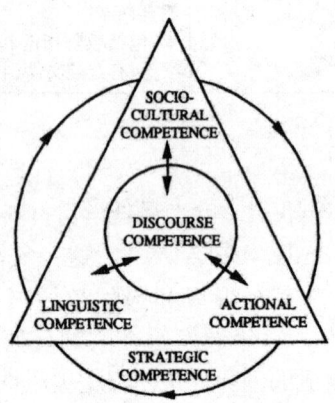

图 1　交际能力图式表征 (Celce–Murcia, Dornyei & Thurrell 1995: 10)

　　挪威2013修订的英语课程大纲ENG1-03（NMER 2013）首先描述了英语课程的教学目的。英语作为国际通用语言在各个领域具有重要作用，因此英语课程要使学生"能够使用英语，并了解英语在不同语境中的使用，扩大词汇量，发展英语语言使用技能，包括英语的语音、拼写、语法、句子和语篇的构建原则，并能使语言适应不同的话题和交际场合。这涉及能够区分口头（口语）和文本（书面）风格，以及正式和非正式的风格。此外，在使用语言进行交流时，还必须能够考虑到文化规范和习俗。"　除了语言学习，英语课程将"有助于深入了解以英语为主要语言或官方语言的人们的生活方式和不同的文化"。英语课程将使学生"深入了解如何使用英语作为一种国际交流手段",同时英语也是"一种获取知识和个人见解的工具,使学习者能就个人、社会、文学和跨学科的主题与他人交流"。

英语课程的四个主要领域是语言学习,口头交流,书面交流,以及文化、社会和文学。语言学习的侧重点在于"学习一门新语言所涉及的内容,以及了解英语、母语和其他语言之间的关系,它包括语言知识、语言使用和对自己语言学习的认识"。口头交流主要是"通过听、说、会话以及运用适当的交际策略来理解和使用英语"。书面交流涉及"通过阅读、写作和使用适当的阅读和写作策略理解和使用英语"。文化、社会和文学这一主要领域则侧重于广义上的文化理解。ENG1-03在这四个领域设置了各级能力目标。

挪威的核心课程(Core Curriculum)强调了基本技能的重要性。在英语课程中,基本技能具体体现在英语口头表达技能(能用英语听、说和沟通)、能够用书面英语表达自己(能够用可理解的、有目的的方式用书面英语表达思想和观点)、能够阅读英语(有能力通过阅读不同类型的文本来创建意义)、英语识数计算能力(能够在不同的情况下用英语运用相关的数学概念)和英语数字技能(能够使用各种数字工具、媒体和资源来辅助语言学习,用英语进行交流,并获得英语学科的相关知识)。

Enter 8–10 根据挪威 2013 年修订的英语课程大纲(ENG1-03)编写。*Enter 8–10* 明确指出其目标是"通过口头和书面文本、训练语言意识的活动、针对不同的交际目的和情境的语言练习培养学生的英语功能语言能力"(Diskin, Winsvold & Kasbo 2015: III)。这一目标与 ENG1-03 提出的教学目标相吻合。*Enter 8–10* 体现了英语课程工具性和人文性的特征,通过不同主题和不同类型的文本承载价值观念和文化知识,通过多样化的活动训练基本技能。*Enter 8–10* 每个单元的具体学习目标则细化了英语课程目标,在教师用书中更是把每个单元所涵盖的内容与英语课程大纲所列的 10 年级能力目标(即初中毕业应达到的能力目标)进行了列表对应(例见附录 1:

Enter 8 各单元与 10 年级能力目标对应关系）。

同时，*Enter 8–10* 也体现了交际教学法的理念。Richards & Rodgers（2001）指出教学材料在功能/交际教学法中的作用体现在：(1)材料将侧重于理解、表达和协商的交际能力；(2)材料将侧重于可理解的、相关的、有趣的信息交流，而不是对语法形式的介绍；(3)材料将涉及不同类型的文本和不同的媒体，学习者可以通过各种不同的活动和任务来发展他们的能力（Richards & Rodgers 2001: 30）。

Enter 8–10 的选材和活动设计反映了功能/交际教学法的理念。如 *Enter 8* 第一单元中的"I wasn't asleep ..."一文选自 Michael Broad 的 Jake Cake 系列故事，讲述的是小说主人公 Jake Cake 在数学课上打瞌睡被老师抓到，放学后被老师罚抄一百遍"我不能在课堂上打瞌睡，因为我可以学到很多美妙的东西"，结果没等 Jake Cake 抄完，老师已经睡着了。文本后的一项口语活动要求学生想象 Jake 回家后会怎样和父母说学校里发生的事，然后组对编写对话，进行表演，并说出所编对话的优点。这就要求学生在理解故事的前提下用恰当的语言形式写下对话并进行表演，这样阅读理解、书面和口头表达的能力都得到了训练；在和同伴一起编写对话的过程中需要双方进行沟通，合作学习能力得到训练；表演之后要求学生说出他们的对话有什么优点则训练了学生反思和自我评价的能力。

此外，*Enter 8–10* 还体现了差异化教学的理念，明确指出"学生是不同的，学习的方式和速度也不同"（Diskin, Winsvold & Kasbo 2015: III），并提供了不同主题、体裁、长度和难度的文本以及大量的各种类型、范围和难度的活动。*Enter 8–10* 教材的配套材料（见表2），如教师用书，提供了许多关于如何简化任务或设置额外挑战的建议，*Enter Read & Write* 简化了文本与作业，以适应需要在基础水平上进行个性化培训的学生的需求。

3.2 *Enter 8–10* 单元基本结构

Enter 8–10 采用 A4 版面，平均每册 240 页左右。每个单元首页包括单元听力材料、单元主题活动、单元主题词汇、单元学习目标（图2）。

图 2 *Enter 8–10* 单元首页示例

每个单元有 7—10 个不同长度的文本，较长的文本（含图片）跨 7—9 页，如 9.2 的 "Miss Peregrine's Home for Peculiar Children"（7 页），9.5 的 "The Spirit of Barrumbi"（9 页），10.3 的 "Does My Head Look Big in This?"（9 页）。每个文本前有一个热身活动，文本空白处有用挪威语注释的较难的单词，这些单词往往是理解文本的关键，其中有些词是低频词，因此不会在后续的活动中出现。文本后有数个活动，每个活动前标注了类别，如 Reading to Understand、Speaking、Language、Writing 等。部分活动边上标明了在《基本技能》中的对应页面（图 3）。

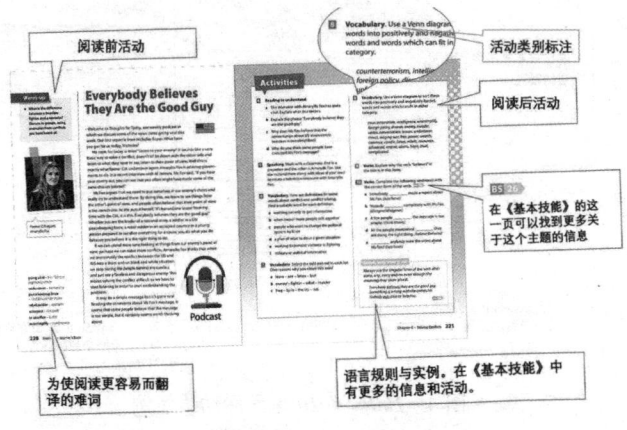

图 3 *Enter 8–10* 文本活动页示例

　　每个单元结束有 2 个单元活动页面，分为"小结""拓展"和"自评"三个部分（图 4）。其中 *Enter 10* 的"拓展"部分又分为口语和写作两个部分（Move on – Speaking 和 Move on – Writing），特别为学生准备毕业考试设计。*Enter 10* 的自评部分也采取了与 *Enter 8–9* 不同的形式。*Enter 8–9* 的"I am able to ..."自评活动分为两项任务。第一项都要求学生对照学习目标自我评定该目标的达成度（一般、较好、很好）。第二项各有不同，如选出本单元自己觉得完成得满意的任务，回答哪些方面还需要提高、怎样提高，就本单元学到的内容进行 3 分钟反思写作等等。这项自评活动在 *Enter 10* 中称为 Self assessment，这一标题的改变向学生明确了活动所涉及的技能，同时评价的内容也更有针对性，如 10.2 单元要求学生就一些特定的口语技能（如词汇的使用、对话中的提问与跟进、发音等）描述自己的掌握情况，10.3 单元要求学生就对不同话题表达观点的技能（如虚心倾听、引用可靠的事实和来源、给出事实支持观点等）的掌握情况进行自我评价，10.6 单元要求学生对自己所写的事实性文本在段落主题句、相关补充句、用词的多样性和准确性、引用的相关性和可靠性等方面进行评价。

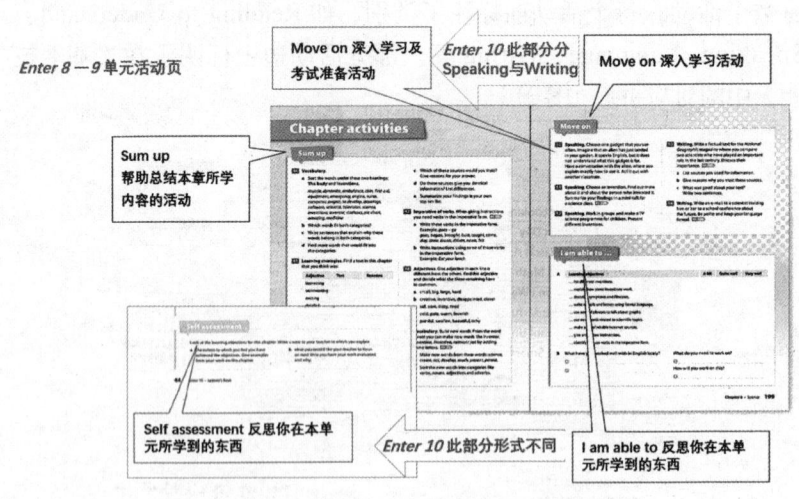

图 4　*Enter 8–10* 单元活动页示例

3.3 *Enter 8–10* 教材文本分析

3.3.1 *Enter 8–10* 的主题内容

教材的主题指的是教材章节的主旨或话题，是语言学习和教学的重要组成部分（Siegel 2014: 364）。Wolf（2013）在研究了日本市场上的 6 本 EFL 教材的主题后归纳了 8 类常见主题：就业、动物、食品健康、爱情关系、语言、惩罚、环境、通信技术。Siegel（2014）在讨论教材主题的真实性时把 Wolf 的 8 类主题归纳为 6 类：动物、食品 / 健康、语言、金钱、关系、社会问题，并增加了其他 7 类主题：学业、文化、娱乐、课外活动、生活状况、旅游、自我。但是 Wolf 和 Siegel 所分析的主题主要是基于教材中的讨论话题所得出的，各类主题较为具体。Tórrez（2017）在比较尼加拉瓜 8 年级英语教材和 *Enter 8* 的主题内容时把教材主题按照其所要达成的目的分为以下三类：了解世界和当地文化、帮助学习者成为负责任的公民、鼓励学习者使用英语。我国《普通高中英语课程标准》（2017 年版 2020 年修订）中把课程内容的主题语境归为人与自我（生活与学习、做人与做事）、人与社会（社会服务与人际沟通，文学、艺术与体育，历史，社会与文化，科学与技术）、人与自然（自然生态、环境保护、灾害防范、宇宙探索）三大类（中国国家教育部 2020: 14）。ENG1-03 明确指出英语课程要"使学习者能就个人、社会、文学和跨学科的主题与他人交流"。

因此，我们把 *Enter 8–10* 的主题按照 ENG1-03 的课程目标中的主题类别以及具体内容分为：

(1) 个人（生活、学习、职业、健康、负责任的公民），

(2) 社会（人际交往，世界和当地的历史地理、习俗传统等，社会问题），

(3) 文学（小说、戏剧、诗歌、演讲影视作品等），

(4) 跨学科主题（自然、超自然、科学、环境、体育等）。

表 4 列举了 *Enter 8–10* 的单元主题、具体内容，以及每单元首

页所列的本单元主题词汇。

表4 *Enter 8–10* 单元主题、具体内容及主题词汇

单元标题	主题类别	具体内容	主题词汇 (topic words)
8.1 A fresh start	个人（学习、生活）	学校日常生活、课程、时间安排、校服等	interesting, to learn, to teach, smart, classmate, classroom, curious, lesson, subject
8.2 Heroes	个人（负责任的公民）	影视、文学作品中的英雄人物（如美国队长、蜘蛛侠、罗宾汉等）；现实生活中的英雄人物（911 恐怖袭击事件中的消防员、第一位到达南极点的挪威探险家）等	hero, heroic, brave, courage, extraordinary, abilities, to protect, unique
8.3 Britain	社会（世界和当地的历史地理、习俗传统等）	英国的主要城市及旅游景点、典型的英国食物和饮品、英国的多元文化，以及英语语音等	Britain, British, multi-cultural society, culture, capital, to rule, typical, to visit
8.4 Action	跨学科主题（体育）	体育运动、体育设施和装备、电影《功夫梦》(*The Karate Kid*) 的影评等	challenge, to participate, to practice, athlete, competition, to compete, activities, equipment
8.5 Disasters	跨学科主题（自然）	自然灾害（火山爆发、飓风、海啸等），日常灾难（泰坦尼克号沉船事件等）	catastrophe, natural disaster, disastrous, eyewitness, hurricane, everyday disaster, embarrassing, emergency
8.6 Science	跨学科主题（科学）	人体科学（身体部位、疾病和症状），急救；计算机发展历程，一些发明的工作原理，化石和生物进化	scientist, invention, to develop, project, to instruct, to explain, illness

8.7 India	社会（世界和当地的历史地理、习俗传统等）	印度历史和文化的事实，英国和印度的关联、甘地、印度教象头神（Ganesha）	independence, population, Hinduism, languages, curry, to travel, colony
9.1 Food for thought	个人（生活）	生活方式和饮食习惯、食谱、用餐礼仪、未来的食物	recipe, waste, healthy, edible, nutritious, vegetables, food habits, dish, consumption
9.2 Beyond	跨学科主题（超自然现象）	第六感、鬼魂、灵异、麦田怪圈	senses, sceptical, spectre, to haunt, spooky, atmosphere, phenomena, supernatural
9.3 Opportunity	个人（职业）	工作和职业、招聘与求职、性格与工作、职业选择	qualifications, application, occupation, qualities, skills, career advisor, advice, experience
9.4 Whodunnit	社会（社会问题）	犯罪侦探、证据线索、罪犯	evidence, suspect, innocent, guilty, victim, to solve, to investigate, crime scene
9.5 Australia & New Zealand	社会（世界和当地的历史地理、习俗传统等）	为什么澳大利亚和新西兰说英语、澳大利亚和新西兰的原住民的情况、澳大利亚和新西兰的青少年、澳大利亚和新西兰的特有动物	way of life, identity, respect, indigenous people, Aboriginal, Māori, sacred, discrimination
9.6 Get involved	跨学科主题（环境）	环境保护、濒危动物、海洋生态、环保理念与行动	environment, pollution, climate change, to protect, extinct, endangered, to involve, threatened, sustainable development

10.1 Getting along	社会（人际关系）	网络人际关系、人际交往、情感	relationship, communication, emotions, social life, each other, conversation, interaction, to include
10.2 The US	社会（世界和当地的历史地理、习俗传统等）	美国的地理和历史、美国和挪威的青少年、美国印第安人、非裔美国人和其他少数族裔的情况	immigrant, discrimination, Hispanic, independent, Native American, constitution, segregation, to found, equality
10.3 Both sides	社会（社会问题）	一些可辩论的争议话题，如计算机教学、电脑游戏、校服政策、血汗工厂、死刑、器官捐献等	argument, debate, debatable claim, dilemma, to disagree, decision, to support your opinions, to prove a point, persuasive
10.4 Distant reality	文学（奇幻小说、科幻小说）	奇幻小说和科幻小说、（《移动迷宫》(The Maze Runner)、《记忆传授人》(The Giver)《龙骑士》(Eragon) 等）	dystopia, utopia, imagination, futuristic, parallel world, science fiction, fantasy, magical
10.5 Precious drops	跨学科主题（环境）	水资源现状、水资源保护、水足迹	resource, scarcity, precious, sustainable, finite amount, fresh water, salt water, water footprint, responsibility, water supply
10.6 Solving conflicts	社会（社会问题）	和平自由、种族歧视、马拉拉、曼德拉	human rights, freedom fighter, discrimination, revenge, segregation, to defend, privilege, democracy, non-violent protest, apartheid

在 *Enter 8–10* 的 19 个单元中，涉及个人、社会、文学、跨学科主题的单元数分别是 4、8、1 和 6 个。涉及"个人"主题的单元与

学生的生活学习密切相关，并注意选取那些青少年关注的话题和以青少年为主人公的文本。如 *Enter 8* 第一单元中的 "I Don't Want to Sit Next to Alex!" 描述的是化学课上老师安排座位的场景以及主人公 Brittany Ellis 的心理活动；"The Math Test" 除了把故事场景设置为数学考试之外，还提到了中学生的秘密小团体、情书、暗恋等话题。这些主题容易使学生与文本建立联系、产生共鸣，从而激发学生的学习兴趣。

涉及"社会"主题的8个单元中，有4个单元是关于英语国家的，包括以英语为母语的英国（8.3单元）、美国（10.2单元）、澳大利亚和新西兰（9.5单元），以及以英语为官方语言之一的印度（8.7单元），占"社会"主题的50%，这一做法沿袭了许多EFL教材注重英语国家的传统（Lund & Zoughby 2007），同时也符合ENG1-03的要求。这些与英语国家相关的单元中，除了介绍这些国家的语言状况，还涉及了这些国家的地理（如8.3单元英国的城市、景点）、历史（如10.2单元美国的独立进程、废奴运动和民权运动）、风俗（如8.3单元英国的饮食、足球、时尚）、宗教（如8.7单元印度教的象头神）、政治（如8.7单元甘地和非暴力抗议运动，10.2单元美国的三权分立制度）、动物（如9.5单元澳大利亚的袋鼠和新西兰的几维鸟），以及各国青少年的生活学习状况。此外，对应"文化、社会与文学"的10年级能力目标之一"能描述和思考英语国家原住民的状况"，这些单元还涉及了关于澳大利亚原住民、新西兰毛利人、美国土著、非裔美国人等的话题。"社会"主题的另一个关注点是社会问题，如果说9.4单元的重点是犯罪侦探所涉及的缜密的思维，那么10.3单元和10.6单元则完全讨论社会争议问题，甚至包括贫困、死刑、器官捐献、种族歧视等"令人不快的社会现实"（Cortazzi & Jin 1999: 202）。

从数量上看，涉及"文学"主题的单元仅为1个（10.4单元），但是实际上 *Enter 8–10* 每个单元的文本都包含了不同形式的文学作品或文学要素（具体参见附录2：*Enter 8–10* 文学主题的表现形式）。

Enter 8–10 所包含的跨学科主题主要是体育、科学、自然、超自然和环境保护。在这些主题的具体内容的选择上 Enter 8–10 关注了挪威本国的特色，如 8.4 单元关于"体育运动"的话题介绍了单板滑雪，8.5 单元"自然灾害"的话题涉及了火山爆发、海啸、雪崩，8.6 单元介绍创意发明时涉及了雪地摩托、御寒耳罩，9.6 单元和 10.5 单元的环保主题则特别关注了海洋生态和水资源。以上都与挪威所处的地理环境、气候特征等密切相关，学生在学习这些话题的文本时更容易联系到自身的生活环境。

3.3.2　Enter 8–10 的文本类型

课程大纲 ENG1-03 指出在"文化、社会与文学"这一主要领域中包括"处理和讨论说明文、文学文本和来自不同媒介的文化表达形式"（NMER 2013）。

Enter 8–10 在目录页中明确了所选文本的类型（图 5），我们根据其所标注的文本类型对 Enter 8–10 的文本进行了统计。Enter 8–10 文本形式多样，包括事实性本文、小说节选、诗歌、歌曲、日记、新闻、书信、博客、故事、微小说、神话/民间传说、案例分析、影评/书评、戏剧、连环画、地图、海报、广告、演讲稿、论说文、字典、播客、线上辩论等三十余种文本形式。在 Enter 8–10 三册共 157 个文本中，小说节选和事实性文本占比最大，分别有 38 篇（24.2%）和 33 篇（21.0%），其次是报刊文章 11 篇（7.0%）和诗歌 8 篇（5.1%），其他文本形式出现的次数都少于 5 次。课程大纲 ENG1-03 的教学目的很好地解释了 Enter 8–10 选择这些文本类型的理由："英语文学作品能使人终生享受阅读的乐趣，加深对他人和自己的了解。口头、书面和数字文本、电影、音乐和其他文化表现形式可以进一步激发个人的表达和创造力"（NMER 2013）。

Contents

❶ A Fresh Start!

图 5　*Enter 8* 目录页截图

3.3.3　*Enter 8–10* 的文化知识

文化知识是语言学习不可分隔的部分。"学习者在 EFL 教材中可以获得什么？伴随着英语而来的还有更多的东西：明确的和隐含的文化内容"，"文化内容应该作为促进交际能力的一种手段而被包含在语言教学中"（Hurst 2014）。

Cortazzi & Jin（1999: 197）认为"文化"不仅包括文化产品，如文学作品、背景知识，如英语国家的历史、地理的事实，它还包括行为和态度，以及人们用来解释经验的社会知识。Celce-Murcia（2007: 51）认为语言教学应该包括"对目标文化不可或缺的文学和艺术的一般知识以及与目标语言社会相关的历史和地理的基本知识。文化的社会结构也应包括在内（如：家庭、亲属关系、子女抚养、恋爱和婚姻、性别角色），特别是在目标文化与学习者所在的文化在重要方面有所不同的情况下。此外，还应介绍政治和教育制度，以及主要宗教和节日、庆祝活动和重要习俗。"而我国《普通高中英语课程标准》（2017 年版 2020 年修订）较为概括地把文化知识分为物质和精神两个方面，其中物质方面包括饮食、服饰、建筑、交通等，以及相关的发明与创造；精神方面主要包括哲学、科学、教育、历史、文学、艺术，也包括价值观念、道德修养、审美情趣、社会规约和风俗习惯等（中国国家教育部 2020: 32）。

上述对语言教学中文化知识的涵义的解读虽然表述各有不同，但都从一定程度上反映与文化知识与主题内容的重合性。在 3.3.1 我们已经分析了 *Enter 8–10* 的主题及其具体内容，这些主题体现了 *Enter 8–10* 所涵盖的较为广泛的文化内容。

Cortazzi & Jin (1999) 把 EFL 教材按照文化内容分为三类：基于本族文化的教材、基于目标语文化的教材和面向国际文化的教材。据此，我们可以把 *Enter 8–10* 归为第二类，即基于目标语文化的教材。在 3.3.1 中我们已经指出 *Enter 8–10* 中有大量的有关英语国家的主题内容，以及英美文学作品。虽然教材也考虑到了挪威本土的文化特点，但是比例不大。以 8.2 Hero 单元为例，其中所提到的英雄人物不论是漫画作品中的美国队长、影视作品中的蜘蛛侠、超人，还是文学作品中的罗宾汉，以及现实生活中 911 恐怖袭击事件中的消防员，都来源于英美文化，仅有一个文本向学生讲述第一位到达南极点的挪威探险家 Roald Amundsen 的英雄事迹。教材中涉及其他非英语国家文化的内容也很少，仅有少数几篇，如 8.4 单元中涉及东方文化的 The Karate Kid，9.3 单元中涉及肯尼亚的 Running from Poverty 等。这种文本选择的考虑或许是认为学生已经熟悉本族文化，既然学习的对象是目标语言即英语，那么就应该向学生传达英语国家的文化内容，同时也符合课程大纲 ENG1-03 在"文化、社会与文学"的主题领域中"以英语国家为基础，涵盖与社会问题、文学和其他文化表达有关的关键主题"的描述。但是，英语课程的目标是培养学生的交际语言能力，这种能力应该包括运用英语向其他国家介绍本族文化的能力，以及运用英语这种世界通用语言了解国际文化的能力。Lund & Zoughby (2007: 207) 更是指出"学习外语的全部意义就在于能够接触、体验、观察和学习新事物"。EFL 教材应该给学生提供接触多种不同文化的机会，因此，*Enter 8–10* 在文化内容的多样性方面还存在改善的空间。

3.4 *Enter 8–10* 教材活动分析

Enter 8–10 设计了大量的活动。课程大纲 ENG1-03 主要课程领域中的"语言学习""口语交流"和"书面交流"的能力目标，以及口头表达、写作、阅读、识数计算（numeracy）、数字技能（digital skills）等五项基本技能正是通过这些活动来达成的。

Enter 8–10 的每个文本前都设有一个热身活动，热身活动的主要作用是使学生集中注意力、激活背景知识、了解主题、激发阅读动机、引导学生进入主题和课文。热身活动通常包括一个问题或一个简短的口语活动，也可能包含书面任务，如思维导图等。热身活动还会给学生一些阅读指令，让他们必须使用不同的阅读策略，如搜索特定的单词、获取文本的主旨大意等。热身活动可以采用同伴活动、小组活动或班级活动的形式开展。

Enter 8–10 除了文本前热身活动外，文本后的活动和单元活动都进行了编号并标注了活动类别，共计约 70 个类别 1361 项活动。我们把这些类别根据语言知识、基本技能和学习策略三大类进行了梳理，其中语言知识活动占 28.4%，基本技能活动占 70.9%，学习策略活动占 0.7%，具体见表 5。

表 5 *Enter 8–10* 文本后活动及单元活动统计

	语言知识					基本技能						学习策略	合计
	语法	词汇	语音	技术细节	综合	口头（听力）	阅读	写作	识数计算	数字技能	其他		
Enter 8 文本后活动	38	36	2	5	3	76 13	56	73	13	17	9	1	**342**
Enter 8 单元活动	13	6	2	1	3	25 0	3	31	1	3	5	5	**98**
Enter 9 文本后活动	46	49	6	3	19	71 12	63	64	12	18	5	0	**368**
Enter 9 单元活动	9	7	1	0	3	21 0	3	26	1	3	0	2	**76**

Enter 10 文本后活动	16	68	12	2	22	80 13	80	67	8	32	1	1	**402**
Enter 10 单元活动	2	4	3	0	6	27 0	3	29	0	0	0	1	**75**
合计	**124**	**170**	**26**	**11**	**56**	**300** **38**	**208**	**290**	**35**	**73**	**20**	**10**	**1361**
占比（%）	**9.1**	**12.5**	**1.9**	**0.8**	**4.1**	**22.0** **2.8**	**15.3**	**21.3**	**2.6**	**5.4**	**1.5**	**0.7**	**100.0**

3.4.1 *Enter 8–10* 的语言知识活动

　　课程大纲 ENG1-03 在课程目标中明确提出了对语言知识学习的要求。我们按照活动的具体内容结合类别标记，把语言知识活动分为语法、词汇、语音、技术细节、和综合语言活动。其中语法知识包括名词、动词、代词、形容词、副词、介词等词类的词法知识和时态、语态、直接引语与间接引语等句法知识。词汇活动主要涉及词汇量的扩充、同义词与反义词、易混淆词语等。语音活动包括单词发音和语调等。技术细节则包括拼写、标点、大小写等。综合语言活动包括习语、搭配、正式与非正式语体和其他涵盖语言知识多个方面的综合性活动。需要注意的是，一些活动的分类并不存在明显的界限，比如 9.4 单元的第 58 项区分 of/off 用法的活动我们按照其标注的类别 Language 归入了综合语言活动，而没有作为易混淆词归入词汇活动；该单元另外几项区分 who、which、that 的活动（第 25、34、51、59、66 项）的标注类别也是 Language，而实际涉及的是定语从句的先行词这一语法现象，但是我们也按照标注归入了综合语言活动。尽管如此，整体而言，这些活动还是涵盖了语言知识的方方面面。从 *Enter 8* 到 *Enter 10*，词汇活动数量的逐册增加则从一个侧面反映了对学生词汇学习要求的递进。

　　Enter 8–10 每个单元都会有针对性地涉及一些语言知识，并体现在该单元的学习目标中。以 *Enter 8* 为例，各单元的语言知识学习的重点分别是：8.1 单元：区分动词、名词、形容词，8.2 单元：一般现在时、英国英语与美国英语的区别，8.3 单元：一般过去时、一些难词的发音，8.4 单元：名词、副词，8.5 单元：缩略形式、形

容词比较级，8.6 单元：祈使句，8.7 单元：主谓一致。

除了传统的由教师给出规则学生进行练习的语法教学方式外，Ellis（2010）提出了两种语法教学活动，分别是演绎活动（interpretation activities）和意识培养任务（consciousness-raising tasks）。演绎活动指通过有针对性的语言输入使学生领悟某项语法知识或有针对性地使学生进行某项语法练习。意识培养任务则是指启发学生通过文本输入自行识别和发现语法规则和结构。*Enter 8–10* 的语法活动既有传统的语法活动，也有演绎活动和意识培养活动。例如 9.2 单元第 10 项关于现在进行时的活动：

> **Present continuous.** In this sentence the present continuous is used: *Cole is not making friends.*
>
> **a** Explain why this tense is used here.
>
> **b** Many Norwegians tend to overuse the present continuous. Why do you think this is so?

这个语法活动首先有针对性地给出了一个源自课文的包含现在进行时的句子。然后让学生通过解释为什么在这里使用这个时态，并引导学生思考挪威人过度使用英语现在进行时的原因，进而使学生感悟与这一时态有关的语法知识。例如 9.2 单元第 46 项关于属格形式的活动：

> **Genitive.** You use an *apostrophe +s* or the preposition *of* to show that something belongs to someone. Find examples of both forms in this text.

这一练习则是让学生在文本中查找属格形式。教师可以进而让学生自行发现如何使用两种不同形式的属格形式的规则。

词汇活动既关注词汇形式，如 10.3 单元第 32、46 项易混淆词区分的活动；也关注意义，如 9.5 单元第 20 项的积极意义形容词和消极意义形容词的区分、9.6 单元第 7 项在文本中找寻同义词反义词，理解其意义，并以造句形式要求学生使用这些词汇。

Enter 8–10 还设计了多种形式的词汇活动帮助学生在理解的基

础上记忆词汇，进而扩充词汇量。学生往往不是学习单个的词语，而是同时学习一组词，如 9.2 单元第 24 项在文本中找出不同的表示 speak 的词（如 shout），9.4 单元的第 6 项根据危险程度给表示犯罪的一组词语排序并给出理由，10.4 单元第 61 项解释前缀 auto-, bi-, trans-, tele- 的意义后要求学生解释包含这些前缀的单词的意义，10.5 单元第 59 项"在一组词中找出不同类的一个"等等。

对应"使学生能够区分口头（口语）和文本（书面）风格，以及正式和非正式的风格"（NMER 2013）的课程教学目标，*Enter 8–10* 在活动设计时注意引导学生关注语体的差别，在所统计的 56 项综合语言活动中有 10 项涉及正式和非正式语言，包括识别正式 / 非正式语言（如 10.6 单元第 33 项）及其文本类别（如 10.6 单元第 22 项），以及正式 / 非正式语言的转换（如 9.3 单元第 16、37 项）。

Enter 8–10 的语言知识活动的显著特点是活动依托文本，让学生在文本阅读中发现现象和结构，从而向学生表明语法存在于语言的有意义的语境中，并向学生展示实际使用的语言和语法。

3.4.2　*Enter 8–10* 的基本技能活动

2006 年的"知识提升"教育改革以来，挪威十分注重基本技能的培养。在学科课程中，五项基本技能（阅读、口头表达、写作、识数计算和使用数字工具）融入到每个学科之中（OECD 2013）。课程大纲 ENG1-03 也描述了英语课程在这 5 项基本技能上的要求。*Enter 8–10* 中涉及基本技能的活动数量的占比（70.9%）正是体现了这种要求。我们把 *Enter 8–10* 中涉及基本技能的活动按照这五项基本技能进行了整理（其中有 20 项涉及招贴海报、图画等技能的活动归入了"其他"）。

3.4.2.1　*Enter 8–10* 的口语表达活动

涉及口头表达技能的活动是所有基本技能活动中最多的，共 338 项，约占 *Enter 8–10* 所有活动的四分之一。*Enter 8–10* 口头表达活动采用了多种多样的形式（见表 6）。

表 6　*Enter 8–10* 口头表达活动形式示例

活动形式	举例
讲故事	向同学讲述罗宾汉的故事（8.2 单元第 33 项）
复述	利用页边空白处的词复述课文（8.4 单元第 45 项）
角色扮演	扮演导游向 10 岁孩子介绍英国的景点（8.3 单元第 24 项） 扮演足球赛事解说员解说课文中描写的进球片段（8.4 单元第 30 项） 扮演印度导游，从课文中选择 10 个关键词介绍印度（8.7 单元第 12 项） 扮演职业顾问向 8 年级学生做一次关于未来社会需要什么样的职业的讲座（9.3 单元第 20 项）
表演	表演课文节选的萧伯纳的《皮格马利翁》片段（8.3 单元第 39 项） 表演课文中的对话（8.7 单元第 3 项；10.1 单元第 42 项）
讨论	讨论功夫和拳击、冰球和花样滑冰等不同运动项目的差异（8.4 单元第 17 项） 讨论奇幻小说如何激励青少年（10.4 单元第 30 项）
观点表达	根据给定问题表达自己的观点，并进行适当的解释（8.5 单元第 29 项） 根据不同听众（喜欢电子游戏的儿童、认为电子游戏是浪费时间的父母、需要说服其在学校里组织"电子游戏之夜"的校长）结合课文内容表达你对电子游戏的看法（10.3 单元第 18 项）
主题陈述	在给定话题中选择一项作有关食物传统与未来趋势的主题陈述（9.1 单元第 52 项）
创意朗读	以说唱（Rap）形式朗读莎士比亚《麦克白》中的 "A Witch's Brew"（9.2 单元第 41 项） 对本单元的一首诗歌进行配乐诗朗诵，或进行配图配乐制作朗诵视频短片（10.2 单元第 63 项）
演唱及歌词解释	找一首与课文主题相同的流行歌曲或说唱音乐进行演唱，并对歌词进行解释（10.1 单元第 30 项）
新闻采访	作为电台记者采访事件的目击证人（8.4 单元第 57 项）

新闻报道	犯罪事件报道（9.4 单元第 11 项） 把报刊文章改编为新闻进行现场报道（10.3 单元第 4 项）
演讲	代表土著部落就澳大利亚总理的道歉向来自不同文化背景的澳大利亚人发表演讲（9.5 单元第 18 项） 选择一种濒危物种发表一篇演讲，解释为什么这个物种需要保护，之后由同学根据演讲选出最应该保护的五个物种（9.6 单元第 21 项）
辩论	对是否要穿校服的辩论（8.1 单元第 37 项） 对"死刑"的辩论（10.3 单元第 58 项）

　　Enter 10 在单元活动中特别设置了口语考试的拓展活动，并且以"每日一帖（Tip of the Day）"为栏目标题给出了针对性的建议。例如 10.2 单元第 86 项展示活动和建议：

Presentation. Your topic for a mock oral exam is "Influential Americans." Choose one or two of the people you have read about in this chapter and make a presentation in which you explain why they have made a contribution to US history or culture.

***Tip of the Day*:**

Spice up your presentation

- Use maps and photographs.
- Write keywords, not sentences.
- Start with something unexpected or a fun fact.
- End your presentation clearly, for example by saying "thank you for your attention", or by linking back to your introduction.

课程大纲 ENG1-03 对英语口头表达技能的描述中包含了听的技能，因此我们把标注为 Listening 的活动也归入了口头表达技能。听力活动除了额外增加了与文本主题相关的听力材料外，还充分利用了教材本身，如听课本上诗歌的朗读录音，甚至是听同学朗读课文。例如 10.4 单元第 39 项听力活动：

Listening. Listen to your classmates reading *The Giver*. Take turns reading and listening. While you listen carefully, draw a quick sketch inspired by these words.

a hunger　　　　　　**b** wisdom

3.4.2.2　*Enter 8–10* 的写作、阅读活动

写作和阅读在课程大纲 ENG1-03 的主要课程领域中都属于书面表达，在基本技能中则分列两项。写作活动也是在所有基本技能活动中数量较多的一项，共有 290 项（21.3%）活动。除了句子写作、场景仿写、概要写作、故事续写等，写作活动结合了课文文本的不同文体特征，使学生在了解文体特征的前提下参照课文文本的结构和语言进行写作。如 8.1 单元的 The Smartest Kids in Class? 是选自 Jeff Kinney 的 *Dairy of a Wimpy Kid* 的两则日记，文本后第 42 项活动介绍了日记在语言、内容上的特点之后要求学生在文本中找出这些特点，第 43 项则要求学生续写第 3 则日记。*Enter 8–10* 涵盖了多种文体形式的写作活动，表 7 是 *Enter 8–10* 各单元涉及的不同文体的写作活动（一些单元有多种文体写作活动，以下仅以一种为例）。这些活动依托单元提供的典型文本，学生的写作在内容、语言、结构等方面得到了有效支持。

表 7　*Enter 8–10* 不同文体写作活动

单元	文体写作活动举例
8.2 Hero	911 事件目击者陈述（**eyewitness account**）
8.3 Britain	*Treasure Island* 节选文本之后写海盗故事（**pirate story**）
8.4 Action	单板滑雪的说明（**instruction**）
8.5 Disaster	以泰坦尼克号乘客的身份给家中的朋友写信（**letter**）
8.6 Science	给科学老师写电子邮件请老师组织班级参观博物馆（**formal e-mail**）
8.7 India	为印度的母牛写权利法案（**Bill of Rights**）
9.1 Food for thought	为餐厅写菜单（**Menu**）
9.2 Beyond	参照 *The Six Sense* 影评写影评（**film review**）

9.3 Opportunities	为学校餐厅、图书馆、足球队等写招聘广告（**advertisement for the job**）
9.4 Whodunnit?	完成之前课文文本中未写完的犯罪现场报告（**crime scene report**）
9.5 Australia & New Zealand	就课文文本提到的有趣的事实写神话故事（**myth**），如为什么鸸鹋不能倒着走，为什么毛鼻袋熊的粪便是方的等等
9.6 Get involved	参照课文文本结构写关于濒危动物现状的事实性文本（**factual text**）
10.1 Getting along	关于人际关系的创意写作（**creative text**），如诗歌、剧本、小说等
10.2 The US	参照马丁·路德·金和奥巴马的演讲写关于少数族裔相关问题的演讲稿（**speech**）
10.3 Both sides	为小说 *Does My Head Look Big in This?* 写两篇书评（**book review**），一篇为推荐他人阅读，一篇为评论该书不值得一读
10.4 Distant reality	结合场景、人物、情节等要素写一篇奇幻小说（**fantasy**）或科幻小说（**science fiction**）
10.5 Precious drops	以 Live Sustainably, Act Responsibly 为题写一篇劝说性文章（**persuasive text**）
10.6 Solving Conflicts	以 Laura 的身份，为第一次遇见 Ishmael 的那一天在机场和他道别写推文（**tweet**），其中 Laura 和 Ishmael 为小说 *Boy Soldier* 节选中的人物

此外，*Enter 8–10* 的写作活动除了语境说明和文本类型要求外，通常有明确的写作对象。这给学生传递了这样一种信息：写作是为特定的目的服务的，不同的写作对象和写作目的需要与之相符合的语言、内容和形式。

Enter8–10 共有阅读活动 208 项（15.3%）。阅读活动包括阅读理解、阅读文本比较分析和阅读策略等。*Enter 8–10* 共有类别标记为 Reading to understand 的阅读理解活动 151 项，其中有 3 项出现在单元活动中，涉及整个单元的理解，如 8.7 单元第 51 项单元阅

读理解活动：

> **Reading to understand.** Write the title of the text where you can read about the following:
>
> Example: *The capital of India – Q & A*
>
> **a** wolfs   **b** a quick-tempered god   **c** buffalo milk
>
> **d** the national sport   **e** delicious spices   **f** popular literature

其他 148 项阅读理解活动都是针对单个文本设计，也就是说，在 *Enter 8–10* 的 157 个文本中，94.3% 的本文都设计了一个阅读理解活动，而且这些阅读理解活动都列在了文本后活动的第 1 项。这样的安排体现了课程大纲 ENG1-03 中对阅读这一基本技能的描述："能用英语进行阅读指的是有能力通过阅读不同类型的文本来创建意义，通过阅读英语文本来理解、思考和获得跨越文化边界和特定研究领域的见解和知识"（NMER 2013），也就是说，理解文本表达的内容和意义是英语阅读的基本任务。

英语阅读能力也包括"能运用与阅读目的相适应的阅读策略"（NMER 2013），*Enter 8–10* 也设计了一些有关阅读策略的活动。在 *Enter 8* 中这些活动以介绍单个阅读策略，如略读（skimming）、寻读（scanning）、研读（close reading），并进行练习的形式出现。而 *Enter 9–10* 则要求学生有意识地对阅读策略进行选择和灵活运用，如 9.2 单元第 30 项有关阅读策略的活动：

> **Reading strategies.** Which reading strategy would you use in order to find out:
>
> **a** the names of eyewitnesses
>
> **b** what cereologists do
>
> **c** what to say if you were asked to give a summary of this text

此外，课程大纲 ENG1-03 指出阅读能力"还包括流畅地阅读英语文本，理解、探索、讨论、学习和反思不同类型的信息"（NMER 2013），也就是说"目前的课程大纲将阅读作为一种元意识来促进，使学生能够批判性地思考和谈论文本及所在的语境"（Bakken

2017）。*Enter 8–10* 有意识地培养学生这方面的能力，如 9.5 单元第 75 项、10.1 单元第 57 项等。而且这种能力的培养是循序渐进地进行的，以活动标签为 Analysis 的活动数量为例，*Enter 8* 并没有此类活动，而 *Enter 9* 出现了 12 项，到 *Enter 10* 则出现了 30 项。

9.5 单元第 75 项的单元分析活动：

Analysis. When you think about indigenous people's rights, explain what makes you feel:

- angry - confused - supportive - hopeful

10.1 单元第 57 项结合文本的分析活动：

Analysis. This extract includes different kinds of relationships. Discuss what the text tells us about the relationships below, and to what extent you identify with them.

a parents and children

b best friends

c friends who have fallen out

3.4.2.3 *Enter 8–10* 的识数计算和数字技能活动

除了口头表达、写作、阅读等传统意义上的语言技能之外，*Enter 8–10* 还根据课程大纲 ENG1-03 的要求设置了训练识数计算能力和培养数字技能的活动。相对于口语表达、写作和阅读活动而言，识数计算和数字技能活动的数量要少得多，分别只有 35 项（2.6%）和 73 项（5.4%），但通过这些活动课程大纲 ENG1-03 对这两项基本技能的描述得到了体现。

"识数计算能力包括熟悉英语国家使用的计量单位，并能理解数字和用数字、英文图表、表格及统计资料进行交流"（NMER 2013）。

10.2 单元第 39 项活动以计算美国大学学费的方式让学生了解美元与挪威克朗的转换关系，并在此基础上对比挪威与美国的教育费用。通过这一活动，学生既了解了美国的货币单元，又进行了货币转换的计算。9.1 单元的第 38 项活动则要求学生解释"You had better cut the pizza into four pieces, because I'm not hungry enough to eat six pieces." 这句话有什么问题，来帮助学生理解分数的概念。8.6 单元的第22项活动基于文本 Numbers in Pictures 的理解训练用数字、图表及统计资料进行交流的能力。

8.6 单元第 22 项利用图表统计资料进行交流的活动：

Numbers. Collect information about something over a period of time, for example, the weather, temperature, how much water you drink. Make graphs and present your findings to the class.

处在如今的信息社会，数字技能无疑也是十分重要的。课程大纲 ENG1-03 指出"发展数字技能涉及通过收集和处理信息创建不同类型的文本"，……"更进一步而言，这一技能包括在书面文本和口头交流中使用数字资源，并对资源的使用持批判和独立的态度。数字技能还涉及通过可核实的参考资料来源，发展有关版权和保护个人隐私的知识"（NMER 2013）。8.6 单元的第 26 项活动很好地体现了这些要求。它首先要求学生上网查找有关课文文本中提到的 Ada Lovelace 的更多资料，然后要求学生列出资料来源并对这些来源的可靠性做出评估，进而要求学生基于所收集的资料进行写作。通过这项活动，引导学生关注网上信息的真实性，批判性地对所收集的资料进行处理，同时培养了学生的版权意识。

8.6 单元第 26 项数字技能活动：

Digital skills. Find out more about Ada Lovelace.

a Search the Internet for information.

b List some sources that you used.

c Which source do you trust the most? Why?

d Write a *Did you know?* paragraph which summarizes the information you found about Ada Lovelace. Start like this: *Did you know that Ada Lovelace was ...?*

此外，数字技能还包括培养学生利用"特效、图像、表格、标题和项目符号"（NMER 2013）等多模态数字形式来强调和传达信息，如 10.1 单元第 13 项和第 50 项活动：

Digital skills. Make a film trailer for the film about these three boys. The trailer should not last for more than one minute. Include suitable music and picture.

Digital skills. Create a multimodal text on the topic of illness, using art, music and literature which deal with this topic.

3.4.3 *Enter 8–10* 的学习策略活动

O'Malley & Chamot（1990）把学习策略分为三大类：认知策略（重复、利用目标语源、利用身体动作、翻译、归类、记笔记、演绎、重新组织、利用视觉形象、声音、关键词、上下文情境、阐释、迁移、推测），元认知策略（选择性注意、计划、监控和评价学习活动）和社会 / 情感策略（合作、提问澄清和自我对话）。

Enter 8–10 中类别标识为 Learning Strategies 的有关学习策略的活动仅为 10 项，占所有活动的 0.7%，且多数出现在单元活动中。在这些活动中既有涉及认知策略的活动，如 8.1 单元的积累扩大词汇量的策略，8.7、9.5、10.5 单元的借助文本的标题、小标题概括单元内容的策略；也有元认知策略活动，如 8.1 单元的制定学期学习目标，8.4、8.6、9.4 单元的反思和评估单元所学内容。

虽然明确标识为"学习策略"的活动数量很少，但是实际上 *Enter 8–10* 语言知识和基本技能的很多活动已经体现了学习策略的培养和训练，这在之前的评述中可见一斑。此外，*Enter 8–10* 在每个单元开始设置的学习目标和单元结束设置的自我评价也体现了对学生元认知策略的培养。

3.5 *Enter 8–10* 的视觉支持

Enter 8–10 在教材的版面设计上提供了大量的图片，这种设计不仅体现了内容与形式的融合，也体现了阅读习惯与形式的变化。在每册 240 页的教材中，除去教材的活动页面，每册仅有 20 余个页面未配有图片，甚至有许多页面的图片覆盖整个页面。除了少量

装饰性图片外，这些图片主要包括与单元主题、文本主题相关的配图（如标题为 Get Involved! 的环保主题的 9.6 单元配有多张志愿者环保活动的图片，8.3 单元 Multicultural Britain 一文的配图是坐满不同乘客的伦敦双层公共汽车），为所选文本提供背景知识的配图（如文本作者的图片、来自所选文本的插图、根据所选小说改编的电影海报或影片场景、戏剧演出的实景图与所选文本相关的真实事件的史料图片等）和属于阅读文本一部分的图片（如地图、图表、连环画小说等）。这些配图增加了文本的可读性，为学生更好地理解单元主题和文本内容提供了视觉上的支持；结合图片设置的口头表达、写作、绘画等活动不仅使图片信息得到了充分利用，也训练了学生的观察力、想象力，培养了学生的视觉解读能力和视觉表达能力。

4. 结论和启示

以上我们结合挪威英语课程大纲 ENG1-03，以 *Enter 8–10* 为例，对挪威初中英语教材进行了分析。教材呈现的一些特点给我们编写英语教材，特别是初中英语教材，提供了经验和借鉴。

(1) 重视输入语料的丰富性。

Krashen(1981) 认为大量的输入对外语技能的发展至关重要。*Enter 8–10* 每个单元约 40 页，而且包含一部分较长的文本，有很多跨 3—5 页的文本，甚至有跨 9 页的文本，给学生提供了大量可供学习的语料。相比之下，我国初中英语教材的容量要少得多。以人教版 *Go for It!* 八年级教材为例，虽然教材的整体页数（上、下册共 280 页）甚至比 *Enter* 教材页数要多，但是约 40% 的页面是课文注释、课文听力材料文本、单词表等，教材核心内容仅为 160 页，每个单元 8 页，而且单个文本长度通常不超过一页。

除了充足数量的语料，Cappelen Damm 的 *Connect 8–10*，Gyldendal 的 *Enter 8–10* 和 Aschehoug 的 *Stages 8–10* 的语料选择都体现了体裁的多样性。三种教材每个单元都包含了 4—8 种不同体裁的文本，整套教材的文本体裁在 30 种左右。所选语料的体裁多样性也给学生提供了接触各种形式的目标语言的机会，帮助学生形成语体意识，而我国英语教材的文本形式则较为单一。

因此，在英语教材的编写中，我们可以考虑增加教材语言材料的容量和多样性。当然，这首先需要我们改变对教材的看法：并不一定需要老师在课堂上处理教材的所有内容。教材语料的丰富性既可以促进学生语言能力的发展，也可以为差异化教学和学生自主学习能力的培养提供良好条件。教师可以根据学生的实际情况有选择地利用教材的不同语料给学生提供个性化的教学，学生也可以根据自身的实际情况利用教材提供的语料自主地进行语言学习。

(2) 重视输入语料的真实性

Tomlinson(2013) 认为教材应使学习者接触到真实使用的语言，帮助学习者注意真实语言输入的特点。挪威三个出版社的三套教材几乎每个单元都包含多篇小说节选、短片故事、诗歌等典型的文学作品（*Enter 8–10* 中的文学作品见附录 2）作为教材的内容，这些语料素材为学生的语言学习提供了语境，为学生感悟英语语言的意义表达、探索英语语言的使用提供了范本。当然，这给教材编写者提出了较高的要求，需要教材编写者熟悉适合青少年阅读的文学作品，并从中选取与主题内容相关、语言难度合适的片段。

我们在教材编写语料选择的过程中可能较多地考虑了语言难度对学生的适合性，往往会对原文语言进行改编，这使得语言的真实性受到一定程度的损害，同时"使得与语言相关的社会、政治和文化信息输入受到限制"（喻红 2006: 3）。以表 4 中所列的 *Enter 8–10* 的单元主题词汇为例，有超过一半以上不在我国义务教育段的词汇列表中，甚至出现了大学英语 6 级词汇如 catastrophe、sacred、extinct，专业英语 8 级词汇如 indigenous、segregation、apartheid 等，但是部分词汇却是谈论特定主题必然会涉及的。教材编写时语言材料的难度肯定是一项考虑因素，但是如果确定特定主题是学生需要了解的内容，就不应该以语言的真实性为代价进行过多的改编。

(3) 利用活动设计培养学生的交际能力。

活动设计也是教材的重要组成部分。以 *Enter 8–10* 为例，教材围绕语篇设计了大量的活动任务，平均每单元的活动任务在 70 项左右。这些活动设计以不同体裁的语篇为中心，通过对语篇的理解活动帮助学生在语境中学习语言知识以及语言所涉及的社会文化知识，提高语言意识，通过口头表达、阅读、写作等基本技能的训练活动培养学生在口头和书面上使用这些知识的能力，通过策略训练活动和单元自我评价活动培养学生的学习策略能力，从而达到培养交际能力，即语言 (linguistic)、社会文化 (sociocultural)、策略 (strategic)、语篇 (discourse) 和行动 (actional) 等五方面的能力 (Celce-Murcia, Dornyei & Thurrell 1995) 的目标，符合挪威英语课程大纲 (ENG1-03) 提出的培养学生交际能力的要求。

从 *Enter 8–10* 各类活动数量的比例上看（表 5），教材的活动任务强调语言的使用，口头表达和书面表达的活动数量约占总活动数量的一半左右，而且这些语言输出活动以让学生在交际活动中使用语言为目标，而不是仅仅训练学生掌握语言的具体特征，充分体现了教材开发中"为学习者提供使用目的语达到交际目的的机会"的原则 (Tomlinson 2013: 95)。*Enter 8–10* 口头表达活动如角色扮演、戏剧表演、新闻采访、新闻报道等强调情境创设，使学生以特定的身份进行口语活动；观点表达、主题陈述、演讲等活动在设计时则非常强调听众的身份，使学生的口头表达需要根据不同的听众选择使用不同的语言（表6）。写作活动配合教材所选语料的体裁多样性，对多种文体的写作进行训练。同样地，各种文体的训练中也强调写作场景的创设和作品读者的设定（表7）。这种情景特色使得学生的语言产出有目的、有对象，教材活动更接近真实的交际活动，更有利于学生交际能力的培养。

相对而言，我国初中英语教材的活动数量要少得多。就人教版 *Go for It!* 而言，每单元的活动数量约为 20 项左右，而且这些活动中较多的是听力理解和阅读理解活动，语言输出活动较少。我国的教材编写者应该更多地利用活动任务的设计为学习者提供使用语言的机会，锻炼学习者在真实交际场合中流利、准确、恰当、有效地运用英语进行表达的能力。

(4) 重视语言知识技能外的能力培养。

除了给学生提供了语言知识和语言技能的学习素材外，以 *Enter 8–10* 为例，挪威初中英语教材还设计了识数计算、数字技能的训练活动，这当然和挪威英语课程大纲的要求密切相关，但是这些活动的设置从一个侧面反映出教材在学生培养目标的达成上所起的积极作用，同时也为我国英语教材的编写开拓了思路。一方面，英语学科不是单独存在的，英语教材的编写应充分考虑英语学科和其他学科的渗透和联系，充分体现语言学习的应用性。另一方面，在当今互联网时代，信息的时间和空间限制弱化导致信息的大量涌入，这对学生高效地获取有效信息形成了干扰，英语教材应该在这方面给学生提供技能训练，帮助学生从互联网中甄辨并获取有用的、可靠的英文资源，促进学生英语学习、人文素质和批判性思维能力的提高，培养学生面向未来的能力。

参考文献

[1] Bakken A S. Notions of EFL reading in Norwegian Curricula, 1939–2013 [J]. *Acta Didactica Norge*, 2017, 11(2): 1–19.

[2] Celce-Murcia M. Rethinking the role of communicative competence in language teaching [A]. In Alcón Soler E & Safont Jordà M P (eds.), *Intercultural Language Use and Language Learning* [C]. Berlin: Springer, 2007. 41–57.

[3] Celce-Murcia M, Dornyei Z & Thurrell S. Communicative competence: A pedagogically motivated model with content specifications [J]. *Issues in Applied Linguistics*, 1995, 6 (2): 5–35.

[4] Cortazzi M & Jin L. Cultural Mirrors: Materials and methods in the EFL classroom [A]. In Hinkel E (ed.), *Culture in Second Language Teaching and Learning* [C]. Cambridge: Cambridge University Press, 1999. 196–219.

[5] Diskin E, Winsvold K G & Kasbo K. *Enter 8 Teacher's Book* [Z]. Oslo, Norway: Gyldendal, 2015.

[6] Drew I, Oostdam R & van Toorenburg H. Teachers' experiences and perceptions of primary EFL in Norway and the Netherlands: A comparative

study [J]. *European Journal of Teacher Education*, 2007, 30 (3): 319–341.

[7] Ellis R. Second language acquisition and language-teaching materials [A]. In Harwood N (ed.), *English Language Teaching Materials: Theory and Practice* [C]. Cambridge: Cambridge University Press, 2010. 36–64.

[8] Hurst N R. Core concerns: Cultural representation in English language teaching (ELT) coursebooks [A]. In Szubko-Sitarek W, *et al.* (eds.), *Language Learning, Discourse and Communication* [C]. Springer International Publishing, 2014. 47–61.

[9] Ibsen E B & Hellekjær G O. A profile of Norwegian teachers of English in the 10th Grade [A]. In Simensen A M (ed.), *Teaching and Learning a Foreign or Second Language* (Vol. 1) [C]. Oslo: University of Oslo, 2003. 68–86.

[10] Krashen S. *Second Language Acquisition and Second Language Learning* [M]. Oxford: Pergamon, 1981.

[11] Lund, R. *Questions of Culture and Context in English Language Textbooks: A Study of Textbooks for the Teaching of English in Norway* [D]. Doctoral Thesis, University of Bergen, 2006.

[12] Lund R & Zouhgby K. English language textbooks in Norway and Palestine [A]. In Horsley M & McCall J. (eds.), *Peace, Democratization and Reconciliation in Textbooks and Educational Media* [C]. Conference Volume from the Ninth International IARTEM Conference, September 2007, Tonsberg, Norway. 203–211.

[13] Nordlund M. EFL textbooks for young learners: A comparative analysis of vocabulary [J]. *Education Inquiry*, 2016, 7 (1): 47–68.

[14] Norwegian Ministry of Education and Research. *Act Relating to Primary and Secondary Education and Training (The Education Act)*. 1998. Retrieved from https://lovdata.no/dokument/NLE/lov/1998-07-17-61.

[15] Norwegian Ministry of Education and Research. *Country Report – Norway* [R]. 2004. Retrieved from https://rm.coe.int/language-education-policy-profile-norway-country-report/16807b3b42.

[16] Norwegian Ministry of Education and Research. *KUNNSKAPSLØFTET: LÆREPLAN for grunnskolen og videregående opplæring [THE KNOWLEDGE: CURRICULUM for primary and secondary education]* [Z]. 2006.

Retrieved from https://www.regjeringen.no/globalassets/upload/kilde/ufd/
prm/2005/0078/ddd/pdfv/255552-lplan_260805.pdf.

[17] Norwegian Ministry of Education and Research. *English Subject Curriculum
(ENG1-03)* [Z]. 2013. Retrieved from http://data.udir.no/kl06/ENG1-03.
pdf?lang=eng.

[18] Norwegian Ministry of Education and Research. The school of the future:
Renewal of subjects and competences [R]. *Official Norwegian Reports NOU,
2015: 8*. Retrieved from https://www.regjeringen.no/contentassets/da148fec-
8c4a4ab88daa8b677a700292/en-gb/pdfs/nou201520150008000engpdfs.pdf.

[19] Norwegian Ministry of Education and Research. *Core Curriculum – Values
and Principles for Primary and Secondary Education* [Z]. 2017. Retrieved
from https://www.regjeringen.no/contentassets/53d21ea2bc3a4202b86b83cfe-
82da93e/core-curriculum.pdf

[20] OECD. *Education Policy Outlook: Norway* [R]. 2013. Retrieved From http://
www.oecd.org/norway/EDUCATION%20POLICY%20OUTLOOK%20
NORWAY_EN.pdf.

[21] O'Malley J M & Chamot A U. *Learning Strategies in Second Language
Acquisition* [M]. Cambridge: Cambridge University Press, 1990.

[22] Opsahl P C, *et al. Forlag. Store norske leksikon* [OL]. Nov. 5, 2019. Retrieved
from https://snl.no/forlag.

[23] *Quality in Norwegian Early Childhood and Care, Schools and Vocational
Education and Training* [OL]. 2018. Retrieved from https://www.udir.no/in-
english/Quality-in-ECEC-Schools-and-Vocationa-Education-and-training/.

[24] Reichenberg M. Explaining teachers-english/Quality-in-ECE, *Journal of
Educational Media, Memory, and Society*, 2016, 8 (2): 145–159.

[25] Reichenberg M & Andreassen R. Similar but not the same: Comparing
Norwegian and Swedish teachers' influence on textbook selection and
involvement in text discussions [J/OL]. *IARTEM e-Journal*, 2018, 9 (1): 4–27.

[26] Repoussi M & Tutiaux-Guillon N. New trends in history textbook research:
Issues and methodologies toward a school historiography [J]. *Journal of
Educational Media, Memory, and Society*, 2010, 2 (1): 154–70.

[27] Richards J C & Rodgers T S. *Approaches and Methods in Language Teaching*

(2nd Ed.) [M]. Cambridge: Cambridge University Press, 2001.

［28］Rindal U & Piercy C. Being "neutral"? English pronunciation among Norwegian learners [J]. *World Englishes: Journal of English as an International and Intranational Language*, 2013, 32 (2): 211–229.

［29］Sen Nag O. What languages are spoken in Norway? [OL] *WorldAtlas*, Aug. 1, 2017. Retrieved from http://worldatlas.com/articles/what-languages-are-spoken-in-norway.html.

［30］Siegel A. What should we talk about? The authenticity of textbook topics [J]. *ELT Journal*, 2014, 68 (4): 363–375.

［31］Sivesind K & Westbury I. State-based curriculum work and curriculum-making: Norway's *Læreplanverket 1997* [J]. *Journal of Curriculum Studies*, 2016, 48 (6): 766–782.

［32］Tomlinson B. Principles of effective materials development [A]. In Harwood N (ed.), *English Language Teaching Materials: Theory and Practice* [C]. Beijing: Cambridge University Press & Foreign Language Teaching and Research Press, 2013. 93–125.

［33］Tórrez N M. English language teaching textbooks from Nicaragua and Norway: A comparative analysis of the topics presented in *Secondary English Book – 8th Grade* and *Enter 8* [J/OL]. *IARTEM e-Journal*, 2017, 9 (2): 49–69.

［34］West A, Edge A & Stokes E. 1999. Secondary education across Europe: Curricula and school examination systems [OL]. Retrieved from http://www.leeds.ac.uk/educol/documents/00001195.htm.

［35］Wilkens H J. Textbook approval systems and the Program for International Assessment (Pisa) results: A preliminary analysis [J/OL]. *IARTEM e-Journal*, 2011, 4 (2): 63–74.

［36］Wolf J P. Exploring and contrasting EFL learners' perceptions of textbook-assigned and self-selected discussion topics [J]. *Language Teaching Research*, 2013, 17 (1): 49–66.

［37］吴刚. 北欧国家外语教育政策与实践——以瑞典和挪威为例 [J]. 天津大学学报，2014, 18 (4): 71–74.

［38］吴雪萍，史黎娟. 挪威基础教育改革评述 [J]. 外国中小学教育，2004, (1): 1–7.

[39] 喻红. 教材设计与学生语言意识的培养——挪威中学英语教材设计有感 [J]. 中小学外语教学（中学篇），2006, (12): 1–5.

[40] 中国国家教育部. 普通高中英语课程标准 (2017 年版 2020 年修订) [Z]. 北京：人民教育出版社，2020: 14.

教材：

[41] Diskin E & Winsvold K G. *Enter 9 Learner's Book*. Oslo, Norway: Gyldendal, 2016.

[42] Diskin E & Winsvold K G. *Enter 10 Learner's Book*. Oslo, Norway: Gyldendal, 2017.

[43] Diskin E, Winsvold K G & Kasbo K. *Enter 8 Learner's Book*. Oslo, Norway: Gyldendal, 2015.

[44] Haegi, E. S., Madsen, T. & Mohammad-Roe, S. *CONNECT 9 Student's Book*. Oslo, Norway: Cappelen Damm, 2017.

[45] Haegi E S, Madsen T & Mohammad-Roe S. *CONNECT 10 Student's Book*. Oslo, Norway: Cappelen Damm, 2018.

[46] Madsen T & Mohammad-Roe S. *CONNECT 8 Student's Book*. Oslo, Norway: Cappelen Damm, 2016.

[47] Pettersen S, Areklett K M, Røkaas F & Tørnby H. *Stages 8 Textbook*. Oslo, Norway: Aschehoug, 2013.

[48] Pettersen S, Areklett K M, Røkaas F & Tørnby H. *Stages 9 Textbook*. Oslo, Norway: Aschehoug, 2014.

[49] Tørnby H, Røkaas F, Pettersen S & Areklett K M. *Stages 10 Textbook*. Oslo, Norway: Aschehoug, 2015.

附录 1：*Enter 8* 各单元与 10 年级能力目标对应关系 (Diskin, Winsvold & Kasbo 2015: XV)

10 年级能力目标 ＼ 单元	1 A Fresh Start	2 Heroes	3 Britain	4 Action	5 Disasters	6 Science	7 India
语言学习：							
● 能运用不同的情景、工作方法和学习策略提高英语语言技能	×	×	×	×	×	×	×
● 能评论自己学习英语的情况	×	×	×	×	×	×	×
● 能识别英语和母语在语言上显著的相似和不同之处，并将这些知识运用到自己的语言学习中	×	×	×		×	×	×
● 能选择不同的数字资源和其他辅助工具，并在自己的语言学习中独立地使用它们		×	×	×	×	×	×
口头交流							
● 能选择和使用适合不同目的的听力和口语策略	×	×	×	×	×	×	×
● 能理解并使用与不同主题相关的一般词汇	×	×	×	×	×	×	×
● 能区分有关个人和群体的含有正面和负面意义的表达	×	×		×			
● 能了解不同主题不同类型的口头文本的主要内容和细节	×	×	×	×	×	×	×
● 能听并理解不同真实情境下的英语变体	×	×	×	×	×	×	×
● 表达流畅、连贯，适合目的和场合	×	×	×	×	×	×	×
● 能表达自己对不同主题的看法并对其进行解释	×	×	×	×	×	×	×
● 能通过提问和跟进输入，引入、维持和终止不同主题的对话	×	×	×	×	×	×	×
● 能运用语音、语调、词形变化的中心结构和不同类型的句子进行交际	×	×	×	×	×	×	×

能力							
● 能在交际中理解和使用不同的数字表达和其他种类的数据	×	×	×		×	×	×
书面交流							
● 能选择和使用适合不同目的的阅读和写作策略	×	×	×	×	×	×	×
● 能理解并使用与不同主题相关的一般词汇	×	×	×	×	×	×	×
● 能区分有关个人和群体的含有正面和负面意义的表达	×	×		×			
● 能了解所选文本的主要内容和细节							
● 能阅读、理解和评价不同类型、不同主题、不同长度的文本	×	×	×	×	×	×	×
● 能以自己的笔记和不同来源的内容作为写作的基础	×	×	×	×	×	×	×
● 能写具有结构和连贯性的不同类型文本	×	×	×	×	×	×	×
● 能运用拼写法、词形变化、句型和篇章架构的中心结构来生成文本	×	×	×	×	×	×	×
● 能使用数字工具和形式要求进行信息处理、文本生成和交流	×	×	×	×	×	×	×
● 熟悉个人隐私和版权的保护，以可验证的方式选择和使用不同来源的内容	×		×			×	
文化、社会和文学							
● 能讨论和阐述英国、美国、其他英语国家以及挪威人的生活方式和社交方式	×		×				×
● 能解释英国和美国的历史和地理特征			×				
● 能讨论和阐述来自英语国家的不同类型的英语文学作品	×	×	×	×	×	×	×
● 能描述和思考英语国家原住民的状况							
● 能在英语文学、电影和文化表达形式的启发下创作、交流和谈论自己的文本	×	×	×	×	×	×	×
● 能就当代和学术主题进行交流和交谈	×	×	×	×	×	×	×

附录 2：*Enter 8–10* 文学主题的表现形式

单元标题	文本标题	文学主题的表现形式
8.1 A fresh start	<ul><li>I Wasn't Asleep …</li><li>The Math Test</li><li>I Don't Want to Sit Next to Alex!</li><li>Young Shakespeare</li><li>A School Beyond Your Imagination</li></ul>	<ul><li>小说（节选自Michael Broad的*Jake Cake — The Werewolf Teacher*）</li><li>小说（节选自Louis Sachar的*Sixth Grade Secrets*）</li><li>小说（节选自Simone Elkeles的*Perfect Chemistry*）</li><li>小说（节选自Rosie Dickins的*William Shakespeare*）</li><li>介绍J. K. Rowling的*Harry Potter*中的魔法学校</li></ul>
8.2 Heroes	<ul><li>Summer and August</li><li>Who Was Robin Hood?</li></ul>	<ul><li>小说（节选自R. J. Palacio的*Wonder*）</li><li>小说（节选自J. Walker McSpadden的*Robin Hood*）</li></ul>
8.3 Britain	<ul><li>The British</li><li>English Like a Lady</li><li>Treasure Island</li></ul>	<ul><li>诗歌（作者Benjamin Zephaniah）</li><li>戏剧（选自Bernard Shaw的*Pygmalion*）</li><li>小说（节选自Robert Louis Stevenson的*Treasure Island*）</li></ul>
8.4 Action	<ul><li>The Karate Kid</li><li>The Trial</li><li>The Avalanche</li></ul>	<ul><li>影评</li><li>小说（节选自Dan Freedman的*The Kick Off*）</li><li>小说（节选自Andy Coombs的*Yellow Eyes*）</li></ul>
8.5 Disasters	<ul><li>Hurricane Katrina</li><li>The Penalty</li></ul>	<ul><li>小说（节选自Brenda Woods的*Saint Louis Armstrong Beach*）</li><li>小说（节选自Dan Freedman的*The Kick Off*）</li></ul>
8.6 Science	<ul><li>Time Changes Everything</li></ul>	<ul><li>小说（节选自Penelope Lively的*A Stitch in Time*）</li></ul>
8.7 India	<ul><li>Only English? The Poor Fool!</li><li>The Story of Ganesha</li><li>The Jungle Book</li></ul>	<ul><li>小说（节选自Gregory David Roberts的*Shantaram*）</li><li>神话</li><li>小说（节选自Rudyard Kipling的*The Jungle Book*）</li></ul>
9.1 Food for thought	<ul><li>One Grain of Rice</li><li>The Carrot</li><li>The Restaurant at the End of the Universe</li></ul>	<ul><li>民间故事</li><li>小说（节选自Morris Gleitzman的*Once*）</li><li>小说（节选自Douglas Adams的*The Restaurant at the End of the Universe*）</li></ul>

9.2 Beyond	● The Sixth Sense ● Skellig ● A Witch's Brew ● Miss Peregrine's Home for Peculiar Children	● 影评 ● 小说（节选自David Almond的*Skellig*） ● 戏剧（选自William Shakespeare的*Macbeth*） ● 小说（节选自Ransom Riggs的*Miss Peregrine's Home for Peculiar Children*）
9.3 Opportunity	● Boys and Girls Together ● The Nurse ● Pipes, Taps and Ballcocks	● 诗歌（作者Neil Gailman） ● 小说（节选自John Green的*The Fault in Our Stars*） ● 小说（节选自David Walliams的*Gangsta Granny*）
9.4 Whodunnit	● The Death of a Tramp ● The Hitchhiker ● Blood Fever	● 短篇故事（作者Herbert Harris） ● 短篇故事（作者Anthony Horowitz） ● 小说（节选自Charlie Higson的*Blood Fever*）
9.5 Australia & New Zealand	● We Say Sorry ● The Spirit of Barrumbi ● How the Kiwi Lost its Wings ● I am Māori	● 演讲（澳大利亚总理Kevin Rudd的演讲） ● 小说（节选自Leonie Norrington的*The Spirit of Barrumbi*） ● 神话 ● 诗歌（作者Marilyn Gardiner）
9.6 Get involved	● The Carbon Diaries ● Saving the Planet and Stuff	● 小说（节选自Saci Lloyd的*The Carbon Diaries*） ● 小说（节选自Gail Gauthier的*Saving the Planet and Stuff*）
10.1 Getting along	● Brothers ● Paul Is Gay ● Greg and the Dying Girl ● Art and Emotion ● A Midsummer Night's Dream	● 小说（节选自Jacqueline Woodson的*Miracle's Boys*） ● 小说（节选自David Levithan的*Boy Meets Boy*） ● 小说（节选自Jesse Andrews的*Me and Earl and the Dying Girl*） ● 诗歌（Emily Dickinson的I'm Nobody! Who Are You?） ● 戏剧（选自William Shakespeare的*A Midsummer Night's Dream*）
10.2 The US	● Turning 15 on the Road to Freedom ● Inspiring Speeches ● Still I Rise ● Mother to Son ● Romiette and Julio	● 小说（节选自Lynda Blackmon Lowery的*Turning 15 on the Road to Freedom*） ● 演讲（Martin Luther King的 "I Have a Dream" 节选，Barack Obama的 "The 50th Anniversary of the Selma to Montgomery Marches" 节选） ● 诗歌（作者Maya Angelou） ● 诗歌（作者Langston Hughes） ● 书评

10.3 Both side	● Does My Head Look Big in This? ● Genesis and Catastrophe ● Hero ● Nobody Ever Asked	● 小说（节选自Randa Abdel-Fattah的*Does My Head Look Big in This?*） ● 短篇故事（作者Roald Dahl） ● 诗歌（作者Mick Gowar） ● 小说（节选自Jodi Picoult的*My Sister's Keeper*）
10.4 Distant reality	● Answer ● The Maze Runner ● The Giver ● The Humans ● Eragon	● 短篇故事（作者Fredric Brown） ● 小说（节选自James Dashner的*The Maze Runner*） ● 小说（节选自Lois Lowry的*The Giver*） ● 小说（节选自Matt Haig的*The Humans*） ● 小说（节选自Christopher Paolini的*Eragon*）
10.5 Precious drops	● The Water Wars ● I Come from a Line of Fishermen ● The Watery Place	● 小说（节选自Cameron Stracher的*The Water Wars*） ● 小说（节选自Diana McCaulay的*I Come from a Line of Fishermen*） ● 短篇故事（作者Isaac Asimov）
10.6 Solving conflicts	● To Kill a Mockingbird ● Boy Soldier	● 小说（节选自Harper Lee的*To Kill a Mockingbird*） ● 小说（节选自Ishmael Beah的*A Long Way Gone: Memoirs of a Boy Soldier*）

荷兰初中英语教材研究报告

浙江师范大学 孔菊芳

引言

多年来荷兰 PISA[①] 多项指标高于欧盟 (European Union，简称 EU) 与经合组织 (Organization for Economic Co-operation and Development，简称 OECD) 成员国平均值 (Garbe *et al.* 2016: 6; OECD 2014: 6)。在英语为非母语的欧洲国家中，荷兰的英语普及率最高，达 95% 以上 (宋秋英 2016)。根据 2017 年英孚教育 (English First，简称 EF) 对全球 80 个英语为非母语国家的调查，荷兰在英语熟练度指标上位居第一，是唯一男女英语能力均等的极高英语熟练度国家 (英孚教育 2017)。荷兰教育，尤其英语教育的成功，值得英语为非母语国家借鉴。本研究以初中学段为例，系统分析荷兰初中英语教材 *Stepping Stones*，以期对我国初中英语教材开发与使用提供一定借鉴。

1. 荷兰教育概述

荷兰法律规定 4—16 岁学龄儿童和青少年必须接受义务教育，义务教育涵盖小学教育 8 年和中学教育的前 4 年。荷兰中学教育持续 4—6 年，大学教育持续 2—6 年，因教育类型和专业不同，学习年限有所差异 (Nuffic 2015: 6—7)。如图 1 所示，荷兰学生在小学教

[①] PISA (Program for International Student Assessment) 是一项由经合组织统筹的国际学生评估项目，主要对接近完成基础教育的 15 岁学生进行评估，测试学生能否掌握参与社会所需的知识与技能。

育结束后，可选择不同的中学教育类型，包括职业预备教育（Pre-vocational secondary education, 简称 VMBO）、普通中学教育（General secondary education, 简称 HAVO）及大学预备教育（Pre-university education, 简称 VWO）。选择何种中学教育类型，取决于学生在小学毕业时参加的全国性测试（外部评价）的成绩、主课教师的推荐（内部评价）及学生的个人意愿。

荷兰教育体系中没有明确的高中和初中区分，中学第一年为 Brugklas，意为 bridge，作为桥梁衔接小学和中学。VMBO 学制为 4 年，HAVO 学制为 5 年，VWO 学制为 6 年。VMBO 课程结束后，大部分学生升入职业大学继续学习；小部分学生直接就业，但这部分学生必须边工作边学习两年，直至年满 18 岁。通常，荷兰的普通中学既提供 HAVO 课程，也提供 VWO 课程，教师资源互通。HAVO 三年课程结束或 VWO 四年课程结束后，学生可选择不同的学科进行两年（upper secondary level）的深度学习，为进入大学做准备。中学教育结束时，学生需参加全国性测试（外部评价），该测试成绩与学生平时成绩（内部评价）两项平均及格，即可颁发毕业证书。进入研究型大学需获得 VWO 证书，学生无需参加额外的入学考试；进入应用型大学（HBO）需获得 HAVO 或 VWO 证书。

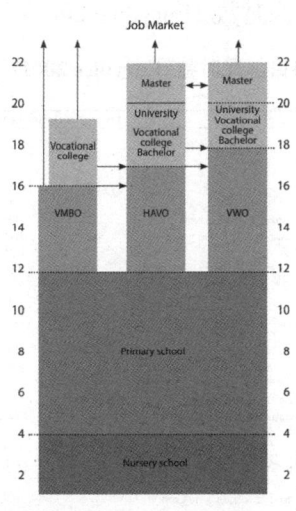

图 1　荷兰教育体系 (European Platform 2013: 2)

荷兰国际贸易历史悠久，距离英国又很近，因而英语在荷兰社会颇受重视 (Law 2014)。荷兰多数小学在七、八年级开设英语课程，但一些荷兰儿童 6 岁之前就开始学习英语，小学英语教育越来越受到重视 (Rubio & Lirola 2010: 30)。1986 年荷兰教育部将英语定为义务教育阶段第一外语，并提出义务教育阶段英语教育目标，即在不影响母语学习的前提下，完成中学教育的学生（平均年龄约为 16 岁）除掌握听、说、读、写四种英语技能外，还需掌握英美文化背景知识和跨文化交际能力 (Bonnet 2004: 139–142)。根据欧洲平台 (European Platform) 对 2006—2007 学年小学教育的调查，开设英语课程的小学数从 1998 年的 10 所增长至 2006 年的 85 所，学生每周学习英语的时间在 30—240 分钟不等 (European Platform 2013；Goorhuis-Brouwer & de Bot 2010: 190)。英语在荷兰中学教育体系中占据重要地位，荷兰所有中学教育类型，包括 VMBO、VWO 及 HAVO，都把荷兰语、英语和数学列为必修核心课程，选择 VWO 和 HAVO 类型的学生需选修另两门外语，学生通常选修法语和德语。所有中学教育类型中，所有英语课程均用英语授课。如表 1 所示，根据荷兰教育部 2002 年的调查，荷兰中学教育中前三年英语课程总课时数为 280 个学时，每学时为 50 分钟，仅次于荷兰语、数学和体育的总课时数 (Eurydice 2001)。

表 1　荷兰中学前三年各科目总课时数 (Eurydice 2001)

Subject	Overall number of teaching periods
Core subjects:	
Dutch language	400
English language	280
Second modern language (French or German)	240
History and politics	200
Geography	140
Economics	80
Mathematics	400
Physics and chemistry	200
Biology	120
Social and life skills	100
Information Technology studies	20
Technology	180
Physical education	360
Two creative subjects (drawing, handicrafts, photography, film/audio-visual studies, music, drama, dance)	280
Sub-total	3,000
Number of periods to be used at school's discretion	1,000
Overall number of periods over three years	**4,000**

除英语是荷兰所有中学教育中的核心课程外，近几年荷兰越来越多的中学开设荷兰语和英语双语课程。自上世纪八十年代末荷兰第一所中学开设双语课程以来，目前已有120所中学提供双语课程，占荷兰中学总数的五分之一（Eurydice 2001）。这些学校选拔性较强，一般只接收优秀的学生，一些学校的入学面试用英语进行。英语在荷兰社会普及率较高，中学生日常可接触到英语使用，因而英语授课对于荷兰中学生而言不会造成太大困难。

基于对荷兰教育体系的概述及英语课程在荷兰中学教育中地位的探讨，本研究对荷兰初中英语教材的选编制度及荷兰英语初中教材 *Stepping Stones* 进行深入的分析。

2.　荷兰初中英语教材概述

荷兰宪法第二十三条明确规定"教育自由"，教育自由包括成立学校的自由、学校政策的自由及学校组织的自由（UNESCO-IBE 2007: 1；Kuiper, Nieveen & Berkvens 2013: 140）。根据宪法规定，荷兰人民有权成立学校，基于不同的宗教、意识形态或教育理念提供教育，荷兰政府在公立教育和私立教育上给予相同的财政资助。各学校拥有依据学校实际因地制宜选择和设计课程大纲、教材及教学方法的权力。多年来，荷兰未对中小学教育目标和内容作全国统一的规定，虽然荷兰教育委员会（Council of Education）作为独立的教育咨询机构设计和制定全国性的课程大纲，但该课程大纲是示范性的，而非规定性的，仅作为各学校的借鉴和参考。

虽然荷兰法律赋予教育自由，但荷兰中学教育质量通过外部评估与内部支持得以保障（Dutch Eurydice Unit 2011: 35–38；Sun & Zheng 2009: 31）。荷兰政府制定每一学科的成就目标（attainment targets），描述中学教育结束时必须掌握的知识和技能。中学教育结束时荷兰学生参加全国统一的国家教育测量机构（National Institutes for Educational Measurement，简称CITO）开发的测试，这一测试是荷兰学生中等教育结束时的成就性测试（achievement test），基于中学教育的成就目标，并非选拔性测试，但却是高风险的测试，学生如不能通过测试，则不能继续升学接受高等教育。各学校努力帮助学生通过测试，以维护其影响力。此外，学校教育质量还通过公共问责（public accountability）与教育视察（Inspectorate of Education）得以保障。教育视察依据视察标准对教育过程尽可能客观地评价。

在内部支持上，全国教材信息中心（National Teaching Materials Information Center，简称 NICL）提供教材方面的指导，协助各学校参考、比较及选择现有教材（Van Batenburg *et al.* 2018: 3）。各学校委员会负责学校的管理，学校委员会成员均需接受额外的在职专业培训，所有教师接受基本的培训，帮助教师设计校本课程标准。

由此可见，在初中教材选编方面，荷兰各中学拥有极大的自主权，相关决定往往是基于全国教材信息中心的指导，由学校委员会自行作出。

3. *Stepping Stones* 评析

为便于分析与参照，本研究将荷兰中学教育的前三年归为初中，因其在教育模式和年龄段上更接近中国的初中。*Stepping Stones* 是荷兰多数初中选用的英语教材，占荷兰初中英语教材最大的市场份额，能在一定程度上代表荷兰的初中英语教材。本研究将从 *Stepping Stones* 的教材内容、编写理念及配套资源等方面进行评析。

3.1 教材内容

Stepping Stones 初中教材共三册，每一学年对应一册。每册 *Stepping Stones* 由三部分组成，包含衔接、学习及复习。每册教材有两个衔接部分，分别位于教材的最前部和最后部。最前部的衔接展示学生已掌握的英语知识和能力，既可在课堂上以测试形式进行，也可通过在线资源进行，以便教师在授课前及时掌握学生英语水平，指导学生进行额外的学习，缩小学生现有水平与教材预设起点水平之间的差距。同时，教材最后部的衔接分别衔接该册教材的上一册和下一册，即 *Stepping Stones Year 1* 分别衔接小学八年级和初中二年级，其中衔接八年级的内容与八年级教材的单元主题一致。重复

部分小学英语教育的材料，有助于缩小小学八年级英语教育与中学一年级英语教育之间的差距。同理，*Stepping Stones Year 1* 学习结束后，有一个衔接部分衔接初中二年级的内容，与初中二年级教材的单元主题一致，旨在缩小初中一年级英语教育与初中二年级英语教育之间的差距，为过渡到下一学年的学习打下良好的基础，学生通过这一衔接部分，可复习初中一年级学习的重要词汇。

Stepping Stones 初中教材每册学习部分共八个单元，每一单元结构相同，包含听力、主题词汇、阅读、口语与写作、语法及视频等内容。每一单元从接受性（receptive）技能过渡到高效的技能建构，最终以高效的产出性（productive）技能结束。每一单元有两篇听力和两篇阅读文本，听力和阅读文本后是词汇和语法的梳理及视频，最终以任务和词汇列表结束，表 2 列出三册 *Stepping Stones* 初中教材每一单元的基本信息。

表 2 *Stepping Stones* 初中教材内容

册	单元	主题	交际功能	语法	词汇	能力等级
第一册	1	家庭与朋友	个人信息、介绍自己和他人、谈论自己和他人	代词、特殊疑问代词、to be 和 to have (got) 的一般现在时、冠词	家庭、关系、数词	A1
	2	学校生活	喜好、表达时间、时间表	to be 的否定式、一般现在时、序数词	学校、时间表、表达时间、课外活动	A1
	3	身体语言	外表和个性、健康	to be 和 to have (got) 的疑问句、复数、比较级和最高级	性格、外表、身体	A2
	4	周围环境	描述动物、描述环境	to do 的疑问句、to do 的否定式、物主代词	动物、环境	A2
	5	家园	生活环境、表达观点、活动	to have 的否定式、反义疑问句、现在进行时、动名词	生活环境、观点、活动	A2
	6	城市	方向、提出建议、谈论计划	can 和 could、祈使句、to be going to 的将来时	城市、交通、观光	A2
	7	食物	购物、点餐、价格	some 和 any、would like 和 would love、much 和 many	食物、饮料、购买、销售	A2

	8	重要时刻	娱乐、假日体验、假日计划	频率副词、一般过去时、时间和地点副词	爱好、业余时间、旅行、假期	A2
第二册	1	历史	历史、日期、过去活动	to be 的过去时、时间介词、一般过去时	历史、日期、事件、活动	A2
	2	游戏	指示、阐明、比较事物	形容词和副词、数量、强调	技术、指示、阐明、比较	A2
	3	英雄	描述英雄、过去活动、感受	can 和 to be able to、过去进行时、否定问句	英雄、偶像、感受	A2
	4	预备	发生了什么、习惯、将来	现在完成时、used to、going to 和 will 将来时	竞争、习惯、计划、预测	A2
	5	购物	购物、描述事物、安排销售	现在完成时、一般过去时、现在进行时表示将来、词序	购物、产品、购买、销售	A2/B1
	6	星条旗	最喜欢的地方、愿望	地点介词、表示不可能发生的条件句、情态动词	美国主义、吸引、梦想	A2/B1
	7	发生了什么?	具体信息、有关媒体的观点、预测	一般过去时的特殊疑问句、连接词、表示事实和可能发生的条件句	现代媒体、电视、电影	A2/B1
	8	出行	旅行信息、天气	一般现在时表示将来、时态总结、被动语态	交通、旅行、天气	A2/B1
第三册	1	乐趣	邀请、允许、计划和预订	Yes/no 回答、情态动词	活动、计划、邀请	A2/B1
	2	限制	警告、保证、指示	方向介词、情态动词	极限运动、警告、指示	A2/B1
	3	法律和秩序	报案、描述案件、警察工作	关系从句、被动语态	犯罪、法律	A2/B1
	4	课后	激情、兼职工作、金钱	一般过去时和现在完成时、一般过去时和现在进行时、不定式作宾语	激情、工作、金钱	A2/B1
	5	故事时间	讨论故事、推荐、叙述故事	间接引语、one 和 ones、过去完成时	故事、书籍	A2/B1

6	底下〔指澳大利亚和新西兰〕	习俗、国家和人民、对一个国家的感受	现在完成进行时、冠词、反身代词和相互代词、as 和 like	澳大利亚、新西兰、习俗、国家	A2/B1
7	事实和图表	发明、预测、实验	if 和 when、条件从句	技术、发明、实验	A2/B1
8	参与活动	世界事件、观点和观念、重要事件	简单句、并列句、复杂句、将来进行时	事件、慈善、观点	A2/B1

Stepping Stones 初中教材每两个单元后有一个复习单元，复习单元是前两个单元的总结和提升，包含更具挑战性的阅读文本。八个单元后有一个总复习，总复习是对三册 Stepping Stones 中应掌握的学习技巧和语法知识的概括，三册教材的总复习内容全部相同。

3.2　编写理念

本研究对 Stepping Stones 初中教材编写理念的分析，主要围绕主题语境、语篇类型、语言知识、文化知识、语言技能及学习策略等方面展开。

Stepping Stones 初中教材的编写基于交际语言功能的理念，每一单元明确列出单元主题和交际功能。主题是语言交际的情境，交际功能是语言交际的具体活动。Stepping Stones 主题覆盖较广，并遵循学生年龄和认知发展规律，呈现螺旋梯度上升的趋势。低段的主题为学生学习和生活中熟悉的、个人的、具体的主题，如第一册中的"家庭与朋友""学校生活"及"食物"等，而高段的主题为学生学习和生活外围社会性的、相对抽象的主题，如第三册中的"法律和秩序""事实和图表"及"历史事件"等，反映学生从个人逐渐转变为社会人的过程。以 Stepping Stones 第一册第一单元为例，单元主题为"家庭与朋友"，交际功能为"个人信息、介绍自己和他人、谈论自己和他人"。该单元是初中新生入学第一天学习的单元，单元主题契合学生的学习和生活，文本内容为学生向同学介绍自己的家乡和家庭情况。另以 Stepping Stones 第三册第八单元为例，单元主题为"参与活动"，交际功能为"世界事件、观点和观念、重要事件"。该单元是初中课程的最后一个单元，单元主题较为抽象并具有社会性，文本内容为世界文化遗产和环境保护，有助于激发高段学生的家国情怀，拓宽高段学生的国际视野。

Stepping Stones 初中教材中的文本语篇类型多样，呈现形式有对话、Twitter、邮件、网页、博客及杂志期刊等，旨在为学生的语言交际活动营造真实的情境，有助于激发学生语言学习的兴趣。文本均源于英国、美国、澳大利亚等英语为母语国家的原版素材，内容新颖，如 Stepping Stones 第一册第一单元第二篇阅读文本 "World's Most Embarrassing Dad"，通过孩子的口吻，讲述了美国一位父亲每天早上身穿不同的奇异服装目送孩子校车离开的故事，趣味性极强。另以 Stepping Stones 第三册第八单元为例，第二篇阅读文本 "Crazy Plastic-cleaning Machines"，呼吁人们关注塑料垃圾问题，贴近学生的现实生活，有助于激发学生作为社会人对社会问题的思考。此外，Stepping Stones 三册教材中的文本语篇易读度（readability）也呈现一定的梯度。为便于分析，仍分别以第一册第一单元和第三册第八单元的两篇阅读文本为例。如表 3 所示，Stepping Stones 第一册第一单元的两篇文本 Flesch 易读度指数[2]分别为 76.6 和 79.7，相当于美国 4.7 年级和 6.3 年级（小学学段）学生的母语阅读水平；而第三册第八单元的两篇文本 Flesch 易读度指数分别为 44.7 和 58.4，相当于美国 12.4 年级和 9.9 年级（初高中学段）学生的母语阅读水平。第三册第八单元两篇文本的 Flesch 易读度指数均高于中国高校英语专业四级考试的阅读文本 Flesch 易读度指数。此外，每一单元两篇阅读文本一篇较短，约 350—450 词，另一篇则较长，约 600—700 词；各单元之间文本长度相对平衡。然而，各单元之间文本中所包含的词汇复杂度却呈现一定的梯度。Stepping Stones 第一册文本中复杂词在 40 个左右，而第三册文本中复杂词在 80 个左右，呈现出相当大的梯度。由此可见，Stepping Stones 教材对荷

---

② Flesch Kincaid reading ease 指数通过对文本的语言特征进行量化计算，评估文本易于阅读和理解的程度，易读度指数越高，文本越易于理解。Flesch Kincaid grade level 指数通过对应美国学生的年级，评估文本适合英语为母语国家学生阅读的年级。两个指数是评估文本易读度的重要指标。

兰初中英语课程结束时需达到的英语阅读水平要求比较高。

表3 文本易读度指标

指标	第一册第一单元文本 1	第一册第一单元文本 2	第三册第八单元文本 1	第三册第八单元文本 2
Flesch Kincaid reading ease	76.6	79.7	44.7	58.4
Flesch Kincaid grade level	4.7	6.3	12.4	9.9
No. of sentences	44	37	19	36
No. of words	375	622	411	698
No. of complex words	44	39	76	79
Percent of complex words	11.73%	6.27%	18.49%	11.32%
Average words per sentence	8.52	16.81	21.63	19.39
Average syllables per word	1.44	1.30	1.66	1.52

　　Stepping Stones 初中教材强调系统地呈现语言知识，每一单元的词汇、句型及语法构成该教材的[垫脚]石(stones)，该教材的名称即由此而来。第一册第一单元列出共 108 条词汇，为直观地呈现词汇难度，表 4 列出这些词汇。在教材中每组词汇以例句形势呈现，如 to care about 的例句为 "'In this family, we all care about each other,' Dad said." 。*Stepping Stones* 基于语言交际功能的编写理念，将词汇的呈现放入语境之中，词汇的数量和难度均高于国内对应的学段。此外，*Stepping Stones* 初中教材强调对语法知识和句型的掌握，每一单元均有语法知识汇总。以 *Stepping Stones* 第一册第一单元为例，语法汇总包括涉及介绍自己和他人的代词(包括人称代词主格和宾格、物主代词)、一般现在时及冠词，也涉及询问个人信息及提供个人信息的基本句型。

表4 *Stepping Stones* 初中教材第一册第一单元词汇列表

词性	词汇
名词	contestant、evening、guest、guitar、message、judge、advice、audience、aunt、stage、surprise、tube、viewer、worries、boyfriend、cousin、girlfriend、granddaughter、grandson、husband、nephew、niece、siblings、stepfather、stepmother、twins、uncle、wife、capital、city、country、hospitality、house、meal、pastime、population、salmon、skill、storyteller、world、address、birthday、nationality、postcode、canyon、fireworks、garden、holiday、statue、trip、view、effort、excitement、experience、morning、relative、teenager、thrill、actress、friend、others、parents、restaurant、university
名词词组	good luck、stage name、half brother、first name、mobile phone number、personal information、ferry boat、front porch、swim trunks
动词	to perform、to practice、to remember、to rhyme、to travel、to spill、to visit、to embarrass、to reward、to spare、to wave、to wear
动词词组	sold out、to spend time、to care about、to keep up、to sleep in
形容词	beautiful、Indian、outside、born、British、amazing、boring、dirty、enormous、expensive、daily、different、entire、well-known
副词	together、abroad
单句	That's a shame.

　　*Stepping Stones*初中教材强调语言技能和学习策略，在目录表格中列出每一单元需要掌握的"听""看""说""写"技能和策略。在"听"和"看"上的技能和策略包括：听音频或看视频前的准备、识别音频或视频内容的主题、寻找音频或视频中的具体信息、有目的地听音频或看视频、辨音频或视频中的语调、关注音频或视频内容的背景、理解音频或视频中较困难的词语等。在"说"上的技能和策略包括进行对话或进行展示。在"写"上的技能和策略包括书写信件、个人邮件及正式信件等。突出语言技能和学习策略，有助于学生关注每一单元应掌握的语言技能，从而进行自我调控，是培养学生自我评估和自主学习能力的一种有效方式。

Stepping Stones 初中教材不仅强调语言知识和技能，而且注重文化知识的传输。每一单元的第一篇阅读文本介绍国家和文化。以 *Stepping Stones* 第一册为例，第一单元通过新生自我介绍的情境，介绍包括加拿大、印度和爱尔兰等不同国家和城市的饮食、语言、休闲运动及地理人口等基本文化情况。第二单元通过邮件形式，告知朋友美国与新西兰学校体制的不同，包括校服、课程、课外活动及课堂教学模式等文化差异。第三单元 Behind the Scenes at Madame Tussauds，讲述杜莎夫人蜡像馆名字的由来、最著名的蜡像、蜡像制作过程等基本情况。第四单元 The UK's Ten Most Popular Pets，介绍英国最受欢迎的十种宠物。第五单元 Living in the White House，介绍美国白宫的基本情况。第六单元 That's a Fact!，介绍英国城市伦敦，包括大本钟、特拉法加广场警察局、伦敦塔桥及神探夏洛克的住址等。第七单元 Street Food Secrets，介绍美国街头食物，包括著名的顾客、令人烦恼的顾客及剩余食物处理等。第八单元 Odd British Sports，介绍英国非常规的运动。*Stepping Stones* 初中教材对文化知识的介绍趣味性极强，有助于调动学生学习语言这一文化载体的积极性，培养学生的跨文化意识。

3.3　配套资源

Stepping Stones 包括教材和在线资源，教材每一单元均有"看"的内容，即视频观看内容，因此在线资源是其必不可少的重要组成部分。*Stepping Stones* 为学生提供一年期的在线资源使用权限，允许学生在一年内访问所有级别的资源，因此学生可进行比自己水平更高或更低的练习。在线资源的功能包括教材所有音频和视频资源、在线活动手册、自适应语法课程、阅读辅导、发音和拼写课程、其他衔接练习、定期更新文本和视频的电子期刊、测试以及个性化的学习建议。教师的在线资源除包含学生可在线获取的完整资源外，还包括教师手册（包括教材中所有音频和视频的文字稿、测试和练习答案、互动白板呈现工具等）、课程规划、与其他同事分享、学生学习行为跟踪等内容和功能。丰富的在线数字化交互资源符合现代移动学习和移动教学的趋势。

Stepping Stones 教材配套在线资源由四部分组成：[垫脚] 石（stones）、词汇、语法及黄页。每一单元由三块 [垫脚] 石组成，[垫脚] 石主要内容为说（speaking）的句型和例句，着重语言交际和语言使用，如第一册第一单元 [垫脚] 石一为询问个人信息和告知个人信息、数词；[垫脚] 石二为介绍自己和他人；[垫脚] 石三为谈论自己和他人。所有例句和词汇有音频和荷兰语译文支持。

　　Stepping Stones 在线资源中的电子期刊每期分三个级别，每一级别两篇阅读文本，第 27 期电子期刊（2017 年 6 月）包括三个主题：青少年的暑期工作（Summer Jobs for Young Teens）、冠军 Wimbledon（The Championships, Wimbledon）、绘画梦想（Painting Dreams）、飞行的自拍（Flying Selfies）、海外志愿活动（Volunteering Abroad）以及如何成为 3D 动画师（How to Become a 3D Animator）。每篇阅读文本后有相应的问题，题型包括简答和是非判断等。此外，每篇阅读文本均包含视频链接，作为阅读后的拓展活动，学生观看完视频后需回答几个问题。电子期刊还包含建议聆听的 CD、建议观看的 DVD 及建议阅读的书目，每期电子期刊信息量极大。接触目的语材料对学生而言是有意义的，利用多媒体资源，可为学生提供广泛的听力和阅读体验。

　　此外，*Stepping Stones* 在线资源每一单元有词汇测试和语法听力测试，测试可为学生提供英语学习和使用上的即时反馈，有助于学生进行自主学习，培养学生的学习能力。教师在线资源可追踪学生学习情况，便于教师及时调整教学，是 *Stepping Stones* 教材强大的支持。

3.4　其他突出特点

　　除主题语境、语篇类型、语言知识、文化知识、语言技能、学习策略等方面的特点外，*Stepping Stones* 初中教材在母语的使用、谚语和名言、图片、任务设计及与 CEFR 的参照等方面亦具有突出 的 特 点。CEFR（Common European Framework of Reference for Languages，欧洲语言共同参考框架）通过一系列 "能做……"（can-do statements）描述语，描述不同级别语言能力水平的人能够做什么事的能力，是国际上普遍认可的描述语言能力水平的标准。

虽然 *Stepping Stones* 初中教材配套在线资源有词汇和例句的荷兰语译文支持，帮助基础较薄弱或接受速度较慢的学生学习单词，但教材通篇没有出现一处荷兰语译文，旨在尽可能地营造目标语的语言学习环境，鼓励学生运用目标语解决问题。青少年英语学习者接触英语时间不长，英语语言能力属于基础水平，通过目标语看懂指示、要求及注释等会有一定的困难，因此 *Stepping Stones* 配套在线资源仍保留母语，在鼓励学生运用目标语解决问题的同时，确保基础较薄弱学生的顺利学习。*Stepping Stones* 培养学生个性化学习的能力，使其能够成为独立的语言学习者。

Stepping Stones 初中教材每一单元后列出与本单元主题相关的谚语和名言。如 *Stepping Stones* 第一册第一单元主题为"家庭与朋友"，列出的谚语和名言包括："As thick as thieves.""Blood is thicker than water.""Love your neighbor as yourself.""The road to a friend's house is never long." 及 "You can choose your friends, but you can't choose your family." 等，不仅教授语言知识，而且传递跨文化知识。

Stepping Stones 初中教材采用彩色印刷，图片多为真实的相片，所有素材旨在营造真实的语言交际情境。面向青少年的英语教材，通常多采用卡通形式呈现图片，虽然能够激发学生的学习兴趣，但真实性欠佳。真实的相片能够为学生提供积极的美学体验，在情感上和认知上调动学习者。

Stepping Stones 初中教材每一单元有一个任务（task）环节，要求学生完成与本单元主题相关的一项任务，这项任务往往要求学生把语言作为工具来展示自己的成果，对学生具有一定的挑战性。以 *Stepping Stones* 第一册为例，第一单元要求学生制作一张有关自己的信息海报，并在课堂上向其他同学展示，对语言的要求包括：能够写一些有关自己或他人的简单句；能够传递有关自己的简单信息。第二单元要求学生制作一张理想的课程表，对语言的要求包括：能够谈论并理解图表；能够表达自己的喜好，并通过简单的方式询问他人的喜好。第三单元要求学生设计自己的长相和穿着，并将设计

好的自己介绍给同学，对语言的要求包括：能够通过简单的方式描述熟悉的事物和人物；能够询问并回答有关个人性格的问题。第四单元要求学生写一个有关动物的小故事，并在课堂上向同学讲述自己的故事，对语言的要求包括：能够自己做简单的笔记；能够在一组人面前讲述简单的故事。第五单元要求学生制作有关自己住宅的视频，并登录相关网站，上传自己制作的视频，对语言的要求包括：能够通过简单的方式描述熟悉的事物和人物；能够简单地就日常熟悉的话题表达自己的倾向和观点。第六单元要求学生制作一张有关伦敦旅游景点的海报，并在课堂上向其他同学展示海报，对语言的要求包括：能够简洁地描述一个事件或一次经历；能够在熟悉的情境下提出简单的建议或对他人的建议进行回应。第七单元要求学生制作一件产品，并销售自己的产品，对语言的要求包括：能够通过简单的方式说明制作过程；能够就有关简单事物交换一定的信息。第八单元要求学生制作一张度假的明信片，并在课堂上向同学展示，对语言的要求包括：能够书写简单的个人信件或邮件；能够在一定程度上参与有关日常熟悉话题的简单对话。*Stepping Stones* 的任务设计体现交际语言功能的编写理念，既注重语言知识，也注重语言运用。有趣且颇具挑战的任务能够为学生的语言学习和使用创造真实的情境。学生通过完成真实的、具有实际意义的任务，可感受成功运用语言的愉悦，形成积极的学习态度，最大限度地发挥自己的创造性和潜能（刘道义 2001: 23）。

  Stepping Stones 初中教材编写参照 CEFR 对语言能力水平的划分，第一册前两个单元为 A1 水平，其他六个单元及第二册前四个单元均为 A2 水平，从第二册第五单元开始直至第三册第八单元均为 A2 过渡到 B1 水平。这意味着，通过 *Stepping Stones* 三册初中教材的学习，学生应达到 CEFR 的 B1 水平。值得注意的是，*Stepping Stones* 每一单元有一个任务环节，在任务环节中会列出具体的 CEFR 对应水平的自我评价描述语。以 *Stepping Stones* 第一册第二单元为例，该单元对应的是 CEFR 的 A1 水平，任务环节要求学生制作一张理想的课程表，并提示任务对应的语言能力水平为 A1，自我评价的描述语包括：A1: I can pronounce and understand a number of figures. 和 A1: I can express what I like and dislike and ask what others like and dislike in a simple way.

4. 结论与启示

通过分析荷兰初中教材 *Stepping Stones*，可反思我国英语教材编制过程中应避免的问题，并提炼适合我国国情（语言环境、教育体制及国家政策）的初中英语教材编制经验。

4.1 教材选用文本的真实性及本土化或国际化问题

Stepping Stones 初中教材所选用的文本均为英语为母语国家的原版文本，有时教材编写者在原版文本的基础上略做修改，文本的真实性极高。英语为第二语言或外语的国家，在编制英语教材的过程中势必面临一大问题，即：将原版文本尽可能保留（国际化），还是尽可能改写（本土化）以使其适合本国的英语学习者？我国的英语初中教材编制，多倾向本土化趋势，即依据主题进行创作，文本的真实性欠佳。不仅如此，教材配套音频也大多在录音棚录制，缺乏真实生活情境中的语言运用。同时，教材编写人员虽多为英语语言学或英语语言教学领域的专家，但有时对青少年的认知发展和心理特点缺乏准确的把握，因而编写的文本有时或过于"成人化"或过于"幼稚化"，不能激发青少年英语学习者的学习兴趣。*Stepping Stones* 初中教材选用英语为母语国家原版文本的理念，有利于外国文化的学习，可以满足学生的好奇心，值得我国初中英语教材编写人员借鉴（罗少茜，徐鑫 2011: 70）。

4.2 教材的改版和更迭问题

根据 *Stepping Stones* 官方网站，*Stepping Stones* 已在荷兰风靡25 年，目前的初中英语教材版本为 2017 年出版的第五版，收录了大量最新的文本，紧跟时代热点和潮流。*Stepping Stones* 初中教材配套电子期刊，一年发布三期，在一定时期内保持教材内容稳定的前提下，通过电子期刊补充最新的文本、音频和视频资源及阅读书目，为学生营造一种动态的学习氛围。国内教材版本相对集中，教材的编制和审核过程较长，改版和更迭的周期相对较长。*Stepping Stones* 在维持主体教材不变的前提下更新配套资源的做法，也值得我国初中英语教材编写人员借鉴。

4.3　教材的配套在线资源问题

Stepping Stones 初中教材一个明显的优势在于，其丰富的配套在线资源可作为英语课堂教学的补充。不仅如此，丰富的在线资源可提高学生的学习兴趣，培养学生的独立学习能力，其即时反馈的练习和测试能够满足个性化的学习需求。国内教材编制过程中，教材是主体，学生用书和教师用书是编制人员和出版机构的着力点。除教材本身自带的练习外，其他配套练习的市场开放，会有多家出版机构发行相关的配套材料，这些材料门类众多、质量参差不齐，鲜有开发完善的在线资源。因此，国内教材编制过程中，不妨借鉴 *Stepping Stones* 的做法，研制相关的配套在线资源，这些在线资源不是封闭的，而是开源的，不定期更新。荷兰学生英语能力比欧洲其他英语为非母语国家的学生强，其重要原因是，他们是在学习（校内）与习得（校外）双重环境下接触英语（计霄雯，景婧 2018: 139），校外英语环境的营造和英语语言的输入，是校内英语学习的一个重要补充。同时，这些在线资源涵盖学生学习的相关信息，便于教师掌握学生的学习动态，有效地管理和利用学生的学习信息。目前国内初中英语教材编制体现任务型教学方法，旨在通过完成交际任务来学习、感悟、体验英语，培养语言的综合运用能力，但对网络教学资源的要求很高，需要更好地体现教材意图和增强教材的功能（杨青 2011: 64）。

4.4　教材选用文本的难度梯度及篇幅问题

Stepping Stones 初中教材每一学年使用一册，每一册共 8 个单元，每一单元容量较大，选用文本的难度亦较大，篇幅较长。虽然

Stepping Stones 单元数较少，但学生能够有一种完整的感觉，而不是零碎的感觉。相对而言，国内初中英语教材一般每一学年学习两册，每册单元数较多，因而主题较多，但每一主题的深度和完整性不如 *Stepping Stones*。这与我国的国情有关，英语在我国是外语，课堂之外英语的使用机会不多，教材的编写针对每一主题切入有限。随着我国对外交流日益频繁，信息技术日益发达，英语学习者接触英语母语者的机会增加，尤其是一、二线城市。因此，*Stepping Stones* 的做法值得借鉴，教材的编制应体现一定的梯度，在维持大体素材难度不变的情况下，可增加复习和提高单元，选用篇幅更长和阅读难度更大的文本，鼓励学有余力的学生进行深入、有针对性的英语学习。

4.5 与 CEFR 或中国英语能力等级量表（China's Standards of English Language Ability，简称 CSE）的对接问题

Stepping Stones 初中教材对接 CEFR，可作为荷兰甚至欧洲地区通用的教材。我国英语教材的编制，一般对接相应学段的课程大纲，不参考国际上通用的标准或国内统一的标准，不利于国内外教材的比较或国内教材与国际标准的对接。学生学习完一个阶段后不知道自己的英语水平处于什么标准的什么级别，不利于学生的自我意识和自我监控。因此，与 CEFR 或 CSE 的对接，值得我国初中英语教材编制人员借鉴。

参考文献

[1] Bonnet G. *The Assessment of Pupils' Skills in English in Eight European Countries 2002* [R]. Paris: European network of policy makers for the evaluation of education systems, 2004.

[2] Dutch Eurydice Unit. Organisation of the education system in the Netherlands 2008/09 [R]. 2011. Retrieved from https://estudandoeducacao.files.wordpress.com/2011/05/holanda.pdf.

[3] European Platform. Bilingual education in Dutch schools: A success story [R]. 2013. Retrieved from https://www.nuffic.nl/en/publications/find-a-publication/

bilingual-education-in-dutch-schools-a-success-story.pdf.

[4] Eurydice (Education Information Network in the European Union). The education system in the Netherlands 2001/02 [R]. Brussels: Eurybase (the Information database on education systems in Europe), 2001.

[5] Garbe C, Krosse H, Lafontaine D, Netten A, Shiel G, Strating H, & Valtin R. Literacy in the Netherlands. European literacy policy network [R], 2016. Retrieved from http://www.eli-net.eu/fileadmin/ELINET/Redaktion/user_upload/Netherlands_Long_Report.pdf.

[6] Goorhuis-Brouwer S & de Bot K. Impact of early English language teaching on L1 and L2 development in children in Dutch schools [J]. *International Journal of Bilingualism*, 2010, 14 (3): 289–302.

[7] Kuiper W, Nieveen N & Berkvens J. Curriculum regulation and freedom in the Netherlands – a puzzling paradox [A]. In W. Kuiper & J. Berkvens (Eds.), *Balancing Curriculum Regulation and Freedom across Europe, CIDREE Yearbook 2013* [C]. Enschede: SLO, 2013. 139–162.

[8] Law P. Classroom talk (N). 2014. Retrieved from http://www.bbc.co.uk/voices/yourvoice/classroom_talk3.shtml.

[9] Nuffic. Education system in the Netherlands [R]. 2015. Retrieved from https://www.epnuffic.nl/en/publications/education-system-the-netherlands.pdf.

[10] OECD. Education policy outlook Netherlands [R]. 2014. Retrieved from http://www.oecd.org/education/EDUCATION%20POLICY%20OUTLOOK_NETHERLANDS_EN%20.pdf.

[11] Rubio F D & Lirola M M. English as a foreign language in the EU: Preliminary analysis of the difference in proficiency levels among the member states [J]. *European Journal of Language Policy*, 2010, 2 (1): 23–40.

[12] Sun H & Zheng D. Educational inspectorate systems in comparison: The Chinese system and the Dutch system [J]. *International Forum of Teaching and Studies*, 2009, 5 (1): 31–37.

[13] Trommelen M. *Stepping Stones English Edition Year 1* [T]. Groningen/Houten: Noordhoff Uitgevers, 2017.

[14] Trommelen M & Wouters J. *Stepping Stones English Edition Year 3* [T]. Groningen/Houten: Noordhoff Uitgevers, 2017.

第三章　欧洲部分国家中学英语教材研究

［15］UNESCO-IBE. Netherlands. World data on education (6th edition) [R]. 2007. Retrieved from http://www.eurydice.org.

［16］Van Batenburg E S, Oostdam R J, van Gelderen A J, Fukkink R G & de Jong N H. Evaluating opportunities in Dutch EFL course books for developing pre-vocational learners' oral interactional ability [J]. *Language Teaching Research*, 2018, 00 (0): 1–22.

［17］Wouters J. *Stepping Stones English Edition Year 2* [T]. Groningen/Houten: Noordhoff Uitgevers, 2017.

［18］计霄雯，景婧. 荷兰学生英语能力培养及评价研究 [J]. 淮海工学院学报（人文社会科学版），2018, 16 (9): 136–140.

［19］刘道义. 与时俱进的初中英语教材——修订后的 JEFC [J]. 课程·教材·教法，2001, 11: 20–24.

［20］罗少茜，徐鑫. 初中任务型英语教材使用情况的调查与分析 [J]. 课程·教材·教法，2011, 31 (3): 69–74.

［21］宋秋英. 荷兰强化高校英语授课水平 [J]. 上海教育，2016, (6): 42–43.

［22］杨青. 初中英语网络教材的需求分析及编辑思路——以人教版《英语（新目标）》网络教材的开发调研为例 [J]. 课程·教材·教法，2011, 31 (10): 64–69.

［23］英孚教育. 英孚英语熟练度指标 [EB/OL]. 2017. 来源：http://liuxue.ef.com.cn/epi/regions/europe/netherlands/.

瑞典初中英语教材研究报告

上海外国语大学 赵海燕

1. 瑞典教育情况概述

瑞典的基础教育主要由三个教育部门进行管理，分别是国家教育局（National Agency for Education）、国家特殊教育局（National Agency for Special Needs Education and Schools）、学 校 督 查 局（Swedish Schools Inspectorate）。国家教育局是进行基础教育管理的核心机构，在国家层面指导、监督和评估各地方基础教育教学活动的开展情况，并组织全国范围内学校领导培训和教师专业化发展的活动。国家特殊教育局主要负责各阶段的特殊教育，保证特殊学生平等接受基础教育的权利。学校督查局 2008 年成立，负责对地方教育的督查管理工作，确保各地教育机构和学校在办学过程中遵循国家法律法规，让每一个孩子能在安全的环境下接受良好的教育。瑞典的教育特点之一是去中央集权化，地方政府承担主要职责。中央政府负责制定国家教育目标、指导方针和总体课程框架，地方政府和学校享有高度自主权，负责各自中小学教育的具体实施，如教育经费分配、教材和教学方法选择等。

瑞典的基础教育包括学前教育（pre-school）、义务教育（compulsory schooling）和高中教育（upper secondary school or high school）。学前教育根据儿童入学年龄的不同，又可以分为学前教育活动（preschool activities）和学前班（preschool year）。前者接收 1—5 岁儿童，学前班儿童为 6 岁，主要培养学生的娱乐、创造和探索能力。义务教育阶段共 10 年，即学前班到 9 年级，其中 7—9 年级是初中。义务教育阶段还包括特殊教育学校和为萨米族①开设的萨米学校，义务教育的课程遵循国家课程大纲。高中是 10—12 年级，为学生在升学、职业发展、个人和社会发展等方面创设良好的教育基础。作为一个北欧发达国家，瑞典以高福利制度而著名。政府对教育的投入更是不遗余力，其教育以免费和终身教育而著称于世。基础教育阶段均实行免费制度（虽然高中是非义务教育，学费也是全免的）②。

自 1995 年瑞典加入欧盟以后，与欧盟各国各领域的一体化进程不断加快，外语对国家经济发展的重要性凸显。国家教育司每年制定具体的战略目标，包括国家期望值、学生发展目标、教育系统目标和政府目标等，以督促外语基础教育的发展。2001 年瑞典颁布的教学计划对小学生接受外语教育的时间进行了规定：英语是瑞典的第一外语，英语教学课程可以依据学校具体情况，在 1—4 年级开始开设。各小学自主确定英语教学的起始年级和授课学时，但小学阶段最少授课学时不得低于 480 小时。为保证中小学外语教学质量，讲授外语课程的教师必须具有研究生学历或修读规定学分的研究生课程。从 6 年级开始，学校开设法语、德语、西班牙语、汉语等第二外语，如果学生感觉没有能力同时学习两种外语，可以选修另一门英语课程或本国语课程。8 年级学生可以选修第三门外语。中学阶段 7—9 年级期间，英语平均周学时大约 4.67 节。9 年级学生要升入高中阶段，需要通过三门主课的考试，即瑞典语、数学和英语。可见英语的重要性。

2011 年，瑞典教育部开始实施新的义务教育阶段英语教学大纲（Syllabus for the Compulsory School, 2011）。该大纲以培养学生的听、说、读、写能力和用外语进行交际的能力为基本教学目标，即下面的五种能力：（1）理解能力（在不同的语境中理解英语口语和书面语）；（2）交际能力（运用英语进行口头和书面交流）；（3）运

---

① 萨米族（Sami）人生活在北极圈内的瑞典北部城市基律纳，已生存了上万年，被称为欧洲"最后的土著"，有自己独特的文化。
② 此段内容源于 https://sweden.se/society/education-in-sweden/。

用语言策略的能力（运用语言策略使交际得以继续进行的能力）；
(4) 语用能力（针对不同目的、语境和对话者，选择合适的语体风
格）；(5) 映射能力（能够反映目的语国家的生活状况、社会和文化
风俗）。

瑞典对学生的学业评价比较宽松，根据 2011 年新的学业评价
体系评价，1—5 年级不记成绩。从 6 年级开始，教师给每个学生
做出成绩评定，分为 A、B、C、D、E、F 六种，A—E 为及格，F 为
不及格。另一方面，为了掌握学生的整体学业状况，国家教育局组
织对 3 年级学生的读、写和计算能力进行全国统一测验，对 6 年级
和 9 年级学生的瑞典语、英语和数学进行全国性质量评估考试[③]。
任课教师根据等级评定标准，结合学生的学习态度、完成作业情况
及测试成绩评定该门课程的等级。瑞典基础教育阶段所采取的学业
评价方式，使学生可以充分发展自己的兴趣，学校和教师也不会为
考试及升学率而教，从而营造了比较宽松的教育环境。但同时，在
部分年级组织的全国性测验又为国家及时了解基础教育质量并适时
制定新的教育政策提供了基本依据。

2. 瑞典中学教材概述

作为一个发达国家，瑞典的市场化程度非常高，教学材料的
竞争也是如此。瑞典的教学材料出版商有个行业协会，即瑞典教育
出版商协会[④]（Svenska Läromedel）。该协会有十五家出版商，为幼
儿园、小学、中学、大学和专业人士提供印刷和数字教科书以及其
他教育和学习材料。2017 年，K–12 教材市场价值 8.42 亿瑞典克朗
（8400 万欧元）。这样的市场化模式注定了瑞典教材使用的多元
化。另一方面，其贯穿基础教育阶段的学生学业评价模式，营造了
比较宽松的教育环境，使得教师有比较大的教学自主权和教材选择
权。有的老师甚至不用教材，而是给学生印发讲义、材料。

不过，在课程大纲的引领下，各教育出版商的教材都与课程设

③ https://sweden.se/society/education-in-sweden/2018-9-10
④ http://svenskalaromedel.se/english/2018-9-10

置相对应，并通过提供科学教学方法加强与教师和作者的合作，所以从幼儿园到中学和大学，即使用不同出版商的纸质或数字教材，亦能确保公平和进步。

表 1 部分初中英语教材

教材目录	出版社	出版年份
Focus on English	Liber	2012
Good Stuff Gold	Liber	2015
English from the Beginning	Liber	2014
English Matters	Cambridge University Press	1999
Awesome English	Sanoma Utbildning	2017
English Language Arts	Wiley	2015

3. *Focus on English* 评析

3.1 教材简介

Focus on English (7–9) 是瑞典较有影响力的利伯尔（Liber）出版社推出的三套初中教材之一（还有两套是 *Good Stuff Gold* 和 *English from the Beginning*），于 2012—2014 年期间出版，一直使用至今。该教材的目标是帮助年轻人为进一步学习、工作和终身教育培养应该具备的语言能力，为未来的工作和学习打好基础。

该教材包括：教科书、教师用书和 CD、学生练习册、答案和免费 app（textbook、teacher's guide、workbook、key、free webapp[5]）。在 app 上有课本音频（单词、课文和听力）和练习，包括课文阅读理解题和词汇语法题。

该教材非常重视学生运用英语的能力，写作练习贯穿整套教材，为未来自如运用英语打好扎实的基础。该教材编写有三个原则[6]：

---

⑤ http://webbapp.liber.se
⑥ https://www.bokus.com/bok/9789147103959/focus-on-english-7-textbook/2018-5-10

一、基于瑞典国家英语教学大纲规定的教学目标和教学内容。从草案到定稿，都按照课程的长远计划来设计每一个内容和细节。

二、注重趣味性。教材图文并茂；课堂活动和课外任务有趣而富有挑战性；每单元的主题涉及学生日常生活、兴趣爱好等等。

三、重视自主学习和独立思考能力的培养。在学习过程中，学生获得丰富的资源支持，配套的工具包(Toolbox)提供词汇支持，包括词组、近义词、拓展词汇等等。练习包括开放性问题以及给故事写结尾，促进学生独立思考，抒发己见。

此外，该教材充分体现了如今流行的多模态学习模式，即个人学习、小组学习和班级学习相结合。练习时，学生可以利用配套的工具包(Toolbox)获取丰富的学习材料(单词、词组、例句、文章)。习题的设计循序渐进，从个人思考出发，进而开展小组讨论，然后进行课堂展示，最后是全班讨论。

3.2 教材主题

Focus on English 7 年级教材一共十个单元，8 年级九个单元，9 年级八个单元，每个单元一个主题，内容丰富，涉及英语背景知识、青少年生活、科学环保、文化教育以及文学等方面。主要内容如下：

(1) 这三册的第一课都是 Focus on English. 介绍英语的一些概况，主要回答下列问题：世界上有多少人会说英语？哪些地方说英语？不同地方的英语有什么区别？帮助学生了解英语概况，明白学习英语的重要性。

(2) 英语国家主题。这三册书还介绍了主要英语国家和地区的基本情况：Focus on England, Focus on the US, Focus on Scotland and Wales, Focus on Australia, Focus on the Republic of Ireland, Focus on India. 学生能更好地体会英语是一门世界语言，以及学好英语的重要性。

(3) 青少年生活主题 (Teen Life)：青少年感兴趣的方方面面，如家庭、朋友、爱情、金钱等等。

(4) 环保主题：Save Your Energy (第7册)、Our Beautiful World (第8册)。

(5) 文化类主题：Holidays（第7册）、Christmas（第7、8册）。

(6) 教育思辨类主题：Reality Check（第7册）、Pushing the Limits（第8册）、Crossing the Line（第9册）、With a Critical Eye（第9册）。

(7) 科学科幻类主题：The Human Touch（第7册）、Spooky（第8册）、The Future（第9册）。

(8) 文学主题。8、9年级都有 From the Bookshelf 这个单元，收录的是经典英语小说节选，第8册有三个文本，包括阿瑟·柯南·道尔（Sir Arthur Conan Doyle）的 *The Hound of the Baskervilles*，第9册有四个文本，包括苏珊·柯林斯（Suzanne Collins）的 *The Hunger Games*。7年级没有文学单元，但在2、3、5这三个单元下面设了一个同名栏目 From the Bookshelf，每单元收录了一个文学选读，如史蒂芬·金的 *Leeches*.

表2　三册教材各单元主题列表

	Focus on English 7	*Focus on English 8*	*Focus on English 9*
1	Focus on English	Focus on English	Focus on English
2	I'll Never Forget	Pushing the Limits	Teen Life
3	The Human Touch	Focus on Scotland and Wales	Focus on the Republic of Ireland
4	Focus on England	Teen Life	Crossing the Line
5	Teen Life	Spooky	With a Critical Eye
6	Reality Check	Focus on Australia	Focus on India
7	Focus on the US	Our Beautiful World	The Future
8	Save Your Energy	Christmas	From the Bookshelf
9	Holidays	From the Bookshelf	
10	Christmas		

3.3 教材结构和栏目设计

教材结构和栏目设计体现教材编写所遵循的一些原则和教学的深层理念。生词有哪些？怎么教？在各个单元主题下面，有哪些内容架构？在设定的各单元教学目标下，有哪些练习？带着这些问题，来看看这套教材的结构和栏目设计有哪些特点。

首先，词汇量大，排版与国内英语教材不同。每个单元没有词汇表，生词和词组列在每一页底部，没有标明词性和音标，只有瑞典语释义；不规则动词有动词的三种形态。练习册配有词汇练习，webapp 则有词汇的音频。书末也没有词汇总表，但是列出了 From the Bookshelf 栏目的词汇：Wordlist from the Bookshelf。

表3 *Focus on English 7* 单词表单词数量

	单元	每单元页码数	单元词汇表词汇总数	书后词汇列表词汇总数
1	Focus on English	4	55	
2	I'll Never Forget	20（其中文学阅读3页）	224	55
3	The Human Touch	16（其中文学阅读2页）	182	33
4	Focus on England	12	115	
5	Teen Life	14	168	
6	Reality Check	18（其中文学阅读3+1页）	157	35+13
7	Focus on the US	18	198	
8	Save Your Energy	12	134	
9	Holidays	4	18	
10	Christmas	6	36	
	总计	124	1287	136

表4 *Focus on English 8* 单词表单词数量

单元		每单元页码数	单元词汇表词汇总数	书后词汇列表词汇总数
1	Focus on English	4	44	
2	Pushing the Limits	16	183	
3	Focus on Scotland and Wales	14	199	
4	Teen Life	20	236	
5	Spooky	16	184	
6	Focus on Australia	18	220	
7	Our Beautiful World	16	216	
8	Christmas	10	140	
9	From the Bookshelf	12		188
	总计	126	1422	188

表5 *Focus on English 9* 单词表单词数量

单元		每单元页码数	单元词汇表词汇总数	书后词汇列表词汇总数
1	Focus on English	6	82	
2	Teen Life	22	276	
3	Focus on the Republic of Ireland	20	273	
4	Crossing the Line	18	167	
5	With a Critical Eye	16	213	
6	Focus on India	15	211	
7	The Future	16	236	
8	From the Bookshelf	16		73
	总计	130	1458	73

从上面三张表格可以看出，每一册的词汇量是比较大的，每册

的课文词汇量分别是 1287、1422 和 1458 个，三册总计 4167 个，而加上文学阅读的 399，总数则达到了 4556 个 ⑦。

其次，每个单元一般包括下面几个板块：短文、听力、对话和阅读。选材围绕一个主题，内容充实，练习丰富。相应的练习大致有以下几类：文章理解类问题、上网查找信息、小组对话练习、写作练习和看图回答问题。注重语言的实践。下面以第 8 册第 2 单元为例说明，该单元的主题是 Pushing the Limits，是教育激励类主题。

(1) 讨论 (What Do You Think?)：列出十项活动 (get the grade A in English, sing at karaoke, stroke a snake or a spider, reach the highest level in a computer game, dive from a 3-meter diving board, talk to a stranger on a bus, run a marathon [42.195km], talk in front of the whole class, manage 12 out of 12 words in the German/Spanish/French test, ask that special someone on a date)，与同伴讨论哪些是需要突破自身极限的活动。

(2) 听力 (Listen)：Listen and find out about Lindsey Stirling, who pushed herself to the limits in a very special way. What did you learn? 一位女孩讲述自己突破极限的故事。练习：谈谈自己受到什么启发。

(3) 阅读 (Reaching Your Goals)：四位青少年讲述自己的观点（要成功，就要突破自己的极限——或请人推自己一把，或自我挑战，或自己勤加练习，或寻找榜样或者能激励自己的任何东西）。练习：五个讨论问题，一个问题与内容有关，其他都是开放性问题，要求表达自己的观点。

(4) 阅读 (How Is It Possible?)：一位天才的故事。练习：三个问题，两个与阅读内容有关，一个开放性问题。

(5) 看图说话 (Picture This: When the Going Gets Tough)：有五

---

⑦ 高考考纲词汇是 3 500 个。

个问题帮助学生注意观察细节，描述图片内容，并做出合理推断。然后听图片背后的真实故事，回答问题。

(6) 阅读（Humans vs Animals）：说明文，讲述一位中国武术女星与响尾蛇比速度的例子，并且介绍五种感官敏锐的动物。课后有三个问题，第一个与阅读内容有关，第二个要求表达自己的观点，第三个要求从网上查关于人类感官的资料，并在课堂上做汇报。

(7) 科普阅读（Our Fantastic Human Body）：关于人体的科普阅读文，主要介绍大脑、心脏和肌肉。课后有三项作业。第一项是关于课文内容，第二项是设计六个问题问同学并两人一组问答练习，第三项是从网上查找关于人体的更多知识，并写短文或者课堂汇报。

(8) 对话（An American in London – Part 2：Girl on a Bus）：这是《美国人在伦敦》的第二部分。这个长篇对话故事分六部分，在前六个单元出现。这一部分讲述主人公 Phil 在伦敦乘坐公共交通过程中与别人进行的对话。练习有两项：第一项是在课文中查找询问信息时要用到的单词和词组，并记录；第二项是两人一组对话练习，并使用练习册上的词汇工具包，练习时不发言方可以看书，发言方不允许看书。

从中我们可以总结出如下特点：(1) 题材丰富。包括故事、对话、科普阅读。除了最后一个长篇连载对话外，均与主题"突破极限"有关；(2) 内容丰富。有同龄人突破极限的故事、美国人在伦敦的故事，还有科普文介绍人体知识以及感官超级敏锐的动物；(3) 练习设计新颖，注重培养学生理解能力、独立思考能力、合作能力、信息检索能力、表达能力等等；(4) 功能齐全。

3.4　教材的主要特点

围绕这三册教材的主题、内容和栏目设计，可以总结出下面主要十点：

第一，重视英语文化和多元文化的学习，培养跨文化交际意识。在第 7 册，有 Holidays 和 Christmas 两个单元，在第 8 册有 Christmas 单元，介绍英语国家的重要节日，以及世界上哪些国家是庆祝圣诞节的，并且是如何庆祝的。在第 7 册中，第 1、4、7 单元分别是 Focus on English、Focus on England、Focus on the US。在第 8 册中，第 1、3、6 单元分别是 Focus on English、Focus on Scotland and Wales、Focus on Australia。在第 9 册中，第 1、3、6 单元分别是 Focus on English、Focus on the Republic of Ireland、Focus on India。三册共有 9 个单元介绍英语的背景以及主要英语国家的概况，包括地理、文化、美食等方面。下面以第 7 册第 7 单元的 Focus on the US 为例说明。

表 6　第 7 册第 7 单元的 Focus on the US

内容	学习目标和练习
Listen	听懂为什么秃鹰是美国的象征
阅读 Across America（有地图和地标插图）	了解美国有代表性的建筑和地点。在网上查找资料，了解其中某一个地点的详情，并在课堂汇报
阅读 This Is the US	了解美国概况，掌握关键词（big、young country、one country、place names、states、capitols and capitals、flag）
看图回答 Picture This – A Walk Among the Stars	听短文了解美国明星；能从网络了解一位明星并且写短文或者课堂汇报
对话 An American in Sweden	了解一位 14 岁美国人在瑞典的生活，了解并表达文化差异和观点差异。课后六个问题：三个与对话内容有关，三个要求表达自己的观点
阅读 Face to Face with Bears in Yellowstone	了解熊的一些特性。能理解短文并回答问题。五个问题：三个与课文内容有关，两个表达自己的观点
对话 A Maltese Experience Part 5: The Thief	学习描述外貌的词和短语，能够描述人的外貌。利用练习册的单词工具箱两人一组编写对话或者表演

学完这一单元，能了解秃鹰是美国的国鸟，了解从自由女神像到好莱坞的美国九大地标，了解美国的历史、美国的知名人士，通

过采访在瑞典的美国学生，了解美国学生和瑞典学生在一些问题上观点的异同，了解美国黄石公园的熊等等。

三册教材各有六个单元以长篇对话连载结尾。第 7 册教材的对话故事 A Maltese Experience 分成六个部分，出现在第 1、2、3、6、7、8 这六个单元中，讲述一个英国少年在马耳他遇到一对法国情侣然后一起游玩的故事。第 8 册教材的对话故事 An American in London 也分成六个部分，出现在前六个单元中，讲述来自芝加哥的 Phil 初次去伦敦看望亲戚而发生的故事。第 9 册教材的对话故事 On the Move 也分成六个部分，出现在前六个单元中，讲述住在英国的女孩 Tara 独自去美国看望表哥，接着去加拿大看望与母亲离婚的父亲的故事。这三个故事都是讲述在国外旅行发生的事情，以展示来自不同文化的人之间会发生什么样的故事，会有什么样的碰撞。

另外，在课文内容的设计上，也非常注重英语作为世界语言的多元性。如第 7 册第 1 单元的听力有两段对话，第一段是英国人和美国人谈论两个国家英语的差异，第二段是印度人和肯尼亚人之间的对话，谈论在两国使用的英语的不同。第一段对话呈现了英式英语和美式英语的发音的不同，第二段对话中也保留了印度人与肯尼亚人的英语口音。

第二，重视英语的实际运用能力，重视听说写的训练。除了 workbook 和 webapp 上大量的听力训练之外，在教材设计上，听说贯穿每个单元。在第一点中提到的三个长对话故事，也给我们提供了在旅行途中会遇到的种种情况，包括特定场景的用语和口语训练。在第 7 册第 1 单元 Focus on English 短文之后就是听力，两段对话，在教科书中没有听力录音文字，只有两个问题，让学生基于所听到的内容谈英国英语和美国英语，以及印度和肯尼亚这两个国家使用的英语。从第 2 单元开始，每个单元都以问题、讨论和（或者）听力开始。几乎所有针对课文理解的问题都是 wh 问题，而不是简单的是非题。这些设计给学生提供了充分表达观点的机会。如第 7 册第 2 单元 "I'll Never Forget ..."，一开始是用问题的方式导入本单元要讨论的话题 "一次难忘的经历"。有一整页，在六个蛋壳上画了人的喜怒哀乐等表情，供学生选择，然后让学生解释情绪背后的故事。接下来的课文是三个人讲述难忘的经历，配照片，文字部分没有结尾，结尾只出现在音频中。学生在听之前猜测讨论后半段到底发生了什么事情，让主人公如此难忘，然后写下自己的结尾。看起来是短文阅读的课文，也因为这样的设计而变得侧重口语、听力和写作，增强了趣味性，也促进了学生的思考。为更好地练习口语，练习册（Workbook）提供了工具包（Toolboxes），有针对性地提供常用句型和词汇供学生选择使用。在写作训练方面，除了写结尾，还有改编对话，朗读时增加课文对话内容等练习。

第三，重视想象力和逻辑思维的训练。Picture This（看图说文）栏目是个很好的例证。它在第 7 册出现了六次，在第 8 册和第 9 册分别出现了五次。图片加问题，引导学生去思考，去想象图片背后可能发生的故事。除了在第二点中提到的先不提供结尾的故事，让学生去合理想象、推敲结尾之外，还有一类课文则提供三个不同结尾的故事（如第 8 册第 3 单元和第 9 册第 7 单元），在看结尾之前，让学生去合理编写故事的结尾，然后讨论四个结尾的异同，以及最喜欢的是哪个。这样的设计无疑会激发学生的想象力，培养逻辑思维能力。

第四，重视批判性思维的训练。第 7 册第 6 单元的 Reality Check 从很多角度告诉学生眼见不一定为实，耳听也不一定为实，对于所见所闻要从细节去分析真伪，不盲目信任。第 9 册第 5 单元 With a Critical Eye，通过讨论、文本精读、新闻报道，以及 20 多年前的真实案例，让学生明白，新闻报道不一定都是真实的。我们要学会理性分析，用批判性的思维去看待来自各种媒体的信息。

第五，重视个人能力和小组合作能力的培养。教材设计的时候就考虑了多模态学习模式，即个人学习、小组学习、共同学习相结合。所有的口语练习都是根据这个学习模型设计的。在练习部分，学生可以利用书本配套的工具包获取丰富的学习材料（单词、词组、例句、例文）。习题的设计结构总是从学生独立思考开始，通过完成一项任务（如上网查找资料。在教材上，这个作业都有 WIFI 标记）、回答问题等进入正式的习题环节。之后，要向班级汇报，与同学讨论、交流、比较异同；小组讨论的作业也贯穿三册书。比如在思考故事不同结尾的时候，就要求和小组成员讨论。改编对话练习也很多，重视同伴合作交流。

第六，重视社会责任心的培养。7 年级第 8 单元 Save Your Energy 从学生身边的小事说起，讨论我们可以怎么做来节省能源、保护环境。第 8 册第 7 单元 Our Beautiful World 也是环保主题：保护动物、保护环境、新能源开发、水资源保护。

第七，重视品格培养和道德教育。第 8 册第 2 单元 Pushing the Limits 从同龄人的观点，到明星的榜样，到科学数据说明文，讨论我们可以如何突破极限，获得成功。第 9 册第 4 单元 Crossing the Line 则讨论哪些边界是不可以跨越的，在面临道德困境的时候，我们应该做出什么样的选择。

第八，贴近青少年的生活，讨论和他们的生活息息相关的主题，讲述他们感兴趣的故事。第 7 册第 5 单元、第 8 册第 4 单元以及第 9 册第 2 单元有共同的主题：Teen Life。七年级主要讨论下面哪些最重要：信任、家人、零花钱、自由、责任、音乐、恋爱、熬夜、风格、合群。八年级的讨论问题是青少年最担忧的事情：未来、没有朋友、与父母争执、成绩、恋爱、环境、上课迟到、霸凌、太多作业、零花钱等等。九年级则因为面临初中毕业，讨论在选择高中时会考虑的因素：朋友、学业、职业教育、是否有手提电脑、学校的位置和大小、学校名声等等。除此之外，还有第 7 册的第 2 单元 "I'll Never Forget …" 讲述难忘的故事，第 8 册第 5 单元 Spooky 讲述鬼怪故事，第 9 册第 7 单元 The Future 讲述未来故事。

第九，富有趣味性。首先，图文并茂。几乎每一页都有与内容相关的照片或者插图。如第 7 册第 1 单元讲到世界上哪些国家以英语为母语、英语在哪些国家是第二语言的时候，就附有世界地图以及照片，地图上标明在文章中提到的国家，照片展示了部分国家的地标建筑、服饰或者雕塑。体裁多样化：博客、网络聊天室对话、日常对话、科普文、说明文、故事、传奇小说、文学作品、漫画、诗歌、歌曲。

第十，重视文学作品的阅读和理解。第 7 册有三个单元设置了 From the Bookshelf 这个栏目，第 8 册和第 9 册的最后一个单元都是 From the Bookshelf, 其中第 8 册选了三本书, 第 9 册选了四本书。

正如教材扉页所写: 学习成功的基础是学生可以在新语言发展的同时学习新的知识。这套教材精心挑选文本, 为学生的成功提供了垫脚石。

4. 结论和启示

我们在教材的选材、练习方面可以向瑞典教材借鉴经验。在选材方面, 要重视文本内容的多样性、趣味性、实用性、教育性和多元文化。

(1) 多样性, 首先指不同语体的文章, 如书面语、日常用语和网络用语。其次指不同文体的文章, 如文学作品、故事、对话、科普文和说明文等等。

(2) 趣味性, 既包括教材设计图文并茂, 用照片和插画吸引学生的注意力, 也包括内容和语言能吸引学生, 比如内容贴近青少年生活, 符合青少年的特点。

(3) 实用性, 指学生在学了课文之后, 能在生活中实际使用。比如出国旅游、交朋友、写博客、发表评论、写电子邮件等等。

(4) 教育性, 指选材重视培养学生的社会责任感, 塑造优秀的品格和正确的价值观。

(5) 注重多元文化的学习。在全球化趋势有增无减的新时代, 选材不应局限于英美国家的内容, 宜考虑增加其他英语国家的文化学习。

此外, 在练习的设计方面, 多模态学习模式(即个人学习、小组学习、共同学习)值得我们学习。

参考文献

［ 1 ］Hult F M. English as a transcultural language in Swedish policy and practice. *TESOL Quarterly*, 2012, 46 (2): 230–257.

［ 2 ］陈华萍. PEP 新版小学英语教材与瑞士小学英语教材 *Young World* 的比较研究 [D]. 首都师范大学，2014.

［ 3 ］李明欣. 瑞典教育的特点及其对我国教育的启示 [J]. 沈阳干部学刊，2015, (3): 60–61.

［ 4 ］李胜利. 瑞典国家英语测试的理论与实践 [J]. 保定学院学报，2016, 29 (05): 84–88, 121.

［ 5 ］梁志喜，康叶钦. 国内外英语教材评价研究述评 [J]. 当代教育论坛（综合版），2010, (02): 125–127.

［ 6 ］任蕾. 瑞典基础英语教育对我国英语课程改革的启示 [J]. 教学与管理，2003, (7): 158–160.

［ 7 ］王俊. 瑞典基础教育发展战略研究 [J]. 外国中小学教育，2009, (10): 1–5, 8.

［ 8 ］王玉云. 初中英语教材知识体系构建研究 [D]. 西南大学，2008.

［ 9 ］魏春洋，张淑芳，孟凡芳. 瑞典教育的独特理念 [J]. 世界教育信息，2008, (06): 92–93.

［10］吴刚. 北欧国家外语教育政策和实践——以瑞典和挪威为例 [J]. 天津电大学报，2014, (4): 71–74.

［11］肖君，尹烨彬. 瑞典中小学 ICT 教育的挑战与机遇. 中国电化教育，2016, (9): 24–29.

［12］萧丽冰. 瑞典外语基础教育概况 [J]. 校园英语，(26): 9–10.

［13］于书林，黄建滨. 中小学英语教材研究的分析与思考 [J]. 山东师范大学外国语学院学报（基础英语教育），2008, 10 (06): 35–38.

［14］张小情. 北欧四国（瑞典、挪威、芬兰、丹麦）英语基础教育研究 [J]. 比较教育研究，2007, (4): 74–78.

［15］庄智象. 构建具有中国特色的外语教材编写和评价体系 [J]. 外语界，2006, (06): 49–56.

附录：*Focus on English* 三册教材各单元内容和学习目标

Focus on English 7

单元	内容	学习目标
1. Focus on English	Focus on English（短文）	● 了解英语口语和使用方法，了解英国英语和美国英语的差异
	A Maltese Experience Part 1: New Friends（对话：初次见面、认识新朋友）	● 学习和新朋友初次见面时所用的单词和词组，能够使用这些语言来了解朋友
2. I'll Never Forget	Pre-reading questions	● 讨论卡通图片各种情绪背后可能的故事
	What Next?（三篇未完短文加图片，听故事结尾）	
	Picture This – Scary and Spectacular（图片，问题，听故事）	
	How Embarrassing!（约 350 字的故事，6 个 wh 问题，小组写对话并分角色表演）	● 在阅读或者听完半个故事之后，能够合理猜测故事的结尾 ● 能够表达自己一直在做的事情 ● 能够对别人做的事情进行解释
	Dying for Adventure（约 680 字的故事，7 个 wh 问题）	
	Beware of the Tide!（约 400 字的科普短文，复述练习，网上找更多资料，课堂汇报）	
	From the Bookshelf – *Leeches* by Stephen King（约 650 字）	● 文学阅读和欣赏
	A Maltese Experience Part 2: The I-Scream Man（对话，买冰淇淋，分角色朗读和表演）	● 能买不同种类的冰淇淋 ● 能区别礼貌用语和不礼貌用语
3. The Human Touch	看图说话	
	Those Crazy Animals: Cat and Mouse（诗歌朗读）; Garfield（漫画理解）	● 能够用课文中学过的单词和词组表达自己的观点 ● 能够描述身边的动物 ● 能够进行简单的对话 ● 能够阅读科普文章，并简述事实 ● 能看图讲故事
	Animal Magic (The Incredible Surfing Rats! & Monkey Magic)（约 480 字的短文理解）	
	Picture This – Tales of the Unexpected – Encounter with a Sperm Whale & Encounter with a Hippo（图片，问题，听故事）	

	Creatures – Great and Small（约520字的动物科普知识，问题）	
	From the Bookshelf: *How the Camel Got Its Hump* by Rudyard Kipling（分小组表演）（约500字）	● 文学作品欣赏
	A Maltese Experience Part 3：I Just Hate Sharing	● 学习表达喜欢与不喜欢、支持与反对的单词和词组 ● 能够在类似的情况下表达观点
4. Focus on England	What do you think?	● 小练习，简单区分英格兰、苏格兰和威尔士
	An English Quiz	● 了解英格兰
	Report from the Pop Idol Camp	● 从网络交流获取信息 ● 了解英国英语和美国英语的差异 ● 了解网络英语和日常口语的区别
	Picture this – Very English, Indeed	● 图片描述，听力练习，编写两人短对话和朗读
	Bonfire Night（11月5日 Guy Fawkes Night）以及相关听力故事	● 了解 Guy Fawkes Night 的起源 ● 从小册子获得信息
5. Teen Life	What do you think?	● 讨论生活中重要的东西（例如：家庭、责任、信任、旅行、音乐、零花钱、恋爱、自由、熬夜等等）
	Teen Poems（三首诗）	● 诗歌欣赏和朗读
	Change	● 讨论成为青少年的意义 ● 表达赞同与不赞同
	Picture this – The Challenge	● 能看图表达、听懂故事
	theblogcentre.com（四篇博客）	● 了解博客语言和日常用语的差异 ● 能够写自己的博客软文
	The Dishwasher	● 能简单讲述沃伦的故事和他的新工作
6. Reality Check	What Do You Think?	● 进行"眼见是否为实"的讨论
	Rumors	● 能够批判性地阅读文本、辨别事实与谣传、解释原因
	Headlines Gone Haywire（五则新闻）	
	Gossip	

	The Whole Truth	● 文学作品欣赏（讨论三个不同的结尾）
	From the Bookshelf: I'm Coming to Get You（Author unknown）（约400字）	
	A Closer Look at Urban Legends	● 了解什么是都市传奇
	A Maltese Experience Part 4: Reporting the Theft	● 能描述事物 ● 能报告和描述盗窃和丢失
7. Focus on the US	Listen	● 听懂为什么秃鹰是美国的象征
	Across America	● 了解美国有代表性的建筑和地点
	This Is the US	● 了解美国概况，掌握关键词（big、young country、one country、place names、states、capitols and capitals、flag)
	Picture This – A Walk Among the Stars	● 了解美国明星 ● 能从网络了解一位明星并且汇报
	An American in Sweden	● 了解一位14岁美国人在瑞典的生活 ● 了解并表达文化差异和观点差异
	Face to Face with Bears in Yellowstone	● 了解熊的一些特性，能理解短文并回答问题
	A Maltese Experience Part 5: The Thief	● 学习描述外貌的词和短语，能够描述人的外貌 ● 能编写对话或者表演。
8. Save Your Energy	Listen	● 能记录环保节的各种大小事
	Five Small Steps for a Cleaner World	● 学习与节能有关的表达 ● 讨论你认为最重要的节能措施
	Moving Windmills	● 了解非洲少年威廉制造风车发电的故事，简述他的事迹，上网查找更多资料并课堂汇报
	Traffic Jam	● 了解交通带来的环境问题，能解释原因 ● 理解通俗科学文本。
	Picture this – The Car of the Future	● 看图说文，听力理解。
	A Maltese Experience Part 6: Time to Unwind	● 学习制定计划的词汇，并进行对话练习

9. Holidays	Read and Listen	• 能理解短文对节假日的介绍，能讨论说英语国家的节假日，能听懂关于两个假日的介绍
	Especially for You	• 利用网络了解两个假日并汇报 • 设计属于自己的节日
10. Christmas	Read and Listen	• 了解用不同语言来表达圣诞快乐
	Christmas Superman and His Superdeer	• 了解圣诞老人和驯鹿的故事
	Christmas Songs	• 唱圣诞歌
Fact File England		
Fact File the USA		
Wordlist from the Bookshelf		

Focus on English 8

单元	内容	目标
1. Focus on English	Focus on English（短文和听力）	• 了解哪些情况要用英语
	An American in London Part 1: In the Chat Room	• 理解网络聊天室语言的缩写和符号 • 理解网络聊天室语言和日常用语的差异 • 知道制定计划的词语
2. Pushing the Limits	What Do You Think? (Discuss and Listen)	• 讨论哪些事情推动你的极限
	Reaching Your Goals	• 能够讨论每天的优缺点和特别成就 • 能拓展词汇表达自己的不同 • 阅读理解说明文并简述要点 • 拓展词汇，可以谈论身体及其功能
	How Is It possible?	
	Picture This – When the Going Gets Tough	
	Human vs. Animals	
	Our Fantastic Human Body	
	An American in London Part 2: Girl on a Bus	• 拓展词汇，能告知自己的通信方式、时间等 • 能够询问信息、理解并回答

	Listen	● 听力理解
3. Focus on Scotland and Wales	Welcome to Scotland	● 了解作为英国一部分的苏格兰和威尔士
	Welcome to Wales	
	Me & My Country	● 能查找资料 ● 能够更好地倾听并记录
	The Legend of Brave Gelert	● 读传奇故事，写结尾，比较不同结尾
	Picture This – Scottish and Welsh Icons	● 能拼写和区别容易混淆的词
	An American in London Part 3: Phone Missing	● 能拓展买鞋子和衣服的词汇 ● 能应付买东西时的情况
4. Teen Life	What Do You Think?	● 谈论青少年最担忧的话题（未来、没有朋友、与父母争执、成绩、恋爱、环境、上课迟到、霸凌、太多作业、零花钱等等）
	Another Silly Excuse	● 谈论和解释与青春期有关的事情
	You Never Let Me Go Anywhere	● 拓展词汇，口头和笔头讨论青春期问题
	My First Date	● 能够从通俗文本中了解事实，并以口头和书面形式简要说明
	Generation App	● 拓展词汇来谈论技术小工具如何影响社交方式
	Picture This – Texting Teens	● 区分容易混淆的词
	Priscilla and Wimps	● 阅读和理解叙事文本
	An American in London Part 4: Lost in London	● 拓展词汇，能够问路并理解 ● 应付不同的状况
5. Spooky	What Do You Think?	● 读、听诗歌
	The Hike	● 谈论怪异和超自然 ● 拓展词汇，用描述的方式来讲述、写故事
	Booh!	
	Spooky Poems	● 能够拼写和区别一些容易混淆的词
	The Sins of the Father	● 阅读和理解叙事文本和诗歌
	An American in London Part 5: An Evening Out	● 拓展选择电影和买票的词汇，并在餐厅点菜和支付

6. Focus on Australia	Listen	● 通过听获得信息并做笔记
	Australia – True or False?	● 了解更多关于澳大利亚的信息 ● 更好地听取事实、做笔记 ● 能够口头简述澳大利亚的情况 ● 能够写信告诉人们关于澳大利亚的情况 ● 能从小册子获得信息
	Welcome to Oz	
	Picture This – A Touch of Australia	
	Robin's Diary	
	The Mystery of Hanging Rock	
	An American in London Part 6: What's the Verdict?	● 能够拓展词汇讨论一部你看过的电影，能够讲述你喜欢什么样的电影、演员等等
7. Our Beautiful World	What Do You Think? (Discuss and Listen)	● 讨论美丽世界对你个人意味着什么
	Just Like Paradise	● 讨论如何度假旅行 ● 能解释为什么赞同和不赞同 ● 能讨论我们在对环境做的事情，以及我们能为环境做什么 ● 能分析一首诗歌 ● 讨论图片和听图片背后的故事 ● 阅读日记文本，阅读说明文 ● 讨论全球变暖话题，查找相关资料并汇报
	Orphans of the Jungle	
	Give and Take	
	Picture This – Inventions That Make a Difference	
	Once Upon an Ocean Blue	
	Beneath the Surface: Water Footprints	
8. Christmas	Happy Christmas, Everybody!	● 欣赏并查找圣诞诗歌
	theblogcentre.com at Christmas	● 阅读博客文章和评论，了解在不同的国家和文化中人们如何度过圣诞节 ● 唱圣诞歌，了解不同歌手
	Interview: Father Christmas	
	Christmas Songs	
9. From the Bookshelf	*Holes* by Louis Sachar	● 文学文本选读
	The Hound of the Baskervilles by Sir Arthur Conan Doyle	
	The Beach by Alex Garland	
Fact File Scotland		
Fact File Wales		
Fact File Australia		
Wordlist From the Bookshelf		

单元	内容	目标
1. Focus on English	Focus on English（短文，听力）	● 了解英语背景知识
	On the Move Part 1: Security Check	● 学习机场安检用语
	Bank Robber Missing	● 理解新闻报道文章
2. Teen Life	What Do You Think?	● 讨论选择高中要考虑的重要因素
	My Choice（5位学生分享择校观）	● 阅读年轻人观点的文章并讨论
	Teens and Careers – A Survey(An American Survey)	● 讨论未来的职业
	Friendship Matters	● 讨论什么是友谊和真正的朋友
	Picture This – Going Somewhere	● 能参与进行一项关于对不同职业的态度的研究
	Betrayal (Part 1)	● 阅读关于友谊的短篇小说
	On the Move Part 2: Customs and Immigration	● 学习过海关用语
	Tara's Travel Diary	● 阅读旅行博客，能够在社交媒体上写评论
3. Focus on the Republic of Ireland	Listen	● 能通过听了解St. Patrick 和St. Patrick Day
	An Irish Quiz	● 了解爱尔兰共和国和它的历史
	Limerick Treasure Trove	● 了解更多关于五行打油诗(Limerick)的起源和结构。
	Across the Emerald Isle（约550字）	● 能理解说明文，利用小标题概述要点 ● 能利用互联网快速搜索有关爱尔兰的信息 ● 课堂展示（形式不限：演讲、海报、采访、录音、YouTube视频片段）
	Picture This – Irish Celebs and Authors	● 通过图片和听力认识爱尔兰的名人和作家 ● 编写采访对话
	England and Ireland – A Timeline Fact File – The Troubles	● 了解英格兰和爱尔兰的关系，查找更详细的信息并汇报
	The Legend of Oisin and Niamh	● 能够理解著名传说的寓意 ● 给故事写不同的结尾

	On the Move Part 3: Zombies and a Missing Cousin	● 了解预订酒店房间的单词和词组，能够提供电话号码
	The Voodoo Queen of New Orleans	● 能理解说明文
	The Walking Dead of Haiti	● 能通过听和记笔记获得信息
4. Crossing the Line	What Do You Think?	● 讨论各种行为的边界
	Actions and Consequences	● 能够讨论各种行为的严重程度，能够讨论不同的态度和道德困境
	Crime Hall of Shame	● 能够讨论各种罪行的幽默描写
	Moral Dilemmas	● 能够分角色表演
	Betrayal（Part 2）(约820字)	● 能够阅读并理解关于背叛和欺骗的文本
	On the Move Part 4: Lost in the French Quarter	● 能够用不同的词语描述环境
	Tara's Travel Diary	● 能够认识到正式语和非正式语的差异
5. With a Critical Eye	Discuss and Listen	● 讨论不同的信息来源
	The Lying Competition	
	The Battle of the Sexes（一半阅读一半听力）	
	Picture This – Bred in a Laboratory? （图片和听力）	● 讨论严格审查源材料的重要性
	The Truth, the Whole Truth and Nothing but the Truth?	● 能批判性地判断文本和图片的真实性
	Local Opinion	● 讨论新闻报道的作用
	New Possible Suspects	● 利用网络查找国内外类似案例，说明媒体施压给案件带来的影响
	Guilty or Not Guilty?	
	On the Move Part 5: Time Out in Toronto	● 了解网络订票的单词和短语；能通过网络了解更多关于旅游景点的信息并汇报
	Tara's Travel Diary	● 给Tara的博客文章写评论 ● 了解正式语和口语的区别
6. Focus on India	What Do You Think?	● 讨论关于印度的已知信息
	Visiting India (Young Focus) (read and listen)	● 能够更多地了解印度，了解英国在印度的作用，能够谈论印度的特点
	Picture This – Tigers, Cobras and Holy Cows (Pictures and Listen)	● 能够更好地阅读、聆听事实并记录

	Land of Diversity and Contrast Fact File – Bollywood	● 简要介绍所学的内容 ● 能够认识到文化差异和相似性
7. The Future	A Horse and Two Goats	● 学习表达关注和挫败感的词汇 ● 写一段结尾对话并表演
	On the Move Part 6: Ticket Drama	
	What Do You Think?	● 讨论：在未来，需要什么东西才能了解我们今天在地球上的生活
	Predictions – A London School Project	● 对未来做出预测 ● 能讨论对未来不同的设想和未来的发明 ● 看图说话 ● 听力理解未来可能发生的事情 ● 讨论科幻故事的不同结尾 ● 理解科普文 ● 表达自己的观点
	Is Anything Possible? (对话)	
	Picture This – Earth with or without Man?	
	Dune Hoppin' (科幻故事，三个不同结尾，约1200字)	
	Space Exploration – Our Future? (科普文，约680字)	
8. From the Bookshelf	*The Sniper* by Liam O'Flaherty	● 文学作品阅读和思考
	Hush, Hush by Becca Fitzpatrick (与 p.72 Tara's Travel Diary相关)	
	Sentenced by S. E. Hinton (与p.62 Moral Dilemmas相关)	
	The Hunger Games by Suzanne Collins (与p.118 Space Exploration – Our Future相关)	
Wordlist From the Bookshelf		

第四章 以英语为母语的部分国家中学英语教材研究

英国初中英语教材研究报告

上海外国语大学附属浦东外国语学校 刘宝莹

1. 英国教育情况概述

普遍认为，英语是英国"事实上的官方语言"（de facto official language），是英国议会和政府的工作语言（Mac Sithigh 2018: 77），也是大部分英国人使用的单一语言。英国本土少数民族使用的语言主要有威尔士语、盖尔语和爱尔兰语等（Clark 2020），但是他们大多数人英语也非常流利。在英格兰，几乎所有的学校都是英语教学，很少有双语教学①。在苏格兰，大多数学校也以英语为主要语言②。威尔士实行双语制度，英语和威尔士语是整个义务教育阶段的必修课程③。在北爱尔兰，大多数学校用英语授课，而且英语是必修科目④。总体来说，英国的语言培养模式可以概括为"1+1+1模式"，即"英语＋本土语言＋外语"模式。

英国的四大区域在政体上相对独立，因而在教育制度上也存在一定的差异。在英格兰，主管教育的单位是教育部（Department for Education），而地方教育行政机构，即地方教育局，则主要负责推动当地义务教育的顺利开展，负责运行和管理该地区大部分公立学

---

① https://cacca.cc.curopa.cu/national-policies/eurydice/content/teaching-and-learning-general-lower-secondary-education-38_en

② https://education.gov.scot/parentzone/learning-in-scotland/curriculum-areas/languages-in-curriculum-for-excellence

③ https://hwb.gov.wales/curriculum-for-wales/summary-of-proposed-legislation/#proposed-legislative-requirements---the-curriculum-requirements

④ https://eacea.ec.europa.eu/national-policies/eurydice/content/teaching-and-learning-general-lower-secondary-education-39_en

校，制定本地区的教学计划，并按照法律规定监督学校。威尔士的教育主要由威尔士政府（Welsh Government）负责，北爱尔兰教育部（Department of Education）负责北爱尔兰的学前教育及中小学教育。英格兰、威尔士和北爱尔兰在教育体系上所遵循的结构框架较为类似，而苏格兰的教育体系则"自成一体"。苏格兰议会（Scottish Parliament）掌管苏格兰的所有教育事务，并接受苏格兰地方政府的监督。由于英格兰是英国的主体，是四个地区中面积最大、人口最多、经济最为发达的地区，教育资源也较为集中丰富，因此，本研究以英格兰的教育制度与教材为研究对象，总结了英格兰地区中等教育概况以及初中学段英语（作为外语的）教材编制和使用情况，着重分析了在英格兰中学所使用的数本 ESL 教材，并通过对教材的评析，发现其突出特点、提炼可用于我国的英语教材编写经验。

英国政府历来对教育有着高期待与高要求，希望创建世界一流的教育体系，使英国成为全球教育界的"领头羊"，培养年轻一代成为具有较高教育素养的未来社会公民，以适应未来社会发展的需求，并在激烈的国际竞争中脱颖而出。然而，英国在 PISA 全球测试中的成绩并不理想，引起了英国社会的忧虑，尤其是教育部门的担忧，他们意识到英国的教育在数学、阅读和科学这三个 PISA 测试主要聚焦的领域落后于其他国家。因此，英国政府在 2010 年颁布的教育白皮书《教学重要性》（*The Importance of Teaching: the Schools White Paper 2010*）中指出，当前英国教育的一大挑战就是如何与世界上那些最好的教育体系齐头并进，呼吁进行课程改革，学习成绩优异国家的先进经验，比如与中国启动了"中英数学教师交流项目"（England-Shanghai Mathematics Teacher Exchange Program）（陈法宝 2016: 109），甚至直接采取"拿来主义"，比如引进新加坡的数学教材。《国家课程框架——专家小组的国家课程审查报告》（*The Framework for the National Curriculum: A Report by the Expert Panel for the National Curriculum Review*）（2013）中也指出，国家课程内容的制定必须参照全球其他具有高教育水平地区的课程要求，反映学生学习规律和他们应该掌握的知识，但同时又给予教师更大的教育自由度。

英国政府视教育政策为重要国家政策，并认为制定教育政策是政府推动国家发展不可推卸的责任（李丽等 2016: 44）。自 1988 年《国家课程标准》（National Curriculum）实施以来，英国已经进行了多次国家课程改革，每隔几年，英国教育部就会对《国家课程标准》进行评估和修改，使之与时俱进，以提升基础教育质量与学生学业水平。最新的英国《国家课程标准》从 2014 年 9 月起正式全面启用，旨在保证更大社会公平、构建高质量的国家课程，主要提出了三项改革措施，"即缩减国家课程内容，给教师更多教学自主权；改革考试和评价制度，加强基础知识学习，给学校自主设计学生评价的自由；改革 GCSE 和 A Level 资格考试"（李建民 2015: 38）。政府还成立了英国国家督导办公室（Office for Standards in Education, Ofsted），负责对整个英格兰地区的义务教育进行督导，并将结果在网络上公布。这一结果可以作为衡量学校质量的重要指标，也是家庭择校时的重要参考。

英国的教育理念可以概括为追求公平、以人为本。英国实行 5—17 岁的免费义务教育，努力实现"人人受中等教育"的普遍权利，英国《2002 年教育法》第 78 条（Education Act 2002 Under Section 78 of the Act[⑤]）对课程作了如下要求："公立学校需要为学生提供全方位的、均衡的课程，以促进学生在学校和社会中都取得精神的、情绪的、文化的、心智的和体质的全面发展，并帮助他们做好准备，去迎接机遇、勇担责任、体验人生。"《国家课程标准》也规定，学校开设国家课程的任务是帮助每一位来自不同背景的学生获得知识、经验和技能，成为有教育素养的人，以适应未来社会的需要（DfE 2014: 5）。教师应该为每位学生设定高期望值，为低水平或来自较弱背景的学生制定额外的课程，为那些超过标准的学生制定拓展性学习计划（DfE 2014: 8）。2016 年发布的《教育部 2015—2020 战略规划：世界级教育与保健》（*DfE Strategy 2015–2020: World-*

---

⑤ https://www.legislation.gov.uk/ukpga/2002/32/section/78

class Education and Care）中提到了"卓越教育无处不在"的教育目标，旨在让每一个儿童和青少年都能不受地域、基础和背景的限制而获得高质量的教育供给，实现自身最大的潜能。同年3月，英国教育部发布了重要改革文件《卓越教育无处不在》（*Educational Excellence Everywhere*）的白皮书，提出了促进教育公平与卓越的最新改革政策，传递了让每位学生都获得优质教育的理念。为了达成这样的教育目标，教师需要制定出针对性的策略去因材施教，认可并尊重学生的学习起点，致力于挖掘每位学生的发展潜力，缩短学生的发展差距，从而最大限度地减少因学生背景差异而产生的教育不公平现象，积极促进学生的个体发展。教育部制定的《教师准则》（*Teachers' Standards*）中就规定，教师必须"根据所有学生的长处和需求来调整教学"⑥，教师应该确保为不同能力的学生提供差别化的教学，关注每一个学生的学习过程与学习进步。因此，英国中小学普遍实行小班化教学，还"按年级为每个班配有专门的个别辅导老师"（吴建 2016）。此外，政府还通过深化放权与促进学校多样化等方式来满足不同学生群体的教育需求，从而实现差异化的教育公平（李建民 2015: 35）。

近些年来，随着外来移民的大量涌入，将英语作为附加语言（EAL）学习的中学生人数也在不断攀升。根据英国政府2020年9月公布的最新学校统计（School Census）数据⑦，约有584600名中学生将英语作为附加语言进行学习，占中学生总人数的17.1%，而2019年这一占比为16.9%。针对此种情况，英国政府在2003年颁布的绿皮书——《每个孩子都重要》（*Every Child Matters*）（2003: 28）中提到，政府要致力于提高少数族裔学生的学业成绩，为双语学习者制定策略。《国家课程标准》（DfE 2014: 8）还特别指出，教师必须考虑到那些母语为非英语的学生，关注他们的学习需求，

---

⑥ https://assets.publishing.service.gov.uk/government/uploads/system/uploads/attachment_data/file/665522/Teachers_standard_information.pdf

⑦ https://explore-education-statistics.service.gov.uk/find-statistics/school-pu-pils-and-their-characteristics

并综合年龄特征、移民英国的时间、此前的教育经历和其他语言能力等因素来监控他们的学习进展，为提高他们的英语水平提供尽可能多的帮助。因此，英国强化了 EAL 教学，并"基于国家课程体系制定了 EAL 教学的相关标准，加大了资金投入，并强调个性化的辅导"（唐晓磊 2018: 172），而英国学校则大多会为 EAL 的学生提供特别的助教老师，进行一对一的辅导教学（one-to-one tuition）（吴建 2016: 124；王璐，尤铮 2014: 76）。

2014 年版《国家课程标准》将中等教育的总体目标设定为：(1) 帮助学生学习所需的基本知识，培养他们成为有教养的公民，并学会欣赏人类的创造性与成就；(2) 国家课程只是每个孩子所接受的教育中的一部分，学校的教育活动有很大的空间，可以超越国家课程要求。国家课程只是概括了一些核心知识，教师可以在此基础上开发精彩有趣的学校课程，以帮助学生增长知识、促进理解、提升技能 (DfE 2014: 5)。此外，国家课程还制定了具体的学科课程目标，就英语学科而言，作为核心学科（core subject），其宏观目标是"通过培养学生的口头语言及书面语言能力，促进学生语言文化水平的提升；通过广泛的消遣性阅读，培养学生的文学兴趣"（DfE 2014: 13）。国家课程还指出，英语既是一门独立的学科，又是所有学科的教学语言，因此，教师应该关注学生英语的流利度。这一学科领域的学习包括口语、阅读、写作和词汇四方面，国家课程框架[8]对每个方面又有具体的要求侧重（见表 1）。

---

[8] https://www.gov.uk/government/publications/national-curriculum-in-england-framework-for-key-stages-1-to-4/the-national-curriculum-in-england-framework-for-key-stages-1-to-4

表 1　英国国家课程框架对英语学习的具体要求

英国国家 课程框架	具体要求描述	所属语言技能／知识
第 6.2 条	学生应当能够自信、清楚地使用标准英语来表达观点，用证据来支撑观点，能通过提出问题来检测自己对知识的理解，还需要扩大词汇量、拓展知识面、学会协商；还能够评价并扩充他人的观点，并选择恰当的表达方式进行有效沟通。另外，学生还要学会结构紧凑地进行描述和解释，并通过猜想、假设和探讨来促进理解。	口语
第 6.3 条	教师应该着力发展学生在所有学科中的阅读与写作能力，以促进他们更好地习得知识。具体而言，教师应该教会学生流利地阅读语篇，理解广义上的文章（包括虚构类的和非虚构类的），并鼓励学生享受阅读的乐趣。学校也应当提供图书馆等设施，并为学生设定家庭阅读的目标，引领学生进行广泛阅读。而对于写作而言，学生应当能够具备足够的毅力、掌握一定的技巧去进行成段成篇的写作，拼写正确，标点规范。学生还应当能够正确运用语法，并在已有语法知识的基础上不断扩充、丰富各种语法表达。而学生应该掌握的写作文体包括：记叙、说明、描写、对比、总结、评价。	阅读与写作
第 6.4 条	学生对词汇的习得与掌握对于整个课程的学习与进步都至关重要，因此，在词汇学习上，教师应该在学生已知词汇的基础上系统性地帮助学生扩充词汇量，帮助学生在已知词汇与新学词汇之间建立关联，并讨论近义词之间细微的意义差别。此外，学生还需要能理解各个学科中术语词汇的含义。	词汇

对于 EAL 的学生来说，英语更是学习所有学科需要用到的工具性语言，英国教育部早在 2012 年的《EAL 学习者政策简要》（*A Brief Summary of Government Policy in Relation to EAL Learners*）中就提到，政府的当务之急是促进那些学习 EAL 的孩子们在英语方面的快速习得，将他们尽快纳入主流教育体系中[⑨]。因此，国家课程框架 4.6 条便特别指出，培养 EAL 学生用英语来学习其他学科的能力比培养他们用英语来进行交际的能力更为重要。原英国资格认证与课程委员会（QCA 2000）曾明确提出了 EAL 的课程总目标，即通过 EAL 的教学，EAL 学习者应该学会英语的发音、语法结构和规则，理解词句的含义及语境意义，包括非言语特征，并综合掌握听、说、读、写四种语言技能。

英国国家课程标准划分了四个不同的学习阶段（见表 2），称为"关键阶段"（key stage，简称 KS），这也是英国的义务教育阶段[⑩]。其中，关键阶段 1 和 2 是小学阶段，涵盖 1—6 年级；关键阶段 3 和 4 是中学阶段，涵盖 7—11 年级。英国的中学不分初中和高中，但是关键阶段 3 常常被称为"中学低年级（lower secondary）"，关键阶段 4 则被称为"中学高年级（upper secondary）"。根据联合国教科文组织的国际教育标准分类（简称 ISCED，UNESCO Institute for Statistics 2011: 33—34），ISCED 第二级的年龄段通常在 12 至 15 岁，这一阶段通常被称为中学（secondary school / middle school）或初中（junior secondary school / junior high school），英国关键阶段 3 和我国初中学段都正好在此区间（见图 1 和图 2）。有观点就认为，英国"7 年级相当于我国的初中 1 年级，而 11 年级则相当于我国的高中 2 年级"，而且英国公立普通中学大多将教学计划分为 7—9 年级（KS3）和 10—11 年级（KS4）两个教学年段，"与我国初中 1—3 年级和高中 1—2 年级两个教学年段类似"（王治君 1999: 58），因此，本研究主要聚焦适用于英国关键阶段 3（即年龄段在 11—14 岁）的英语教材，以期对我国初中英语教材的编写或修订提供参考与借鉴。

---

⑨ https://www.cambridgeassessment.org.uk/images/116003-a-brief-summary-of-government-policy-in-relation-to-eal-learners.pdf

⑩ https://www.gov.uk/national-curriculum

表 2 英国关键阶段 1—4 的年龄段及学段划分

课程阶段	年龄段	年级	学段
关键阶段 1(KS1)	5—6 岁	1 年级	小学
	6—7 岁	2 年级	
关键阶段 2(KS2)	7—8 岁	3 年级	
	8—9 岁	4 年级	
	9—10 岁	5 年级	
	10—11 岁	6 年级	
关键阶段 3(KS3)	11—12 岁	7 年级	中学
	12—13 岁	8 年级	
	13—14 岁	9 年级	
关键阶段 4(KS4)	14—15 岁	10 年级	
	15—16 岁	11 年级	

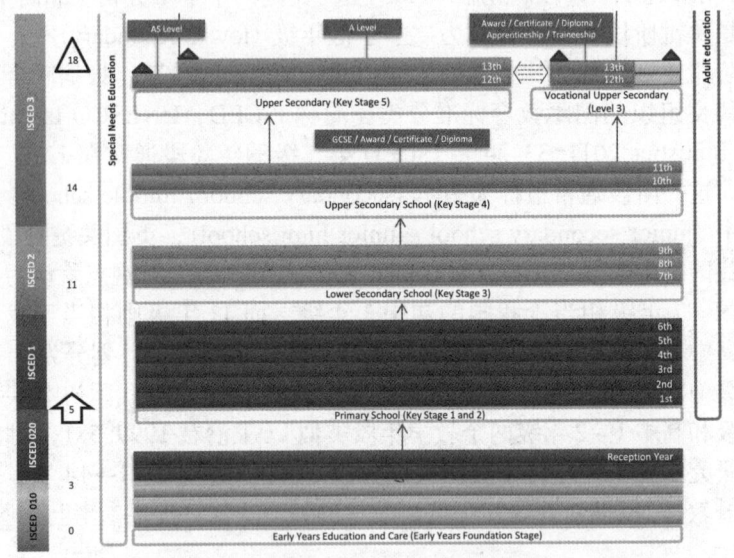

图 1 英国关键阶段与国际教育标准分类对照图（局部）[11]

---

[11] https://gpseducation.oecd.org/CountryProfile?primaryCountry=ENG

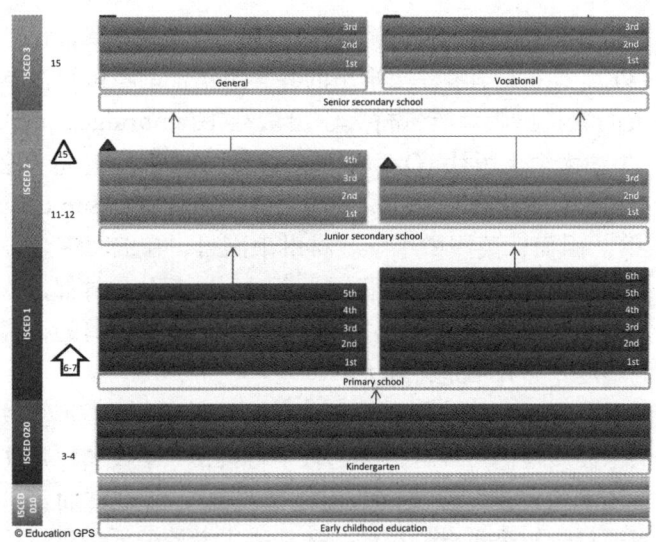

图 2 中国非高等教育学段与国际教育标准分类对照图（局部）[12]

2. 英国中学英语教材概述

"学校自治和学术自由是英国教育发展过程中形成的优良传统和典型特征"（孙利秋 2012: 66），因此，"英国基础教育没有形成统一的教材制度"（吴书芳 2018: 81），教育部并不指定中小学统一使用的教材。但是，"经过长期的历史积淀，英国中小学教科书形成了比较完备的市场流通机制"（李建民 2015: 94）。在英国，教材不是国家事权，完全由市场主宰。任何图书出版商都可以自行组织人员编写教材，政府对教材出版商和教材编写人员的资格基本上没有要求，"英国教材的编写人员主要由在职的中小学教师、教育研究机构的专职人员等构成"（李建民 2015: 94）。出版商所编写的教材也不需要政府审核通过，但是专业的出版商往往会严格按照教育部制定的国家课程标准来编写各种教材，其教材内容也通常与各

---

[12] https://gpseducation.oecd.org/CountryProfile?plotter=h5&primaryCountry=CHN&treshold=10&topic=EO

类外部考试和各类资格证书制度紧密挂钩，比如 GCSE、IGCSE、A-Level 以及剑桥大学考评部推出的各类英语证书考试等。英国目前比较大的教材出版商有剑桥大学出版社（Cambridge University Press）、牛津大学出版社（Oxford University Press）、麦克米伦出版公司（Macmillan Publishers Ltd.）、培生教育集团（Pearson Education Group）等。因而，英国中小学教材琳琅满目，在编写理念、内容组织、编排呈现等方面都各不相同，不过，大部分教材都是依据欧洲语言共同参考框架（CEFR）中的语言标准来分册编写的，因而不同教材的难度差异并不是特别大。

在教材的选用上，学校和教师享有很大的自由度，不受教育行政部门的干涉。他们可以自行遴选教学材料，"学校和教师往往根据课程标准和教师准则来决定使用什么教材"[13]。通常而言，教材内容只有通过学校委员会的审核，才能进入学校的推荐目录（谢明礼 2020: 24）。公立学校必须实施国家课程，落实具体的学科内容及学科要求，以保证学生学习统一的内容，因此，在中学阶段，对于 KS3 的学生，公立学校往往会选择那些按照课程标准编写的教材，而对于 KS4 的学生，学校则通常会为了应试而更倾向于使用那些根据颁证机构（awarding organisation），即考试局（exam board）设置的考试要求来编写的助考类教材。私立学校不用实施国家课程，因此他们所受到的约束更少，教材选择面也更广。然而，有调查发现，英国 14 岁学生使用教材的比例仅有约 8%[14]，在前英国教育大臣 Nick Gibb（2015）看来，教材在英国中小学使用率较低的主要原因是，在个性化（personalisation）教学与"因材施教"的理念下，学校与教师都认为应当把孩子的独特性放在第一位，为每个独立的孩子因材施教地去发展其性格、才艺、能力，不论孩子的文化、宗教、

---

[13] https://eacea.ec.europa.eu/national-policies/eurydice/content/teaching-and-learning-general-lower-secondary-education-38_en

[14] Death of the textbook: Education minister hits back at 'free-flow' teaching which leaves children with dog-eared bit of paper. Retrieved from https://www.dailymail.co.uk/news/article-2517213/Death-textbook-Education-minister-hits-free-flow-teaching-leaves-children-dog-eared-bits-paper.html.

家庭背景，因而他们认为，统一的教材违背这一理念。因此，在过去数十年中，英国教育界有一种"反教材"的价值观（anti-textbook ethos），兴起了一股"去课本化"的潮流。在这种情况下，教师通常会在整合各种教学参考资料与教学资源的基础上，自行开发编写各类学习资源（teacher-made resources），如讲义和任务单等，而不是使用出版商编写好的现成教材。但是，这样的模式也有诸多弊端，Nick Gibb（2017）就认为这在一定程度上大大加重了教师的工作负担，而且不利于国家课程标准的落实。因此，近些年来，从教育官员到一线教师都在纷纷倡导恢复教材使用，比如前教育大臣Elizabeth Truss（2013）就呼吁英国出版并使用高质量的教材，因为国际上教育水平较高的国家的教材使用率都较高，而且教材有利于帮助学生条理清晰地理解关键概念，循序渐进地掌握核心知识，让学生能根据自己对知识点的掌握情况进行自主预习或复习。对于教师而言，也有助于减轻工作负担。

　　英国的英语课程大致上分为两类，一类针对的是母语为英语的学生，学习的内容主要包括英语语言（English Language）和英语文学（English Literature）两部分，因而，他们所使用的教学材料通常侧重写作与阅读，往往由老师自行选定，阅读书籍多是英美中学多年来约定俗成使用的世界名著。比如，2019年由《星期日泰晤士报》（*Sunday Times*）评选出的十大公办中学的第一名[⑮]——Queen Elizabeth's School——所用的英语阅读书籍就有《动物庄园》（*Animal Farm*）、《麦田守望者》（*The Catcher in the Rye*）、《麦克白》（*Macbeth*）等[⑯]。另一类针对的则是母语为非英语的学生，通常称为英语作为第二语言（ESL）的课程。有学者认为，ESL课程现在又进一步演化为两种形式：一种是针对英国义务教育年龄段学生的英语作为附加语言（EAL）的课程，另一种是针对16周岁及以上操其他语言者的英语课程（ESOL）。在唐晓磊（2018: 173–174）

---

⑮ https://www.dailymail.co.uk/news/article-7719915/These-nations-rated-state-private-schools-ranked-exam-results.html

⑯ https://www.qebarnet.co.uk/academic-programme/faculty-literature-languages/english/

看来，从 ESL 到 EAL 的转变反映出英国政府对母语为非英语学生的语言教育理念发生了变化，对目标学生的英语学习有了更加准确的定位。EAL 的教学遵从国家课程标准，强调内容型教学，将英语语言学习与学科内容紧密结合起来（Chan & Cheuk 2020）。然而，这也使 EAL 课程显得独立性不够强，而更多表现为一种融合式教学，更强调学习活动中的英语浸润，突出在学习学科知识的过程中习得英语，因此，有学者认为 EAL"不具有课程可见性"（Leung 2018: 234，转引自 Chan & Cheuk 2020）。此外，EAL 学生的英语能力和英语学习需求往往不尽相同，一些因战乱等因素而背井离乡的移民学生，他们的英语基础几乎为零，而另一些家庭语言虽为非英语，但从小在英国长大的学生，他们的英语则非常流利。这些因素都为出版商编写出版与 EAL 相关的教材与学习资料带来了困难，因此，市面上至今并没有公开出版的 EAL 教材（Chan & Cheuk 2020）。因此，虽然从理论上说，研究和分析 EAL 教材对我国初中英语教材编写更有借鉴意义，然而从操作层面来说，本研究却不得不将视线转向 ESL 教材，而且还有观点认为，EAL 与 ESL 概念相近，或者说 EAL 是 ESL 的演进与发展（Arnot *et al.* 2014: 12；王璐，尤铮 2014：74）。再次，在英国中学的实际教学中，虽然大部分中学都开设了 EAL 课程，也在学校官网上介绍了 EAL 课程的目标、内容、形式等，但是，笔者浏览了英格兰 50 所中学的网站，包括公立学校（state school）与私立学校（private school），发现只有个别学校列出了 EAL 教材使用情况（如 St. Mary's School）。因此，笔者又通过邮件方式，向各所开设 EAL 课程的中学咨询 EAL 教材的使用情况，但是只收到 3 所学校的回复（Brighton College、Kingswood School、Eton College），表 3 列出了笔者浏览并通过邮件沟通过的部分英国中学 EAL 课程开设及 EAL 教材使用情况。由于 C1 的难度通常高于初中学生的英语水平，因此，本研究将简要介绍 *Empower B1*，*Complete PET B1* 和 *Activate A2–B1* 这三套在英国中学 EAL 课程中实际使用的教材。

表 3 英国中学 EAL 课程开设及 EAL 教材使用情况举隅

学校名称	学校性质	学校类型	EAL 课程情况	EAL教材使用情况
Brighton College	私立学校	男女混校	开设	*Empower C1*
Kingswood School	私立学校	男女混校	开设	*Complete PET* （7–9年级）
St. Mary's School	私立学校 （独立学校）	寄宿制女校	开设	*Activate A2*（8年级） *Activate B1*（9年级）
Eton College	私立学校	男校	开设	无固定教材，个性化订制学习材料
Harrow School	私立学校	寄宿制男校	开设	未知
Bow School	公办学校	男女混校	开设	未知
Queen Elizabeth's School	公办学校 （文法学校）	男校	未知	未知

2.1 *Empower B1* 简介

Empower B1 册学生用书由剑桥大学出版社于 2015 年出版，英国剑桥大学英语考评部（Cambridge English Language Assessment）负责开发，匹配欧洲语言共同参考框架（CEFR）B1 级别的语言能力要求，主要针对成年人（adult）和年轻人（young adult）这两大学习者群体。从单元标题（详见表 4）可以看出，一些单元主题内容不太贴近初中学生的生活，比如 U3 的"金钱（Money）"和 U5 的"工作（Work）"。该教材主要特点是：（1）注重学习内容与学习测评的结合，以评促学，每一单元中间有"单元中期测试（Unit Progress Test）"，最后有"复习与拓展（Review and Extension）"的习题，便于教师和学习者及时检测、监控学习效果；（2）注重培养学习者的英语交际能力，每一单元都有大量的视听说内容，提供真实的交际情境，并配有口语交际策略及发音指导。本册教材

共有 12 个单元，每个单元主要由起始页、A 课、B 课、C 课、D 课和"复习与拓展"页这六大部分组成，共十页内容（其中 A 课、B 课、C 课和 D 课各两页内容）。起始页主要列出了单元名称、单元目标、单元图、导入任务，以及 A 课和 B 课的主要聚焦语法和词汇，同时通过活动设计融入听力、阅读和口语技能的训练，其板块设置主要有听说板块（Speaking and Listening）、词汇板块（Vocabulary）、阅读板块（Reading）、语法板块（Grammar）、口语板块（Speaking）和读听板块（Reading and Listening）。C 课的大标题统一为"日常英语（Everyday English）"，主要通过若干视听说的活动设计聚焦交际能力的培养，并在"有用表达（Useful Language）""会话技能（Conversation Skills）"和"发音（Pronunciation）"这三个板块显性化呈现口语表达的技能与策略。D 课的大标题统一为"写作技能（Skills for Writing）"，主要聚焦写作技能的培养，而且在写作任务之前，会用听、说、读等活动形式做好内容上的铺垫，同时统整、复习 A 课至 C 课所学的核心语言知识，其中的阅读文本更是可以作为写作任务的范文。最后的"复习与拓展"板块首先通过习题形式检测并强化本单元所学的重点语法及词汇，随后在"词汇拓展（Wordpower）"部分进行某一单词的拓展学习，最后在"回顾学习进展（Review Your Progress）"部分让学生通过打分方式（1—3分）反思、自评自己本单元的学习成效。该册教材最后的附录部分还有图文并茂的"词汇聚焦（Vocabulary Focus）"和"语法聚焦（Grammar Focus）"，"词汇聚焦"通过习题的形式让学生巩固复习每一课的重点词汇，而"语法聚焦"则通过语法知识讲解和语法习题的形式帮助学生总结语法规则、学会正确使用。然而，这两块内容似乎多为机械的操练，给人比较应试的感觉，而很少有让学习者在真实情境中使用语言的真实任务。此外，该册教材还在附录部分提供了详细的视听文本（Audioscripts）和国际音标（Phonemic Symbols），比较方便学生进行自主学习。

表 4 *Empower B1* 教材各单元标题

单元	标题
Unit 1	Communicating
Unit 2	Travel and Tourism
Unit 3	Money
Unit 4	Social Life
Unit 5	Work
Unit 6	Problems and Advice
Unit 7	Changes
Unit 8	Culture
Unit 9	Achievements
Unit 10	Values
Unit 11	Discovery and Invention
Unit 12	Characters

除了学生用书，*Empower B1* 还有练习册、配套音频CD、教师用书、教学电子白板、配套视频DVD等实物配套材料，以及基于剑桥学习管理系统(Cambridge Learning Management System, CLMS)的在线测试、在线习题、在线练习册等网络资源，还有适用于剑桥自主开发的应用平台与网络平台上的交互式电子书(interactive eBook)。值得一提的是，配套视频DVD中除了包含每单元C课的视频材料外，还有关于私家侦探Johnny Diamond (JD)的系列喜剧类侦探小剧，并配有任务活动单。

2.2 *Complete PET* 简介

Complete PET 这本教材由剑桥大学出版社于 2010 年出版，主要针对参加剑桥中级水平考试 (Preliminary English Test，简称 PET) 的青少年 (teenager) 学习者和年轻人 (young adult) 学习者，该考试由剑桥大学 ESOL 考试中心组织，匹配欧洲语言共同参考框架 (CEFR) B1 级别的语言能力要求。该教材基于 PET 考试所要求

的语法、词汇等语言知识及听、说、读、写四方面的语言技能水平来进行编写，内容覆盖了 PET 考试的各个部分，并在一开始就列出了 PET 考试的主要内容、题型、时长及考核要点等信息。*Complete PET* 教材共有 12 个单元（各单元标题详见表 5），单元话题比较贴近青少年的学习生活。每个单元的板块设置主要有导入（Starting off）、语法（Grammar）、词汇（Vocabulary）、听力（Listening）、阅读（Reading）、口语（Speaking）和写作（Writing）等板块，在各语言技能板块经常会有专门的应试技巧（Exam advice）标签，为学习者提供了参加 PET 考试的相关答题策略。各板块的活动设计多为练习的形式，比如填空、选择、配对等，与 PET 考试题型基本类似，而较少真实语境下的真实学习任务。每两个单元后还有专门的"词汇语法复习"，通过练习的形式复习巩固前两个单元的重点词汇与语法。附录部分的"语法参考（Grammar reference）"更为详细地呈现了各单元的语法知识要点，"写作参考（Writing reference）"和"口语参考（Speaking reference）"详细列出了 PET 考试每部分的写作和口语要求及其应试技巧，并配有针对性的练习。此外，附录部分还呈现了一套完整的 PET 考试真题以及整本教材中所有练习的答案。由此可见，这本教材在内容上和形式上都具有较强的应试导向，重点关注学习者如何在考试中得分，而并不是其英语学科素养的提升，这本教材可能更应该被称作是一本 PET 考试的辅导用书。

表 5　*Complete PET* 教材各单元标题

单元	标题
Unit 1	Homes and habits
Unit 2	Student days
Unit 3	Fun time
Unit 4	Our world
Unit 5	Feelings
Unit 6	Leisure and fashion
Unit 7	Out and about

Unit 8	This is me!
Unit 9	Fit and healthy
Unit 10	A question of taste
Unit 11	Conserving nature
Unit 12	What did you say?

2.3　*Activate A2–B1* 简介

　　培生教育集团出版的 *Activate A2–B1* 教材按照欧洲语言共同参考框架（CEFR）中 A2–B1 的能力要求编写，主要针对参加 A2–B1 级别各类英语语言能力测试的青少年学习者。该教材的 12 个单元的话题和活动设计贴近中学生生活，单元标题新颖独特（见表 6），活动任务名称也独具一格，比如"获取灵感（Get ideas）""阅读时间（Time to read）""记忆游戏（Memory game）""讨论时间（Time to talk）""写作时间（Time to write）""听力时间（Time to listen）""口语时间（Time to speak）""预先计划（Plan ahead）""视频时间（Time to watch）"等。此外，教材中现实文本的呈现形式（如网页、电子邮件、海报等）形象真实、有冲击力，而且版面设计色彩丰富、图文并茂，字体也俏皮可爱，容易激发青少年的学习兴趣，A2 册还会在活动任务中诸如 Your media / Your culture / Your careers / Your transport / Your economics / Your food technology 这样的小标题，以拉近教材与学习者的心理距离。该教材还体现了 CLIL 的理念，单元话题涉及不少其他学科，比如历史、地理、体育、科学等，其活动设计也有利于学习者用英语去学习其他学科，比如 A2 册中的 Your school subjects / Your world history / Your sport / Your world geography / Your local geography / Your science / Your wild animals 等活动都是让学习者结合自身对其他学科的知识储备及生活经历等，用英语完成任务、表达思想。此教材每一单元都是八页的容量，其中第一页和第二页都是阅读板块，第三页是词汇板块，第四页是语法板块，第五页是听力板块，第六页是口语板块，第七页和第八页是读写板块（Reading and Writing），而每两单元后都会有习题式的复习板块"复习时间（Time to revise）"，主要帮助学生复习前两单元的词汇和语法知识。

除了以上这些固定板块，该教材还有一些特色板块及标签模块。比如，A2 册在第一单元之前还有针对学习者英语学习情况的"语言调查问卷"（The Language Questionnaire）以及"剧透页"，通过若干图片和问题，引起学生的好奇心，并"剧透"了相关内容在教材中的页码，让学习者对整册教材内容有一个大致了解并充满积极期待。阅读板块通常有 Summarise 标签模块，口语板块有 Useful language 或 Useful phrases 等标签模块，这些标签模块都是为了给学习者提供必要的学习支架。除此之外，该教材还有灵活的 zone 系列标签模块，其中的 Wordzone 提供词性转换、词块搭配、构词法等词汇知识，Grammarzone 呈现某一语法点的主要知识，Examzone 主要涉及应试技巧，Skillzone 多为语言技能与学习策略方面的指导，而教材设计的"备考教练（exam coach）"——Eva 和 Leo 两个卡通人物，则分别会在每一课的 Skillzone, Examzone 和 Wordzone 中出现，增加学习趣味，提醒学习者重点关注相关内容。

该教材的附录部分内容比较丰富，其中的"口语档案（Speaking File）主要为每个单元提供额外的口语活动、学习支架与口语表达的微技能等，"写作档案（Writing File）"则按照不同的文体，分步骤指导学习者完成写作任务，并且通过问题形式列出了作文的评价角度，方便学习者对自己的作文进行自我评价以及查缺补漏。"词汇档案（Vocabulary File）"和"视频活动（DVD Activities）"在同一页分栏呈现，前者列出了每一单元的完整词汇表，但是只标注了词性，后者则提供了每个视频片段的可选活动。"语法档案（Grammar File）"详细列出了每一单元语法点的结构、意义、用法与例句。该教材的配套材料主要有供学习者使用的练习册（Workbook）和语法词汇书（Grammar & Vocabulary），它们主要提供额外的练习，学习者还可以在 Active Book 和 iTests.com 上进行互动考试练习。供教师使用的配套材料主要有教师用书和"教师试题盒（Teacher's Exam Box）"，为教师提供多种多样的教学资源。

该教材值得一提的还有其技术融合手段的使用，教材中 Your media 和 Time to watch 这两部分内容都需要观看配套视频，这些视频大多来源于真实的电视节目片段，而且可以在学习者使用的"动感书本（Active Book）"上轻而易举地获得观看方式。此外，B1 册提供了教师用的"动感教学（Active Teach）"这一数字化教学工具，包括交互式电子白板等，还有"教师在线资料（Teachers Online Resource Materials）"工具提供各种在线教学资源。

尽管这套教材有诸多亮点，但是仍然掩盖不了一个突出的弊端，即活动形式大多比较"练习化"，比如阅读选择、选词填空、词性转换等，而且多为单句形式，与当今教材编写的趋势与潮流不太吻合，而这可能与其出版年份较早有关。

表 6 *Activate A2–B1* 教材各单元标题

教材分册（出版年份）	单元	标题
Activate A2 (2010)	Unit 1	Hopes and dreams
	Unit 2	Time out
	Unit 3	What's cool in school?
	Unit 4	Ancient treasure
	Unit 5	Homesick? Seasick!
	Unit 6	Swap, don't shop!
	Unit 7	Win or lose!
	Unit 8	Wild things
	Unit 9	Chocolate is good for you
	Unit 10	Weird places
	Unit 11	Jobs 4 kids
	Unit 12	Is that really true?

	Unit 1	A new you!
	Unit 2	Rule the school
	Unit 3	Room for improvement
	Unit 4	Festival fever
	Unit 5	Extreme behaviour!
Activate B1 (2008)	Unit 6	Stay in or go out?
	Unit 7	Horrible history
	Unit 8	Communication breakdown
	Unit 9	Getting on
	Unit 10	Planet Earth
	Unit 11	Get fit, have fun
	Unit 12	Thrills and chills

3. *Global English 7–9* 评析

从上述三套教材的简介可以发现，它们对于我国初中英语教材编写的借鉴意义非常有限，因为 *Empower B1* 的单元话题大多针对成年人（adult）和年轻人（young adult），*Complete PET* 的内容与设计总体较为应试，*Activate A2–B1* 的活动设计较为"练习化"，而且后两套教材的出版年份也较早，因此，笔者将目光转向了剑桥大学出版社 2014 年后出版的适用于关键阶段 3 的 ESL 教材 *Global English 7–9*。选这套教材，主要是基于以下几点考量。首先，本套教材由剑桥大学出版社分别于 2014 年（第 7—8 册）和 2016 年（第 9 册）出版，比较新，一定程度上体现了教育教学与教材编写的最新研究成果与理念。Brian Tomlinson 等人（2001；2013）先后两次对英国数家知名教材出版商的若干套成人英语教材做了分析评估，其结果显示，英国剑桥大学出版社的两套教材（*Language in Use* 和 *English Unlimited*）在各个评估维度的得分和总分都超过其他几家出版商，这在一定程度上也展现了剑桥大学出版社在教材出版方面的实力。其次，本套教材由英国剑桥大学外语考试部（Cambridge

English Language Assessment）和原剑桥国际考试委员会（Cambridge International Examinations，现已更名为剑桥大学国际考评部，Cambridge Assessment International Education）共同开发编写，遵循剑桥国际课程（Cambridge Pathway）体系，是剑桥初中学段 ESL 课程框架中的推荐教材，直接对接剑桥 Checkpoint 考试（类似国内初中毕业考的定位考试，为 IGCSE 课程做好铺垫），主要针对全球的 ESL 青少年学习者（年龄大致在 11—14 岁），因而相比其他教材，该套教材对我国初中英语教材的编写更具有借鉴意义与参考价值。综上所述，该研究选择了 *Global English 7–9* 这套教材进行深入分析。

3.1　*Global English 7–9* 基本情况介绍

Global English 7–9 这套教材的编写匹配欧洲语言共同参考框架（CEFR）B1 级别的语言能力要求，呈现真实的听、说、读、写任务，主要基于以下四大编写理念：

首先，倡导跨学科学习方式（cross-curricular approach），将跨学科内容有机融入教材，旨在让学生借助英语这一语言工具来学习其他学科的知识，并通过参与一系列跨学科活动来调动其英语学习的积极性，发展语言能力，激发创造性，比如第 7 册第 10 单元的主题是 Parts and percentages，主要涉及数学学科中数字与比例方面的相关英语表达。

其次，教会学生"学会学习"（"learning to learn" approach），旨在让学生掌握技能与策略，学会用英语清晰、流利地进行表达与交际，比如在 Language tip 这一标签模块中经常会有一些语言技能或学习策略方面的指导。

再次，提供国际化的话题与情境，旨在让全球的学习者借助英语这一媒介领略世界文化的多样性，鼓励学生去了解不同的生活方式。

此外，鼓励合作学习，该教材中不少学习活动都要求学生以两人一组或多人小组活动的形式来开展，不仅大大增加了学生用英语进行交际和表达的机会，更是促进了学生间的思想交流与思维碰撞。

Global English 7–9 每册均有 18 个主题单元，每个单元共有 6

页或 8 页的版面容量，每两页是一个课时内容，每一课时都有一个单元分标题，而且每一课时的所有学习活动均采取连续编号的形式。每一单元在其首页右上方都配有一小幅单元图，在单元总标题下方有一小块总览区域，分别列出了本单元的主要话题（Topics）和主要语法知识（Use of English）（见图 3）。

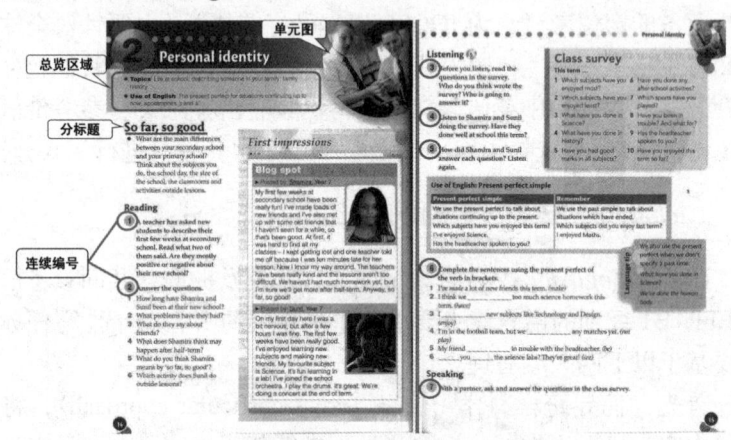

图 3　*Global English 7–9* 的单元版面示例

每一单元共有七大主要板块，分别是阅读（Reading）、听力（Listening）、口语（Speaking）、语法（Use of English）、词汇（Vocabulary）、写作（Writing）、项目探究（Project）。这七大单元板块的位置比较灵活，在每个单元的位置都不尽相同，但是项目探究板块基本上都是最后一个或倒数第二个板块。除了上述的七大固定单元板块，每册双数单元（第7册第18单元除外）的最后还会有一个两页的文学板块，语篇是选自世界各国的文学作品，既有古代名篇（如《一千零一夜》）也有现当代作品，而且涵盖多种文学类型，如散文、诗歌、戏剧，甚至还有歌曲。此外，有的单元还会出现板块整合的情况，比如第7册第1单元就有"Reading and listening"板块。阅读、听力、口语、写作这四个板块在每一个单元中通常会出现不止一次，但是语法、词汇和项目探究往往只出现一次。

本套教材具有五大鲜明特色：

（1）真实性。国内外众多学者（程晓堂，孙晓慧 2011；束定芳，庄智象 2008；Nunan 1999; Tomlinson & Masuhara 2007）都强调英语教材中需要使用真实地道的语言材料，以反映英语在现实生活中的实际使用，帮助学生体验真实交际情境。*Global English 7–9* 中所创设的情境大多非常真实，贴近青少年的日常生活，每个单元最后还有一个运用于真实情境的项目任务。此外，该套教材听力音频中的英语发音并不全都是标准英式或美式发音，在和具有不同语言文化背景的人进行对话或口语表达时，通常会出现带有各自国家口音的英语发音，比较符合现实生活中英语作为国际通用语的真实交际场景。值得一提的是，配套的数字教室还为学生提供了大量的视频资源，内容真实鲜活，有利于学生接触到有意义的真实语言交际与表达，提升学习兴趣，激发学习动机。

（2）紧密性。首先，每一单元的所有内容及活动设计都紧密围绕单元主题展开，三个单元分主题从不同角度呈现并阐释单元主题。其次，板块间的活动设计往往环环相扣、紧密关联，以读促说、以听促说、以读促写、以说促写这几种形式在本套教材中比比皆是，在内容输入的基础上让学生通过语言模仿和内容创造进行输出表达，有助于实现主题意义从输入到输出的无缝衔接。比如第 8 册第 5 单元第 3 课时的 Vocabulary 和 Speaking 板块活动都与 Reading 板块有紧密的承接关系（见图 4）。

（3）支架性。该套教材通常会在输出活动中为学生搭建支架，尤其是第 7 册的 Speaking 板块，往往会提供一些口头表达的句型甚至是示例，既便于学生进行语言上的模仿，又有助于学生理解活动的具体要求与任务。在 Writing 板块，教材经常会列出作文中需要涵盖的内容要点，并提供一篇范文让学生参考学习（见图 5）。此外，支架性在 Project 板块更是得到了充分的体现。这一板块会在一开始便给出项目任务，然后帮助学生逐一列出具体的操作步骤，甚至会有相关的图片和文字示例，启发、指导学生一步步完成项目作品，实现对本单元所学内容的整合运用与迁移创新（见图 6）。

（4）循环性。"为了提高学习的延迟效应，教材中的教学内容就要不断循环重现，提高复现率"（程晓堂，孙晓慧 2011: 60），*Global English 7–9* 的一些单元主题内容在册与册之间便是循环复现的，形成螺旋式的叠合与提升，比如，第 7 册第 3 单元的单元主题是有关服饰打扮的（Clothing and accessories），而第 9 册第 2 单元的单元主题是有关外表打扮的（Personal appearance），其中也涉及了不少有关服饰的内容。再比如，第 7 册第 4 单元的单元主题是有关户外运动的（Outdoor pursuits），而第 8 册第 5 单元的单元主题是运动与爱好（Sports and hobbies），所包含的内容比户外运动要更广一些。此外，这三册教材的最后一个单元都是关于英语戏剧的内容，第 7 册与第 8 册的最后一个单元名称甚至都是 Using English，主要内容是戏剧知识，这两个单元的主阅读语篇都是篇幅较长的故事，最后的项目探究任务都是排演主阅读语篇的故事。而第 9 册的最后一个单元主要是关于英语戏剧剧本写作的知识，最后的项目探究任务就是撰写剧本。除了单元主题上的循环呼应，该套教材也重视语言知识等的复习巩固。教材在每两个单元后安排了一个专门的两页复习单元，用来让学生夯实巩固已学内容，同时也是师生评价学习成效的工具。

（5）灵活性。该教材有位置灵活的 Did you know? 标签模块与 Language tip 标签模块。Did you know? 标签模块的作用主要是呈现与语篇或任务相关的文化内容，Language tip 标签模块主要是关于语言技能或语法知识的进一步讲解，或者是关于学习策略的点拨。

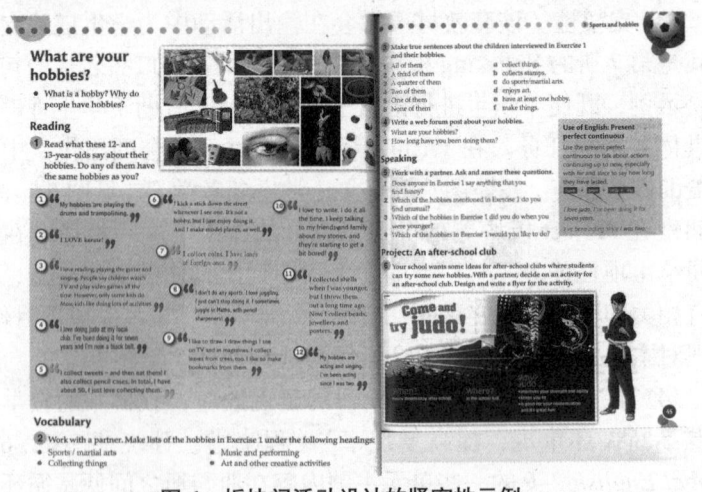

图 4　板块间活动设计的紧密性示例

Writing

4 Write a paragraph about the job you'd like to do.

1 Describe yourself – what sort of person are you?
2 Say what you're good at.
3 Say what you're interested in.
4 Say what you hope you will be doing by the time you're 25.

I'm easy-going, patient and quite creative. I'm not an outdoor person. I'm good at working in a team. I'm interested in designing clothes and in making them, so I'd really like to work in fashion. By the time I'm 25, I hope I'll be working for a famous fashion designer.

图 5 **Writing** 板块支架示例

Project: Write a page for the school website

6 Write and design a page for the school website showing what the school has been doing this term.

1 Work in small groups. Brainstorm ideas for the content of the page. Think of:
- *Music and drama*
- *Sports events*
- *School clubs*
- *Other events*

2 Write the text and find a picture for each section.

Music and drama
Year 9 have been rehearsing for their production of Treasure Island, which will take place on …

Sports events

School clubs

Other events

3 Decide on the best page layout for your material.

4 Read your text carefully. Check the punctuation and grammar.

5 Produce your web page.

Our school has taken part in several events this term, including the inter-schools games in which we won …

图 6 **Project** 板块支架示例

3.2 *Global English 7–9* 细节特征剖析

3.2.1 *Global English 7–9* 的单元主题及阅读语篇

《普通高中英语课程标准(2017 年版 2020 年修订)》指出:"学生对主题意义的探究应是学生学习语言的最重要内容",并且划分了"人与自我""人与社会""人与自然"三大主题语境(教育部2020: 14–15)。而语篇类型正是主题语境的现实载体,分为记叙文、议论文、说明文、应用文、新媒体语篇、对话、访谈、讲座、广告等不同类型,学习和分析语篇"不仅有助于学生加深对语篇意义的理解，还有助于他们使用不同类型的语篇进行有效的表达与交流"。因此，本研究将 *Global English 7–9* 中各单元的主题语境和语篇类型做了系统的梳理，以便进行更深入的解读与分析。然而，由于各单元中语篇数量较多，既有阅读语篇又有听力语篇，甚至还有写作语篇，而且仅阅读语篇每个单元就有 2—3 篇，因此，考虑到篇幅及可操作性，本研究只分析各单元阅读板块（Reading）下的阅读语篇，而且将各个阅读语篇按照教材中出现的先后顺序进行编号（R1、R2、R3……）。此外，由于跨学科内容的融合是本套教材的一大编写理念，因此，本研究也对照现行的上海市初中阶段学科课程设置，将单元与学科的联系做了梳理。表 7 具体呈现了 *Global English 7–9* 教材中各单元主题与阅读语篇情况。

表 7 *Global English 7–9* 教材各单元主题及阅读语篇

单元	单元标题	主题语境	阅读语篇类型	关联学科
B7U1[⑰]	Meeting and greeting	人与社会	R1：说明文 R2：应用文（问卷） R3：说明文	社会
B7U2	Personal identity	人与自我	R1：新媒体（博客） R2：其他（个人言论） R3：记叙文（人物简介）	
B7U3	Clothing and accessories	人与自我	R1：其他（个人言论） R2：说明文 R3：其他（广告）	
B7U4	Outdoor pursuits	人与社会 人与自然	R1：说明文 R2：新媒体（电子邮件与手机短信）	地理
B7U5	Transport systems	人与社会	R1：说明文 R2：说明文 R3：其他（交通标志）	社会

---

⑰ B7 表示 Book 7，即第 7 册；U1 表示 Unit 1，即第 1 单元，下同。

B7U6	Using maps	人与社会	R1：其他（个人观点） R2：新闻报道	
B7U7	Health, food and exercise	人与自我	R1：说明文 R2：应用文（宣传册） R3：说明文	生命科学
B7U8	All living things	人与自然	R1：说明文 R2：说明文 R3：说明文	生命科学
B7U9	World records	人与社会	R1：其他（连环画） R2：其他（个人言论） R3：其他（小测验）	体育与健身
B7U10	Parts and percentages	人与社会	R1：说明文 R2：应用文（问卷）	数学
B7U11	We're going on holiday!	人与自我	R1：其他（个人计划） R2：新媒体（手机短信） R3：新媒体（博客）	
B7U12	Climate and the environment	人与自然	R1：说明文 R2：说明文	地理
B7U13	In and out of school	人与自我 人与社会	R1：新媒体（网页评论） R2：说明文 R3：应用文（私人信件）	
B7U14	Local community	人与社会	R1：其他（个人观点） R2：其他（责任心测试） R3：应用文（私人信件）	社会
B7U15	Settling America	人与社会	R1：说明文 R2：说明文 R3：应用文（日志）	历史
B7U16	The Silk Road	人与社会	R1：其他（地图和配文） R2：记叙文	历史
B7U17	Festivals around the world	人与社会	R1：说明文 R2：说明文 R3：记叙文	

B7U18	Using English	人与社会	R1：记叙文	艺术
B8U1	Languages of the world	人与自我	R1：说明文	地理
B8U2	E-communication	人与社会	R1：其他（个人观点） R2：说明文 R3：其他（卡通和配文）	社会
B8U3	Rivers and coasts	人与自然	R1：说明文 R2：新闻报道	地理
B8U4	Great expeditions	人与社会	R1：记叙文	历史
B8U5	Sports and hobbies	人与自我	R1：记叙文 R2：其他（个人言论）	体育与健身
B8U6	Entertainment and media	人与自我 人与社会	R1：其他（个人言论） R2：说明文 R3：议论文（影评）	
B8U7	Household routines	人与自我	R1：说明文 R2：其他（小测验）	
B8U8	Habitat interactions	人与自然	R1：说明文 R2：记叙文 R3：其他（释义）	生命科学
B8U9	Buildings and structures	人与社会	R1：其他（小测验） R2：说明文 R3：说明文	地理
B8U10	Design and shape	人与自我	R1：说明文 R2：新闻报道	数学
B8U11	Personality types	人与自我	R1：其他（性格测试） R2：新闻报道	社会
B8U12	People and their jobs	人与自我	R1：说明文 R2：其他（问卷）	社会
B8U13	Shops and services	人与社会	R1：说明文	社会

B8U14	Possessions and personal space	人与自我	R1：其他（论坛贴文） R2：其他（广告）	
B8U15	Natural disasters	人与自然	R1：说明文 R2：新闻报道 R3：说明文	地理
B8U16	Survivors	人与自然	R1：记叙文 R2：记叙文	
B8U17	Summer season	人与自我	R1：对话	
B8U18	Using English	人与社会	R1：其他（海报） R2：记叙文	艺术
B9U1	Family ties	人与自我 人与社会	R1：其他（杂志文章） R2：新闻报道	社会
B9U2	Personal appearance	人与社会 人与自我	R1：说明文 R2：其他（个人言论） R3：记叙文	
B9U3	Moods and feelings	人与自我	R1：议论文 R2：说明文	
B9U4	The world of music	人与社会	R1：新闻报道 R2：说明文 R3：其他（广告） R4：说明文	音乐
B9U5	Health and diseases	人与自我	R1：议论文（书评） R2：议论文 R3：记叙文	体育与健身 生命科学
B9U6	Leisure time	人与自我	R1：其他（论坛贴文） R2：新闻报道	
B9U7	Energy resources	人与自然	R1：其他（小测验） R2：说明文 R3：说明文	地理

B9U8	Industrial revolution	人与社会	R1：说明文 R2：记叙文 R3：说明文	历史
B9U9	Handling data	人与社会	R1：其他（表格与图示） R2：新闻报道 R3：说明文	数学
B9U10	Giving pre-sentations	人与自我	R1：说明文	
B9U11	Learning and training	人与自我	R1：其他（学习档案） R2：其他（广告） R3：新媒体（网页跟帖）	
B9U12	Making a living	人与自我	R1：说明文	社会
B9U13	Population and resourc-es	人与自然	R1：其他（图示与解释） R2：新闻报道 R3：新闻报道	地理
B9U14	Cultures and customs	人与社会	R1：说明文 R2：说明文 R3：其他（谚语）	
B9U15	The digital age	人与社会	R1：新闻报道	
B9U16	Light and sound	人与自然	R1：说明文 R2：说明文 R3：其他（工具书）	物理
B9U17	Right and wrong	人与社会	R1：新闻报道 R2：新媒体（网页发帖）	道德与法治
B9U18	A perfor-mance in English	人与社会	R1：说明文	艺术

从上表可见，三册教材囊括了"人与自我""人与社会""人与自然"三大主题语境，其中主题语境为"人与社会"与"人与自我"的单元数量大致相当，分别为 27 个与 24 个，而"人与自然"

的主题语境单元数较少，仅为 10 个。而且，三册教材的阅读语篇类型丰富多样，既有常见的记叙文、说明文、议论文，也有更为贴近生活实际的应用文、新媒体语篇以及地图、图示等多模态语篇类型。在三册共 115 篇阅读语篇中，说明文语篇的数量最多，共有 46 篇，占总数的 40%，这可能与该套教材倡导学科融合的理念有关，因为说明文语篇是最适合阐释学科内容的语篇形式。值得注意的是，三册教材中非连续性文本的数量也不少，共有 42 篇，约占总数的 37%，其中新媒体语篇共有 7 篇，这充分体现了该套教材注重让学生多多接触真实社会生活中的语篇形式，尤其注意到了信息化环境下作为"数字原住民"的初中学生的阅读习惯。此外，三册教材中很多单元都与其他学科内容有较高的关联度，不仅体现在话题内容上，也体现在词汇语言上，这充分挖掘了英语这门学科的工具性特点。

作为教材特色的文学板块，其语篇来源多为英语国家的现当代文学作品，但也收录了中国、智利、尼日利亚等国的作品，而且语篇类型较为丰富，语篇内容也较为符合初中学生的认知特点与阅读兴趣（见表 8），但是与单元主题的联系似乎不太紧密。此外，小说和自传这两大类型的语篇篇幅普遍较长，其语言难度也普遍高于我国的教材，因此，这些语篇可以作为泛读材料，让学生在体验多样的语篇类型的同时，发展阅读能力、提升文学素养。

表 8 *Global English 7–9* 教材各单元文学板块语篇信息表

单元	语篇标题	作者（国籍）	出处	初版时间	语篇类型
B7U2	Hullabaloo in the Guava Orchard	Kiran Desai（印度）	*Hullabaloo in the Guava Orchard*	1998	小说
B7U4	Postcard from School Camp	Richard Caley（英国）	*The Works*	2010	诗歌
B7U6	The Dream	(Unknown)	*One Thousand and One Nights*	850	寓言故事
B7U8	War Horse	Michael Morpurgo（英国）	*War Horse*	2006	小说

B7U10	To Give	Vimal Shinagadia （印度）	*To Give, a Hindi Story*	(Unknown)	寓言故事
B7U12	Rain Falls Down / Your Dresses	Margot Henderson （新西兰）/ Carol Ann Duffy （英国）	(Unknown)	(Unknown)	诗歌
B7U14	In Daylight Strange	Alan Brownjohn （英国）	(Unknown)	(Unknown)	诗歌
B7U16	A Journey / The Chicken or the Egg	(Unknown)	关于 Akbar 和 Birbal 的传统印度故事	(Unknown)	个人故事
B8U2	City of the Beasts	Isabel Allende （智利）	*City of the Beasts*	2002	小说
B8U4	Chike's dream comes true / Chike on the boat	Chinua Achebe （尼日利亚）	*Chike and the River*	1966	小说
B8U6	Bend it Like Beckham	Narinder Dhami （英国）	*Bend it Like Beckham*	2002	小说
B8U8	The Whale Rider	Witi Ihimaera （新西兰）	*The Whale Rider*	1987	小说
B8U10	Where I come from	Elizabeth Brewster （加拿大）	(Unknown)	(Unknown)	诗歌
B8U12	Rickshaw Girl	Mitali Perkins （美国）	*Rickshaw Girl*	2007	小说
B8U14	Life in Trinidad	Floella Benjamin （英国）	*Coming to England*	1995	自传
B8U16	Touching the Void	Joe Simpson （英国）	*Touching the Void*	1998	自传；游记
B8U18	The Village by the Sea	Anita Desai （印度）	*The Village by the Sea*	1982	小说
B9U2	A Terrible Shock	Pete Johnson （英国）	*Diary of an (Un)teenager*	2004	小说
B9U4	Playing with Flying Keys (Prologue)	Lang Lang （中国）	*Playing with Flying Keys*	2008	自传

B9U6	Haikus / Summer haiku / NoHaiku / Lowku Haiku / Haiku	John Foster / Wendy Cope / Adrian Henri / Roger Stevens / John Cooper Clarke （英国）	(Unknown)	(Unknown)	诗歌
B9U8	A Yorkshire Childhood	George Oldfield （英国）	*A Yorkshire Childhood*	1842	回忆录
B9U10	A Little History of the World	E. H. Gombrich （英国）	*A Little History of the World*	1936	散文
B9U12	The Adventures of Tom Sawyer	Mark Twain （美国）	*The Adventures of Tom Sawyer*	1876	小说
B9U14	They Don't Mean it!	Lensey Namioka （美国）	*They Don't Mean it!*	(Unknown)	小说
B9U16	The Sound Collector / SSHH	Roger McGough （英国） / Les Baynton （未知）	(Unknown)	(Unknown)	诗歌
B9U18	The No.1 Ladies' Detective Agency	Alexander McCall Smith （英国）	*The No.1 Ladies' Detective Agency*	1998	小说

3.2.2 *Global English 7–9* 的文化知识

《普通高中英语课程标准（2017 年版 2020 年修订）》（2020: 32）中指出，"文化知识涵盖物质和精神两个方面。物质方面主要包括饮食、服饰、建筑、交通等，以及相关的发明与创造；精神方面主要包括哲学、科学、教育、历史、文学、艺术，也包括价值观念、道德修养、审美情趣、社会规约和风俗习惯等。"因此，通过对三册教材共 54 个单元的梳理，可以发现教材中的文化主题大致有如下几个（见表 9）。

表 9　*Global English 7–9* 教材中的文化主题

单元	文化主题	课标中文化知识类别
B7U1	Meeting and greeting	精神方面：风俗习惯
B7U3	Clothing and accessories	物质方面：服饰
B7U5	Transport systems	物质方面：交通
B7U16	The Silk Road	精神方面：历史
B7U17	Festivals around the world	精神方面：社会规约
B7U18	Using English (The theatre)	精神方面：艺术
B8U18	Using English (Performing on stage)	精神方面：艺术
B9U14	Cultures and customs	精神方面：风俗习惯
B9U18	A performance in English	精神方面：艺术

　　然而，本套教材并无外显的特定文化板块，而是将文化知识的传授与文化意识的培养融入各单元的语篇与活动设计中，但不少单元会在 Did you know? 这一标签模块中涉及文化内容的呈现。这一标签模块主要以介绍欧美文化为主，但是最后往往会通过提问，让学习者联系并反思其本族语文化，进而对比文化异同。

　　根据莫兰（2004: 24–26）提出的五个文化维度，即产品（products）、实践（practices）、社群（communities）、个体（persons）、观念（perspectives），结合 Cortazzi & Jin（1999）所划分的三种文化类型，即（学习者的）本族语文化（source culture，此处为中国文化）、目的语文化（target culture，此处为英语国家文化）、世界文化（international target culture，此处为母语为非英语国家的文化），笔者将本套教材各单元板块中以及 Did you know? 这一标签模块中所涉及的文化内容做了一个梳理（见表 10）。

表 10 *Global English 7–9* 教材中的文化内容

单元	文化内容	所属板块/标签	文化维度	文化类型
B7U1 Meeting and greeting	words for hello and good-bye in other languages	导入板块	实践	本族语文化、世界文化
	greetings for friends, family and teachers respectively	Speaking板块	实践、社群	目的语文化
	how people greet each other	Reading & listening板块	实践、社群	目的语文化、世界文化
	the reply of "How are you?" in the UK	Did you know? 标签模块	实践、社群	目的语文化
	the right thing to say in different social situations	Reading板块 Listening板块	产品、实践	目的语文化
	meeting and greeting in your culture	Speaking板块、Writing板块	实践、社群	本族语文化
	pictures of people greeting each other	Speaking板块	实践、社群	世界文化
	famous gifts in history	Reading板块	产品	本族语文化、目的语文化、世界文化
	gift-giving traditions in different cultures	Listening板块	产品、实践、社群、观念	世界文化
	gift-giving traditions in your country	Speaking板块	产品、实践、社群、观念	本族语文化
	a guide to social customs	Project板块	产品、实践、社群、观念	本族语文化
B7U3 Clothing and accessories	descriptions of different items of clothing worn in different cultures	Vocabulary板块	产品、社群	世界文化
	English words coming from Sanskrit	Did you know? 标签模块	实践	世界文化、本族语文化
	clothing for the ancient Egyptians	Reading板块	产品、实践、社群、观念	世界文化

	quiz about clothes around the world	Speaking and listening板块	产品、实践、社群	世界文化
	clothes around the world	Writing板块	产品、实践、社群	世界文化
B7U4 Outdoor pursuits	New Zealand has it all	Reading板块	产品	目的语文化
	the Maori name for New Zealand	Did you know? 标签模块	实践、社群、观念	目的语文化
	New Zealand	Listening板块	产品	目的语文化
B7U5 Transport systems	transport systems around the world	Reading板块	产品、社群	世界文化
	a brief history of public transport	Reading板块	产品、社群	本族语文化、目的语文化、世界文化
B7U6 Using maps	Mark is lost in Moscow	Listening板块	产品	世界文化
B7U12 Climate and the Environment	the world's first zero-carbon city – Masdar	Reading板块	产品	世界文化
B7U13 In and out of school	Summerhill School	Reading板块	产品、社群	目的语文化
B7U15 Settling America	the first European settlers	Reading板块	社群	目的语文化
	the pioneers	Reading板块	社群	目的语文化
B7U16 The Silk Road	the Silk Road	Reading板块	产品	本族语文化
	the Silk Road	Did you know? 标签模块	产品	本族语文化
	the Silk Road	Listening板块	产品	本族语文化
	describing the Silk Road	Speaking板块	产品	本族语文化
	a traditional story from Uzbekistan	Reading板块	产品	世界文化
	the Chinese New Year	Reading板块	实践、社群、观念、产品	本族语文化

	traditions on New Year's Eve	Listening板块	实践、社群、观念、产品	世界文化
	how to celebrate New Year	Writing板块	产品、实践、社群	本族语文化
B7U17 Festivals around the world	three festivals	Reading板块	实践、社群、观念、产品	世界文化
	a festival in your country	Writing板块	实践、社群、观念、产品	本族语文化
	April Fools' Day	Listening板块	实践、社群	世界文化
	"fun" day	Did you know? 标签模块	实践、社群	本族语文化、世界文化
	an information poster about a festival	Project板块	实践、社群、观念、产品	本族语文化、世界文化
B7U18 Using English	the story of Aladdin	Reading板块	产品	世界文化
B8U1 Languages of the world	different languages in the world	Vocabulary板块	产品、社群	本族语文化、世界文化
	different languages in the world	Did you know? 标签模块	产品、社群	本族语文化、世界文化
	Papua New Guinea and Tok Pisin	Reading板块	产品、社群	世界文化
B8U2 E-communication	the school of the air in Australia	Reading板块	产品、社群	目的语文化
B8U3 Rivers and coasts	the Nile	Reading板块	产品	世界文化
	the Amazon River	Project板块	产品	世界文化
B8U4 Great expeditions	China's treasure fleet amazes the world 1405–07	Listening板块	产品、社群	本族语文化
	a great expedition	Project板块	产品、社群	本族语文化、目的语文化、世界文化
B8U9 Buildings and structures	famous buildings around the world	Reading & speaking板块 Listening板块	产品、社群	世界文化、本族语文化、目的语文化

B8U14 Possessions and personal space	family home in Trinidad, in the Caribbean	Literature板块 （Autobiography）	产品、实践	世界文化
B8U15 Natural disasters	charity fetes in Britain	Reading板块	实践、社群	目的语文化
B8U17 Summer season	summer camp in Japan	Vocabulary 板块	产品	世界文化
B9U2 Personal appearance	traditional Indonesian dress	Reading板块	产品、实践、社群	世界文化
B9U3 Moods and feelings	non-verbal communication in different cultures	Reading板块	实践、社群、观念	本族语文化、目的语文化、世界文化
	non-verbal communication in your country	Project板块	实践、社群、观念	本族语文化
	Playing with Flying Keys	Literature板块 （Autobiography）	个体	本族语文化
B9U4 Health and diseases	stories about Novak Djokovic	Reading板块	个体	世界文化
B9U6 Leisure time	colloquial expressions to describe people who have a strong interest in particular leisure activities	Language tip 标签模块	产品	目的语文化
	haiku	Literature板块 （Poetry）	产品	世界文化
B9U7 Energy resources	Costa Rica	Listening板块	产品	世界文化
	Sweden	Writing板块	产品	世界文化
	energy-efficient schools around the world	Reading板块	产品	世界文化、目的语文化

	agriculture in your region	Writing板块	产品	本族语文化
B9U8 Industrial revolution	Industrial Revolution in Britain	Reading板块	产品	目的语文化
	industry in your country	Project板块	产品	本族语文化
B9U10 Giving presenta-tions	two things we should be grateful to the Arabs	Literature板块 (Non-fiction)	产品	世界文化
B9U12 Making a living	top 25 jobs according to 13-to-14-year-old British teenagers	导入板块	观念	目的语文化
	teenagers allowed to get a job in England according to the law	Speaking板块	产品	目的语文化
B9U13 Popula-tion and resources	geographical features in Brazil	Listening板块	产品	世界文化
	population problem of Japan	Reading板块	实践	世界文化
B9U14 Cultures and customs	name meanings in different cultures	Did you know? 标签模块	产品	世界文化；本族语文化
	naming traditions in different cultures	Reading & speaking板块	产品、实践、社群	世界文化
	naming traditions in your country	Speaking板块 Writing板块	产品、实践、社群	本族语文化
	ceremonies in different cultures	Reading板块	实践、社群	世界文化
	English proverbs and sayings	Reading板块	产品	目的语文化
B9U17 Right and wrong	the minimum age of criminal responsibility in different countries	Speaking板块	产品	世界文化
B9U18 A perfor-mance in English	theatre traditions	Reading板块	产品、实践	世界文化

此外，在一些几乎没有任何文化内容的单元，也会有零星的多元文化元素，比如第 7 册第 8 单元的 Project 配图有中国的大熊猫，第 7 册第 10 单元 Reading 中的建筑物示例和图片是埃及的帕提农神庙和金字塔，第 7 册第 11 单元 Writing 中的旅游地是漓江，第 7 册第 12 单元 Listening 中呈现了西班牙的地图，第 8 册第 6 单元 Reading 中的运动是韩国的跆拳道等。而复习单元中的 General knowledge quiz 更几乎全是关于文化知识方面的测试题。由此可见，该套教材的编者尽可能多地在教材中展现了世界文化的多样性，也体现了该套教材的国际化。

本套教材中的文化活动设计通常在单元板块下开展，主要有以下几种类型：(1) 在 Speaking 板块中，文化活动设计通常是让学生回答问题、讨论话题或口头描述图片中的文化现象，还有的会鼓励学生就语篇内容进行提问；(2) 在 Reading 板块中，文化活动设计有的是给出呈现具体文化现象的语篇，让学生选填该文化地域；有的是给出呈现具体文化产品的语篇，让学生回答问题，进行比较；还有的是让学生阅读语篇，通过填表的方式对比不同的文化现象（见图 7）；(3) 在 Writing 板块中，文化活动设计往往会在 Speaking 板块讨论话题的基础上，让学生进行成段书面表达，描述文化现象；(4) 在 Listening 板块中，文化活动设计主要是让学生通过听语篇来获取其中的文化信息；(5) 在 Vocabulary 板块中，文化活动设计会让学生将图片与词汇配对，而第 7 册第 3 单元 Vocabulary 板块的文化活动设计特别新颖独到，让学生通过阅读关于特色服饰的描述，借助字母提示，来找出相关服饰词汇（见图 8）；(6) 在 Project 板块中，文化活动设计会让学生根据创设的真实情境，结合所学的文化知识，完成相应的任务。比如，第 7 册第 1 单元的 Project 板块是让学生为来访的国外学生设计并撰写一份有关本民族风俗习惯的指南。文化教学模式通常分为两种，即文化作为知识的模式和文化作为过程的模式。在前一种模式中，"教材的主要功能是呈现文化信息"，而在后一种模式中，"教材提供机会使学习者参与文化学习过程，对文化内容进行讨论和反思，培养文化理解力和跨文化交际能力”（郭宝仙 2020: 104）。在本套教材中，这两种模式并存，但是文化作为过程的模式可能更多一些，而且教材中体现了文化共现策略，让学生在感知不同文化异同的学习活动中加深了对多元文化的理解，借助本族语文化理解世界文化现象（包括目的语文化），并基于文化差异反思本族语文化。

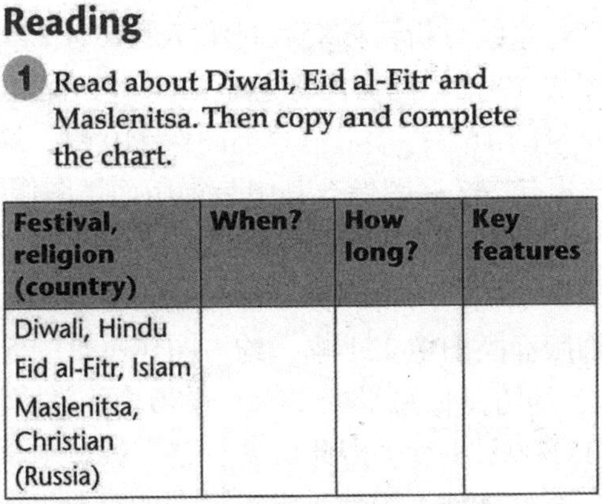

Reading

1 Read about Diwali, Eid al-Fitr and Maslenitsa. Then copy and complete the chart.

Festival, religion (country)	When?	How long?	Key features
Diwali, Hindu Eid al-Fitr, Islam Maslenitsa, Christian (Russia)			

图 7　Reading 板块中的文化活动设计举例

How important are clothes to you?

- What's your favourite item of clothing? Why?

Vocabulary

1 Read the descriptions of six items of clothing. Do you know what each one is? Find the names for them in the circles on the right.

1 Men, women and children wear this traditional item of clothing. Its name means 'thing to wear' in Japanese. It has long, wide sleeves. It doesn't have buttons or a zip. You wrap it around your body, always with the left side over the right, and tie it at the back with a sash. Today, it's worn mainly on special occasions.

2 The word comes from Persian and means 'leg garment'. Originally they were loose trousers, tied at the waist, and they were worn by men and women in south and west Asia. Today, they are worn all over the world, usually to sleep in.

3 Its name comes from its shape. It's usually made of cotton and has short sleeves. It was originally worn under a shirt, for warmth. It doesn't have a collar. Now it's worn all over the world, either with a shirt or without a shirt, and often with jeans.

4 It's a hat which comes from Mexico. You wear it to protect you from the sun. The word comes from the Spanish for 'shade' or 'shadow'.

5 This word comes from the Sanskrit word meaning 'to tie'. It's a large colourful handkerchief which is worn on the head or around the neck. Today, it's sometimes worn by tennis players.

6 This word also comes from Sanskrit and it means 'strip of cloth'. It's a long piece of material which is wrapped around the waist and then goes over the shoulder. It's popular in many Asian countries, such as India, Pakistan, Nepal, Malaysia and Singapore. It's worn by women and girls.

Did you know?

Sanskrit is an old language of India. It's used in literature and some religious writings. Words in English which have come from Sanskrit include *rice, sugar, orange, yoga, vivid*. Can you think of any words in English which have come from your language?

2 Find the words for the items in the picture. They are all in the text in Exercise 1.

a b c d e

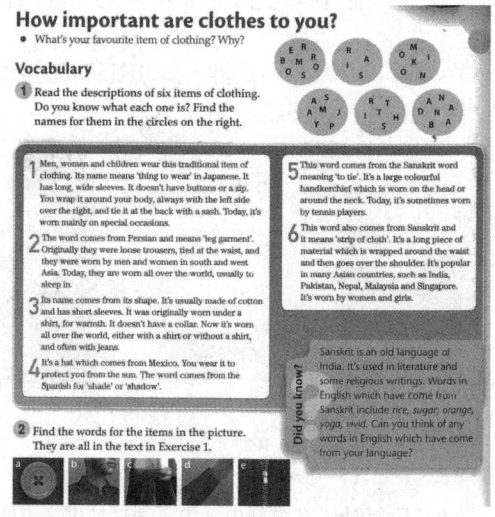

图 8　Vocabulary 板块中的文化活动设计举例

3.2.3 *Global English 7–9* 的多模态元素

该套教材学生用书的主要多模态元素表现为大量的图像。程晓堂和丛琳（2020: 80）将英语教材中图像的功能分为三种：(1)增加教材版面美观性和直观性的装饰版面功能；(2)为文本提供必要背景信息或情境的促进理解功能；(3)将图像本身作为学习内容的提供学习内容功能。经过系统分析，该套教材第7册共有225幅图像，其中装饰版面类图像79幅，约占图像总量的35%；促进理解类图像36幅，占图像总量的16%；学习内容类图像110幅，约占图像总量的49%。第8册共有247幅图像，其中装饰版面类图像66幅，约占图像总量的27%；促进理解类图像24幅，约占图像总量的10%；学习内容类图像157幅，约占图像总量的63%。第9册共有239幅图像，其中装饰版面类图像121幅，约占图像总量的51%；促进理解类图像33幅，约占图像总量的14%；学习内容类图像85幅，约占图像总量的35%（见图9）。由此可见，整套教材中学习内容类的图像占比最大，充分体现了图像是学习活动的重要组成部分，而促进理解类的图像占比最小，可能是因为教材编者认为文字表述等手段已经足够清晰详细，因而不需要再借助图片来促进理解。

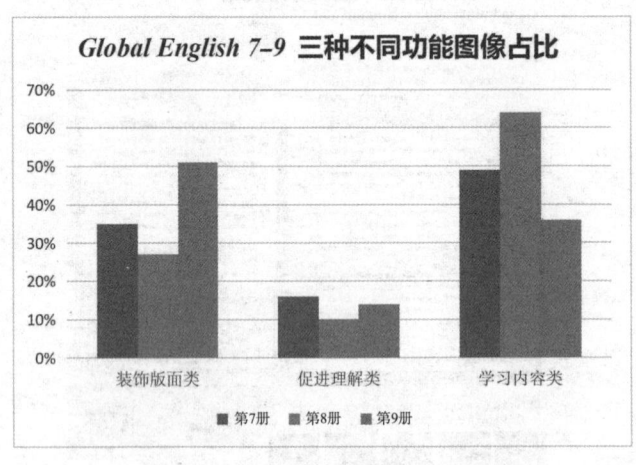

图9 *Global English 7–9* 教材中三种不同功能图像占比柱状图

此外，该套教材还涵盖了三种不同类型的图像，其中真实照片的使用率最高，约占三册教材中图像总量的 52%；其次是卡通漫画等手绘图片，约占三册教材中图像总量的 40%；图表和地图类使用得最少，占三册教材中图像总量的 9% 不到。真实照片的大量使用有助于学生体验真实语境，感知现实生活，并让视觉感官受到震撼刺激，留下深刻印象。而手绘图片的使用比较契合初中学生的心理年龄特点，便于激发他们的学习兴趣。总体而言，该套教材的图像设计清晰、色彩鲜艳丰富，排版方式灵活多样，尤其是满页图像更具视觉冲击力，从而拉近了教材与学生的情感距离，营造了舒适愉悦的学习氛围，构建了图像、文本、学习活动相交融的互动学习情境，并提升了学生的图像识读能力。

3.2.4　*Global English 7–9* 的配套资源

该套教材除了纸质 CD 听力音频版教程（Coursebook with audio CD）和数字平台版教程（Coursebook Cambridge Elevate Edition）外，还有不少配套资源：（1）纸质版练习册（Workbook）与电子版练习册（Digital workbook），主要提供与教程配套的单元练习，用以夯实语言知识、锻炼语言技能；（2）数字教室（Cambridge Elevate Digital Classroom），这也是该套教材在技术融合手段方面的一大亮点；（3）教师资源数字平台（Cambridge Elevate Teacher's Resource），主要为教师提供丰富的教学资源，比如教学笔记、可复印的学习活动单、教案、单元测试、阶段测试等。数字平台版教程、数字教室与教师资源数字平台都是基于 Cambridge Elevate 这一剑桥数字学习订阅服务平台（digital learning subscription service）开发出的技术融合手段。数字平台版教程内容与纸质版教程几乎一样，只是在 Listening 板块嵌入了音频链接，可以直接点击播放。因此，下文将着重分析学生数字教室与教师资源数字平台这两个颇具特色的技术融合手段。

3.2.4.1　数字教室

首先，数字教室的 Contents 部分主要是数字教室的简介以及完整的电子版教程与练习册，方便教师用投影仪或电子白板直接在教室内呈现。然而，与数字平台版教程不同的是，数字教室中的电子版教程附带了许多强大的功能。在点击进入电子版教程后，会看到页面上除了教材内容，还有一些不同形状的图标（见图 10），点击这些图标就会无缝切换至相应的资源内容。比如，点击单元标题旁的图标，就会出现单元总目标及本单元的重点语法与词汇话题（见图 11）。点击"Use of English"旁边的图标，就会出现分课时板块目标（见图 12）。点击 Listening 板块旁边的图标，就能直接听到听力音频。点击各个教材活动旁的钥匙形图标，就能直接看到参考答案。在页面底部，还有各种操作工具，比如可以在电子版教程上进行圈画的笔，擦除圈画的橡皮，以及全屏、放大、缩小、调整最适合宽度与高度的功能等。此外，双击页面，还会出现功能工具，可以添加笔记、高亮页面内容、进行网页超链接等（见图 13）。对于重要的页面，还可以点击最上方的书签图标来添加书签，方便日后查阅复习。

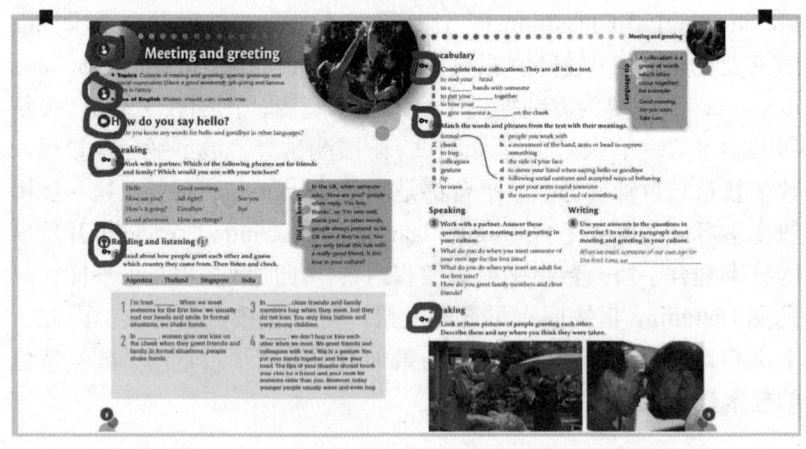

图 10　电子版教程的各式图标

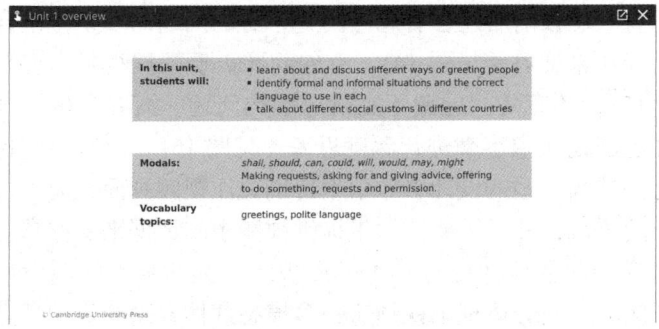

图 11 单元总目标

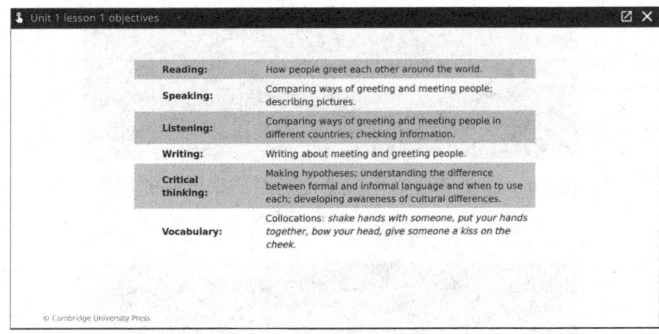

图 12 分课时板块目标

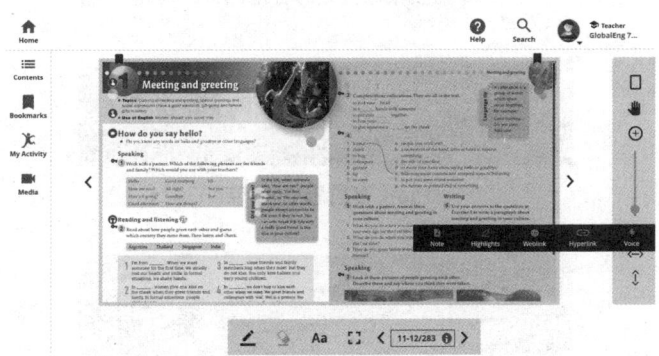

图 13 页面的功能工具

　　其次，在数字教室中，每个单元还配套有与单元主题内容紧密相关的额外视频资源，视频资源的图标通常出现在导入板块的旁边，随点随看。视频前后还会有思考问题，有的问题需要学生结合自身的生活经历来回答（见图 14），有的问题需要根据视频内容来回答（见图 15），还有的问题属于高阶思维类问题，需要学生综合所学知识并超越视频内容来进行深度思考（见图 16）。值得特别指出的是，有些视频问题的设计引导学生特别关注视频画面，而不仅仅是视频中的语言，并且需要让学生提供视频中的证据来支撑自己的观点，这样的问题设计就与 Listening 板块单纯的听力问题设计做了很好的区分，充分体现了视频这一多模态载体音画同步的特点（见图 17）。

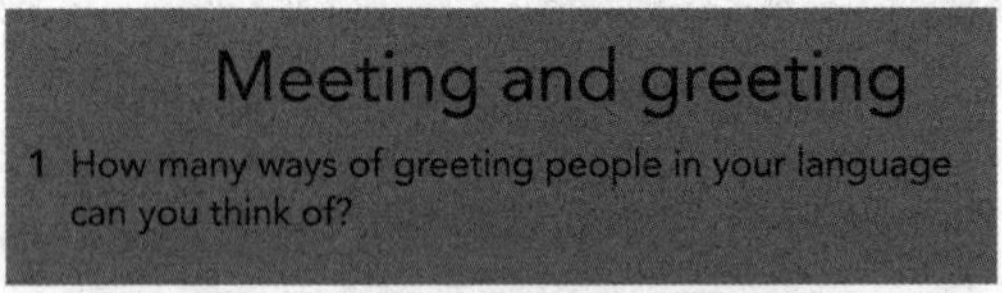

Meeting and greeting

1 How many ways of greeting people in your language can you think of?

图 14　需要结合学生自身生活经历来回答的问题

2 Which greetings do you hear in the next video clip?

图 15　需要根据视频内容来回答的问题

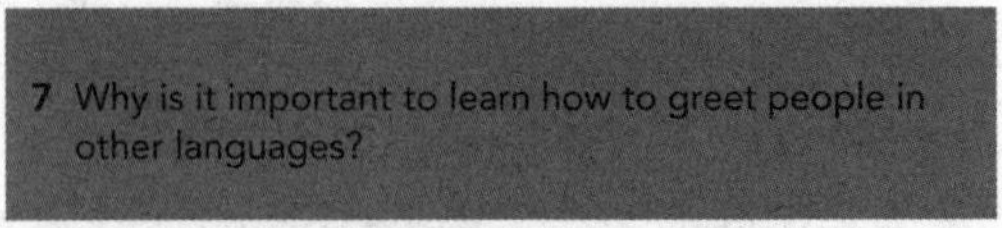

7 Why is it important to learn how to greet people in other languages?

图 16　高阶思维类问题

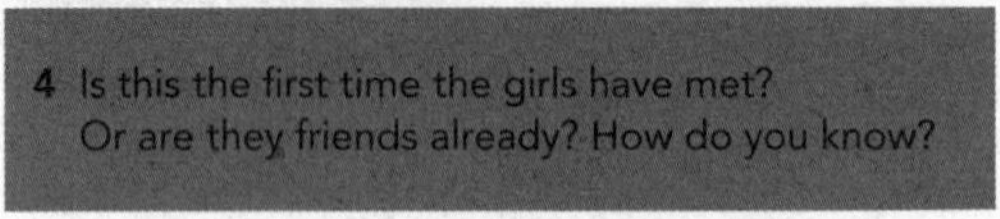

4 Is this the first time the girls have met? Or are they friends already? How do you know?

图 17　体现视频音画同步特点的问题

　　再次，在每个单元的最后，还会有四个纵向排列的图标，分别是词汇游戏（vocabulary game），语法游戏（grammar game），自评（self-assessment）和词汇表（glossary）。词汇游戏与语法游戏都是交互式场景任务游戏，每个单元的游戏不尽相同，但是一般都设有三种难度：简单（easy）、中等（medium）和困难（hard），学生可以根据自己的学习情况选择合适的难度，在选定难度后，需要在规定的时间内完成任务（见图18与图19）。这样的游戏设计非常符合青少年的学习心理，寓教于乐，而且不同难度的设置也有利于学生大致把握自己的学习情况，也便于他们循序渐进地逐步提高。自评主要通过can-do statement的描述方式让学生在"Not very well""Quite well""Very well"三种评价之间选择一个符合自己实际学习情况的评价（见图20）。词汇表列出了本单元的重点词汇，并配有英文释义、真人发音和例句，方便学生巩固复习（见图21）。

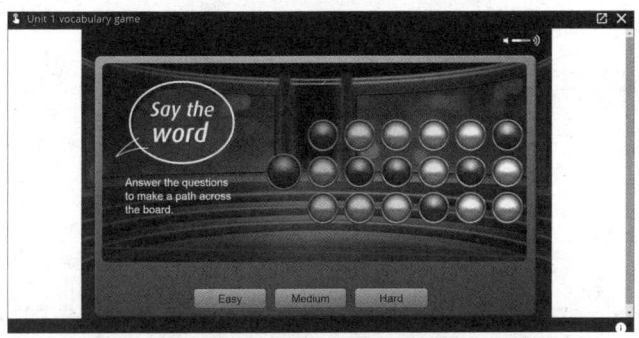

图 18　词汇游戏界面示例

图 19　语法游戏界面示例

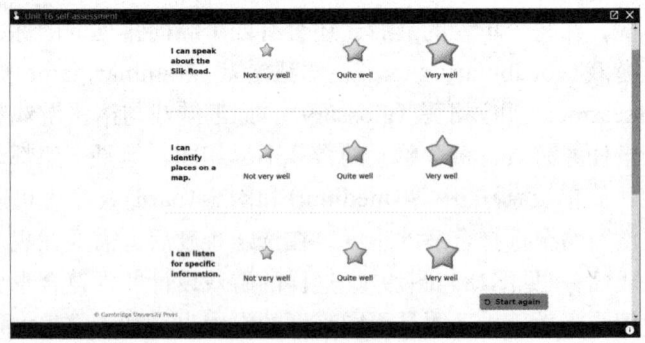

图 20 自评界面示例

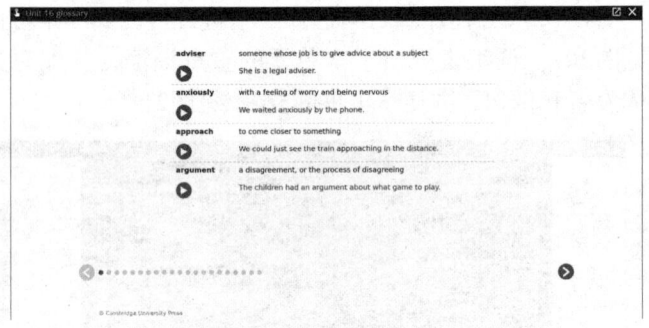

图 21 词汇表界面示例

此外，数字教室还有"建群功能"，教师通过将学生编班可以与学生即时分享注释及消息，也方便收集班级的测评数据（见图 22）。

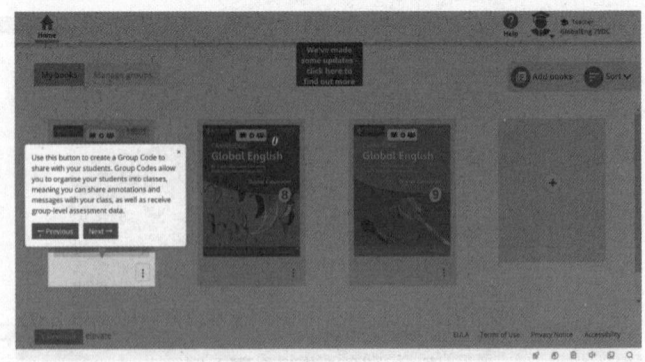

图 22 数字教室的建群功能

3.2.4.2 教师资源数字平台

如果说功能强大的数字教室主要针对课堂教学，那么教师资源数字平台则旨在为教师的备课助力，这个平台提供了单元概览（包括单元目标、语言点、自评以及教学建议）（见图 23）、教案、学习单、音频、词汇卡、答案、单元测试、阶段测试（主要是摸底测试、期中测试、期末测试三份测试）等丰富的备课资源供教师下载使用，并且每份文件资料都提供了可供编辑修改的 word 格式和可供直接打印的 pdf 格式。此外，教师资源数字平台还为每一册提供了框架对标（framework correlations）的表格，用来呈现该册教材中每一单元所涵盖的"剑桥初中 ESL 课程框架"（Cambridge Lower Secondary English as a Second Language Curriculum Framework）中所要求达成的学习目标（见图 24）。

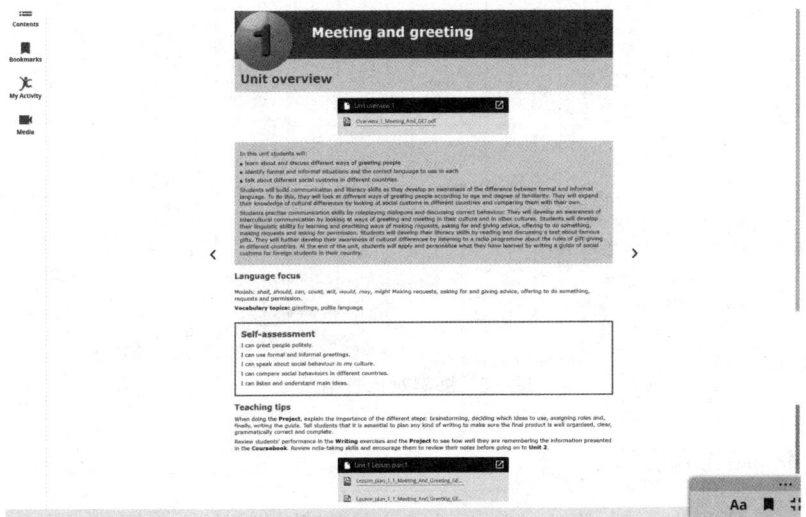

图 23 单元概览示例

Framework correlations

		Unit 1	Unit 2	Unit 3	Unit 4	Unit 5	Unit 6	Unit 7	Unit 8	Unit 9	Unit 10	Unit 11	Unit 12	Unit 13	Unit 14	Unit 15	Unit 16	Unit 17	Unit 18
Reading																			
7Rd1	Understand specific information in texts on a limited range of unfamiliar general and curricular topics, including some extended texts	✓	✓	✓	✓	✓	✓	✓	✓	✓						✓	✓	✓	✓
7Rd2	Understand the detail of an argument on a limited range of unfamiliar general and curricular topics, including some extended texts												✓	✓					
7Rd3	Deduce meaning from context on a limited range of unfamiliar general and curricular topics, including some extended texts	✓	✓		✓	✓		✓		✓		✓		✓	✓		✓	✓	✓
7Rd4	Use familiar and some unfamiliar paper and digital reference resources to check meaning and extend understanding							✓	✓			✓					✓		
7Rd5	Begin to recognise inconsistencies in argument in short texts on a limited range of general and curricular subjects																		
7Rg1	Understand implied meaning on a limited range of unfamiliar general and curricular topics, including some extended texts	✓				✓		✓					✓		✓				
7Rg2	Recognise the attitude or opinion of the writer on a limited range of unfamiliar general and curricular topics, including some extended texts		✓		✓			✓				✓		✓	✓				

图24　框架对标表格示例

4. 结论和启示

通过以上对 *Global English 7–9* 这套教材特点的分析，本研究认为它们为我国的教材编写，尤其是上海的初中英语教材编写提供了以下的经验与借鉴。

在选文方面，首先需要注意三大主题语境的覆盖度以及语篇类型的多样性，正如高中新课标中所指出的，教材编写者在选择语篇时，应尽量涵盖实际生活中各种类型的语篇，并注意为学生提供体验非连续性文本的机会，帮助学生更好地适应未来学习、工作和娱乐的需要（2018: 18–19）。因此，在今后英语教材的编写中，需要增加非连续性文本的比例，尤其是学生在日常生活中经常会碰到的应用文语篇与新媒体语篇。其次，在文学类语篇的选择上，除了家喻户晓的名家名篇之外，也可以选择一些非英语国家作家的现当代作品，以体现当今世界文学的发展趋势。再次，应该选择一些可以体现学科融合的语篇，将单元主题与其他学科进行有机关联，鼓励学生调动其他学科的知识储备来理解主题意义，在有意义的学科语境中学习英语语言知识，培养英语语言技能。

在文化内容方面，首先需要注意紧扣单元主题，因为"教师在整合资源的过程中，教材所含有的与本单元主题切合度高的文化内容能够作为主题教学的一部分，成为培养学生文化意识的有效途径"（杨帆，周琳 2019: 17），而且在组织呈现上，应该"由浅入深，循序渐进，按照从显性文化到隐性文化的顺序编排"（郭宝仙 2020: 105）。其次，教材文化活动设计需要情境化、生活化，选取贴近学生生活的文化内容，让他们用所学的文化知识等来解决实际的跨文化交际问题。再次，需要留意本族语文化、目的语文化、世界文化三种不同类型文化的比重，以及产品、实践、社群、观念、个体这五大文化维度的比重，并且注重文化对比与文化反思，人物形象及名字等最好也能够具有民族文化特色。

在多模态资源方面，教材编写应该力图让教材图文并茂，富有视觉吸引力与冲击力，通过精心设计图像的内容、合理安排图像的大小与位置等手段来凸显教材中图像作为学习内容的功能，将图像与学习活动进行有机融合，确立学习内容类图像在教材中的主体地位，并辅以一定数量的促进理解类图像，适当穿插若干装饰版面类图像。此外，还可以基于学生的认知与思维水平，并结合其心理年龄特点，在图像方面进行分层呈现：如低年级可以使用较多的卡通图片、漫画、连环画等图像类型来激发学生的学习热情、调动学生的多重感官；而高年级则应该多使用高品质的真实图片来创设真实可感的情境或任务，并注重添加图表、词汇云图、思维导图等日常生活中已广泛存在的数据和思维可视化工具来提升学生的多元识读能力、帮助学生构建并理解意义。

在技术融合方面，高中新课标要求"普通高中英语课程应重视现代信息技术背景下教学模式和学习方式的变革，充分利用信息技术，促进信息技术与课程教学的深度融合，根据信息化环境下英语学习的特点，科学地组织和开展线上线下混合式教学，丰富课程资源，拓展学习渠道"（教育部 2018: 3）。这套教材正是一个很好的示范，它充分利用信息技术的优势实现了线上学习对线下学习的拓展与补充，体现了信息技术与英语教学的深度融合，突破了学习的时空限制，也有利于促进个性化学习的开展。因此，在未来的教材编写中，应该借鉴这套教材中的一些技术融合手段，比如，打造类似数字教室的强大功能平台，实现教、学、评的统一整合，既方便教师的课堂教学，又能实现学生课后的个性化巩固学习与反思。再比如，数字教室寓教于乐的词汇游戏与语法游戏非常有利于激发初中学生的学习兴趣，但是，数字教室的游戏似乎更适合课后自己完成，因此，如果希望活跃课堂气氛，增加竞技性，并在课堂教学中即时检验学生的学习效果，就可以将类似 Kahoot 的在线互动类游戏模式整合进数字教室中。此外，教师资源数字平台中的框架对标表格也非常有价值，让教师的教学有据可依，因此，我们在进行教材编写时，也可以依据国家课标制作出类似的框架对标表格，方便广大教师参考使用。

参考文献

[1] Arnot M, Schneider C, Evans M, Liu Y, Welply O & Davies-Tutt D. 2014. School approaches to the education of EAL students: Language development, social integration and achievement [OL]. Retrieved from https://www. bell-foundation.org.uk/eal-programme/research/school-approaches-to-the-education-of-eal-students/ on August 16, 2020.

[2] Chan H & Cheuk H. 2020. Revisiting the notion of ESL: A corpus-based analysis of English textbook instructional language [J]. *Ampersand*, 2020, (7): 1–10.

[3] Clark D. 2020. Languages and education in the United Kingdom – Statistics

& facts [OL]. Retrieved from https://www.statista.com/topics/2300/languages-and-education-in-the-united-kingdom/#dossierSummary__chapter2 on June 16, 2019.

［4］Cortazzi M & Jin L. Cultural mirrors: Materials and methods in the EFL classroom. In Hinkel E (ed.). *Culture in Second Language Teaching.* Cambridge: Cambridge University Press, 1999. 196–219.

［5］Department for Education, UK. 2016a. DfE strategy 2015–2020: World-class education and care [OL]. Retrieved from https://assets.publishing.service.gov.uk/government/uploads/system/uploads/attachment_data/file/508421/DfE-strategy-narrative.pdf on Mar. 21, 2020.

［6］Department for Education, UK. 2016b. Educational excellence everywhere [OL]. Retrieved from https://assets.publishing.service.gov.uk/government/uploads/system/uploads/attachment_data/file/508447/Educational_Excellence_Everywhere.pdf on Feb. 16, 2020.

［7］Department for Education, UK. 2014. The national curriculum in England: Key stages 3 and 4 framework document [OL]. Retrieved from https://assets.publishing.service.gov.uk/government/uploads/system/uploads/attachment_data/file/840002/Secondary_national_curriculum_corrected_PDF.pdf on January 15, 2020.

［8］Department for Education, UK. 2011. The framework for the national curriculum: A report by the expert panel for the national curriculum review [OL]. Retrieved from https://assets.publishing.service.gov.uk/government/uploads/system/uploads/attachment_data/file/175439/NCR-Expert_Panel_Report.pdf on January 18, 2020.

［9］Department for Education, UK. 2011. The importance of teaching: The schools white paper 2010 [OL]. Retrieved from https://assets.publishing.service.gov.uk/government/uploads/system/uploads/attachment_data/file/175429/CM-7980.pdf on July 8, 2019.

［10］Mac Sithigh D. Official status of languages in the UK and Ireland [J]. *Common Law World Review*, 2018, 47 (1): 77–102.

［11］Gibb N. 2015. How to get more high-quality textbooks into classrooms [OL]. Retrieved from https://www.gov.uk/government/speeches/how-to-get-more-high-quality-textbooks-into-classrooms on August 10, 2019.

[12] Gibb N. 2017. Importance of core knowledge sees return of textbooks [OL]. Retrieved from https://www.gov.uk/government/speeches/nick-gibb-importance-of-core-knowledge-sees-return-of-textbooks on August 12, 2019.

[13] Leung C. English as an additional language: challenges of ethnicity, language and subject identity in the contemporary classroom. In Maguire M, Gibbons S, Glackin M, Pepper D, Skilling K (eds.). *Becoming a Teacher: Issues in Secondary Education (fifth ed.)*. London: Open University Press, 2018. 221–236.

[14] Nunan D. 1999. *Second Language Teaching and Learning*. Boston: Heinle & Heinle.

[15] Qualifications and Curriculum Authority. 2000. A Language in common: Assessing English as an additional language [OL]. Retrieved from https://dera.ioe.ac.uk/4440/1/3359_language_in_common.pdf on July 12, 2019.

[16] The Chief Secretary to the Treasury. 2003. Every child matters [OL]. Retrieved from https://assets.publishing.service.gov.uk/government/uploads/system/uploads/attachment_data/file/272064/5860.pdf on June 28, 2019.

[17] Tomlinson B, Dat B, Masuhara H & Rubdy R. EFL courses for adults [J]. *ELT Journal*, 2001, 55 (1): 80–101.

[18] Tomlinson B & Masuhara H. Adult coursebooks [J]. *ELT Journal*, 2013, 67 (2): 233–249.

[19] Tomlinson B & Masuhara H. 语言教材的开发、利用与评价 [M]. 北京：人民教育出版社，2007.

[20] Truss E. 2013. Elizabeth Truss speaks to education publishers about curriculum reform [OL]. Retrieved from https://www.gov.uk/government/speeches/elizabeth-truss-speaks-to-education-publishers-about-curriculum-reform on August 11, 2019.

[21] UNESCO Institute for Statistics. 2011. International standard classification of education [OL]. Retrieved from http://uis.unesco.org/en/topic/international-standard-classification-education-isced#:~:text=The%20International%20Standard%20Classification%20of,of%20education%20systems%20across%20countries on September 12, 2019.

[22] 陈法宝. PISA 测评对英国基础教育改革动向的影响——例论 "中英数学

中学英语教材区域国别研究报告

教师交流项目" [J]. 基础教育，2016, 13 (5): 107–112.

[23] 程晓堂，丛琳. 英语教材编写中图像资源的设计与使用 [J]. 课程·教材·教法，2020, (8): 78–85.

[24] 程晓堂，孙晓慧. 英语教材分析与设计（修订版）[M]. 北京：外语教学与研究出版社，2011.

[25] 郭宝仙. 新时代英语教材的文化使命及其实现路径 [J]. 课程·教材·教法，2020, (9): 102–107.

[26] 莫兰. 文化教学：实践的观念 [M]. 北京：外语教学与研究出版社，2004.

[27] 李建民. 英国基础教育 [M]. 上海：同济大学出版社，2015.

[28] 李丽，匡建江，沈阳. 英国义务教育政策探析 [J]. 世界教育信息，2016, (13): 40–45.

[29] 唐晓磊. 英国基础教育阶段 EAL 课程标准研究报告 [A]. 束定芳，朱彦等. 基础教育阶段英语课程标准国别研究报告 [C]. 上海：上海外语教育出版社，2018. 172–192.

[30] 束定芳，庄智象. 现代外语教学：理论、实践与方法（修订版）[M]. 上海：上海外语教育出版社，2008.

[31] 孙利秋. 从英国中学生教辅资料使用现状透视英国教育理念 [J]. 广东教育，2012, (12): 64–66.

[32] 王璐，尤铮. 英国少数民族语言教育政策理念演进及最新进展探析 [J]. 民族教育研究，2014, (4): 73–78.

[33] 王治君. 英国公立普通中学的课程设置 [J]. 课程·教材·教法，1999, (3): 58–61.

[34] 吴建. 归"真"教育不妨取"经"英国 [J]. 现代中小学教育，2016, (2): 124–126.

[35] 吴书芳. 英国基础教育教材制度特点及启示 [J]. 教学与管理，2018, (3): 81–83.

[36] 谢明礼. 英国教育数字出版对我国教材教辅出版的启示 [J]. 出版参考，2020, (2): 24–27.

[37] 杨帆，周琳. 人教版小学英语教材《新起点》中的文化意识培养 [J]. 中小学英语教学与研究，2019, (9): 15–19.

[38] 中华人民共和国教育部. 普通高中英语课程标准 (2017 年版 2020 年修订) [Z]. 北京：人民教育出版社，2020.

美国初中英语教材研究报告

上海外国语大学 柳华妮

1. 引言

英语作为二语或外语的教学在许多国家备受重视。作为外语教学的重要工具，"外语教材的品质直接关系到外语教学的质量，在外语教学中起着十分重要的作用"（束定芳，华维芬 2009: 215）。尽管各国的国情不同，但作为外语的英语教学有其共性规律。本文聚焦美国中学阶段针对英语非母语者的英语教学所使用的教材，通过对一套使用广泛的代表性教材的分析，探讨其对我国中学英语教材编写的启示。

为理清本文有关学段的术语，须对中美两国的基础教育学制进行简单介绍。基础教育包括中小学教育和幼儿教育。在中国，中小学是小学、初中和高中的合称，共 12 年。其中，小学分 5 年制和 6 年制两种；初中多为 3 年制，少数为 4 年制；高中学制 3 年。我国自 1986 年以来实行小学和初中九年义务教育，幼儿教育未进入全国义务教育体系，在多数城市地区依托公办或私立幼儿园开展，学制 3 年。总体而言，我国基础教育学段大致涵盖幼儿园 3 年、小学 6 年、初中 3 年、高中 3 年，对应的年龄约为 3 至 18 岁。在美国，公立学校提供的基础教育称为 K–12，即从 K（kindergarten）到 12 年级，共 13 年。其中，K 至 5 年级（少数学区到 6 年级）为小学，6 至 8 年级（少数学区 7 至 8 或 9）为中学，9 至 12 年级（少数学区 10 至 12）为高中。K–12 年级对应的学龄大致为 5 到 18 岁，具体因州而异。美国州教育委员会 (Education Commission of the States, 简称 ECS) 2017 年数据显示，儿童强制入学的年龄一般为 5 至 7 岁，有

两个州（华盛顿和宾夕法尼亚）为 8 岁，各州义务教育的年限也从
9 至 13 年不等。

　　可见，尽管中美两国都未实行全国统一的学制体系，但主流的
公立中小学教育体系分别为小学至高中 12 年制和 K–12 年级 13 年
制，其中初中多为 3 年制，中国为 7 至 9 年级，美国为 6 至 8 年级。
本文作为初中英语教材国际比较研究项目的一部分，重点关注美国
初中阶段英语非母语学生学习英语所使用的教材，即 ESL（English
as a Second Language）教材。为了选出使用相对广泛的代表性教材，
以下将在梳理美国中小学 ESL 教学[①] 现状的基础上，就其初中 ESL
教材进行概述。

2.　美国中小学 ESL 教学现状

　　美国人口调查局（United States Census Bureau）最新的社区调
查数据显示[②]，20% 的美国居民在家中说英语以外的语言。该群体
中有相当一部分英语水平不高，造成其接受教育、就业或参与社会
生活的障碍。美国教育界十分重视对英语非母语者的英语培训。美
国公立中小学的入学流程、课程材料、学科测试等事务通常由所在
的学区（school district）统一管理。为了掌握学生的语言使用情况，
学区会要求各学校安排入学新生填写由学区统一制定的关于学生家
庭语言的调查问卷。凡主要日常语言非英语的学生，都要参加英语
水平测试，未达到规定水平者被归为英语学习者（English language
learners，简称 ELLs），除参加学校常规课程外，还可参加语言培
训项目，以尽快适应以英语为媒介语言的学校教学。这些项目的
名称多种多样，如 EL（English Learner）、ESL（English as a Second
Language）、ESOL（English for Speakers of Other Languages）、
ELD（English Language Development）、ELA（English Language

---

① 可获得的公开数据多涵盖整个中小学阶段，而非仅针对初中阶段，因此笼统地就美
　国中小学（而非初中）针对英语非母语者的英语教学情况进行概述。
② http://blog.languageline.com/limited-english-proficient-census

Acquisition）、LA（Language Acquisition）等。为行文统一，以下将使用 ESL 这一术语来代表非母语者的英语课程。研究表明，"参加这些项目能够提高学生的英语水平，并最终提升学生的学业表现"（Ross, *et al.* 2012）。

根据美国国家教育统计中心（National Center for Education Statistics, NCES）发布的数据（见表 1）③，美国公立学校的英语学习者人数从 2000 年的约 379 万增加到 2018 年的超过 502 万，在全体学生中的占比从 8.1% 增加到 10.2%。

表 1 美国历年公立中小学 ESL 学生人数及其在全体在校生中的占比

年份	2000	2005	2010	2012	2013	2014	2015	2016	2017	2018
人数	3,793,764	4,471,300	4,455,860	4,494,418	4,568,197	4,670,356	4,794,994	4,858,377	4,952,708	5,025,995
占比	8.1%	9.12%	9.20%	9.0%	9.2%	9.3%	9.85%	9.9%	10.1%	10.2%

从各州的分布情况来看④，截至 2018 年秋季，ESL 学生占比超过 10% 的有 10 个州以及哥伦比亚特区，从高到低依次是加利福尼亚州（CA，19.4%）、得克萨斯州（TX，18.7%）、新墨西哥州（NM，15.8%）、内华达州（NV，15.2%）、伊利诺伊州（IL，12.1%）、华盛顿州（WA，11.8%）、阿拉斯加州（AK，11.5%）、科罗拉多州（CO，11.4%）、哥伦比亚特区（DC，11.3%）、马萨诸塞州（MA，10.3）、佛罗里达州（FL，10.1%）。ESL 学生占比在 6.0%—9.9% 之间的有 23 个州，占比 6.0% 及以下的有 17 个州。

从学区分布来看（见表 2），全美 ESL 学生人数最多的是洛杉矶联合学区（Los Angeles Unified），其次是纽约市学区（New York City）。据统计，全国最大的 25 个学区合计占据全国 ESL 学生总数的 23%。

这些数据为笔者进一步探索美国初中 ESL 教材的使用情况奠定了基础。

---

③ https://nces.ed.gov/programs/digest/d20/tables/dt20_204.20.asp?
④ https://nces.ed.gov/programs/coe/indicator_cgf.asp

表2 美国 ESL 学生人数排名前 25 的学区（2011—2012 学年）[⑤]

序号	学区名称	所在州	ESL 学生数（万）	全体学生数（万）	ESL 学生占比（%）
1	Los Angeles Unified	CA	15.26	65.96	23.1
2	New York City	NY	14.26	96.81	14.7
3	Clark County	NV	6.86	31.33	21.9
4	Dade County	FL	6.65	35.02	19.0
5	Dalls Independent	TX	5.67	15.76	36.0
6	Houston Independent	TX	5.43	20.31	26.8
7	City of Chicago	IL	5.38	40.30	13.3
8	Fairfax County	VA	3.66	17.76	20.6
9	San Diego Unified	CA	3.64	13.10	27.8
10	Santa Ana Unified	CA	3.22	5.73	56.2
11	Orange County	FL	2.83	18.00	15.7
12	School District 1 County of Denver	CO	2.54	8.09	31.4
13	Hawaii Department of Education	HI	2.48	18.27	13.5
14	Broward County	FL	2.41	25.85	9.3
15	Hillsborough County	FL	2.24	19.70	11.4
16	Fort Worth Independent	TX	2.19	8.31	26.4
17	Austin Independent	TX	2.18	8.65	25.1
18	Long Beach Unified	CA	2.07	8.37	24.8
19	Garden Grove Unified	CA	2.07	4.80	43.2
20	Montgomery County Public Schools	MD	2.06	14.65	14.1
21	Gwinnett County Public Schools	GA	1.90	16.24	11.7
22	Palm Beach County	FL	1.87	17.70	10.6

⑤ https://www.migrationpolicy.org/research/states-and-districts-highest-number-and-share-english-language- learners（数据截止到 2011—2012 学年）

23	Fresno Unified	CA	1.75	7.42	23.6
24	San Bernardino City Unified	CA	1.75	5.44	32.2
25	San Francisco Unified	CA	1.71	5.63	30.3

3. 美国初中 ESL 英语教材概述

美国作为联邦制国家，其教育管理决策权下放至各个州。就教材编选而言，各州、各学区乃至学校都有一定的自主权。在联邦政府和各州教育部门不统一指定教材的情况下，鲜有某种教材以绝对的优势压倒市场上的同类教材而成为主流。"大量研究表明，选择更好的课程——主要是指教材——能够明显提升学生的学业表现"（Barnum 2017）。尽管教材如此重要，但美国学校对教材选用缺乏系统规划。由于重视个性化教学以及博采众长的文化，许多学区的学科教学中不采用固定的公开出版教材，而是由学区专门人员或学校教师根据教学需要，结合多种教学资源，编制活页式的教学材料。

目前，关于学校教材使用的公开资料和系统数据都十分缺乏。南加州大学的 Morgan Polikoff 教授于 2015—2016 年带领团队尝试对人口最多的五大州（CA、FL、IL、NY、TX）的中小学教材选用情况进行了调查，结果发现有一半以上的学区完全没有跟踪统计学校教材的使用情况，因此他们不得不直接从学校层面展开调查。但这一工作需要耗费大量的时间和人力，因为学校数量庞大，教材种类繁多。以加州为例，整个州大约有 7400 所 K–8 学校，使用的数学教材达 260 种之多。核心教学科目的情况尚且如此，针对英语非母语者的 ESL 课程和教材情况更加繁杂多样，缺少现成的数据。根据美国国家教育统计中心的数据，2009—2010 年度全美共有公立学校约 998817 所。从学校层面调查 ESL 课程及教材困难重重，在个人精力所及的范围缺乏科学有效的抽样方案。结合上节有关 ESL 学生数量和比例的数据，笔者决定从学区层面展开抽样调查，具体步骤如下。

首先，调查表 2 中所列 ESL 学生人数排名前 25 的学区（表 3: 1—25），以了解 ESL 学生大区的做法；其次，调查综合排名前 15 的学区[⑥]（表 3: 26—40），以了解教育水平较高的学区对 ESL 的重视程度和具体做法；最后，在两类已经涵盖的州（共计 16 个）之外，从图 1 中 10% 以上、6% 以上及 3% 以下比例段分别增补一定数量的州（分别为 4、5、5 个），确保样本涵盖 ESL 学生占比高、中、低等不同层次的州，从新增补的 14 个州中分别选取其最大学区（表 3: 41—54）。如此，共获得来自 30 个州的 54 个学区，样本具有较高的代表性。

获得学区样本后，通过查阅这些学区的官方网站了解其 ESL 课程情况。查阅资料可见，不同学区对 ESL 学生英语学习的重视程度差异较大，主要有以下几种情况：a. 有具体部门负责 ESL 项目，提供较为详尽的项目和课程计划；b. 有关于 ESL 的简短说明（如在一个页面呈现分级考试说明、课程名称与目标，或简单声明学区有 ESL 课程项目等）；c. 完全没有提及。各学区官网对 ESL 教材的说明大致有以下几种情况：A. 指定使用公开出版发行的教材（包括电子化学习系统）；B. 使用校区统一编制的教学材料，或提供具体的教学资料清单（如针对不同课程单元提供一系列短文或著作篇章）供教师参考；C. 提到 ESL 教材，但表述模糊或资料未公开（如有的学区提及 ESL 教材选用会议记录，但没有更多信息）；D. 完全未提及 ESL 教材。

在表 3 中使用字母代表上述不同情况。对表 3 原始数据进行汇总，得到表 4。对表 3 "教材" 列标示为 A 的学区所指定的公开出版发行的教材进行梳理得到表 5（其中的学区代码即表 3 中各学区的标号）。

[⑥] 关于最好的学区，不同排名体系的结果不同。本文以在美国教育排名领域影响力较高的 niche.com 2018—2019 学年最新数据为基础，参考其 2016 年数据，再结合 alarms.org 官方数据，选取至少同时出现在两份名单中的 15 个校区（不含 6—8 年级的校区），按照平均排名由高到低排列。

表 3　美国 54 个学区 ESL 课程与教材情况列表 ⑦

学区	课程	教材	学区	课程	教材
1. Los Angeles Unified	a	A	16. Fort Worth Independent	a	D
2. New York City	a	D	17. Austin Independent	b	D
3. Clark County	a	D	18. Long Beach Unified	a	C
4. Dade County	a	A	19. Garden Grove Unified	a	C
5. Dalls Independent	b	D	20. Montgomery County Public Schools	a	A
6. Houston Independent	a	A	21. Gwinnett County Public Schools	b	D
7. City of Chicago	b	D	22. Palm Beach County	a	D
8. Fairfax County Public Schools	b	D	23. Fresno Unified	b	D
9. San Diego Unified	a	A	24. San Bernardino City Unified	a	B
10. Santa Ana Unified	b	A	25. San Francisco Unified	a	D
11. Orange County	b	D	26. Jericho Union Free (NY)	a	D
12. School District 1 County of Denver	b	D	27. Tredyffrin Easttown (PA)	b	D
13. Hawaii Department of Education	a	D	28. Eanes Independent (TX)	c	D
14. Broward County	a	D	29. Indian Hill Exempted Village (OH)	b	D
15. Hillsborough County	a	D	30. Palo Alto Unified (CA)	a	C

⑦ 简便起见，以 school district（学区）结尾的名称中省略了"学区"字样，如 Los Angeles Unified 全称为 Los Angeles Unified School District；第 26 至 54 学区名称后的字母表示其所在州，前 25 个学区所在州见表 2。

31. Radnor Township (PA)	a	A	43. Wichita Public Schools (KS)	b	D
32. Millburn Township (NJ)	c	D	44. Bellevue (WA)	a	D
33. Highland Park Independent (TX)	b	D	45. Portland Public Schools (OR)	a	C
34. Lexington Public Schools (MA)	a	A	46. Mesa Public Schools (AR)	a	C
35. Princeton Public Schools (NJ)	b	D	47. Providence Public Schools (RI)	a	A
36. Lower Merion (PA)	a	D	48. District of Columbia Public Schools (DC)	a	D
37. Newton Public Schools (MA)	a	D	49. Red Clay Consolidated (DE)	b	D
38. Solon City (OH)	b	D	50. Manchester (NH)	b	D
39. West Lafayette Community (IN)	c	D	51. Billings Public Schools (MT)	c	D
40. Naperville Community No. 203 (IL)	a	D	52. DeSoto County (MS)	b	D
41. Albuquerque Public Schools (NM)	a	B	53. Essex Westford (VT)	a	D
42. Anchorage (AK)	b	D	54. Kanawha County Schools (WV)	c	D

由表 4 可见，绝大多数（90.8%）校区都设有 ESL 课程，ESL 学生人数最多的 25 个学区全部都有开设，其中 64% 的学区在其官方网站上呈现了系统的 ESL 课程设置，包括选入和退出标准与测试、不同年级的课程要求、不同类型的 ESL 课程等。54 个学区中仅有 5 个（占比 9.3%）未显示有相关课程，其中 3 个来自综合排名前 15 的学区，2 个来自 ESL 学生占比低于 3% 的学区，这一数据不难理解。综合排名靠前的 3 个学区本身规模就很小（最大的第 28 学区

约有八千名学生，最小的 32 学区只有两千名学生），而且可以大致推知 ESL 学生占比也很小，因为语言不通势必影响学业成绩[8]，若 ESL 学生占比过高，学区的办学质量很难进入全美前几十名。

表 4　美国 54 个学区 ESL 课程与教材情况数据汇总

学区序号	学区说明	课程情况（频次）			教材情况（频次）			
		a	b	c	A	B	C	D
1~25	ESL 学生人数多 (n=25)	16	9	0	6	1	2	16
26~40	综合排名高 (n=15)	7	5	3	2	0	1	12
41~54	所在州规模最大 (n=14)	7	5	2	1	1	2	10
合计		30	19	5	9	2	5	38
占比	(%，N=54)	55.6	35.2	9.3	16.7	3.7	9.3	70.4

　　教材方面，大多数（70.4%）学区未在其官方网站上做任何说明。尽管不排除个别学区有教材政策但未在网站上呈现的情况，但考虑到美国凡事讲究落实到书面的文化，以及"50% 以上学区未统计学校教材数据"（Polikoff 2016）的调查发现，基于学区官网统计出的 ESL 教材情况数据具有较高可信度。另有 9.3%（5/54）的学区对 ESL 课程教材一笔带过。有 2 个学区提供了非常详细的教学材料清单供教师参考，如针对不同课程单元的目标知识点提供可用的短文或著作章节。有六分之一（9/54）的学区采用公开出版发行的 ESL 教材，其中 6 个属于 ESL 学生人数全美排名前 20 的学区。结合表 1 和表 2 的数据可以计算出，这 6 个学区的 ESL 学生数约占整个美国 ESL 学生数的 8%，而全美有大约 1.3 万个校区。可见，这些校区选出来使用的 ESL 教材基本上就是在美国广泛使用的教材。

---

[8]　例如，学区 3 的公开数据显示：该学区学生的整体毕业率为 72%，而 ESL 学生的毕业率只有 26%，也就是说，第一语言非英语的学生中有高达 74% 中途退学，未能完成高中学业。

表 5 美国初中常用 ESL 课程教材列表

序号	学区代码	教材名称	出版社	出版年代	备注
1	1, 4, (6), 47	*Inside: Language, Literature, Content*	Hampton-Brown / National Geographic	2008	1, 2, A, B, C
2	1, 47	*Inside the USA*			for newcomers
3	1	*Inside Phonics Kit*			
4	4	*High Point*	Hampton Brown	2001	Level A, B
5	6, 47	*Reach*	National Geographic	2011	Level A–G
6	9	*Keys to Learning*	Pearson Longman	2004	全 1 册
7	9	*Shining Star*	Pearson Longman	2004	入门, (A), B, C
8	9	*Accessing Complex Texts*	Benchmark Education	2014	Grade 3, 4, 5
9	9	*ELD Links*	Lingual Learning	2015	在线课程
10	9	*Prentice Hall Literature: Timeless Voices, Timeless Themes*	Pearson Prentice-Hall	2001–2005	文学作品选
11	9	*Units of Study in Argument, Information, and Narrative Writing*	Heinemann	2014	Grade 6, 7, 8
12	9	*English 3D*	Scholastic	2011	A (1, 2), B (1, 2)
13	10	*SpringBoard*	College Board	2012	学区 1、6 用于 LA
14	10	*MyPerspectives*	Pearson	2016	学区 1 用于 ELA
15	10	*California Study-Sync*	McGraw Hill	2015–2016	学区 1 用于 ELA
16	10	*Amplify ELD*	Amplify Education	2015	在线课程
17	20	*Reading A–Z*	Learning A–Z	2002	在线分级读物
18	20	*Rigor series A–Z*	Benchmark Education	2007	分级读物
19	20	*Very Easy True Stories*	Addison-Wesley	1998	全 1 册
20	20	*Milestones*	National Geographic	2009	1, 2, 3 学区 6 用于 LA

21	20	*Keystone*	Pearson Longman	2012	A, B, C, (D–F)
22	20	*Footprint Reading Library*	National Geographic	2008	(1–3), 4–8
23	20	*America's Story*	Master Books	2017	1, 2, 3
24	31	*Grammar Form and Function*	McGraw-Hill	2009	(1, 2, 3)
25	31	*Grammar Step by Step*	McGraw-Hill	2004	(1, 2, 3)
26	31	*Clear Grammar*	University of Michigan Press ELT	2010–2013	(1, 2, 3, 4)
27	31	*All Star*	McGraw-Hill	2010	(1), 2, 3, 4
28	31	*Reading for a Reason*	English as a Second Language	2005	(1, 2, 3)
29	31	*Send Me a Message*	McGraw-Hill	2004	全 1 册
30	31	*Lecture Ready*	Oxford University Press	2013	(1, 2), 3
31	31	*Mastering the American Accent with CDs*	Barron's Educational Series	2009	全 1 册
32	31	*The Ins and Outs of Prepostions*	Barron's Educational Series	1999	全 1 册
33	31	*The Ultimate Phrasal Verb Book*	Barron's Educational Series	2017	全 1 册
34	31	*Do You Really Know American English?*	Barron's Educational Series	2005	全 1 册
35	31	*Discussion: Process and Principals*	Language Solutions Inc.	2006	全 1 册
36	34	*Keystone*	Pearson Longman	2012	(A, B, C), D, E, F
37	34, 47	*Edge*	Hampton-Brown / National Geographic	2012–2013	基础, A, B, (C) 学区 6 用于 LA
38	47	*Imagine Learning*	Imagine Learning, Inc.	2015	在线课程

说明：

1. 序号 1 教材对应的学区中，6 加了括号，是因为该学区发布的教材使用清单中将 *Inside* 列为其阅读课程教材，但未说明是用于全体学生，还是专门针对 ESL 课程。

2. 学区 10 相关条目来自该学区提供的待选教材清单，所列出的教材并非同时使用。

3. 备注栏中的册数或级别水平是指整套教材的构成，加括号的是相关校区指明用于其 ESL 课程的分册。

4. 备注栏中的 "LA / ELA" 意为 Language Arts / English Language Arts，是英语本族语者或母语非英语但达到母语水平者学习的英语课。

　　上表列出了所调查校区网站上明确提到的公开出版教材共计38项[⑨]。这些教材又分多种形态：一是纸质+电子教材及在线学习系统的立体化系列教程，如*Inside*、*Reach*、*MyPerspective*、*California StudySync*、*Edge*等；二是纯在线课程或学习系统（如*ELD Links*、*Amplify*、*Imagine Learning*等），也包括在线分级阅读系统（如*Reading A–Z*）；三是成套的多册纸质教材（如*Shining Star*、*Keystone*、*Clear Grammar*等），也包括纸本分级读物（如*Rigor Series A–Z*）和文学作品选集（如*Prentice Hall Literature*）；四是单本教学用书，如表格最右列标注为"全一册"的各项。各学区要么选择某一出版机构的一整套系列教材或学习系统，要么选择多种教材组合起来用于不同级别的ESL课程教学。

　　须指出的是，由于 ESL 学生的水平不同且会随着学习不断接近本族语水平，针对高水平者的 ESL 课程教材可能也适用于本族语者的英语学习（ELA）。因此，如表 5 所示，部分教材在某学区被用作 ESL 教材，在另一学区可能用于 ELA 教学。有些电子化学习系统也会兼顾英语学习者和英语本族语者两个群体，如 *California StudySync* 是一个针对 6—12 年级学生的英语学习系统，用于 ELA，并有专门的 ESL 板块。也有的学习系统采用细分系统服务于不同目标人群，如 *Amplify ELA* 和 *Amplify ELD*、*MyPerspectives ELA Program* 和 *MyPerspectives ELD Companion*。

　　此外，从教材内容的侧重来看，多数采用的是听、说、读、写融于一体的综合教程，以阅读为主。有的学区提供了其他方面的教学材料，如学区 31 采用了三种语法教材，还自选了一份文学作品清单，包括 *The Wizard of Oz*、*New Yorkers Short Stories*、*Sherlock*

---

⑨ 实为 36 种，因为前 3 项同属于 *Inside* 系列教材，但因相关校区选用的具体情况不同而单列出来。

Holmes Short Stories、*Gulliver's Travels*、*The Joy Luck Club*、*Five Canterbury Tales*、*White Fang*、*The Count of Monte Cristo*、*Tale of Two Cities*、*Jane Eyre*、*Retold World Classics*、*Retold American Classics*、*Eight Great American Tales* 等。

4. 美国代表性初中英语教材评析

尽管各校区的教材多种多样，但在仅有的 9 个指定公开出版教材的学区中就有 4 个采用 *Inside* 系列教材。此外，SEG[⑩] (2009) 的研究报告中提到，SEG 针对该套教材的有效性展开了全国范围的教学实验研究，研究对象来自全美不同地区的 15 个学区。可见，在众多的 ESL 教材中，*Inside* 系列相对而言是使用比较广泛的。因此，本文选用该套教材作为美国初中 ESL 教材代表，对其加以评析。

4.1 教材基本情况

Inside 系列教材由国家地理(National Geographic)出版社于2008年正式出版，是专门为初中英语学习者编写的综合教材，目标群体的英语阅读水平通常低于自己所在年级两年以上。该系列内部又分为零基础*Inside the USA*系列、有一定基础*Inside: Language, Literacy, Content*系列，以及与之配套使用的语音教程*Inside Phonics*。由于初中生主要使用*Inside: Language, Literacy, Content*，以下主要对这一系列进行分析。该系列的主干教程共有5册，难度从低到高依次为基础1、基础2、A级、B级和C级。除学生用书外，还配有学生电子书、学生写作书、练习册、教师用书(带光盘)、学生网站、教师网站、单元测试、教师手册等，所提供的纸质课本和其他资料总计44本(详见表6)。

---

⑩ 成立于 1979 年的一家研究机构，专注于为出版社、学校和政府教育部门提供产品或教育项目有效性研究、评估与测试服务，为委托单位的决策过程提供科学依据。官网：http://segmeasurement.com。

表6 *Inside: Language, Literacy, Content* 教材及配套资料列表

	资料名称／级别	基础1	基础2	A	B	C	纸书
学生资料	Student Book	+	+	+	+	+	5
	Student eBook	e	e	e	e	e	
	Writing Student Book	/	/	+	+	+	3
	Practice Book	/	/	+	+	+	3
	Student Website: myNGconnect.com	学生网站					
教师资料	Teacher's Edition	+	+	+	+	+	5
	Practice Book Teacher's Annotated Edition	/	/	+	+	+	3
	Writer's Workout	/	/	+	+	+	3
	Teacher Website: myNGconnect.com	教师网站					
测试	e-Assessment Website: myNGconnect.com	测试网站					
	Assessment Handbook	+	+	+	+	+	5
	Placement Test Booklets Teacher's Manual	+					1
	ExamView Test Generator	光盘					
	Unit Test Booklets Teacher's Manual	+	+	+	+	+	5
	Summative Assessment Level Test Masters Teacher's Manual	+	+	+	+	+	5
	English Language Gains Test (2 Forms) Teacher's Manual	+ +					2
	Reading Level Gains Test (3 Forms) Teacher's Manual	+ + +					3
	Test Preparation PARCC Assessments Smarter Balanced Assessments	+					1

注："+"＝有纸书，"/"＝对应级别无配套内容，"e"＝电子书

　　该教材自出版以来在美国初中 ESL 教学中使用广泛。为检验使用该教材帮助阅读困难者（striving readers[⑪]）和英语学习者（ELLs）提高英语水平方面的有效性，SEG 于 2008—2009 年度进行了一场全国范围的 6—8 年级教学实验研究。来自全国不同地区的 15 个学区、111 个班级的约 2000 名学生参加了该实验研究。研究采用实验组和对照组设计，实验组使用 *Inside* 教材，对照组不使用 *Inside* 教材，以斯坦福成就测验（Stanford Achievement Test）第 10 版为测试工具，在为期一学年的教学实验前后分别对被试进行前测和后测，比较他们在阅读理解、语言知识和词汇三方面的进步情况。研究表明：经过一年的学习，实验组在这三方面的成绩分别提高了 19 分、24 分和 23 分，为 6—8 年级学生全国抽样标准组成绩增幅的两倍，且与对照组相比，前两项成绩差异显著。ESL 学生方面，在经协方差分析消除前测差异的前提下，试验组三个分项成绩分别比控制组高出 22 分、31 分和 10 分，差异显著。可见，参加使用 *Inside* 教材的语言辅导项目能够在一学年的时间内有效提高学生的阅读理解、语言知识和词汇水平，且提高幅度显著高于未使用 *Inside* 教材的同等水平学生。

4.2　教材理念和选材

　　Inside 系列教材的总体理念与宗旨是"通过将现实世界带到课堂促使学生表现达到所在年级的水平"。具体来说，"目标"是帮助学业发展受到其英语水平限制的学生达到州共同核心课程标准[⑫]（Common Core State Standards），"途径"是采用国家地理出版社的独家内容，带领学生在体验世界和探索发现的过程中学习。为

---

⑪ 美国政府每年拨出一定金额的专项款用来提升 12 年级以下孩子的识字和读写技能，所谓 striving readers 包括家庭困难孩子、英语学习者和残疾儿童。但 SEG 这项研究把英语非母语者 ELLs 和英语母语者 striving readers 作为两个不同的组加以研究。

⑫ 2010 年 6 月，全美州长协会最佳实践中心（National Governors Association Center for Best Practices）和州首席教育官员理事会（Council of Chief State School Officers）共同推出了全国首个《州共同核心课程标准》，详细规定了 K–12 各年级段应掌握的学科知识，并开发了统一的测试系统。

贯彻该理念宗旨，*Inside* 教材在主题篇章的选材上兼顾以下两个大类的平衡：一是来自不同文化的文学名家作品，包括共同核心课程标准范文、当代文学、经典文学和复杂文本等；二是来自国家地理或其他来源的各种信息型文本，包括非小说叙事文、说明性语篇、数字体裁、议论文等。以教材第 1 册为例，全书 9 个单元共采用了27 篇听力和阅读文本，其中文学类 10 篇，信息类 17 篇（详见表 7）。

表 7 *Inside* 教材第 1 册主题篇章体裁分布

文学类 – Literature (10)	信息类 – Informational text (17)
现实主义小说– Realistic fiction (7) 奇幻文学– Fantasy (1) 小说日志– Fictional journal (1) 历史小说– Historical fiction (1)	图片故事– Photo essay (4) 个人叙事– Personal narrative (3) 说明文– Expository nonfiction (3) 杂志文章– Magazine article (2) 职业速写– Career sketch (1) 报刊文章– Newspaper article (1) 实况资料– Fact book (1) 旅游文章– Travel article (1) 科普文章– Science article (1)

国家地理在 *Inside* 教材宣传册[13] 中表示，通过阅读文学名家作品和国家地理探索者的故事，学生们有望变成更好的阅读者。这里的 "探索者" 是指国家地理协会资助的对自然界各领域进行开拓性探索研究的科学家、环保家、技术专家、教育家等，探索者项目副主席 Alex Moen 将他们合称为世界改变者（change-makers）。"自 130年前（1888 年）国家地理协会成立至今，已经推出了 13000 个项目资助，支持了 3000 多名探索者"（Petri 2018）。这些探索者的故事和科学发现作为很好的阅读素材，被大量用于 *Inside* 教材中。学校师生甚至可以通过探索者课堂（Explorer Classroom）在课堂上与这些探索者进行实时视频对话，将真实世界带进课堂。

---

[13] https://ngl.cengage.com/assets/downloads/insidecc_pro0000000332/ins_bro_ovr_9781285783284.pdf

4.3 教材单元内容设置 (以第 1 册 Unit 3 为例)

主干教材学生用书共 5 册，每册 8～9 个单元，各单元内部采用统一的板块设置，分为语言发展（Language Development）、语言与识字（Language and Literacy）、语言与内容（Language and Content）、写作项目（Writing Project）四大板块。各板块内部的总体布局也基本一致，只是部分活动细节上会因单元主题的差异而有所变化。现以第 1 册（Fundamental Volume 1）第 3 单元 On the Job（第 64—93 页）为例，呈现教材的单元内容设计情况。

表 8 *Inside* 教材单元内容设置（以第 1 册 Unit 3 为例）

板块(页码)	板块内部栏目和内容			
插图&标题 (64，65)	单元标题	导入活动		单元学习目标总览
	On the Job	看图找工人，画工具，和同伴交换自己画的图，将工具和工人配对		词汇、语言功能、语法、阅读、写作
语言发展 (66—71)	[语言]提供信息		[语法]一般现在时动词	[语法]一般疑问句
	听听唱唱；自我表达(1. 说三个工作；2.画一个工人，讲给同伴听，两人交换角色)		知识点；造句练习(填空；你演我猜，和同伴一起写4个句子)	知识点；口语练习(看图，朗读并回答问题)；笔头练习(写问句)
	[词汇]工具和职业 [语言]提问和回答		*听听读读：[体裁]奇幻文学 [词汇]职业词汇	
	看图读单词；笔头练习(问同伴问题，写下同伴的回答)		体裁知识点；词汇图谱	阅读主题故事；按提示的4个步骤找细节
语言与识字 (72—78)	[词汇]高频词	[词汇]更高频词	[朗读和拼写]	
	复习旧词，学习新词；词汇练习(单词地图)；单词游戏	复习旧词，学习新词；词汇练习(单词地图)；单词游戏	听听学学；数音节	拼读方法；读单词和句子；拼写练习
	*[阅读]自主阅读及读后任务		[语法]特殊疑问句	
	[体裁]现实主义文学	词汇聚焦：双辅音朗读讲解；单词朗读练习	课文	完成课文关键词网，向同伴讲述课文内容	Wh-问句知识点	问题与回答连线；根据回答补全问句(填空)

	[实践] 学习测量	课文背景	重点词汇	＊听听读读：课文(83—89)及读后任务		
语言与 内容 (79—90)	按照指南研究岩石，完成观察日志并思考问题	地质学家的工作	朗读，拼写，学例句，讲解，和同伴做词义图谱并互相提问	[体裁]信息型文本[阅读理解]找细节	含插图、生词注释和思考问题	和同伴画课文图谱并复述；复习词汇(填空)；写一个你长大想做的工作
写作项目 (91—93)	[实践＋写作]采访一个人，完成一份工作手册					
	知识点：何为采访；采访记录示例	仿照示例写采访问题；实施采访；写下采访问答对话		仿照示例修改写作初稿		按照提示完成作品并分享

如表 8 所示，"单元学习目标总览"中包含了词汇、语言功能、语法、阅读、写作五个方面的内容。表中阴影部分为相应板块的学习目标和活动类型，[ ]中为学习目标类型（如语言功能、语法等），其后是具体的内容（如提供信息、一般疑问句等），虚下划线（‗‗‗）标注部分为笔者加注。＊标示的是整个单元的 3 个篇章，标题依次为：*What Is It?*、*Let Ben Take It*、*Geologist: Rock Scientists*，篇章类型分别为奇幻文学、现实主义文学、说明文。实下划线（‗‗‗）标注部分为同伴合作学习活动。

综上可见，该教材在单元整体设计上以围绕单元话题的内容和语言知识输入为基础，以形式多样的个人练习、同伴合作学习、实践探索等活动为途径，最后落实到写作输出。按照课本设计好的学习路径完成单元内容，即可达到词汇、语言功能、语法、阅读、写作等方面的综合学习目标。

4.4 教材特点分析

结合上述教材单元内容设置可见，该套教材具有以下几个特点。

首先，内容输入和语言输入相融合，在内容输入的基础上，通过知识讲解和练习活动引导学生关注语言形式。其中"内容"始终围绕"工作／职业"这一主题，"语言"则包括词汇、语法、拼读、语言功能、体裁等方面，输入的形式有图片、音频、文本等。这些输入贯穿从话题导入至写作等各个板块，语言知识和内容输入穿插进行。以语言中的"词汇"为例，在"语言发展""语言与识字""语言与内容"三大板块出现6次（见表8），其中"工具和职业"（p. 69）以图片形式展示了两个职业（stylist 和 mechanic）相关的常用词汇（beauty shop, customer, brush, scissors, hair dryer; garage, tire, toolbox, wrench, screwdriver）；"职业词汇"（p. 70）是结合听读课文以"career"为中心完成一个词汇网，给出 letter carrier、scientist 和 astronaut 作为示例，请学生补充更多；"高频词汇"（p. 72）及"更高频词汇"（p. 73）是由四种题型构成的词汇学习和练习活动；"词汇聚焦"（p. 76）为单词发音规则知识输入；"重点词汇"（p. 81）为单元重点词汇的详解，以图文结合的形式呈现单词的词形、发音、词性、例句（见图3）。内容上由泛及专，由浅入深，例如"语言发展"板块泛泛提及教师、画家、警察等常见职业，"语言与内容"板块则深入介绍地质学家这一种职业，包括关于岩石的专业知识。

其次，在每一输入环节后均设有练习和学习活动，帮助学生进一步理解和掌握目标知识。这些练习和活动形式多样，包括但不限于：围绕内容展开的看图说话、画图并讨论、听听唱唱、听读课文、画课文图谱并复述课文、实践探索（如观察岩石、采访）等，围绕语言展开的拼写单词、数单词音节数、朗读、造句、看图说/写句子、句子填空、单词游戏、问答等。教材中的练习和活动设计十分注重同伴交互，整个单元的语言练习和说写活动共32项，其中有10项要求与同伴交互完成。就语言技能而言，这些练习活动均衡地涵盖了听、说、读、写四个方面。以同伴交互式学习活动为例，既有纯学习性的活动，如和同伴一起做词义图谱并互相提问（p. 81），也有结合画、演、猜等更具娱乐性的学习活动，如画一个工人并讲给同伴听（p. 66）、你演我猜（p. 67）、单词游戏（p. 72；p. 73）；既有针对语言知识的活动，如画词汇图谱、你演我猜、同伴问答（p. 69）分别是词汇、语法和语言功能学习，也有针对语言技能的活动，如一起画课文图谱并复述课文内容（p. 71）是阅读理解及听说综合训练。

写作作为整个单元的最后板块，构成了单元学习的终极目标。

这部分的设计兼顾了文本类型（如电子邮件、操作指南、采访录、日志、博客等）、写作过程（如计划、写作、修改、成稿、交流展示）、写作规范（如格式、标点、大小写、语法）等各个方面。每一方面的内容都结合本单元的写作任务给出细化分解过的行动步骤和示例，供学生参考执行。写作任务贴近学生生活，行动指南具体且易操作。值得一提的是，这部分并非仅针对写作技能，而是兼顾听、读、说技能，比如阅读例文和提示、先采访后写作、轮流朗读自己的作品等。以本文所选示例单元为例，要求每位学生进行一个职业采访，做成一个工作手册。教材中先介绍了何为采访以及采访稿的基本样式（p. 91）；然后介绍了采访稿的生成过程（p. 92）：计划采访（想一想要采访的人选和要了解的信息、列提纲（如 a teacher、best part of the job、where you teach）、写下采访问题（即将前面列出的关键词转写成完整的句子，如 What is the best part of your job?)、进行采访（约定采访时间、完成采访、向受访者要一张照片）、写下采访过程等；接着引导学生对照教材提供的自我检查清单检查修改初稿（p. 93）；最后是完成和分享作品，包括在首页上方写下采访的职业名称，呈现所有问题和回答，贴上照片，装订成册，加封面，在班级轮流朗读自己的作品。

此外，教材还将学习策略融入单元内容设计中。以词汇学习为例，学生要掌握一个单词，必须要知道它的发音、拼写、词义和用法，教材通过讲解拼读规则、引导学生评估对单词的熟识度、数单词音节数、朗读和拼写单词、学习单词例句、向别人解释单词、主动思考单词记忆方法等内容和练习设计，帮助学生掌握词汇学习策略（见图 1、2、3）。

PRACTICE

4.–8. Make a map for each new word. Write the word in the center. Complete the other boxes. Then use the word in a sentence of your own.

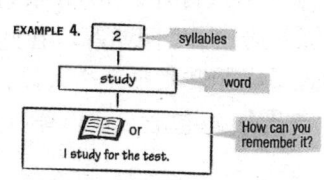

图1 学习活动中隐含的学习策略示例（来自课本 p. 72）

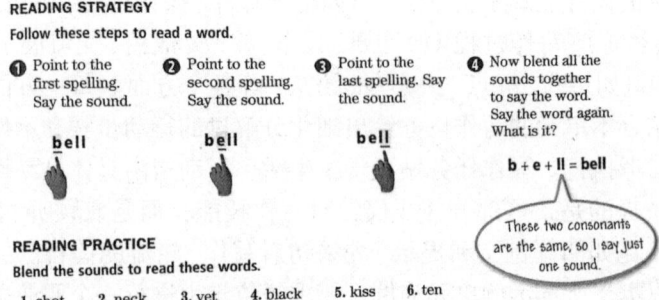

图 2 学习活动中隐含的学习策略示例 (来自课本 p. 75)

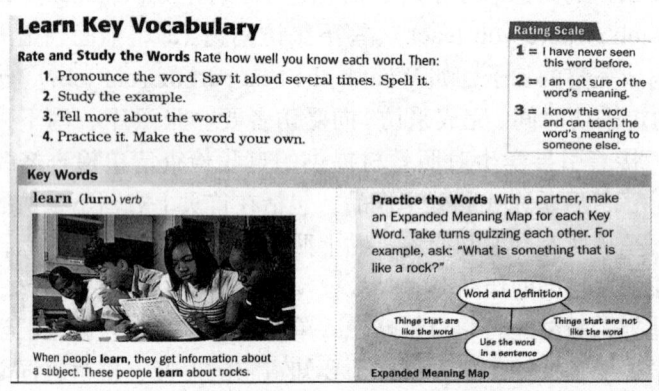

图 3 学习活动中隐含的学习策略示例 (来自课本 p. 81[⑭])

4.5 教材配套网站

　　除主干教材外，*Inside*系列教材还包含多种配套资料，如写作书、练习册、师生网站等。在此主要介绍一下网站的情况。网站登录界面分学生和教师两个入口，两者的主要内容和功能如下。

　　学生网站包含：（1）学生用书电子版，其中课文含文本文

字、录音、生词解释等，文本采用互动式设计，学生可以进行文内搜索和编辑(如突出显示、批注、记笔记等)；(2)阅读理解教练(comprehension coach)包含一系列工具，帮助学生提高口头朗读流利度和阅读理解水平，如对自己的朗读进行录音、单词练习、阅读报告、进步水平报告等；(3)数字图书馆，包括分级读物图书馆(leveled library)和内容图书馆(content library)，提供大量适合不同水平学习者、内容丰富的英文读本，供学生自主选择阅读或完成教师选定的与单元学习密切相关的拓展阅读内容；(4)作业和测试，完成教师在学习网站中布置的任务和单元测试等，并查看作业反馈和测试报告；(5)其他资源，包括音频、视频、在线资源链接等。

教师网站既包含一些与学生网站对应的内容，如教师用书电子版、数字图书馆、在线测试与成绩汇报等，又有专属于教师的资源和工具，如在线备课系统(online planner)、幻灯片和PDF版教学资源、在线专业发展、在线拓展学习活动、家长简报等。其中两个功能最重要：一是利用online planner在线制定单元教学计划，如制定一周五节课的单元教学计划，可将教学内容和任务落实到每节课45分钟内时长不等的教学环节，并标注这些内容在课本中的对应位置及其指向的共同核心课程标准；二是实施在线测试并查看测试报告，包括教学设计前实施的快速摸底测验、检查学生知识掌握情况的单元测试、检查学生学期中或学期末学业成就的终结性测试、了解学生阅读水平及朗读流利度的专项测试等。测试结束，教师可以查看全班的总结报告以及每位学生的表现，包括学生在相应共同核心标准上的逐项表现、单元内容学习的整体表现，以及在阅读理解、语法、词汇等具体方面的表现等。

5. 结论与启示

美国对英语非母语者的英语教育十分重视。截至 2018 年，全美公立中小学中共有 ESL 学生超过 502 万，占全体学生的 10.2%。对全美 30 个州的学区进行抽样调查显示，绝大多数 (90.8%) 的学区在常规教学之外专门开设了各种 ESL 课程帮助 ESL 学生提高英语水平，以尽快适应英语为媒介的学校教育。多数（70.4%）学区未明确规定 ESL 课程所使用的教材，约 1/6 的学区采用出版机构公开出版的教材或在线学习系统。对这些教材的梳理和个案分析可为我国初中英语教材的编写提供多重启示。

首先，教材编写应突出在线课程平台的设计。在明确指定教材的 9 个美国学区中，有 8 个涉及在线课程或分级读物系统，ESL课程教材呈现在线平台为主、课本为辅的趋势。虽然不少教材同时推出纸本和在线平台，但平台包含课本的全部内容，并增加了深度拓展和交互设计，教学活动可完全在平台上展开，师生不必购买整本或整套纸本教材，可只在必要时从平台上下载打印所需要的部分资料。甚至出现了纯电子化的教材（如 *Amplify*），实际上它们不再被称作"教材"，而是一种在线课程（web-based program/curriculum）。这一趋势顺应学习者的需要和教育信息化的发展。反观我国的中学英语教材，从纯纸本到配套录音磁带、光盘，再到网络版，形态虽不断演变，但仍是以课本为核心。随着新一代学习者学习方式的转变，教育技术日益融入教学，教材在设计伊始便应把网络学习和移动学习的需要放在突出地位，促使英语教学逐步走向平台为主、课文为辅。

其次，要注重阅读，包括阅读策略融入和阅读材料配套。有效精读和大量泛读是外语学习的有效途径。美国的 ELA 和 ESL 教学都十分注重阅读，体现在教材上，一方面是主干教材中有效融入阅读策略内容，通过教材内容的设计引导学生学会阅读，提高阅读理解能力；另一方面是提供大量适切的阅读材料，供学生自主阅读。以 *Inside* 教材为例：其平台通过问题设计引导学生边读边思考，每个问题前还标注了要点，如因果关系（cause and effect）、解释（explain）、推论（inference）等，借此向学生灌输阅读策略；阅读材料方面，除单元主体内容外，每册书的附件中提供了数十篇阅读文章，学生平台的数字图书馆也提供了大量读物。再以 *Reading A–Z* 为例，这是一个在线分级读物资源库，包含 2 500 本不同级别的读物，2002 年上线，目前拥有会员 17 万。许多学校购买机构帐号，供在校学生课外阅读使用。我们的中学英语教材也不应局限于课堂所用的课本，而应考虑到学生课外阅读的需要，配套充足的阅读材料，并通过水平分级为学生规划明确的逐级阅读路径。

再次，教材编写要以课程标准为主导，内容设计上以学生为中心。课程标准规定了学生英语学习应达到的目标，教学材料则是学生学习的核心内容，教材紧扣课标是教学有效性的基础保障。以 *Inside* 教材为例，在每册书的附录中都详细列出了每一个单元每一部分内容与共同核心课程标准的对应关系（包括标准表述及所在页码），如第 1 册书中这一内容共有 55 页之多。课标规定的是知识点和技能，在教材编写时，要做到以学生为中心，将这些知识技能融入切合学生兴趣、认知水平和生活经验的材料中去。这体现在话题与篇章的选择、知识内容的呈现、练习与活动的设计等诸多方面。

综上所述，教材编写是一个系统工程，受到多方因素的影响。宏观来说，要适合当下并顺应时代发展的趋势，信息时代的教材将日益接近无纸化或电子化，在线课程开发将会取代传统意义上的教材编写。中观来说，英语教材服务于英语教学，教材的编写要符合语言学习的规律，反映语言教学与研究的重要经验和结论，如紧扣课标、循序渐进、大量输入、基于内容等；微观来说，要考虑课堂情景，包括课时安排、师生需求、课堂文化等，做到以人为本，适合使用者的需要。

参考文献

[1] Barnum M. New studies suggest choice of curriculum and textbooks can make a big difference for students [EB/OL]. May 1, 2017. https://www.the74million.org/article/new-studies-suggest-choice-of-curriculum-and-textbooks-can-make-a-big-difference-for-students/.

[2] Education Commission of the States. Age Requirements for Free and Compulsory Education [EB/OL]. https://www.ecs.org/age-requirements-for-free-and-compulsory-education/.

[3] Petri A E. Here's what it really means to become a National Geographic explorer [EB/OL]. June 11, 2018. https://www.nationalgeographic.com/adventure/article/what-it-means-national-geographic-explorer-culture.

[4] Polikoff M. Textbooks are important, but states and districts aren't systematically tracking them [EB/OL]. March 15, 2016. https://www.brookings.edu/blog/brown-center-chalkboard/2016/03/15/textbooks-are-important-but-states-and-districts-arent-systematically-tracking-them/.

[5] Ross T, Kena G, Rathbun A, KewalRamani A, Zhang J, Kristapovich P, and Manning E. Higher education: gaps in access and persistence study (NCES 2012-046) [R]. U.S. Department of Education. Washington, DC: National Center for Education Statistics. Retrieved from https://nces.ed.gov/pubsearch/pubsinfo.asp?pubid=2012046.

[6] SEG. A study of the effectiveness of *Inside Language, Literacy and Content* [EB/OL]. http://ngl.cengage.com/correlationsdocs/SEB21_0430A.pdf.

[7] Zehr M A. 'Striving readers' tough to measure [J]. *Education Week*, 2009, 29 (7): 1, 14–15.

[8] 束定芳，华维芬. 中国外语教学理论研究（1949—2009）[M]. 上海：上海外语教育出版社，2009.

新西兰中学英语教材研究报告

郑州财经学院　姚雯静

1. 新西兰教育情况概述

1.1 教育一览

　　新西兰虽然国土面积不大，人口稀少，但教育发展程度处于国际领先水平。在 PISA 国际学生能力评估（Program for International Student Assessment）研究中，新西兰学生的学术水平一直位于前列（PISA 2018: 13）。据 2013 年国际经济合作与发展组织（Organisation for Economic Co-operation and Development，以下简称 OECD）发表的报告，新西兰中小学适龄学生入学率处于 OECD 成员国较高水平，新西兰学生的阅读、数学和科学能力均高于 OECD 国家平均水平（OECD 2013: 3）。同时，新西兰在基础教育中的财政投入比例也较高，据 2018 年 OECD 研究数据表明，新西兰在基础教育中的资金投入占国民生产总值 6.3%，在 OECD 成员国中仅低于挪威（OECD 2018: 5）。

　　新西兰拥有全球最放权的教育管理体系，政府将教育部门的权力下放到各个学校，允许学校自主管理。自 1989 年起，新西兰在全国范围内开展了一场名为"明日之校"（Tomorrow's School）的大规模教育改革，改革核心是去除原教育局（Department of Education）的中央职权，将权力下放至各个学校。庞杂的教育局被缩减成了规模和职权都更小的教育部（Ministry of Education），各地教育局办公室被废除。教育部仅负责制定教育方针政策，为学校提供服务，发放财政拨款，不参与具体行政和教学事务。各中小学在教育部制定的总方针下，自主管理运营。学校自行成立校董事会（Boards of Trustees），对日常教学、学生选拔和教师聘任等日常各项行政和教学工作进行管理和监督。校董会成员由校长、经选举产生的家长代表、教师代表等人员组成，在高中阶段学生代表也可能成为校董事会成员。除此之外，教育评估办公室（Educational Report Office）作为监管机构，负责评审基础教育阶段各学校的教学质量，每隔几年对学校进行实地考察，撰写评估报告，提出教学建议和改进方案。而新西兰学历资质评审局（New Zealand Qualification Authority）则作为学历监管机构，负责全国资格考试的研发、实施和测评质量监管。"明日之校"的改革让学校拥有自主管理的独立教育体系和极大的自主权（Mutch 2015: 105）。

新西兰有超过 2500 所中小学，根据学校的性质类型，可以分为公立学校、混合型学校和私立学校。除此之外，政府允许学生在父母和监护人的辅导下进行家庭教育。教育部定期向选择家庭教育的家庭寄送学习材料，保证学生学习效果（Ministry of Education 2018: 35）。大部分学生就读于公立学校。公立学校享受政府资助，学生无需交纳学费，但学校会收取一些活动费用和考试费用等额外支出，同时也鼓励家长捐款，用于改善教学设施和教师待遇。公立学校的教学内容和要求遵循全国统一的教学大纲。10%左右的学生在混合型学校学习，混合型学校具有独特的教学特色，接受政府资助，也收取一部分费用。常见的混合型学校有教会学校和蒙特梭利学校。教会学校除了常规学科的教学，会加入宗教课程培养孩子的宗教信仰；蒙特梭利学校遵循意大利教育家蒙特梭利的教育理念，尊重孩子天性发展，在自由自然的环境中发展孩子的社交学术能力。仅有不到 5%的学生在私立学校上学。私立学校不受政府资助，学费较为昂贵。私立学校可以自行选择教学体系，如剑桥国际考试（Cambridge International Examinations, CIE）或国际文凭（International Baccalaureate, IB）体系，对学生学业和其他方面的发展要求更高更严格。

1.2 课程教学大纲

新西兰教育部于 2007 年颁布实行的《国家总课程大纲》(*The New Zealand Curriculum*,以下简称《大纲》)是中小学课程教育的纲领性文件,也是新西兰课程设置和人才培养的总方针。《大纲》奠定了新西兰教育的基础准则,提出教育要培养有自信、有创意、主动进取的终身学习者。《大纲》指出学校需重点培养学生的五大核心能力:思考能力 (thinking),运用语言、符号和文本的能力 (using language, symbols, and texts),自我管理能力 (self-management),与他人相处的能力 (relating to others) 以及参与和贡献的能力 (participating and contributing)。这些能力帮助学生获取各科知识、构建各项技能、培养努力学习和积极生活的态度 (Ministry of Education 2007: 5)。

新西兰的学校重视个性化教育,强调理论和实际的结合,鼓励学生独立思考、具有创新力和批判性。学校提供较多的课外活动和户外教学,力争全面培养人才。《大纲》强调,学校要教导学生探索学习,鼓励批判性思维,关注学生解决问题和处理信息的能力。死记硬背和填鸭式教学远远不足以培养适合现代社会发展的人才,因此不再是教学的关注点。学生在离开学校后应该具备将所学知识和技能应用在实际生活中的能力,并具有国际化的思维和视角。《大纲》同时奠定了新西兰各科目的课程设置准则,明确了学生在各科目和各学段需要达到的学习程度以及评估框架和标准。中小学生需要学习以下八个方面的课程内容:英语、艺术、健康教育、外语、数学和统计、科学、社会科学和科技。值得指出的是,《大纲》并未对各学科需要教授的内容做出具体规定,但明确指出了学生在各科中需要掌握的关键能力和需要达到的学业目标 (Ministry of Education 2007: 27)。新西兰小学和初中阶段没有全国统一要求使用的固定教材,各学校在新大纲的标准下自行制定学校章程和教学计划,教师在课程大纲和课程标准下自行搜集资料,设计教学材料,设置教学任务和评估方法。

1.3 学制和学段

新西兰是移民国家，虽然最早登录新西兰大陆的是代表太平洋岛国文化传统的毛利人，但后期从欧洲大陆移民到新西兰的英国人最终决定了新西兰经济文化社会发展的方向，新西兰也因此延续了英国的教育体制。新西兰学生可以享受从小学到高中共十三年的义务教育。政府规定儿童在年满六周岁后必须接受小学教育，十六周岁前不能退学，家长可以在孩子五周岁后向附近小学提出申请开始入读公立小学，学生可以在公立学校免费完成一年级到十三年级的学业。

新西兰基础教育阶段可划分为小学、初中和高中。小学（primary school）一般包括一年级到六年级，初中（intermediate school）包括七年级到八年级。值得注意的是，新西兰的小学和初中阶段没有升学考试，学生按校区就近入学。高中（secondary school）包括九年级到十三年级，学生仍按学区就近入学。高中阶段前两年为高中的基础学习阶段（foundation years），从十一年级开始直到十三年级高中毕业，高中生要准备 NCEA（National Certificate of Educational Achievement）考试，也就是"新西兰高考"。NCEA 考试由学校内部评测和全国统一组织的外部考试组成，有三个级别，总共涵盖二十多个科目。高中生要通过各科和各级别考试，拿到相应的"教育等级证书"和对应的学分，以总学分来申请心仪的大学和专业方向。表 1 列出了新西兰各学段学生的年级和年龄段。

表 1 新西兰中小学学段和学校种类

学校种类	英文名称	包含年级	学生年龄
普通小学	contributing primary school	1—6 年级	5—10 岁
一贯制小学	full primary school	1—8 年级	5—12 岁
初中	intermediate school	7—8 年级	11—12 岁
高中	secondary school	9—13 年级	13—17 岁

我国大陆地区初中生年龄在 11 至 15 岁之间, 为对标我国初中生的英语学习情况, 本报告研究学段为新西兰七年级到十年级学生。如上文所述, 七年级和八年级是新西兰初中学段, 九年级和十年级是高中基础学习阶段, 不涉及大学入学考试内容。七年级到十年级这一学段与我国初中阶段学习内容和要求更有可比性, 以下统称新西兰中学阶段。这一时期的学生准备开始迈进高中更为紧张的学习, 和中国初中学段学生年龄相似。新西兰中学时期的教学重在帮助学生从较为闲散的小学教育向较为紧张密集的高中教育转变。本研究着重分析新西兰中学阶段 ESOL[①] 教材编写情况, 结合教学大纲探讨分析教材编写原则、特点和使用方法。

1.4 ESOL 教学

在新西兰生活着来自世界各地、说不同语言的移民家庭, 母语为非英语的移民家庭孩子往往需要在入学初期接受 ESOL 教学辅导。此外, 新西兰高质量的教育也吸引着世界各地非英语国家的学生到新西兰进行短期或长期留学, 这些留学生通常也需要经历一段时间的 ESOL 学习来适应全英文授课。总体而言, ESOL 教学的目的是希望 ESOL 学生通过额外的 ESOL 辅导 (ESOL class), 尽快顺利过渡到主课 (main stream class) 的全英文授课和学习。

新西兰政府和教育部门对 ESOL 教学非常重视。教育部设立专项 ESOL 资金, 以期对学生提供更专业更密集的 ESOL 辅导。自 2004 年起, 教育部设立了 ESOL 教师职业发展基金, 鼓励教师学习 ESOL 技能, 支持新西兰教师 ESOL 教学专业能力的发展, 希望通过不断提高教师的专业技能来提高 ESOL 教学质量。除此之外, 新西兰越来越多的高校开始设立 ESOL 教学的本科和硕士学位, 培养专业 ESOL 教师。

教育部要求学校准确识别学生的 ESOL 需要, 设立合适的 ESOL 项目并进行有效监管, 重视来自不同文化背景的学生的特点

---

① ESOL 即 English for Speakers of Other Languages, 指母语为非英语人士的英语。

和需求，通过 ESOL 辅导让英语非母语的学生更快地适应和融入全英语环境的学习。教育部为 ESOL 教学设立官方网站 ESOLonline，详细讲解 ESOL 教学指导原则和方法，提供多样教学资源。教师在教学中应当支持学生合理地运用母语的迁移作用来帮助提高用英语学习和思考的能力。教师应该鼓励移民家庭延续本民族的语言和文化传统，保留移民孩子的母语能力。教师应该和学生、学生家长以及学校所在社区建立良好关系，帮助 ESOL 学生尽快适应并融入新西兰的英文授课环境，进入到各个主课的学习（Ministry of Education 2019: 7）。

小学阶段的 ESOL 教学以语音词汇游戏活动为主，这一时期的 ESOL 学生年龄小，语言自然习得能力较强，在经过平均半年左右的 ESOL 课程额外辅导之后，基本能够赶上主课学生的学习进度。从七年级开始，新西兰学生开始学习科学等学科知识。对这一时期的 ESOL 教学而言，初中生已经具备了较强的母语能力，如果让他们仅仅学习语言层面的知识，将会难以满足学校学习的要求。影响学生 ESOL 学习的因素有很多，比如学习者母语的强弱程度、年龄和之前的教育经历、学习英语的时间长度和方式方法、认知能力等，而在七年级到十年级阶段，ESOL 学习者的母语已经很熟练，他们的认知能力和学术语言能力可能超过他们的英语词汇表达能力，左右着他们的英语学习，在某种程度上既是优势又是阻碍（Ministry of Education 1999: 17）。值得指出的是，从初中阶段开始，ESOL 学生的语言学习涉及更多学术技能的学习，如探究科学问题和论文写作等。

2. 新西兰 ESOL 教材概述

2.1 教材编选依据

新西兰的 ESOL 教学没有全国统一规定使用的教材，教育部通过官方教学网站 ESOLonline 免费提供教学资源供师生使用。ESOLonline 还详细指导如何判断母语非英语的学生的英语水平、理解他们英语发展的规律，如何带动学生的父母和社区一起帮助学生更好地融入学校的英语教学、更快适应新西兰的学习和生活。教材资源的编、选、用遵循教育部列出的 ESOL 学习八大原则：(1) 充分了解学习者；(2) 确定学习目标；(3) 确保所有学习者遵循同一个目标；(4) 抽象事物具体化；(5) 提供多种机会，在真实场景中学习；(6) 平衡语言输入和语言输出；(7) 加入监管和自我评价；(8) 注重文化元素 (ESOLonline 2019: 6)。所有由教育部统一编选的 ESOL 教材资源均对照新西兰教学大纲和其他指导性官方文件，目标要求统一。ESOL 教师可以根据教育部的指导性文件和其他辅导资料自行选用和编制教材。在教材编写中有三个指导性文件需要参考，它们分别是：《大纲》《读写能力学习进度表》(*The Literacy Learning Progressions*，以下简称《进度表》) 和《英语语言学习进度手册》(*The English Language Learning Progression*，以下简称《进度手册》)。

　　《大纲》明确指出各学科各学段学生需要达到的学习目标和能力水平，涵盖了一年级到十三年纪各个学科的整体学习要求和规划。在英语语言和 ESOL 学科方面，《大纲》指出语言学习包括：学习语言本身、用语言学习其他知识和学习语言知识。语言学习是为了让学生能够理解、运用，以及创造具备一定复杂性的文字作品（包含口头、书面和视觉作品）。在语言教学中，学生参与基于文本设计的教学活动，提高听、说、读、写、看、演讲等各方面技能，成为熟练的语言使用者。《大纲》将语言学习划分为八个水平等级，明确了各学段语言学习应该达到的级别要求。七年级到九年级学段的 ESOL 学习程度对应《大纲》英语语言学科三级和四级水平。值得注意的是，《大纲》中的语言学习水平等级和欧洲语言框架[2]对标，力争让新西兰的语言学习更为国际化。三级到四级学习水平具体要求如下：学生能够用所学语言知识理解并构建简单文本；可以描述自己的背景情况和即时场景[3]。在沟通交流能力上，《大纲》要求

---

[2] 欧洲语言共同参考框架 (Common European Framework of Reference for Languages, 简称 CEFR)，是描述语言学习者语言能力的国际通用标准。
[3] 选自《欧洲语言共同参考框架》全球标准，A1 级别：初级使用者。

学生在特定的语言和社会文化语境下，能够选择和运用语言、图像和文字，理解并表达信息和观点。在自我管理方面能够表达和回应个人兴趣和需要；在参与和贡献方面，能够合理使用文化知识交流沟通；在语言知识方面，能够意识到并表达目标语言的构成方式，对比和母语的语言差异；在文化知识上，能够意识到并表达目标语文化的构成方式，对比和母语的文化差异。

《大纲》设置了一个相对宽泛的总体学习水平要求，《进度表》和《进度手册》以《大纲》为基础，对英语语言教学要求做出了更为具体的要求，是制定教材的重要依据。《进度表》涵盖一至十年级英语学习，指出学生需要具备的知识、技能和态度。在中学英语阶段，学生应达到以下三个能力：（1）掌握书面用语的编码信息（code），包括语音意识、字母顺序原则相关知识、词语拼读能力和音素知识（例如字形关系、单词构成原理、自动识别和拼读单词能力）；（2）文本理解能力，运用文化、语言和身份相关的背景知识、词汇知识、语言结构知识，掌握用语言获取和表达意义的策略；（3）批判性思考能力，包括分析文本和应答文本的能力，批判性地阅读和写作能力。

《进度表》对新西兰中学生在阅读和写作上应该达到的水平做出了具体规定：在阅读方面，学生应该能够自动解读文本；运用推断等策略阅读理解更为复杂多变的词句；识别和理解一系列连续性或非连续性文本类型和文本格式的特点和结构；识别和理解一系列语法和修辞结构（比如：因果关系、比较和对比）；用连接词或状语从句连接文本；运用积累的学术词汇解读文本；解读比喻、类比和语言的隐含意义。在写作方面，学生应该能够依据文本目的和读者群体有意识地选择清晰且有逻辑性的文本结构；选用合适的语言风格（如：学术类文章、表述类文章或辩论文等）；有意识地运用语言风格（修辞手法和比喻）和视觉手法表达意义、吸引观众；正确熟练地运用相关词语知识（如音素、词素知识）和单词构词法构建复杂文本；组织段落时，段落之间清晰流畅，有逻辑性和关联性；写作时运用多样化句式，运用语法正确的复杂句；正确运用标点符号，尝试使用更复杂的标点符号（如分号、冒号和括号等）。

　　除了《大纲》和《进度表》，《进度手册》也是新西兰 ESOL 教学的重要资料，ESOL 教师和英语课程教师可以运用《进度手册》的体系评估学生的英语水平，设计出符合学生需求、适合学生英语水平的教学计划，选择教学内容和制定教学进度并判定学生的进步程度。操作流程如图 1 所示：

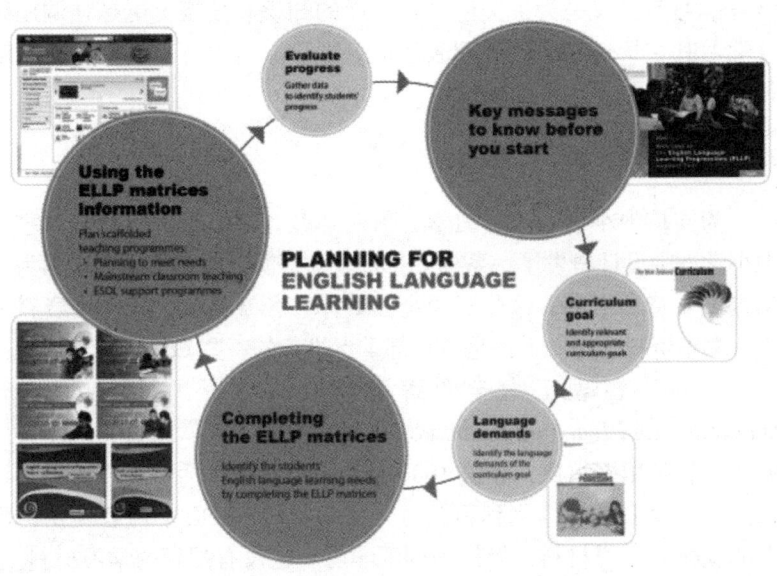

图 1　ESOL 学习计划制定流程图

　　教师在制定学生学习计划之前要了解一些关键信息，如学生文化语言背景、学术英语和词汇基础。结合《大纲》里的学习目标要求和其他语言学习需求，用《进度手册》里提供的评估表完成评估，设计教学材料和计划，并继续用《进度手册》里的评估表衡量判断学生学习进度，为学习计划做出反馈，及时调整，继续指导学生语言学习。《进度手册》中的评估表对听、说、读、写四个语言技能进行了详细的要求。对于初中阶段的 ESOL 学习，在听力和口语方面，教师要从以下方面重点衡量学生语言能力：人际关系技巧、表达内容、话题完成度、句子结构、非语言交际技巧和第一语言使用度。在阅读方面要求关注的是：话题扩展度、句子结构、篇章布局、词汇。

在写作方面要关注的是：话题扩展度、句子扩展度和句子结构、词汇水平、拼写和标点符号。

如上文所述，中学阶段的 ESOL 教学是为了让 ESOL 学生通过额外的语言支持提高英语水平，以便更好更独立地融入各科主课的学习，ESOL 课程的教学要求设定和英语学科一致。在中学阶段，语言学习不仅仅是为了关注语言层面的知识和技能，更是强调用语言学习其它学科知识，处理表达信息观点，对语言和文本的复杂度和长度也有更进一步的要求。

2.2 常用教材资源

为支持中小学 ESOL 教学，新西兰教育部组织语言教学专家和中小学教师设计研发了一系列 ESOL 教学资源，以期从多个层面为教学提供支持和帮助。这些资源全面具体且公开透明，以网络资料为主、书本资料为辅。下面是教育部重点推荐的一些 ESOL 教学资源：

《奥克兰理工大学图解词典及教学资源》(*AUT Picture Dictionary and Teaching Resource*) 由奥克兰理工大学编纂，由图文词典册和教师用书组成，涵盖 1000 个新西兰日常生活中出现的高频词和图片。这套教材为刚到新西兰开始学习的 ESOL 学习者提供词汇上的支持和学习材料，但仅为词汇学习，也没有配套的学习材料。

新西兰的语言教学重视阅读的重要性，教育部设计了一系列符合 ESOL 学习规律的分级阅读材料，以提高学生的阅读能力。《预备读》(*Ready to Read Selections*)、《精选集》(*Selections*) 和《选择》(*Choices*) 是一套从初级到流利级别的阅读材料。《应用》(*Applications*) 是适合中学生阅读的材料，主要提供科技方面的知识，讲述科技知识如何应用在生活当中解决实际问题，书中有科学概念讲解、链接和科技话题。《应用》还包含教师用书，针对科技教师设计了具体的科技教学方法。*Tupu* 是含插画的小说和非小说、诗歌等文本，是专门为太平洋裔学生设计的阅读材料。*Tupu* 包含教师用书，提供教师教学笔记和配合文本的教学活动设计。《电子故事书》(*Electronic Storybooks*) 系列书籍包含音频和教师笔记，这些故事内容和图片设计新颖有趣，书中含有词汇表和阅读活动，鼓励孩子阅读，力争吸引不爱看书的孩子对图书阅读产生兴趣。

《聚焦英语》(*Focus on English*) 是一套针对中学生量身制定的教材，包含了中小学学习使用的高频词和自然、数学以及社会科学方面的知识，这套教材在新西兰的使用最为广泛，本文的第三节将会对这套教材进行详细的介绍。

新西兰教育部为 ESOL 教学提供充足的资金支持和教学指导，设立了明确的标准和要求，指导教师选编教学资源，测评学生学习进度，以期让 ESOL 学生在阅读、写作和数学方面逐渐赶上英语为母语的学生的学习进度。教师需要依据国家标准向家长和学生通报 ESOL 学生学习进展，提交书面报告（一年至少两次）。如果 ESOL 学生未能达到国家标准，教师可依据《进度表》报告学生学习情况，衡量他们与同学之间的差距。需要指出的是，指导 ESOL 教学的官网上明确规定：教师需要让学生和家长认为学生是成功的学习者，也就是说，教师要在教学中对 ESOL 学生有更多鼓励，指出他们学习上的进步，让他们更有信心地学习英语，并且帮助他们融入其他学科的学习。

3. 《聚焦英语》评析

在新西兰教育部编订的一系列 ESOL 教材资源中，《聚焦英语》最受师生欢迎，也是应用最为广泛的一套教材。这套教材为七年级到十年级的 ESOL 学生提供数学、科学和社会科学方面的学习材料，以帮助他们更快更好地融入新西兰主课的学习。

3.1 教材内容和结构编排

《聚焦英语》系列教材涵盖三大学科（数学、自然科学和社会科学）和六个话题（自然保护、天气、度量衡、植物、形状和动物）。每个话题构成一个分册，每个分册又包括若干子话题作为教学单元。具体内容如图 2 所示：

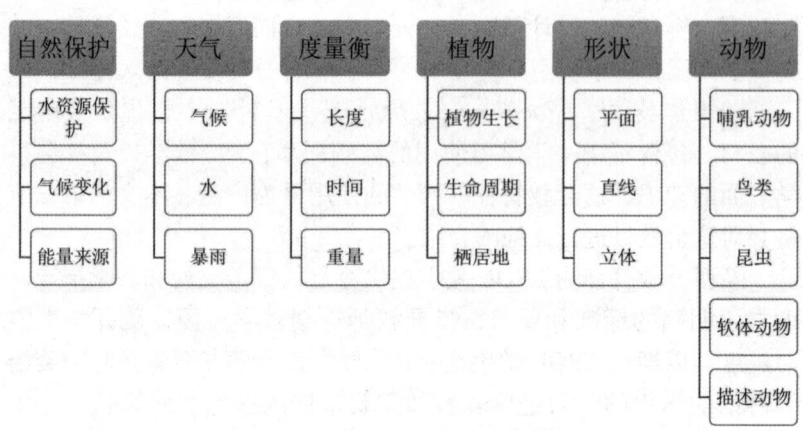

自然保护	天气	度量衡	植物	形状	动物
水资源保护	气候	长度	植物生长	平面	哺乳动物
气候变化	水	时间	生命周期	直线	鸟类
能量来源	暴雨	重量	栖居地	立体	昆虫
					软体动物
					描述动物

图2 《聚焦英语》分册话题

从内容上来看，这套教材主要侧重于科学和自然方面的知识，少有与社会科学相关的话题。除了度量衡和形状，剩下四个均是自然科学方面的话题，这或许与新西兰对自然保护的重视有关，也或许是编写人员希望在初中阶段的 ESOL 教学中加入更多非话题类的学科知识。分册教材除了概括性的介绍，还包含了很多对新西兰本土动植物和自然环境的介绍，帮助 ESOL 学生更快更好地融入新西兰的学习和生活，激发他们在新西兰学习的兴趣。每个单元会针对相同话题额外补充听、说、读、写方面的材料，进行重点训练。但实际上这些内容对母语非英语的国际学生来说可能会有很大的挑战性，比如 mollusc（软体动物）、biomass（生物质）这两个相对生僻的单词。

从结构上来看，每个单元先从介绍本期主题开始引入学习内容，再介绍本单元需要掌握的重点词汇，接下来通过各种各样的单词活动，从听、说、读、写各方面进行学习练习，帮助学生学会运用这些词汇。每个教学单元都会明确列出教学目标（包含词汇、学习知识和语言技能），然后配以详细的活动介绍，提示教师应该如何引导学生，如何开展教学活动。教师可以在网上下载每个教学单元的教学资源包，包括教师参考、具体活动内容描述（目标、所需材料、延伸活动），以及学生练习页。

这套教材设计强调单词、语言结构和上下文的联系，要求读者在阅读和各项教学活动中掌握高频词汇和学科名词，以此支持ESOL学生的语言发展和学科知识积累。教学活动可以由学生和教师共同完成，鼓励学生在教师的指导下以小组（两人或多人）的形式完成学习活动。ESOL学生可以和母语为英语的学生一起完成这些教学活动。在运用这一系列的教学内容进行教学活动的同时，教师也应该提供足够多的机会让学生进行延伸阅读、写作练习和不断修改，写作修改有助于确保学生语言学习的成果。在运用新教材时，可提高这些活动的频率。除此之外，还包括辅助学生学习的音频材料。

另外，《聚焦英语》有较高的文化包容度，提倡文化多元性。教材鼓励ESOL学生将英语学习和母语相关联，教材中经常会出现"用你自己的母语表达""介绍你自己国家对应的情况"等活动。这种实践有助于学生通过对比将英语学习与母语相关联，进而强化英语学习效果，同时也表达了对多元文化的尊重。比如在学习《时间》这一单元时，教材设计了一个教学活动，让学生用自己的母语和英语同时回答课文问题（见图3）。

Activity thirty-one		
How do you write	**In your language**	**In English**
The time right now?		
The date today?		

图3　教学活动示例

3.2　目标词汇

《聚焦英语》每个分册包含60—80个目标单词（一般以20个单

词为一组进行学习），词汇学习目标包括单词含义、单词用法和语言特征。编选时要求学习者至少掌握300个有关数字、时间、颜色、身体部位的单词以及常用的介词和代词。词汇教学由各种教学活动展开。《度量衡》《植物》《形状》和《动物》四个分册中的目标词汇从新西兰教育部发布的"1000个高频词列表"中选出。而在《天气》和《自然保护》分册中，则包含了"2000个高频词列表"里的单词。具体每分册的目标词汇见"附录1"。各分册文本内容大多从新西兰教育部的校园读物中选取，语言难易程度对应新西兰《大纲》的3—4级水平。

通过语料库检索工具 Wordsmith 5.0 检索分析发现，《聚焦英语》教材总词数 (tokens) 为 15296，不重复单词 (types) 为 2428个，全套教材共有 1632 个句子，平均句长为 9.37 个单词。使用同一款检索工具发现，我国人民教育出版社出版的 *Go for It!* 初中英语教材总词数为 23431，不重复单词为 2611 个，全套教材出现2359 个句子，平均每个句子包含 9.93 个单词。对比而言，《聚焦英语》用词量少于 *Go for It!*，但不重复词与总用词的比例高于 *Go for It!*。值得注意的是，《聚焦英语》中每个句子平均包含 9.37 个单词，少于 *Go for It!* 说明这套教材中较少使用长难句。

3.3　教学策略和活动设计实例

《聚焦英语》提供了丰富的教学策略，为教师设计开发学习材料和课堂教学提供案例和启发，以便于教师针对不同的情景和学科做出调整，每个单元都有丰富的教学活动，强化学生对单词和语法的学习记忆。具体活动举例如下：

词汇卡片游戏：这个活动的目标是让学生能够在游戏中识记目标词汇，避免枯燥的词汇背诵。针对每单元的二十个目标词汇，教材中都设计了配套的图片和文字，教师可根据教学内容自制字词卡片（正面图片、反面文字，或者单面图文），学生也可以一起参与卡片制作。教师可以用这些卡片和学生一起或者让学生之间开展单词游戏，比如"记忆配对 (memory)"游戏：把二十个卡片文字面朝下，让学生轮流每次翻开两张卡片，如果是相同的单词，可以收走这两张卡片，如果不同，则要将卡片的文字面朝下，配对最多的同学赢得比赛。还有 "捉对儿 (snap)" 游戏，学生依次抽取生词卡片，依次放到桌面并喊出卡片上的单词，如遇到重复，可以喊 "Snap!" 再把重复卡片之间的所有卡片收走。

图文版完形填空：完形填空是测试学生阅读能力的一种有效练习，也可作为一种教学手段。教师可删掉文字材料里的目标词汇，也可删掉目标词汇前后的词语，这样学生可以理解体会目标词汇应当应用在何种场景；也可以练习教学活动中教授的语法点，如动词的过去式形式，以及对文本或故事情节发展较为重要的相关单词和词组。教师在一篇连贯的文字材料中去掉一个或多个单词（也可以根据教学目标去掉相应的部分），让学生补充完整。《聚焦英语》的完形填空题目提供了充足的图画，学生可以根据图画提示完成练习，对于初中生而言，图形的辅助也让词汇学习不显得枯燥。

完形填空练习也可以在文字段落旁边提供其他可选单词，让学生从中做出选择。如果学生能力强，需要更有挑战性的练习，可以不提供可选单词，让学生自行填空。但需注意的是，要在开展更难练习前向学生仔细说明练习要求和标准。

扩展阅读：扩展阅读对发展学生阅读流利度至关重要，为了配合教学，教材每单元向学生提供各种延伸阅读。阅读材料可以是简单有趣的事实性读物；教师可以给学生推荐与学习话题相关且难度适宜的网站；教师可以为学生设定固定的阅读时间，让学生自行选择阅读材料并与同伴分享和讨论；教师也应鼓励学生用母语广泛阅读；教师需要对学生的阅读活动做一定的记录、归档，以督促学生有规律地阅读。

广泛写作：与广泛阅读相对应的是广泛写作。教师应鼓励学生每天至少花十分钟时间在自由写作上，比如记日记。自由写作的侧重点在于流利表达自己的观点和态度，而不在于准确度。这会让学生在较为轻松的环境下练习使用最新学习过的语言知识和技能。可选用的活动如下：给学生提供一系列话题或开头，让他们练习特定文本类型的写作和词汇；学生自行选定话题，在十分钟内自由写作，教师和学生同时写，提高学生的写作兴趣和参与度；教师要经常阅读学生的作文，对写作内容提供以正面鼓励为主的反馈；鼓励学生经常用母语写作。

4. 结论和启示

《聚焦英语》为母语非英语的初中生提供了英语学习素材，其丰富的活动设计和重点词汇让学生能够尽快提高英语水平，跟上新西兰学校其他课程的学习。这套教材可以为我国英语教材的编写带来如下启发。

4.1 语言学习与学科学习相结合

语言学习包含方方面面，而在我国以往的英语教学中，往往只关注语言层面的知识，将语言学习停留在碎片化的字词层面上。随着国内中小学生英语水平的提高，教材也应该不只关注语言层面的学习，而是在学习语言字词层面知识的同时学习各科目、各领域的知识，同时领会英语国家的文化和思维方式。除了用英语介绍外国文化，也可以用英语讲解自然科学知识，激发学生的学习兴趣。《聚焦英语》是英语国家为 ESOL 国际留学生编写的一套教材，其中包含自然科学、数学、文化等方方面面的内容，如果国际生在母语国家曾经学过相关学科的英语，自然会更快更好地融入英语国家的学习。

4.2 和国际语言标准对接

在 2018 年的《中国英语能力等级量表》（简称《量表》）中明确规定了中国英语学习者的英语水平。《量表》涵盖了语用能力、交际策略、学习策略、自我评价以及笔译和口译能力，强调语言应用能力、文化意识和跨文化交际能力的综合运用，提倡在外语教学和测评中培养学习者的学习策略和自主学习能力。《量表》的研制有中国特色，提到了翻译能力的重要性，也和国际语言能力量表如《欧洲语言共同参考框架》对接，让中国语言学习者的学习能力有了国际上的参照。新西兰的 ESOL 教材在编纂时参考《欧洲语言共同参考框架》，与国际英语学习标准接轨。建议我国英语教材在编纂时调整课程难度，使之在符合我国中学英语学习课标、与《量表》接轨的同时，也能与国际标准接轨。另外，《义务教育英语课程标准》中也提出了英语学习的五级水平，希望我们在制定教材时认真考虑这些量表的水平和等级描述，在考量国情的同时力争与国际接轨。

4.3　教材与各项资源相结合

虽然新西兰教育部为中小学 ESOL 教学提供各种相关资源，编纂了一系列教材，但实际教学中，很多 ESOL 教师在材料的选择上非常灵活。针对学生的不同水平和学习兴趣，教师们更愿意结合《大纲》和其他指导文件从网络、相关书籍和其他渠道选择教学材料和教学活动，很多老师甚至自己编写材料。老师们认为这样的教学更个性化，更多样化，也发挥了他们的自主性和灵活性，同时也避免了长期使用一套教材的单调性。在多媒体资源迅速发展的科技教学时代，ESOL 教学材料的应用更应该科技化、多样化。新西兰教育部丰富的网络资源，包括视频、音频，给枯燥的文本资料注入了生机。

值得一提的是，这套教材已经全部电子化，所有音频视频等教学材料都可以在新西兰教育部官方的 ESOL 学习网站上免费下载使用或在线阅读。教育部专门的 Esolonline 网站也提供各项资料，供各个学校下载，十分方便，提高了学校和教师们的自主性。希望我们的统编教材也可以将教材资料公开，建立相关的网络配套资源，如网站、应用软件等。我国的互联网科技和教育科技发展迅猛，充分利用这些先进科技，一定会大力推动英语教材的使用和推广。

参考文献

[1] Mutch C. Progressive education in New Zealand: a revised past, a contested present and an uncertain future [J]. *International Journal of Progressive Education*, 2013, 9 (2): 98–116.

[2] OECD. Education Policy Outlook Snapshot: New Zealand. http://www.oecd.org/newzealand/highlightsnewzealand.htm.

[3] OECD. *New Zealand Education at a Glance 2018*: *OECD Indicators* [M]. Paris, France: OECD Publishing, 2018: 1–7.

[4] ESOLONLINE. 2019. http://esolonline.tki.org.nz/ESOL-Online/Learning-about-my-students-needs/Knowledge-of-English-language-learning/ESOL-principles.

[5] New Zealand Ministry of Education. *Non-English-Speaking-Background Students: A Handbook for Schools* [M]. 1999: 23–59.

[6] New Zealand Ministry of Education. *The New Zealand Curriculum* [M]. 2007: 1–67.

[7] PISA. Programme for international student assessment results from 2018 [C]. 2018. https://www.oecd.org/pisa/publications/PISA2018_CN_NZL.pdf.

[8] 孙培建, 藤琳, 王胜男. 新西兰基础教育变革路径及其启示 [J]. 教育探索, 2019(3): 93–99.

附录：《聚焦英语》各分册词汇表

Animals

close	dig	end	enemy	hide
hungry	like	mark	open	place
rock	rough	sea	slowly	smooth
sun	together	use	weather	wet
body	born	breathe	dark	female
group	grow	hear	help	land
live	look for	male	move	produce
see	smell	warm	water	young
catch	develop	dry	egg	fly
hard	inside	light	long	narrow
run	shell	short	sharp	sing
small	soft	strong	swim	walk
about	break (out)	call	change	cold
colour	different	heavy	hole	human
join	kind	large	outside	pair
part	plant	sound	touch	usually

Shapes

above	begin	between	bottom	centre
cut	draw	find	fold	half
left	length	need	pattern	right
same	shape	side	stop	top
always	below	bend	change	circle
copy	direction	distance	divide	edge
equal	flat	leave	main	piece
show	sign	straight	surface	take
also	building	complete	corner	describe
form	front	height	high	measure

meet	mixture	only	roof	round
size	solid	try	wide	width

Plants

air	branch	carry	drop	enough
flower	fruit	gas	hold (up)	leaf
light	root	seed	soil	space
system	tube	turn	waste	wind
answer	bright	dust	explain	finish
important	learn	listen (to)	protect	push
read	repeat	spell	start	store
study	towards	understand	upwards	write
along	alternately	autumn	blow	broad
conditions	desert	firmly	ground	lose
needle	opposite	outwards	spread	spring
summer	survive	tough	tree	winter

Measurement

accurately	add	almost	base	check
compare	count	easy	estimate	exact
less (than)	metre	more (than)	multiply	nearly
number	problem	subtract	tool	work (out)
afternoon	amount	clock	date	decide
earth	evening	hour	know	minute
month	morning	noon	notice	seem
spin	time	week	whole	year
better	collect	depend (on)	difference	difficult
effort	expect	force	guess	hang
lift	parcel	possible	pull	shop
standard	stick	string	tie	weigh

中学英语教材区域国别研究报告

Weather

area	cause	coast	climate	cool
effect	evenly	fall	flow	heat
low	mountain	pressure	rarely	region
rise	speed	temperature	vary	weather
continue	cover	damage	electricity	energy
explode	fierce	float	flood	freeze
fresh	lake	liquid	loud	melt
noise	process	river	storm	travel
cow	dangerous	dirty	drink	frighten
full	hit	huge	pour	race
realise	roll	roar	shake	sudden
tell	terrible	throw	violent	watch

Conservation

careful	clean	demand (for)	factory	farm
fuel	future	industry	natural	plenty (of)
pollute	provide	quality	run out (of)	save
stream	substance	supply	transport	wash
absorb	act (like)	agriculture	avoid	burn
contain	decay	destroy	die	efficient
prevent	quantity	radiate	reach	reduce
release	responsible	result	source	trap
atom	battery	burn	bury	chemical
dirty	elastic	include	layer	limit
mine	power	rate	recent	renew
special	steam	supply	tide	wise